Die Haftung der öffentlichen Hand
im Verwaltungsschuldrecht

STUDIEN UND MATERIALIEN ZUM ÖFFENTLICHEN RECHT

Herausgegeben von Herbert Bethge

Band 15

PETER LANG
Frankfurt am Main · Berlin · Bern · Bruxelles · New York · Oxford · Wien

Jochen Murach

Die Haftung der öffentlichen Hand im Verwaltungsschuldrecht

PETER LANG
Europäischer Verlag der Wissenschaften

Die Deutsche Bibliothek - CIP-Einheitsaufnahme

Murach, Jochen:

Die Haftung der öffentlichen Hand im Verwaltungsschuldrecht / Jochen Murach. - Frankfurt am Main ; Berlin ; Bern ; Bruxelles ; New York ; Oxford ; Wien : Lang, 2002
(Studien und Materialien zum öffentlichen Recht ; Bd. 15)
Zugl.: Passau, Univ., Diss., 2001
ISBN 3-631-38440-8

D 739
ISSN 1433-1500
ISBN 3-631-38440-8

www.peterlang.de

Meinen Eltern

Vorwort

Die Arbeit wurde im Sommersemester 2001 von der Juristischen Fakultät der Universität Passau als Dissertation angenommen.

Meinem Doktorvater, Herrn Prof. Dr. Herbert Bethge, bin ich für die Betreuung der Arbeit sowie deren Aufnahme in die Schriftenreihe „Studien und Materialien zum Öffentlichen Recht“ zu großem Dank verpflichtet. Herrn Prof. Dr. Michael Schweitzer danke ich für die Erstellung des Zweitgutachtens.

Mein besonderer Dank gilt meinen Eltern. Sie haben mich bei der Fertigung der Arbeit in vielfältiger Weise unterstützt. Gedankt sei schließlich auch meinen Freunden und Wegbegleitern Dr. Christiane Gucht und Dr. Martin Nyota Lamm.

Köln, im Juli 2001 Jochen Murach

Inhaltsübersicht

Inhaltsverzeichnis

Abkürzungsverzeichnis

aA	andere Ansicht
Abs.	Absatz
AGBG	Gesetz der Allgemeinen Geschäftsbedingungen
aE	am Ende
AG	Amtsgericht
allg.	allgemein
Alt.	Alternative
Anm.	Anmerkung
AO	Abgabenordnung
AöR	Archiv des öffentlichen Rechts
Art.	Artikel
AT	Allgemeiner Teil
AtG	Atomgesetz
BauGB	Baugesetzbuch
bay.	bayerisch
BayBO	Bayerische Bauordnung
BayGO	Bayerische Gemeindeordnung
BayWG	Bayerisches Wassergesetz
BayPAG	Bayerisches Polizeiaufgabengesetz
BayVBl	Bayerische Verwaltungsblätter
BayVerfGHE	Entscheidungssammlung des Bayerischen Verfassungsgerichtshofs
BB	Der Betriebsberater
BBG	Bundesbeamtengesetz
BGB	Bürgerliches Gesetzbuch
BGH	Bundesgerichtshof
BGHZ	Entscheidungssammlung des Bundesgerichtshofs in Zivilsachen
BR-Drs	Bundesratdrucksache
BRRG	Beamtenrechtsrahmengesetz
BT	Besonderer Teil

BT-Drs	Bundestagsdrucksache
BVerfG	Bundesverfassungsgericht
BVerfGE	Entscheidungssammlung des Bundesverfassungsgerichts
BVerwG	Bundesverwaltungsgericht
BVerwGE	Entscheidungssammlung des Bundesverwaltungsgerichts
bzw.	beziehungsweise
c.i.c.	culpa in contrahendo
d.h.	das heißt
DÖV	Die öffentliche Verwaltung
DVBl	Deutsches Verwaltungsblatt
EGBGB	Einführungsgesetz zum Bürgerlichen Gesetzbuch
Einf.	Einführung
Einl.	Einleitung
etc.	et cetera
f	folgend
ff	fortfolgend
GastG	Gaststättengesetz
GewO	Gewerbeordnung
GG	Grundgesetz
ggfs.	gegebenenfalls
GoA	Geschäftsführung ohne Auftrag
grds.	grundsätzlich
GVG	Gerichtsverfassungsgesetz
HdbStR	Handbuch des Staatsrechts
HPflG	Haftpflichtgesetz
HGB	Handelsgesetzbuch
Hrsg.	Herausgeber
HS	Halbsatz
JA	Juristische Arbeitsblätter
JR	Juristische Rundschau
Jura	Juristische Ausbildung

JuS	Juristische Schulung
JZ	Juristenzeitung
LG	Landgericht
Lit.	Literatur
lt.	Laut
LuftVG	Luftverkehrsgesetz
MDR	Monatsschrift für Deutsches Recht
MM	Mindermeinung
MünchKomm	Münchner Kommentar
m.w.N.	mit weiteren Nachweisen
NJW	Neue Juristische Wochenschrift
NJW-RR	Rechtsprechungsreport der Neuen Juristischen Wochenschrift
Nr.	Nummer
NVwZ	Neue Zeitschrift für Verwaltungsrecht
NVwz-RR	Rechtsprechungsreport der Neuen Zeitschrift für Verwaltungsrecht
OLG	Oberlandesgericht
OVG	Oberverwaltungsgericht
OVGE	Entscheidungssammlung des jeweiligen Oberverwaltungsgerichts
PAG	Polizeiaufgabengesetz
PersBefG	Personenbeförderungsgesetz
pVV	positive Vertragsverletzung
RG	Reichsgericht
RGZ	Entscheidungen des Reichsgerichts
Rn.	Randnummer
Rspr.	Rechtsprechung
S.	„Seite" oder „Satz"
SGB	Sozialgesetzbuch
SKV	Staats- und Kommunalverwaltung

sog.	sogenannt
StGB	Strafgesetzbuch
StHG	Staatshaftungsgesetz
StPO	Strafprozeßordnung
str.	strittig
St. Rspr.	Ständige Rechtsprechung
StVG	Straßenverkehrsgesetz
u.a.	unter anderem
Urt.	Urteil
v.	„von“ oder „vom“
VA	Verwaltungsakt
VerbrKrG	Verbraucherkreditgesetz
VersR	Versicherungsrecht
VerwArch	Verwaltungsarchiv
VG	Verwaltungsgericht
VGH	Verwaltungsgerichtshof
vgl.	vergleiche
VO	Verordnung
Vorb.	Vorbemerkung
VVDStRL	Veröffentlichungen der Vereinigung der deutschen Staatsrechts-Lehrer
VwGO	Verwaltungsgerichtsordnung
VwVfG	Verwaltungsverfahrensgesetz
z.B.	zum Beispiel
ZPO	Zivilprozeßordnung

Soweit Abkürzungen an dieser Stelle nicht aufgeführt sind, sei als Nachschlagehilfe hingewiesen auf: *Hildebert Kirchner*, Abkürzungsverzeichnis der Rechtssprache, 4. Auflage, Berlin 1993.

Einführung

Die Arbeit behandelt eine Problematik aus dem Bereich des Staatshaftungsrechts. Traditionell wurde dieser Bereich von dem Rechtsinstitut der Amtshaftung beherrscht. Daneben haben sich jedoch im Laufe der Zeit weitere, ungeschriebene Haftungsinstitute des öffentlichen Rechts herausgebildet. Dazu zählt auch das Recht der Leistungsstörungen im Rahmen verwaltungsrechtlicher Schuldverhältnisse. In diesen Fällen wird für die Haftung der öffentlichen Hand auf die schuldrechtlichen Grundsätze des Bürgerlichen Rechts zurückgegriffen. Darin liegt die staatshaftungsrechtliche Bedeutung verwaltungsrechtlicher Schuldverhältnisse.

Trotz seiner Zugehörigkeit zum festen Bestand des Staatshaftungsrechts wirft das verwaltungsrechtliche Schuldverhältnis heute noch viele umstrittene und auch ungelöste Fragen auf. Dazu gehören im wesentlichen zwei Problemkreise: zum einen die Frage der Definition des verwaltungsrechtlichen Schuldverhältnisses, zum anderen die Frage, ob und gegebenenfalls in welchem Umfang die öffentliche Hand ihre Haftung in verwaltungsrechtlichen Schuldverhältnissen beschränken kann. *Rechtsprechung* und *Lehre* haben sich dieser Problematik zwar schon vielfach angenommen, ohne daß sich jedoch bislang eine im Ansatz einheitliche und im Ergebnis überzeugende Linie in der Beantwortung dieser Fragen abgezeichnet hat. Ein Bedürfnis für eine erneute Untersuchung dieses Komplexes des Staatshaftungsrechts ist daher gegeben.

Hauptgrund für die inzwischen zahlreichen, teilweise beträchtlich divergierenden Lösungen ist die spärliche gesetzliche Ausgestaltung von verwaltungsrechtlichen Schuldverhältnissen. Dieser Umstand hat die Praxis gelegentlich dazu verleitet, die Haftungsregelungen des Zivilrechts pauschal auf das Verwaltungsschuldrecht zu übertragen. Dieser – auf den ersten Blick naheliegende – Rückgriff bereitet aber zum Teil beträchtliche rechtssystematische Schwierigkeiten; eine Folge der strukturellen Unterschiede zwischen Privatrecht und öffentlichem Recht. Diese verbieten eine generelle bzw. unmodifizierte Anwendung zivilrechtlicher Haftungsvorschriften auf verwaltungsrechtliche Schuldverhältnisse, auch wenn sich in vielen Fällen ein solcher Rückgriff „geradezu aufdrängt“[1].

Wesentliches Anliegen der Arbeit ist es daher zu untersuchen, ob und inwieweit sich die verwaltungsschuldrechtliche Haftung der öffentlichen Hand an ihrem privatrechtlichen „Vorbild“ orientieren kann, ohne dabei die Besonderheiten des öffentlichen Rechts außer Acht zu lassen.

Die Arbeit ist gegliedert in neun Kapitel:

Zunächst wird die Frage der Stellung des Verwaltungsschuldrechts im System der Staatshaftung erörtert. Dabei wird nicht nur das Verhältnis zur Amtshaftung diskutiert. Dargestellt werden auch die Beweggründe für die Übertragung des zivilrechtlichen Haftungsgedankens in das öffentliche Recht *(Kapitel A)*[2].

Sodann werden die Tatbestandsmerkmale des verwaltungsrechtlichen Schuldverhältnisses erarbeitet. Dabei ist auch die Frage zu diskutieren, auf welche Weise verwaltungsrechtliche Schuldverhältnisse begründet werden (*Kapitel B*)[3].

Im Anschluß wird die Bedeutung des Zivilrechts für die verwaltungsschuldrechtliche Haftung untersucht. Erörtert werden die unterschiedlichen Möglichkeiten der methodologischen Übertragung zivilrechtlicher Normen in das Verwaltungsschuldrecht; geprüft wird nachfolgend der Umfang der anwendbaren zivilrechtlichen Haftungsvorschriften. In diesem Zusammenhang wird ferner auf die Frage der Anwendbarkeit des AGBG eingegangen (*Kapitel C*)[4].

Daran anknüpfend wird in *Kapitel D*[5] die Untersuchung geführt, ob die einzelnen Arten der im Bürgerlichen Recht konkretisierten Forderungsverletzung auch als Haftungsgrundlage im Verwaltungsschuldrecht in Betracht kommen. Dies ist insoweit problematisch, als Art. 34 GG möglicherweise – wie von der *Literatur* teilweise vertreten – die abschließende Haftungsgrundlage für öffentlich-rechtliche Forderungsverletzungen ist.

Im Hinblick auf den Grundsatz der Verschuldenshaftung im deutschen Recht wird in *Kapitel E* der Begriff des Verschuldens im Verwaltungsschuld-

1 So ausdrücklich *BGHZ* 59, 303 (305) für den Fall der Anwendung der Vorschriften des Kaufrechts (§§ 433 ff. BGB) auf öffentlich-rechtliche Wasserversorgungsverhältnisse.

2 Seite 29 ff.

3 Seite 39 ff.

4 Seite 85 ff.

5 Seite 105 ff.

recht erörtert, und zwar unter Einschluß der normativen Grundlage einer Zurechnung fremden Verschuldens im Verwaltungsschuldrecht.[6]

Nach der Klärung der Voraussetzungen einer Haftung der öffentlichen Hand nach verwaltungsschuldrechtlichen Grundsätzen wird in *Kapitel F*[7] die Problematik der Zulässigkeit von Haftungsbeschränkungen behandelt. Neben der Erläuterung des Zwecks und der Auseinandersetzung mit der Frage der dogmatischen Grundlage verwaltungsschuldrechtlicher Haftungsfreizeichnungen wird schwerpunktmäßig die Vereinbarkeit solcher Haftungsregelungen mit dem Grundgesetz untersucht. Verfassungsrechtliche Berührungspunkte bestehen sowohl im Hinblick auf Grundrechte (Art. 14 Abs. 1, 2 Abs. 1, 3 Abs. 1 GG) als auch im Hinblick auf das Rechtsstaats- sowie das Sozialstaatsprinzip (Art. 20 Abs. 3 bzw. Abs. 1 GG).

Im Anschluß hieran wird der Frage nachgegangen, mit Hilfe welcher hoheitlichen Handlungsinstrumente die öffentliche Hand ihre Haftung beschränken kann. Das Augenmerk ist dabei auf die beiden typisch hoheitlichen Formen der rechtstechnischen Gestaltung von Haftungsfreizeichnungen zu richten, nämlich zum einen die kommunale Satzung, zum anderen die Anstalts- und Benutzungsordnung (*Kapitel G*[8]).

Die Problematik der Grenzen der verwaltungsschuldrechtlichen Haftungsbeschränkungen wird in *Kapitel H*[9] behandelt. Im Mittelpunkt der Untersuchung steht dabei die Frage der zulässigen Haftungsfreizeichnung für einzelne Verschuldensformen. In verwaltungsrechtlichen Schuldverhältnissen schlicht-hoheitlicher Natur ist diese Frage zwischen *Rechtsprechung* und *Schrifttum* umstritten. Der Meinungsstand wird dargestellt und erörtert. Im Anschluß wird eine eigene Lösung entwickelt. Dabei werden auch die weiteren Gestaltungsmöglichkeiten haftungsbeschränkender Regelungen untersucht. Desweiteren wird die Zulässigkeit von Haftungsausschlüssen in verwaltungsrechtlichen Schuldverhältnissen aufgrund eines Anschluß- und Benutzungszwangs (zum Beispiel im Rahmen kommunaler Wasserversorgungsverhältnisse) erörtert. Auch diese Frage beantworten *Rechtsprechung* und *Lehre* nicht einheitlich. Schließlich wird die Zulässigkeit von Haftungsbeschränkungen in subordinationsrechtlichen Schuldverhältnissen geprüft (bespielsweise bei polizeilicher Beschlagnahme oder Sicherstellung).

---

6 Seite 131 ff.

7 Seite 149 ff.

8 Seite 181 ff.

9 Seite 207 ff.

Das letzte *Kapitel I*[10] behandelt die aus dem Zivilrecht bekannte Frage, ob verwaltungsschuldrechtliche Haftungsbeschränkungen auch haftungsbefreiende Wirkung zu Gunsten von Erfüllungsgehilfen der öffentlichen Hand entfalten. Untersucht wird, ob auch verwaltungsschuldrechtliche Haftungsfreizeichnungen eine solche Drittwirkung auslösen.

10 Seite 249 ff.

A) Das Verwaltungsschuldrecht im System der Staatshaftung

I) Problemaufriß

Das Rechtsinstitut des verwaltungsrechtlichen Schuldverhältnisses ist gesetzlich nicht definiert. Es ist richterrechtlichen Ursprungs. Die *Rechtsprechung* hat auf dieser Grundlage schon früh die Heranziehung zivilrechtlicher Haftungsregelungen[11] neben der Amtshaftung auf öffentlich-rechtliche Sachverhalte für sachgerecht gehalten. Hinter dieser Rechtsfortbildung steht namentlich der Wandel von Funktion und Aufgaben der Verwaltung. Neben der traditionellen Eingriffsverwaltung hat sich im Laufe der Zeit die sog. Leistungsverwaltung[12] herausgebildet.[13] Vor allem die zunehmende Schaffung staatlicher Einrichtungen sowie die vermehrte Gewährung staatlicher Leistungen haben dazu geführt, „individuelle" Rechtsbeziehungen zwischen Staat und Bürger entstehen zu lassen.

§ 839 BGB i.V.m. Art. 34 GG sehen eine gesetzliche Regelung für die Haftung des Staates vor. Die Konzeption dieser Haftung beruht auf der traditionellen Vorstellung, daß der Staat gegenüber dem Bürger ausschließlich in obrigkeitlicher Funktion auftritt. Im Zuge der Entwicklung der Leistungsverwaltung als einer neuen Form exekutivischen Handelns wurde die herkömmliche Staatshaftung den geänderten Umständen aber nicht mehr gerecht. Die Regelungen des § 839 BGB i.V.m. Art. 131 WRV, später Art. 34 GG wurden zunehmend als unbefriedigend angesehen. Gleichzeitig erkannte man, daß die durch die Leistungsverwaltung entstehenden Rechtsbe-

---

11 So bereits das *Reichsgericht* in seinem Urteil vom 4.11.1886 (*RGZ* 18, 173 ff.). Die Entscheidung betrifft u.a. die Frage der Anwendbarkeit der privatrechtlichen Normen des Dienstvertrages auf das Staatsdienerverhältnis nach dem gemeinen deutschen und preußischen Recht; aus jüngster Zeit: *BGH*, NVwZ 1999, 689 (692).

12 Der Begriff der Leistungsverwaltung hat seinen Ursprung in *Forsthoffs* Arbeit „Die Verwaltung als Leistungsträger", 1938.

13 Vgl. zu diesem Themenkreis die ausführliche Darstellung von: *Peter Krause*, VVDStRL 45 (1987), S. 212 ff.; ferner: *Wolff/Bachof/Stober*, Verwaltungsrecht I, 11. Auflage, 2000, § 3 Rn. 6 m.w.N.; *Helmut Roth*, Die kommunalen öffentlichen Einrichtungen, 1998, S. 25 f.; *Meysen*, Die Haftung aus Verwaltungsrechtsverhältnis, 2000, S. 37 f.

ziehungen zwischen Staat und Bürger jedenfalls schuldrechtsähnlichen Charakter aufweisen.[14]

Diese „neue" Haftungsproblematik mag ein Beispiel verdeutlichen: Eine Gemeinde regelt die Benutzung ihres Schwimmbades öffentlich-rechtlich. Die Reinigung dieser Einrichtung hat sie einem Privatunternehmer übertragen.[15] Durch Verschulden eines seiner Angestellter kommt ein Benutzer zu Schaden. In diesem Fall scheidet eine Amtshaftung aus: Der Angestellte ist in der Regel kein Beamter im haftungsrechtlichen Sinn.[16] Eine Inanspruchnahme der Gemeinde als Schwimmbadbetreiberin aus §§ 823, 31, 89 BGB scheitert an der fehlenden Organ- bzw. Repräsentanten-Stellung des Schädigers. Es bleibt eine Haftung der Gemeinde gem. § 831 BGB, von der sie sich jedoch in den meisten Fällen im Wege der Exkulpation wird befreien können. Abgesehen von einem deliktischen Schadensersatzanspruch gegen den Schädiger gem. §§ 823 Abs. 1, 823 Abs. 2 BGB i.V.m. § 229 StGB bzw. gegen den Privatunternehmer gem. § 831 BGB hat der Geschädigte *de lege lata* keinen erfolgversprechenden Anspruch gegen die Gemeinde.

Die Annahme eines verwaltungsrechtlichen Schuldverhältnisses schafft hier Abhilfe: Das Anstaltsbenutzungsverhältnis zwischen Gemeinde und Bürger weist vertragsähnliche Züge auf. Von Seiten der Gemeinde wird die Benutzung des Schwimmbades geschuldet. Der Bürger schuldet in der Regel die Zahlung eines Entgelts. Die Übertragung zivilrechtlicher Haftungsvorschriften liegt daher nahe. Diese gewährleisten dem Bürger einen unmittelbaren schuldrechtlichen Schadensersatzanspruch aus positiver Forderungsverletzung des Anstaltsbenutzungsverhältnisses gegen die Gemeinde als verantwortlichen Hoheitsträger.

II) Das Verhältnis zwischen amtshaftungsrechtlicher und verwaltungsschuldrechtlicher Haftung

Die staatshaftungsrechtliche Lücke sowie die strukturelle Ähnlichkeit zwischen zivil- und öffentlich-rechtlichen Rechtsverhältnissen haben die Gerichte zunehmend veranlaßt, neben den allgemeinen öffentlich-rechtlichen

---

14 *RGZ* 65, 113 (116 f.); 99, 96 (101); 112, 290 (293); 113, 293 (296); 118, 41 (43); 120, 162 (163); 131, 67 (73); 131, 278 (279); 152, 129 (131).

15 Zu diesem Gesichtspunkt: *Britz*, VerwArch 91 (2000), S. 418 ff.

16 Vgl. dazu unter I)II)2) (Seite 251 ff.).

Regelungen[17] auch die schuldrechtlichen Haftungsvorschriften des Bürgerlichen Rechts ergänzend anzuwenden.[18] Infolgedessen hat sich der Begriff des verwaltungsrechtlichen Schuldverhältnisses herausgebildet.[19]

1) Parallele Haftungsfolgen im Bereich der Leistungsverwaltung

Angesichts der zunehmenden Bedeutung der Leistungsverwaltung ist darauf hingewiesen worden, daß eine Heranziehung der bürgerlich-rechtlichen Haftungsvorschriften neben der Amtshaftung schon deshalb zu befürworten sei, weil es weitgehend im Ermessen der Verwaltung stehe, ob sie Leistungsverhältnisse öffentlich-rechtlich oder privatrechtlich gestalte.[20] Denn die Wahl des Privatrechts führe zur Anwendung des Leistungsstörungsrechts des Bürgerlichen Rechts und damit – im Vergleich zum Amtshaf-

17 Vgl. *RGZ* 65, 113 (116 f.); 120, 162 (163 f.).

18 Hingewiesen sei schon an dieser Stelle auf *Papier*, Die Forderungsverletzung im öffentlichen Recht, 1970, der eine Heranziehung schuldrechtlicher Haftungsvorschriften im Bereich des öffentlichen Rechts weitgehend ablehnt (eingehend dazu unter D)I) (Seite 106 ff.); ähnlich: *Rüfner*, Formen der öffentlichen Verwaltung im Bereich der Wirtschaft, 1967, S. 298 f., der die Notwendigkeit der Heranziehung schuldrechtlicher Normen weitgehend verneint. Art. 34 GG gewährleiste eine umfassende Haftung des Staates für alle hoheitlich handelnden Beamten und sonstige Bedienstete der öffentlichen Hand, welche der Haftung für den Erfüllungsgehilfen im bürgerlichen Recht nicht nachstehe. Auch seien die Amtspflichten des Beamten und die vertragsähnlichen Pflichten, die für die Haftung nach den Grundsätzen des bürgerlichen Rechts herangezogen würden, weitgehend identisch.

19 Die Terminologie ist nicht immer einheitlich. So wird in diesem Zusammenhang auch gesprochen von öffentlich-rechtlichen Sonderverbindungen (so *Palandt/Heinrichs*, Bürgerliches Gesetzbuch, 60. Auflage, 2001, § 276 Rn. 130), öffentlich-rechtlichen Verhältnissen (so *Alff* in: *RGRK*, BGB, 12. Auflage, 1976, § 276 Rn. 6; *Jauernig/Vollkommer*, BGB, 9. Auflage, 1999, § 276 Rn. 7) und öffentlich-rechtlichen Schuldverhältnissen (so *Soergel/Wolf*, BGB, 12. Auflage, 1990, § 276 Rn. 6); dazu auch: *Meysen*, Die Haftung aus Verwaltungsrechtsverhältnis, S. 55 f.

20 *Maurer*, Allgemeines Verwaltungsrecht, 12. Auflage, 1999, § 28 Rn. 2; ähnlich *Weber* JuS 1974, 48 (49), Anmerkung zu *BGHZ* 61, 7 ff. (sog. Schlachthof-Entscheidung): „Die Anwendung des § 278 BGB (...) sei deswegen geboten, weil der Benutzer nach den Regelungen der Satzung darauf angewiesen sei, sein Schlachtvieh an Standplätzen vorzuhalten, auf deren bauliche Gestaltung er keinen Einfluß habe."

tungsrecht – zu bürgerfreundlicheren Anspruchsgrundlagen.[21] Dieser Rechtsfolge solle sich die Verwaltung nicht durch Wahl des öffentlichen Rechts als Handlungsform entziehen können. Vor diesem Hintergrund ist das verwaltungsrechtliche Schuldverhältnis auch als „Zweckschöpfung der Rechtsprechung" bezeichnet worden.[22]

2) *Art. 34 GG als verfassungsrechtliche Mindestgarantie der Staatshaftung*

Einer ergänzenden Haftung der öffentlichen Hand nach verwaltungsschuldrechtlichen Grundsätzen läßt sich nicht die Überlegung entgegenhalten, das bestehende positiv-rechtlich normierte Amtshaftungsrecht stelle bereits die abschließende Staatshaftung dar. Die herrschende Meinung geht insoweit zutreffend davon aus, daß auch andere, gesetzlich nicht normierte Haftungsinstitute neben § 839 BGB i.V.m. Art. 34 GG zur Anwendung kommen.[23] Zu nennen ist beispielsweise der enteignungsgleiche Eingriff.[24]

Eine solche Argumentation griffe ferner aus verfassungsrechtlicher Sicht nicht durch: So entspricht es der gefestigten Rechtsprechung des *Bundesverfassungsgerichts*[25], daß das Grundgesetz in Art. 34 GG lediglich eine „Mindestgarantie" der Staatshaftung sicherstellt.[26] Die Regelung liefere zwar für die Zulässigkeit einer weitergehenden Haftung keinen Anhaltspunkt, stehe ihr aber auch nicht entgegen. Denn Art. 34 GG wolle den durch eine Amtspflichtverletzung Geschädigten schützen, nicht aber den Staat gegen weitergehende Konsequenzen seiner Fehler abschirmen.[27] Eine – zusätzliche –

---

21 Vgl. dazu aus jüngster Zeit: *Ossenbühl*, Öffentliches Recht in der Rechtsprechung des BGH, NJW 2000, 2945 (2946).

22 *Maurer*, Allgemeines Verwaltungsrecht, § 28 Rn. 2; ebenso: *Ulrich Stelkens*, DVBl. 1998, 300 (303).

23 Statt vieler: *Ossenbühl*, Staatshaftungsrecht, 5. Auflage, 1998, S. 118.

24 Vgl etwa: *Detterbeck/Windthorst/Sproll*, Staatshaftungsrecht, 2000, § 11 Rn. 33.

25 *BVerfGE* 61, 149 (198 f.); ferner: *BVerfG*, NVwZ 1998, 271 (272) m.w.N.

26 So auch die *herrschende Lehre*: Grundlegend: *Lerche*, JuS 1961, 237 (240 f.); *Leisner*, VVDStRL 20 (1963), S. 185 (237); ferner: *Rittstieg*, in: *Alternativ-Kommentar*, Grundgesetz, 2. Auflage, 1989, Art. 34 Rn. 7; *Jarass/Pieroth*, Grundgesetz, 5. Auflage, 2000, Art. 34 Rn. 2; *Bonk*, in: *Sachs* (Hrsg.), Grundgesetz, 2. Auflage, 1999, Art. 34 Rn. 2; *Dagtoglou*, in: *Bonner Kommentar*, Grundgesetz, Art. 34 Rn. 31; *Bryde*, in: *von Münch/Kunig* (Hrsg.), Grundgesetz, Art. 34 Rn. 1; *Papier*, in: *Maunz/Dürig* (Hrsg.), Grundgesetz, Art. 34 Rn. 101; *ders.*, in: *Isensee/Kirchhof* (Hrsg.), HdbStR VI, § 157 Rn. 16.

27 *BVerfGE* 61, 149 (199).

Haftung der öffentlichen Hand aus verwaltungsrechtlichen Schuldverhältnissen ist daher aus verfassungsrechtlicher Sicht nicht zu beanstanden.[28]

Dies gilt schließlich auch hinsichtlich des Gesichtspunktes, daß eine verwaltungsschuldrechtliche Haftung im Gegensatz zur Amtshaftung eine originäre bzw. unmittelbare Staatshaftung darstellt.[29] Den Anforderungen des Art. 34 GG ist auch insofern Genüge getan, als „das Institut der auf die Eigenhaftung des Amtsträgers gegründeten und auf den Staat übergeleiteten Amtshaftung“ kein verbindliches rechtstechnisches Modell einer Staatshaftung bildet.[30]

3) Die rechtssystematische Ambivalenz der Amtshaftung

Desweiteren erscheint es auch aus rechtssystematischen Gründen unangemessen, eine Verletzung von Pflichten aus Rechtsverhältnissen mit schuldrechtsähnlichem Charakter lediglich nach den Grundsätzen der Amtshaftung zu beurteilen.[31] Denn der Amtshaftung liegt die Vorstellung zugrunde, daß der schadensverantwortliche Hoheitsträger erst im Zeitpunkt der Verletzungshandlung mit dem geschädigten Bürger in rechtlichen Kontakt tritt und dabei lediglich die allgemeinen, gegenüber jedermann bestehenden Amtspflichten verletzt.[32] Im Unterschied dazu bestehen bei verwaltungsrechtlichen Schuldverhältnissen – wie auch typischerweise beim bürgerlichrechtlichen oder öffentlich-rechtlichen Vertrag – von vornherein besondere gegenseitige Rechte und Pflichten.[33] Die Amtshaftung fügt sich insofern rechtssystematisch zwischen die deliktische Haftung einerseits und die ver-

---

28 Zwischen beiden Haftungsgrundlagen besteht vielmehr eine Anspruchskonkurrenz, vgl. etwa: *Kreft*, Öffentlich-rechtliche Ersatzleistungen, 1980, § 839 Rn. 569.

29 Eine originäre Staatshaftung war auch im Zuge der Reform des Staatshaftungsrechts in § 1 Abs. 1 StHG vom 26.6.1981 (BGBl. I S. 553) vorgesehen. Die Regelung lautete: „Verletzt die öffentliche Gewalt eine Pflicht des öffentlichen Rechts, die ihr einem anderen gegenüber obliegt, so haftet ihr Träger dem anderen für den daraus entstehenden Schaden nach diesem Gesetz.“ Das StHG wurde aber vom *Bundesverfassungsgericht* wegen mangelnder Gesetzgebungskompetenz des Bundes für nichtig erklärt, vgl. *BVerfGE* 61, 149 ff.

30 *BVerfGE* 61, 149 (198).

31 Vgl. auch: *Detterbeck/ Windthorst/ Sproll*, Staatshaftungsrecht, § 19 Rn. 6.

32 *Schneider*, NJW 1962, 705 (707); *Drews/ Wacke/ Vogel/ Martens*, Gefahrenabwehr, 9. Auflage, 1986, S. 645.

33 *BGHZ* 135, 341 (346).

tragliche Haftung andererseits ein, als sie „mit der Drittbezogenheit der Amtspflicht eine individualisierbare Rechtsbeziehung zwischen Staat und geschädigtem Bürger" voraussetzt.[34] Trotz dieser rechtssystematischen Nähe zur vertraglichen Haftung kann die Haftung nach § 839 BGB i.V.m. Art. 34 GG nicht mit jener gleichgesetzt werden: Sie weist nicht die für den Bürger günstigen Anspruchsvoraussetzungen auf, wie dies bei der Haftung nach vertraglichen Grundsätzen der Fall ist.[35]

4) *Unterschiede der Haftung aus verwaltungsrechtlichen Schuldverhältnissen gegenüber der Amtshaftung*

Trotz der positiv-rechtlich geregelten Amtshaftung in § 839 BGB i.V.m. Art. 34 GG erscheint eine darüber hinausgehende, originäre Haftung[36] des Staates gegenüber dessen Bürgern auch aus weiteren Gründen sachgerecht.[37]

Dies folgt zum einen aus dem Umstand, daß Schadensersatzansprüche nach § 839 BGB i.V.m. Art. 34 GG in den Fällen fahrlässiger Amtspflichtverletzungen nur subsidiär sind (§ 839 Abs. 1 Satz 2 BGB)[38]; zum anderen

---

34 *Ossenbühl*, Staatshaftungsrecht, S. 338; ferner: *Hertwig*, Das Verwaltungsrechtsverhältnis der Mitgliedschaft Versicherter in einer gesetzlichen Krankenkasse, 1989, S. 62; *Meysen*, Die Haftung aus Verwaltungsrechtsverhältnis, S. 216 ff.

35 *Drews/Wacke/Vogel/Martens*, Gefahrenabwehr, S. 645 f.; *Ossenbühl*, Staatshaftungsrecht, S. 338.

36 So auch schon das *Reichsgericht* in *RGZ* 166, 218 (224 f.); vgl. ferner: *Ossenbühl*, Staatshaftungsrecht, S. 338 f.; restriktiver: *Peter Krause*, VVDStRL 45 (1987), S. 213 (230), nach dessen Ansicht die Rechtsfolgedifferenzen zwischen Amtspflicht- und Forderungsverletzung regelmäßig überschätzt werden.

37 Auch der Bundesgesetzgeber hatte die besondere Schutzfunktion des verwaltungsrechtlichen Schuldverhältnisses für den Bürger anerkannt. In dem vom *Bundesverfassungsgericht* (*E* 61, 149 ff.) für nichtig erklärten StHG war vorgesehen, daß Ansprüche aus verwaltungsrechtlichen Schuldverhältnissen neben Ansprüchen aus dem StHG bestehen blieben, vgl. § 15 Nr. 1 StHG. Die unterschiedlichen Haftungsvoraussetzungen bzw. –folgen sollten es rechtfertigen, daß der Bürger sein Anspruchsbegehren sowohl auf §§ 1 ff. StHG als auch auf Ansprüche aus verwaltungsrechtlichem Schuldverhältnis stützen konnte. Diese vom Gesetzgeber vorgesehene Anspruchskonkurrenz verdeutlicht die besonders schützenswerte haftungsrechtliche Stellung des Bürgers gegenüber dem Staat, vgl. zum Ganzen: *Schäfer/Bonk*, Staatshaftungsgesetz, 1982, § 15 Rn. 30.

38 Siehe *BGHZ* 63, 167 (171 ff.).

begründen Amtshaftungsansprüche keinen Anspruch auf Naturalrestitution (§ 249 Satz 1 BGB).[39]

Darüber hinaus erscheint die Anwendung von schuldrechtlichen Haftungsbestimmungen auch im öffentlichen Recht geboten[40]: So besteht dort gleichfalls ein besonderes Bedürfnis[41] für die Übernahme der Beweislastregelung des § 282 BGB.[42] Denn der Bürger kann den Beweis einer schuldhaften Amtspflichtverletzung oft nicht führen.[43] § 282 BGB nimmt ihm diese Beweisschwierigkeiten hinsichtlich des Verschuldens ab.

Ferner können die Amtshaftungsregelungen bei der Einschaltung von (privaten) Hilfspersonen zu unbilligen Ergebnissen führen[44]: Bedient sich nämlich der Staat zur Erfüllung einer Amtspflicht einer Hilfsperson des Pri-

---

39 Der *Bundesgerichtshof* ist der zutreffenden Ansicht, daß der gem. § 839 BGB i.V.m. Art. 34 GG zu leistende Schadensersatz den öffentlich-rechtlichen Besonderheiten dieses Haftungstatbestandes entsprechen muß. Könnte nach § 839 BGB jede Form der - in § 249 Satz 1 BGB in erster Linie vorgesehenen – Naturalrestitution gefordert werden, so wäre auch den Zivilgerichten die Möglichkeit eingeräumt, auf dem Wege der Verurteilung zum Schadensersatz Akte der hoheitlichen Verwaltung aufzuheben und damit in die Zuständigkeit der Verwaltungsgerichte einzugreifen. Dies sei abzulehnen, vgl. *BGHZ* 14, 222 (228 f.) im Anschluß an *RGZ* 150, 140 (143); ferner: *BGH*, DVBl. 1956, 454 (455); *BGH*, NJW 1957, 1597 (1598); ferner *Rupp*, DVBl. 1958, 113 (120).
Die Beschränkung der Amtshaftung auf (Ersatz-) Leistung in Geld ergibt sich ferner aus dem Normzusammenhang zwischen § 839 BGB und Art. 34 GG: Der Grund der Beschränkung liegt darin, daß die Amtshaftung eine persönliche Haftung des Beamten voraussetzt. Wird auch die haftungsrechtliche Verantwortung auf den Staat übergeleitet, transformiert sich die Haftung des Beamten indes nicht zu einer unmittelbaren Staatshaftung. Die Verantwortlichkeit des Staates ist begrenzt auf die Übernahme der durch das Handeln des Beamten ausgelösten Schadensersatzverpflichtung. Die Ersatzpflicht des Staates kann sich aber nur darauf erstrecken, was von dem Beamten selbst erbracht werden könnte, würde er persönlich in die haftungsrechtliche Verantwortung nach § 839 BGB genommen. Als Privatperson wäre er jedoch nicht in der Lage, Naturalrestitution durch Erlaß hoheitlicher Akte zu erbringen, vgl. *BGHZ GrS* 34, 99 (105 f.).

40 Es sei aber an dieser Stelle auch auch die Vorteile der Amtshaftung hingewiesen: So umfaßt die Amtshaftung auch Anspruch auf Schmerzensgeld im Sinne von § 847 BGB, der im Rahmen einer Haftung aus verwaltungsrechtlichen Schuldverhältnissen wegen § 253 BGB nicht in Betracht kommt, vgl. *Ossenbühl*, Staatshaftungsrecht, S. 111, 339.

41 Vgl. unter A)I) (Seite 30 ff.); vgl. im übrigen: *Bamberger*, AfP 2000, 131 (132 f.).

42 Vgl. *BGHZ* 23, 288 (290); 28, 251 (254); *BGH*, DVBl. 1978, 108 (109 f.); DVBl. 1983, 1062 (1063); *BVerwGE* 13, 17 (24 f.).

43 Vgl. beispielhaft *BGH*, NJW 1990, 1230 (1231).

44 Vgl. *Papier*, JZ 1975, 585 (589).

vatrechts, so scheidet ein Anspruch aus § 839 BGB i.V.m. Art. 34 GG oftmals aus, wenn diese Hilfsperson nicht „in Ausübung eines öffentlichen Amtes" handelt.[45] Eine Anwendung des § 278 BGB im Rahmen von verwaltungsrechtlichen Schuldverhältnissen führt insofern gegenüber der Amtshaftung zu sachgerechteren Ergebnissen.[46]

Es kommt hinzu, daß ein etwaiges Mitverschulden des Geschädigten im Rahmen der Haftung aus verwaltungsrechtlichen Schuldverhältnissen lediglich gem. § 254 BGB zu berücksichtigen ist, was gegenüber der strengeren Norm des § 839 Abs. 3 BGB einen Vorteil für den Bürger darstellt.[47] Auch verjähren schuldrechtliche Ansprüche nicht in der kurzen Frist des § 852 BGB, sondern erst in 30 Jahren, § 195 BGB.[48] Schließlich ermöglicht die Anwendung schuldrechtlicher Haftungsvorschriften die Heranziehung der Grundsätze über die vertragliche Schutzwirkung zu Gunsten Dritter.[49]

III) Orientierung der verwaltungsschuldrechtlichen Haftung am Haftungssystem des Zivilrechts

Motiv für eine Erweiterung der öffentlich-rechtlichen Haftung ist ferner die unverkennbare Parallele zum Zivilrecht: Dem zivilrechtlichen Haftungssystem liegt der Gedanke zugrunde, daß mit der Intensivierung der Rechtsbeziehungen zwischen zwei Rechtssubjekten eine strengere, über das Deliktsrecht hinausgehende Haftung einhergehen muß.[50] Wachsen nämlich Rechte und Pflichten der Beteiligten, so wächst auch regelmäßig die Gefahr, daß einer von ihnen ihm obliegende Pflichten verletzt. In diesem Falle hat der andere ein Interesse an einer Sanktionierung der Pflichtverletzung. Diese Sanktionierung kann beispielsweise in Gestalt der Einräumung eines Rücktrittsrechts oder eines Schadensersatzanspruchs erfolgen.

---

45 Vgl. dazu die Ausführungen unter I)II)2) (Seite 251 ff.).

46 Eine Haftung der öffentlichen Hand nach § 831 BGB scheidet aufgrund der Exkulpationsmöglichkeit in der Regel aus.

47 *Maurer*, Allgemeines Verwaltungsrecht, § 28 Rn. 8; vgl. dazu auch: *Rüfner*, JuS 1981, 259 (262).

48 Statt vieler: *BVerwG*, NJW 1995, 2303 (2309) m.w.N.

49 *BGH*, NJW 1974, 1816 (1817) (Schlachthof) mit Verweis auf *BGHZ* 33, 247 (250); 49, 278 (279); 49, 350 (353); *VGH Mannheim*, NVwZ-RR 1992, 656 (657); ferner: *Bender*, Staatshaftungsrecht, 3. Auflage, 1981, Rn. 813.

50 Vgl. *Ossenbühl*, Staatshaftungsrecht, S. 337.

Verschiedene Haftungsgrundlagen des Zivilrechts können diese Rechtsfolgen auslösen: zum einen solche vertraglicher, zum anderen solche deliktischer Natur. Der Unterschied zwischen beiden Haftungsgrundlagen besteht in dem Charakter der jeweils verletzten Rechtspflichten[51]: Die Haftung aus Vertrag setzt die Verletzung von sog. relativen Pflichten voraus. Sie sind dadurch gekennzeichnet, daß sie in der Regel[52] ausschließlich zwischen den an einem Schuldverhältnis beteiligten Personen bestehen. Sie werden also jeweils individuell begründet, und zwar bereits in dem Zeitpunkt, in dem die Parteien im Hinblick auf einen späteren Abschluß eines Rechtsgeschäftes zueinander in Kontakt treten.[53] Demgegenüber entstehen deliktische Ansprüche nur bei der Verletzung absoluter Rechte. Diese gelten gegenüber jedermann. Sie bestehen bereits kraft Gesetzes[54], so daß sie eines rechtsgeschäftlichen Begründungsakts nicht bedürfen.

IV) Übertragung der zivilrechtlichen Haftungsgedanken auf das öffentliche Recht

Die geschilderten Haftungskonstellationen können sich in ähnlicher Weise im öffentlichen Recht ergeben.[55] Auch hier kommt es häufig zu einem „besonders engen Verhältnis"[56] zwischen Staat und Bürger. Diese öffentlichrechtlichen Rechtsbeziehungen weisen hinsichtlich Struktur und Gegenstand deutliche Parallelen zu bürgerlich-rechtlichen Schuldverhältnissen auf. Dies zeigt sich insbesondere im Bereich der kommunalen Daseinsvorsorge. Als Beispiele schuldrechtsähnlicher Rechtsverhältnisse auf dem Gebiet des

51 *Kreßel*, Öffentliches Haftungsrecht und sozialrechtlicher Herstellungsanspruch, 1990, S. 155 ff.; *Papier*, Forderungsverletzung, S. 19 ff.; *Meysen*, Die Haftung aus Verwaltungsrechtsverhältnis, S. 156 f.

52 Eine Ausnahme stellt das Rechtsinstitut des Vertrages mit Schutzwirkung zu Gunsten Dritter dar, wonach auch nicht am Vertrag beteiligte Personen von dessen Schutzbereich erfaßt sind, vgl. die Nachweise unter Anm. 49.

53 Vgl. hierzu die grundlegende Entscheidung des *Reichsgerichts* (*RGZ* 78, 239 ff.: „Linoleumrollen-Fall").

54 Vgl. zum Ganzen: *Palandt/Heinrichs*, Bürgerliches Gesetzbuch, Einleitung vor § 241 Rn. 3.

55 *BGHZ* 135, 341 (346).

56 Dieser Terminus wird insbesondere von der *Rechtsprechung* als Bestimmungsmerkmal des verwaltungsrechtlichen Schuldverhältnisses verwendet, dazu sogleich unter B)II)1) (Seite 41).

öffentlichen Rechts lassen sich aus der Rechtsprechung zitieren: Anschluß an die Abwasserkanalisation[57], Lieferung von Wasser[58], Benutzung eines Schlachthofes[59], Einweisung in ein Krankenhaus mit anschließender Behandlung[60].

Diese strukturelle und gegenständliche Verwandtschaft zum Zivilrecht legen daher nahe, eine dem Schuldrecht des BGB ähnliche Haftung auf derartige Verwaltungsrechtsverhältnisse zu übertragen.[61] Auf diese Weise wird gleichzeitig die Möglichkeit eröffnet, das Haftungsrisiko zwischen Staat und Bürger mit Hilfe von Haftungsbeschränkungen angemessen zu verteilen.[62]

---

57 *BGHZ* 54, 299 ff.

58 *BGHZ* 59, 303 ff.: Diese Entscheidung ist insofern bemerkenswert, als der *BGH* die kaufrechtlichen Gewährleistungsvorschriften (§§ 459 ff. BGB) für entsprechend anwendbar erklärt. Die Anwendung der Regeln des Bürgerlichen Rechts über den Kauf dränge sich geradezu auf, *BGHZ* 59, 303 (305). Eine restriktivere Anwendung der Gewährleistungsvorschriften befürwortet indessen *VGH Mannheim* (*ESVGH* 26, 155 (157)). Danach sind die Vorschriften der Wandlung/Minderung im öffentlichen Recht nicht anwendbar.

59 *BGHZ* 61, 7 ff.

60 *RG*, DR 1943, 854 f.

61 Die Annahme von verwaltungsrechtlichen Schuldverhältnissen ist aber nicht ohne Risiko für den Bürger. Denn er haftet nach Ansicht der *Rechtsprechung* im Falle einer Pflichtverletzung ebenfalls aus Forderungsverletzung des verwaltungsrechtlichen Schuldverhältnisses, vgl. *BVerwG*, NJW 1995, 2303 ff.; *VGH Mannheim*, VBlBW 1982, 369; NVwZ-RR 1991, 325; NVwZ-RR 1992, 656 f.; dazu auch: *Maurer*, Allgemeines Verwaltungsrecht, § 28 Rn. 2 aE; vgl. dazu auch unter B)III)2)b) (Seite 59).

62 Vgl. zu diesem Gesichtspunkt: *Schneider*, NJW 1962, 705 (708); dazu eingehend unter II) (Seite 207 ff.).

B) Begriff und Begründungsformen des verwaltungsrechtlichen Schuldverhältnisses

I) Rechtshistorischer Ursprung und Entwicklung des Verwaltungsschuldrechts

Das Rechtsinstitut des verwaltungsrechtlichen Schuldverhältnisses ist vom *Reichsgericht* zunächst bei drei öffentlich-rechtlichen Fallgestaltungen angenommen worden[63]: dem Anstaltsverhältnis[64], dem Beamtenverhältnis[65] sowie der Verwahrung[66].[67]

Für die Übertragung schuldrechtlicher Regelungen des BGB auf diese drei Fallgruppen sprach nach damaliger Ansicht der *Rechtsprechung* ein gemeinsames Merkmal: Alle drei Rechtsbeziehungen zwischen Staat und Bürger wiesen trotz ihres öffentlich-rechtlichen Charakters jeweils starke schuldrechtsähnliche Züge auf.[68] Solche öffentlich-rechtlichen Verhältnisse

---

63 Dazu: *Meysen*, Die Haftung aus Verwaltungsrechtsverhältnis, S. 20 ff.

64 *RGZ* 99, 96 (101); 152, 129 (131 f.) (Abnehmer/Wasserwerk); ferner *RGZ* 112, 290 (293) (Patient/Krankenhaus); ferner *RGZ* 131, 67 (73 f.); 131, 278 (279) (Versicherungsnehmer/Sozialversicherungsträger); ferner *RG*, DR 1943, 854 f. (Geistesgestörter/Anstalt); ferner *RGZ* 102, 6 (7 f.) (Lehrer/Schulträger); im übrigen : *RGZ* 65, 113 (116 f.); 98, 341 (342); 113, 293 (296); 118, 41 (43 f); 120, 162 (163); 130, 97 (98 f.); 161, 174 (180 f.).

65 *RGZ* 18, 173 (174); 19, 348 (349); 63, 430 (432); 71, 243 (247); 91, 21 (23 f.); 92, 178 (179 f.); 97, 43 (44); 104, 58 (60); 107, 189 f.; 111, 22 f.; 111, 178 (182); 146, 369 (373), 155, 227 (232), 157, 145 (149); 158, 235 (236 f.).

66 *RGZ* 48, 255 (258); 51, 219 (220 f.); 67, 335 (338 ff.); 78, 325 (327 f.); 99, 283 (284); 100, 219 (221).

67 Hinsichtlich der beiden letztgenannten Fallgruppen ging das *Reichsgericht* zunächst davon aus, daß es sich jeweils um privatrechtliche Rechtsverhältnisse handele, vgl. *RGZ* 18, 173 (174) bzw. 99, 283 (284). Später hat das *Reichsgericht* diese Ansicht aufgegeben und sowohl das Beamtenverhältnis (vgl. *RG*, Warn 1915 Nr. 76) als auch die öffentlich-rechtliche Verwahrung (vgl. *RGZ* 115, 419 (421)) dem öffentlichen Recht zugeordnet.

68 Insofern kann *Mittermeier*, Haftung und Haftungsbeschränkungen der Gemeinden für ihre öffentlich-rechtlichen Einrichtungen, 1984, S. 89 f., nicht zugestimmt werden, daß die *Rechtsprechung* das verwaltungsrechtliche Schuldverhältnis zunächst an das Bestehen einer „besonders engen Beziehung" zwischen Staat und Bürger geknüpft habe. Dieser

erzeugten – wie im Falle einer vergleichbaren privatrechtlichen Gestaltung – Rechte und Pflichten zwischen den Beteiligten. Diese seien daher auch nach den Vorschriften des bürgerlichen Rechts zu beurteilen[69], sofern die Eigenart des jeweiligen öffentlich-rechtlichen Rechtsverhältnisses nicht ausnahmsweise eine Anwendung zivilrechtlicher Regelungen ausschließe. Vor allem könnten §§ 276, 278 BGB auf derartige Schuldverhältnisse angewendet werden.[70] Auf diese Weise sollte für den Fall, daß die Amtshaftung nicht einschlägig war, eine gesetzliche Haftungslücke ausgefüllt werden, um zu gerechten und billigen Ergebnissen zu gelangen.[71]

II) Meinungsstand

Das verwaltungsrechtliche Schuldverhältnis ist als Rechtsinstitut inzwischen allgemein anerkannt. Jedoch wird mangels einer gesetzlichen Regelung[72] in *Rechtsprechung* und *Literatur* seit langem die Frage nach den Voraussetzungen eines solchen Schuldverhältnisses diskutiert. Hierzu sind verschiedene Definitionsversuche unternommen worden. Die nachfolgend dargestellten Definitionen des verwaltungsrechtlichen Schuldverhältnisses differieren zum Teil ganz erheblich in ihren jeweils geforderten Qualifikationsmerkmalen. Dies ist letztlich auf den Umstand einer nicht einmal im Ansatz vorhandenen gesetzlichen Regelung zurückzuführen.[73]

Terminus ist von der Rechtsprechung erstmals in *BGHZ* 21, 214 (218) verwendet worden; dazu sogleich unter B)II)1) (Seite 41).

69 *RGZ* 152, 129 (132 f.).

70 *RGZ* 65, 113 (117).

71 Vgl. hierzu: *BGHZ* 21, 214 (221): Der *BGH* geht davon aus, daß bei Strafgefangenenverhältnissen eine gesetzliche Lücke nicht bestehe. „Für den Strafgefangenen ist nämlich die Möglichkeit der Verfolgung von Amtshaftungsansprüchen unbeschränkt und ohne jegliche prozessuale Schwierigkeiten gegeben".

72 Es sei darauf hingewiesen, daß das vom *Bundesverfassungsgericht* (*BVerfGE* 61, 149 ff.) mangels Gesetzgebungskompetenz des Bundes für verfassungswidrig erklärte Staatshaftungsgesetz (StHG, 1981 BGBl. I S. 553) in § 15 Nr. 1 das verwaltungsrechtliche Schuldverhältnis als Rechtsinstitut gesetzlich anerkannte, vgl. dazu *Schäfer/Bonk*, StHG, § 15 Rn. 30.

73 So auch: *Janson*, DÖV 1979, 696.

1) Kriterien der Rechtsprechung *für verwaltungsrechtliche Schuldverhältnisse*

Die *Rechtsprechung* hat zunächst im Wege der Kasuistik[74] zivilrechtliche Normen auf öffentlich-rechtliche Rechtsverhältnisse übertragen. Auf diese Weise hat sich zunehmend eine Reihe von nunmehr allgemein anerkannten verwaltungsrechtlichen Schuldverhältnissen herausgebildet. Der *Bundesgerichtshof* hat erstmals im Jahre 1956 den Versuch unternommen, die Kriterien für die Qualifikation eines Verwaltungsrechtsverhältnisses als verwaltungsrechtliches Schuldverhältnis allgemein zu formulieren. Er führt dazu in seinem Urteil vom 09.07.1956 aus[75]: „Die Rechtsprechung hat (...) seit langem die sinngemäße Anwendung des vertraglichen Schuldrechts als Ausdruck allgemeiner Rechtsgedanken auch auf öffentlich-rechtliche Verhältnisse da bejaht, wo ein besonders enges Verhältnis des einzelnen zum Staat oder zur Verwaltung begründet worden ist und mangels ausdrücklicher gesetzlicher Regelung ein Bedürfnis zu einer angemessenen Verteilung der Verantwortung innerhalb des öffentlichen Rechts vorliegt".[76]

Auf dieser Grundlage hat sich die Rechtsprechung unter Federführung des *Bundesgerichtshofs* fortentwickelt. Neben den drei bereits genannten Fallgruppen bejaht die *Rechtsprechung* das Vorliegen verwaltungsrechtlicher Schuldverhältnisse nunmehr auch bei folgenden Sachverhalten: öffentlich-rechtliche Geschäftsführung ohne Auftrag[77], öffentlich-rechtliche Verträge[78], Schul-[79], Zivil-[80] und Wehrdienstverhältnisse[81].[82]

---

74 Vgl. unter 0 (Seite 39).

75 *BGHZ* 21, 214 (218).

76 Diese Formulierung wiederholt sich in leicht modifizierter Form in: *BGHZ* 54, 299 (303); 59, 303 (305); 61, 7 (11); 135, 341 (344); *BGH*, NJW 1974, 1816; *BGH*, NJW 1998, 298 (299); *BVerwG*, NJW 1995, 2303 (2304); vgl. auch: *OLG Düsseldorf*, NVwZ-RR 1996, 305; *OVG Münster*, NVwZ-RR 1997, 207; *OLG Hamm*, NJW 2001, 375 (376).

77 *BGHZ* 63, 167 (176); vgl. ferner: *BVerfGE* 18, 429 (436); *BVerwGE* 27, 314 (318); 32, 279 (280); 48, 279 (285); *VGH München*, BayVBl. 1979, 621, (623); *OVG Münster*, OVGE 31, 223 (236).

78 *BGHZ* 71, 386 ff.; *OVG Lüneburg*, NJW 1977, 773 f.

79 *BGH*, NJW 1964, 1670 ff.; anders noch: *BGH*, NJW 1963, 1828 ff.

80 *BGHZ* 135, 341 (344); *BVerwG*, DVBl. 1998, 645 (646): Verwaltungsrechtliches Schuldverhältnis zwischen Bund und Träger einer Zivildienststelle; dazu auch: *Meysen*, Die Haftung aus Verwaltungsrechtsverhältnis, S. 138; ferner: *BGH*, DÖV 1990, 1027: Verwaltungsrechtliches Schuldverhältnis zwischen Zivildienstleistendem und Zivildienststelle; dazu auch: *Ossenbühl*, Staatshaftungsrecht, S. 350.

81 *BVerwGE* 52, 247 (253).

Die vom *Bundesgerichtshof* aufgeführten Kriterien zur Bestimmung eines verwaltungsrechtlichen Schuldverhältnisses überzeugen nicht. Sie sind unscharf. So erweist sich vor allem das Merkmal des „besonders engen Verhältnisses" als zu unbestimmt. Unklar ist zum Beispiel, ob die Rechtsbeziehung vermögensrechtlichen Einschlag haben muß, wie dies von Teilen der *Literatur* gefordert wird.[83] Ungelöst bleibt ferner das Problem, ob ein verwaltungsrechtliches Schuldverhältnis nur bei schlicht-hoheitlichem oder auch bei obrigkeitlichem Handeln des Staates in Betracht kommt.[84] Zur Klarheit trägt auch nicht die wechselnde Formulierung der Kriterien bei.[85] Teilweise spricht der *Bundesgerichtshof* von „besonderen, engen" Verhältnissen[86], teilweise ist von „besonders engen" Beziehungen die Rede[87]. Es mag sich hierbei nur um eine schlichte sprachliche Ungenauigkeit handeln, deren praktische Auswirkung gering sein mag. Doch zumindest trägt dies nicht zur Schaffung der gebotenen Rechtssicherheit bei[88], zumal das Bestimmungsmerkmal des „besonderen, engen Verhältnisses" bereits *per se* nicht dazu geeignet ist, mehr als einen Umriß des verwaltungsrechtlichen Schuldverhältnisses zu liefern.[89]

Darüber hinaus ist das weitere, von der *Rechtsprechung* verwendete Merkmal des „Bedürfnisses" zur Begriffsbestimmung untauglich. Es handelt sich

---

82 Vgl. auch die Einteilung dieser Rechtsprechung von *Hertwig*, Verwaltungsrechtsverhältnis, S. 64 ff. Danach könne die Rechtsprechung in personenbezogene und vermögensbezogene Rechtsbeziehungen unterteilt werden.

83 Vgl. die gegensätzlichen Enscheidungen des *Bundesgerichtshof* zum Schulverhältnis, einem typischen Rechtsverhältnis ohne Vermögenswert: zum einen *BGH*, NJW 1963, 1828 f. (Turnunfall), zum anderen *BGH*, NJW 1964, 1670 f. (Verlust eines Armbandes einer Schülerin); siehe im übrigen zum Streitstand: *Meysen*, Die Haftung aus Verwaltungsrechtsverhältnis, S. 199 ff.; *Wolff/Bachof/Stober*, Verwaltungsrecht II, 6. Auflage, 2000, § 55 Rn. 3.

84 Vgl. *Bender*, Staatshaftungsrecht, Rn. 810 m.w.N.

85 Zu diesem Aspekt auch: *Palder*, NJW 1977, 954.

86 So *BGHZ* 54, 299 (303); 61, 7 (11).

87 So *BGHZ* 21, 214 (218); 59, 303 (305).

88 So auch die Kritik von: *Meysen*, Die Haftung im Verwaltungsrechtsverhältnis, S. 146 f.

89 *Drews/Wacke/Vogel/Martens*, Gefahrenabwehr, § 32.5 fordern in Anlehnung an die *Rechtsprechung* ebenfalls ein „besonders enges Verhältnis". Dies liege vor, wenn eine Rechtsbeziehung „in ihrer Individualisierung und Intensität einem privatrechtlichen Schuldverhältnis vergleichbar" sei. Sie konzedieren, daß diese Begriffsbestimmung sehr allgemein gefaßt ist. Eine konkretere Bestimmung halten sie aber nicht für möglich, da es „an einer überzeugenden Systematik der Verwaltungsrechtsverhältnisse bislang noch (fehle)".

dabei nicht um ein Abgrenzungskriterium. Vielmehr bringt diese Wendung einzig den Beweggrund dafür zum Ausdruck, im konkreten Fall die zivilrechtlichen Vorschriften auf das öffentlich-rechliche Verhältnis zu übertragen.[90]

2) *Kriterien der* Literatur *für verwaltungsrechliche Schuldverhältnisse*

Im *Schrifttum* hat sich eine einheitliche Linie in der Beantwortung der Frage nach den Voraussetzungen verwaltungsrechtlicher Schuldverhältnisse bislang nicht abgezeichnet. Jedoch hat man sich im Gegensatz zur *Rechtsprechung* von vornherein bemüht, prägnantere Abgrenzungskriterien zur Bestimmung verwaltungsrechtlicher Schuldverhältnisse zu entwickeln.[91]

a) *Forderungsrecht aufgrund öffentlich-rechtlichen Titels* (Friedrichs)

Der erste Definitionsvorschlag von Seiten des *Schrifttums* stammt von *Karl Friedrichs*. Er orientiert sich an § 241 BGB. *Friedrichs* versteht unter einem verwaltungsrechtlichen Schuldverhältnis ein Rechtsverhältnis, aufgrund dessen „ein Gläubiger von einem Schuldner aus einem Titel des öffentlichen Rechts ein Geben, ein Tun oder ein Unterlassen verlangen kann".[92] Als Titel des öffentlichen Rechts seien insbesondere obrigkeitliche Befehle zu qualifizieren.[93] Indessen könnten Pflichten kraft „allgemeiner Gesetze oder Verordnungen" kein öffentlich-rechtliches Schuldverhältnis begründen.

---

90 Vgl. dazu auch die Kritik von Seiten der *Literatur*: *Ossenbühl*, Staatshaftungsrecht, S. 354; *Wolff/Bachof/Stober*, Verwaltungsrecht II, § 55 Rn. 3; *Maurer*, Allgemeines Verwaltungsrecht, § 28 Rn. 3; *Papier*, Forderungsverletzung, S. 40 ff.

91 Vgl. ferner: *Palandt/Heinrichs*, Bürgerliches Gesetzbuch, § 276 Rn. 130; *Blume*, Schuldrechtsähnliche Sonderverbindungen im öffentlichen Recht, 1967, S. 131 ff.; *Zuleeg*, DÖV 1970, 627 (630); *Forsthoff*, Allgemeines Verwaltungsrecht, 10. Auflage, 1973, S. 409 ff.; *Mittermeier*, Haftung, S. 99 ff.

92 *Friedrichs*, ArchBürgR 42 (1916), 28 (30 f.); ihm folgend *Eckert*, Leistungsstörungen in verwaltungsrechtlichen Schuldverhältnissen, DVBl. 1962, 11, der allerdings hiervon Verpflichtungen ausnimmt, „die Privatrechtssubjekten einseitig auf Grund Gesetzes, Gewohnheitsrechts oder Verwaltungsakts gegenüber der öffentlichen Gewalt obliegen".

93 *Friedrichs*, ArchBürgR 42 (1916), S. 28 (31) Anm. 7; ferner kämen auch die Ausstellung eines Wechsels oder einer Schlußnote als Grundlage der Steuerpflicht als ein besonderer Titel des öffentlichen Rechts in Betracht.

aa) Die von *Friedrichs* vorgeschlagene Definition des verwaltungsrechtlichen Schuldverhältnisses leuchtet nicht ein. Schon sein Ansatz[94], § 241 BGB als Ausgangspunkt zur Begriffsbestimmung zu nehmen, geht fehl. Die Vorschrift lautet: „Kraft des Schuldverhältnisses ist der Gläubiger berechtigt, von dem Schuldner eine Leistung zu fordern. Die Leistung kann auch in einem Unterlassen bestehen." Hier ist zunächst zu berücksichtigen, daß § 241 BGB keine Definition eines Schuldverhältnisses liefert. Die Vorschrift setzt vielmehr dessen Bestehen voraus und regelt – wenn auch in unvollständiger Weise[95] – dessen Rechtsfolgen. § 241 BGB ist daher als Definitionsmerkmal des verwaltungsrechtlichen Schuldverhältnisses nicht geeignet.

bb) Nicht überzeugend ist auch das von *Friedrichs* aufgestellte Erfordernis, die rechtliche Beziehung müsse ihre Grundlage „in einem besonderen Titel des öffentlichen Rechts" haben. Die Eingrenzung des verwaltungsrechtlichen Schuldverhältnisses auf „obrigkeitliche Befehle" erscheint zu eng: Denn *Friedrichs* geht im Jahre 1916 insoweit von dem früheren, nunmehr überholten Verständnis des Verwaltungsschuldrechts aus, daß der Staat gegenüber dem Bürger nur in obrigkeitlicher Funktion schuldrechtsähnliche Verpflichtungen begründen könne. So entspricht es mittlerweile allgemeiner Ansicht, daß verwaltungsrechtliche Schuldverhältnisse insbesondere bei schlicht-hoheitlichen Handeln des Staates entstehen können.[96]

cc) Ferner ist die Einschränkung abzulehnen, nur solche Rechtsverhältnisse als verwaltungsrechtliche Schuldverhältnisse anzuerkennen, deren Pflichten sich nicht aus „allgemeinen Gesetzen und Rechtsverordnungen" ergeben. Eine Begründung hierfür liefert *Friedrichs* nicht. Indessen sollte Folgendes berücksichtigt werden: Auch im Privatrecht gibt es Schuldverhältnisse kraft Rechtsgeschäfts[97], kraft Gesetzes[98] sowie kraft Gewohnheitsrechts[99]. Es ist kein einleuchtender Grund ersichtlich, im öffentlichen Recht anders zu verfahren und die unmittelbar durch Gesetz oder aufgrund eines Gesetzes begründeten Rechtsverhältnisse zwischen Staat und Bürger nur

---

94 Ebenfalls für einen solchen Ansatz plädierend: *Eckert* DVBl. 1962, 11; wohl auch *Wolff/Bachof/Stober*, Verwaltungsrecht II, § 55 Rn. 3.

95 Vgl. *Palandt/Heinrichs*, Bürgerliches Gesetzbuch, § 241 Rn. 1.

96 Vgl. Anm. 13.

97 Der klassische Fall ist der Vertrag; ferner: Das Schuldanerkenntnis (§§ 780 f. BGB).

98 Zum Beispiel: §§ 677 ff., 701 ff.; 741 ff.; 812 ff., 823 ff.; 829 BGB; ferner die Gefährdungshaftung.

99 Dazu zählen die Rechtsinstitute der culpa in contrahendo (c.i.c.) sowie der positiven Vertragsverletzung (pVV).

wegen ihres Entstehungsgrundes von den verwaltungsrechtlichen Schuldverhältnissen auszunehmen. Vielmehr erscheint es in Anlehnung an das Zivilrecht naheliegend, auch in diesen Fällen das Vorliegen eines verwaltungsrechtlichen Schuldverhältnisses zu bejahen.[100] Denn wie noch zu zeigen sein wird, kennt auch das Verwaltungsschuldrecht keinen *numerus clausus* der Begründungsformen.[101]

b) Leistungsbeziehung aufgrund objektiven Verwaltungsrechts (Simons)

Simons nimmt eine restriktive Begriffsbestimmung vor. Er versteht das verwaltungsrechtliche Schuldverhältnis als „ein Sonderrechtsverhältnis aufgrund objektiven Verwaltungsrechts zwischen Zivilpersonen oder (und) Trägern hoheitlicher Gewalt, die einander zu bestimmten, durch den Inhalt der Rechtsbeziehung näher konkretisierten Leistungen von Vermögenswert verpflichtet sind mit Ausnahme der einseitig durch verwaltungsrechtlichen Rechtssatz begründeten Leistungspflichten der Zivilpersonen gegenüber den Trägern öffentlicher Gewalt".[102]

Der Definitionsvorschlag von *Simons* stößt in zweifacher Hinsicht auf Bedenken.

aa) Zum einen ist die in Anlehnung an Art. 188 Abs. 2 wüEVRO[103] vorgenommene Beschränkung der Annahme eines verwaltungsrechtlichen Schuldverhältnisses auf Rechtsbeziehungen, die durch Übereinkunft der Parteien begründet werden, nicht einzusehen. Wie *Friedrichs* übersieht auch *Simons*, daß Schuldverhältnisse nicht nur durch Rechtsgeschäft, sondern auch kraft Gesetzes bzw. kraft Verwaltungsakts entstehen können.[104]

bb) Zum anderen erscheint eine Ausdehnung des verwaltungsrechtlichen Schuldverhältnisses auf Rechtsbeziehungen zwischen Trägern öffentlicher Gewalt fraglich. Es besteht hierfür kein „Bedürfnis" im Sinne der Terminologie der *Rechtsprechung*. Die Annahme verwaltungsrechtlicher Schuldverhältnisse wurde von dem Gedanken geleitet, den *Bürger* vor staatlich zu ver-

---

100 So auch: *Papier*, Forderungsverletzung, S. 82; vgl. im übrigen auch die Kritik von *Terwey*, Betreuung, S. 68 f.

101 Vgl. dazu unter B)IV) (Seite 68).

102 *Simons*, Leistungsstörungen verwaltungsrechtlicher Schuldverhältnisse, 1967, S. 59; ihm weitestgehend folgend: *Janson*, DÖV 1979, 696 (697).

103 Entwurf einer Verwaltungsrechtsordnung für Württemberg von 1931, vgl. *Simons*, Leistungsstörungen, S. 45 Anm. 126.

104 Vgl. dazu die Ausführungen unter B)IV) (Seite 68 ff.).

antwortendem Unrecht umfassend zu schützen, da die Haftung aus Amtspflichtverletzung als unzureichend angesehen wurde. Diese Überlegung gilt aber nicht für Träger öffentlicher Gewalt. Denn ein entsprechendes Schutzbedürfnis ist in diesen Fällen zu verneinen. Schon deshalb erscheint es nicht gerechtfertigt, die Haftung aus verwaltungsrechtlichen Schuldverhältnissen auch in Rechtsverhältnissen zwischen Trägern öffentlicher Gewalt gelten zu lassen. Darüber hinaus entspricht es der herrschenden Meinung in *Rechtsprechung* und *Literatur*, daß öffentlich-rechtliche Körperschaften bei Pflichtverletzungen zumindest im Rahmen von öffentlich-rechtlichen Rechtsverhältnissen nichtvertraglicher Art grundsätzlich einander nicht zum Schadensersatz verpflichtet sind, sofern weder spezialgesetzliche Regelungen noch § 839 BGB i.V.m. Art. 34 GG eingreifen.[105] Dies liegt zum einen an der fehlenden Vergleichbarkeit der Sachverhalte: Bei Rechtsbeziehungen zwischen Trägern hoheitlicher Gewalt sind Schadensersatzansprüche weder zur Sicherung einer ordnungsgemäßen Durchführung des Rechtsverhältnisses noch zum Schutz des Geschädigten geboten.[106] Zum anderen bedarf es keiner Heranziehung der zivilrechtlichen Vorschriften, weil die Finanzierungspflichten zwischen den beteiligten Hoheitsträgern regelmäßig umfassend normiert sind.[107]

Es gibt also kein „Bedürfnis", die Haftung aus verwaltungsrechtlichen Schuldverhältnissen auf Rechtsbeziehungen zwischen Trägern öffentlicher Gewalt auszudehnen.

c) Leistungen der Daseinsvorsorge (Schäfer/Bonk)

Schäfer/Bonk führen das Argument der thematischen Begrenzung des Verwaltungsschuldrechts ins Feld. Nach ihrer Ansicht existiert die Rechtsfigur des verwaltungsrechtlichen Schuldverhältnisses ausschließlich im Bereich der Leistungsverwaltung. Es könne „von einem verwaltungsrechtlichen Schuldverhältnis erst dann und nur dort gesprochen werden, wo der Staat im Rahmen der Daseinsvorsorge und insbesondere im Bereich der schlich-

105 Vgl. *BVerwGE* 12, 253 (254); ferner: *Ruland*, Schadensausgleich zwischen öffentlichen Rechtsträgern, 1978, S. 205 f.; *Sturm*, DÖV 1966, 256 (259); *Heinze*, DÖV 1967, 33 (35).

106 *Ulrich Stelkens*, Verwaltungshaftungsrecht, 1998, S. 444 f.

107 Vgl. *Ulrich Stelkens*, Verwaltungshaftungsrecht, S. 363 f.

ten Hoheitsverwaltung dem Bürger Leistungen (anbiete), die dieser in der Regel, wenn auch nicht notwendig, freiwillig annehme".[108]

Auch dieser Begriffsbestimmung des verwaltungsrechtlichen Schuldverhältnisses kann nicht gefolgt werden. Die Beschränkung auf den Bereich der Daseinsvorsorge ist nicht einzusehen. Zwar weisen das „faktische Angebot einer staatlichen Leistung" und dessen „tatsächliche Inanspruchnahme" durch den Bürger deutliche Parallelen zum Zivilrecht auf, so daß eine Anwendung der zivilrechtlichen Haftungsvorschriften gerade dort angebracht ist. Es handelt sich insoweit um einen klassischen Fall des verwaltungsrechtlichen Schuldverhältnisses. Doch auch außerhalb des Bereichs der Daseinsvorsorge gibt es vielfältige Konstellationen, die eine Heranziehung zivilrechtlicher Haftungsregelungen rechtfertigen. Hingewiesen sei nur auf das Beamtenverhältnis oder die öffentlich-rechtliche Verwahrung. Eine entsprechende Schutzbedürftigkeit des Bürgers besteht also auch außerhalb des Gebiets der Daseinsvorsorge.

d) Interessenkongruenz (Terwey)

Einen anderen Ansatz wählt hingegen *Terwey*.[109] Nach seiner Auffassung ist das Schuldverhältnis nicht nur durch eine konkrete, individuelle Forderung und Verpflichtung gekennzeichnet, sondern beinhaltet darüber hinaus eine gegenseitige Verpflichtung zur Kooperation, um ein bestimmtes Ziel zu erreichen. Entscheidend für die Annahme verwaltungsrechtlicher Schuldverhältnisse sei das Vorliegen einer dem Zivilrecht entsprechenden „Interessenkongruenz".[110] So sollten deshalb nur solche Verwaltungsrechtsverhältnisse nach schuldrechtlichen Grundsätzen abgewickelt werden, bei denen es nicht nur auf eine gesetzestreue Erfüllung von Verpflichtungen ankomme, sondern bei denen ein „loyales Zusammenwirken der Beteiligten erforderlich" sei.[111]

Der Gedanke *Terweys*, die Annahme verwaltungsrechtlicher Schuldverhältnisse von dem Erfordernis einer „Interessenkongruenz" abhängig zu machen, kann nicht überzeugen. *Terwey* geht zu Unrecht davon aus, daß das

---

108 *Schäfer/Bonk*, StHG, § 15 Rn. 33.

109 *Terwey*, Die rechtliche Betreuung des Bürgers nach dem Sozialgesetzbuch, 1980, S. 76 ff.

110 *Terwey*, Betreuung, S. 80.

111 *Terwey*, Betreuung, S. 77.

Zivilrecht generell gekennzeichnet ist durch das Merkmal der „Interessenübereinstimmung". Dies zeigt sich besonders deutlich bei den gesetzlichen Schuldverhältnissen, namentlich der Geschäftsführung ohne Auftrag, der ungerechtfertigten Bereicherung sowie der Delikts- und Gefährdungshaftung. Gerade in diesen Fällen kann von dem Erfordernis eines „loyalen Zusammenwirkens" zwischen den Beteiligten keine Rede sein.

e) Trennung zwischen koordinations-, subordinationsrechtlichen und diagonalen Rechtsverhältnissen (Hertwig)

aa) Indessen will *Hertwig* zur Bestimmung des verwaltungsrechtlichen Schuldverhältnisses entsprechend der Natur der jeweiligen Rechtsverhältnisse differenzieren.[112] Im Falle „koordinationsrechtlicher Rechtsbeziehungen" könne aus rechtssystematischen Gründen das Privatrecht analog angewandt werden, da die „koordinationsrechtliche Ebene" beiden Rechtskreisen immanent sei. Dagegen könne im Falle „subordinationsrechtlicher Rechtsbeziehungen" aber gerade aus diesem Grund nicht auf das Privatrecht zurückgegriffen werden. Dem Bürgerlichen Recht sei nämlich eine „formale Über-/Unterordnung mit der Möglichkeit einseitiger Begründung von Pflichten" fremd. Schließlich will *Hertwig* bei „diagonalen Rechtsbeziehungen"[113] eine typisierende Betrachtungsweise vornehmen. Gemeint sind damit kraft hoheitlicher Gewalt begründete Leistungsbeziehungen zu Gunsten des Bürgers, wie beispielsweise Leistungen der Sozialhilfe. Es sei im Einzelfall zu prüfen, ob das jeweilige öffentlich-rechtliche Rechtsverhältnis über „eine für den Analogieschluß ausreichende Privatrechtsähnlichkeit" verfüge.

bb) *Hertwigs* Lösungsvorschlag ist nicht frei von Bedenken. Die „Rechts-Struktur" des jeweiligen öffentlich-rechtlichen Rechtsverhältnisses zwischen Staat und Bürger kann nicht zum entscheidenden Kriterium für dessen Qualifizierung als verwaltungsrechtliches Schuldverhältnis gemacht werden. Diese Argumentation trägt nicht dem haftungsrechtlichen Schutzzweck des verwaltungsrechtlichen Schuldverhältnisses Rechnung.

aaa) Insbesondere ist die Forderung verfehlt, in „subordinationsrechtlichen" Verhältnissen „die analoge Heranziehung des bürgerlichen Schuldrechts" auszuschließen. Dies läßt sich jedenfalls nicht damit rechtfertigen,

---

112 *Hertwig*, Verwaltungsrechtsverhältnis, S. 71 ff., S. 103.

113 Vgl. *Hertwig*, Verwaltungsrechtsverhältnis, S. 52.

daß „das Zivilrecht eine formale Über-/Unterordnung mit der Möglichkeit einseitiger Begründung von Pflichten nicht (kenne)". Diese Begründung ist unzutreffend: Das Bürgerliche Recht kennt sehr wohl „subordinationsrechtliche" Beziehungen zwischen Privatrechtspersonen. Als Beispiel sei die Dienstleistungspflicht des Kindes im Hause seiner Eltern bzw. seines Vormundes (§§ 1619 bzw. 1619 i.V.m. 1793 Abs. 1 Satz 2 BGB) genannt.[114] Ferner ist § 315 BGB Ausdruck eines bürgerlich-rechtlichen Über-/Unterordnungsverhältnisses.[115] Dies zeigt sich vor allem im Arbeitsrecht: Das Weisungsrecht des Arbeitgebers ist Ausfluß eines in dieser Hinsicht subordinationsrechtlich geprägten Schuldverhältnisses.[116]

bbb) Desweiteren wäre der Ausschluß „subordinationsrechtlicher" Rechtsbeziehungen aus der Gruppe der verwaltungsrechtlichen Schuldverhältnisse unter dem Gesichtspunkt der Schutzbedürftigkeit des Bürgers unbefriedigend. *Hertwig* verkennt damit – wie bereits *Simons*[117] – den Schutzzweck dieses Rechtsinstituts. In Rechtsverhältnissen, die der Staat einseitig – auch gegen den Willen des Bürgers[118] – begründet, befindet sich der Bürger in einer besonders schützenswerten Position. Gerade in diesen Fällen ist es geboten, die Gefahr, daß sich der Schutz durch Amtshaftung als unzureichend erweist, durch die Anwendung ergänzender schuldrechtlicher Haftungsvorschriften zu entschärfen. Dies wird dann umso dringender, wenn der Staat von der Möglichkeit der Einführung von Haftungsbeschränkungen Gebrauch macht. Die Auffassung *Hertwigs*, „subordinationsrechtliche" Rechtsverhältnisse von vornherein von den verwaltungsrechtlichen Schuldverhältnissen auszunehmen, ist daher abzulehnen.

ccc) Schließlich können auch die Ausführungen *Hertwigs* bezüglich „diagonaler"[119] Rechtsbeziehungen nicht überzeugen. Die seiner Ansicht nach jeweils vorzunehmende „typisierende" Betrachtungsweise bildet keine griffige Abgrenzungsformel. Dem im Sinne der Rechtssicherheit gebotenen Erfordernis nach einer klaren, nicht auslegungsbedürftigen Definition des

---

114 Vgl. *Papier*, Forderungsverletzung, S. 62.

115 Zugegebenermaßen setzt § 315 BGB das Zustandekommen eines „koordinationsrechtlichen" Vertrages voraus.

116 Vgl. zu den übrigen, zahlreichen Anwendungsfällen des § 315 BGB: *Palandt/Heinrichs*, Bürgerliches Gesetzbuch, § 315 Rn. 8 f.

117 Vgl. unter B)II)2)b) (Seite 45).

118 Zu denken ist beispielsweise an eine polizeiliche Beschlagnahme oder eine Verpflichtung zum Anschluß an kommunale Versorgungseinrichtungen.

119 Vgl. zum Begriff Anm. 113.

verwaltungsrechtlichen Schuldverhältnisses wird eine „typisierende" Betrachtungsweise nicht gerecht.

III) Eigener Definitionsvorschlag des verwaltungsrechtlichen Schuldverhältnisses

Der Begriff des verwaltungsrechtlichen Schuldverhältnisses löst in der Regel Assoziationen mit dem bürgerlich-rechtlichen Leistungsstörungsrecht aus. *Ulrich Stelkens* hat in diesem Zusammenhang davon gesprochen, „bestimmte nichtvertragliche öffentlich-rechtliche Rechtsverhältnisse (würden) als verwaltungsrechtliche Schuldverhältnisse qualifiziert, um zu begründen, daß in diesen Rechtsverhältnissen das zivilrechtliche Leistungsstörungsrecht und die hiermit verbundenen Schadensersatzansprüche heranzuziehen" seien.[120] Die Bedeutung der Rechtsfigur des verwaltungsrechtlichen Schuldverhältnisses wird damit überwiegend – zumindest hinsichtlich seiner praktischen Bedeutung – auf der sekundären Anspruchsebene angesiedelt.[121] Die Beantwortung der Frage nach der Begriffsbestimmung des verwaltungsrechtlichen Schuldverhältnisses wird damit maßgeblich von dem zivilrechtlichen Gedanken beeinflußt, daß die Haftungsintensität in dem Maße zunehmen muß, in dem die Dichte der Rechtsbeziehungen zwischen den Rechtssubjekten wächst.[122]

Es bestehen indes Zweifel, ob sich die Definition des verwaltungsrechtlichen Schuldverhältnisses mehr oder minder aus begriffstechnischen Gründen an der Einschlägigkeit schuldrechtlicher Vorschriften zu orientieren hat. Sollte ein verwaltungsrechtliches Schuldverhältnis nur dann vorliegen, wenn die Frage der Anwendbarkeit bürgerlich-rechtlicher Leistungsstörungsregelungen in Rede steht? Ob eine solche Einschränkung dieser Rechtsfigur zu rechtfertigen ist, erscheint fraglich. Vielmehr ist zu überlegen, ob nicht eine gedankliche Lösung von dieser herkömmlichen Betrachtungsweise des verwaltungsrechtlichen Schuldverhältnisses geboten ist. In den Mittelpunkt der Überlegungen sollte dabei der Gesichtspunkt gerückt werden, daß es sich bei verwaltungsrechtlichen Schuldverhältnissen mögli-

---

120 *Ulrich Stelkens*, Verwaltungshaftungsrecht, S. 444; ebenso: *Peine*, Allgemeines Verwaltungsrecht, 4. Auflage, 1998, Rn. 382.

121 Vgl. *Meysen*, Die Haftung aus Verwaltungsrechtsverhältnis, S. 30, 211.

122 *Ossenbühl*, Staatshaftungsrecht, S. 337.

cherweise um eine Rechtsfigur der allgemeinen Rechtslehre handelt, die als solche zu den wesentlichen Bestandteilen des öffentlichen Rechts zu zählen ist.

Zu diesem Zweck ist daher zunächst ein Blick auf das Schuldverhältnis im Zivilrecht zu werfen. Hieraus können Erkenntnisse gewonnen werden, die einer Bestimmung des Schuldverhältnisses im öffentlichen Recht dienlich sind.

1) Das Wesen des Schuldverhältnisses im Zivilrecht

Das (zivilrechtliche) Schuldverhältnis verpflichtet den Schuldner, eine Leistung zu bewirken (vgl. § 241 Satz 1 BGB). Die geschuldete Leistung kann sowohl in dem Herbeiführen eines Leistungserfolges als auch in der Vornahme einer Leistungshandlung bestehen.[123] Diese Verpflichtung des Schuldners wird als Hauptleistungs- oder Primärleistungspflicht bezeichnet. Dies gilt sowohl für vertragliche als auch gesetzliche Schuldverhältnisse. So schuldet beispielsweise der Verkäufer die Übergabe der verkauften Sache sowie die Übertragung des Eigentums an ihr, § 433 Abs. 1 Satz 1 BGB. Oder: Beschädigt jemand schuldhaft fremdes Eigentum, so schuldet er die Wiederherstellung des ursprünglichen Zustands, §§ 823 Abs. 1 i.V.m. 249 Satz 1 BGB.

Die Verletzung vertraglicher Primärleistungspflichten kann indessen zu einer Modifizierung des Schuldverhältnisses führen. Treten im Rahmen der Abwicklung des Schuldverhältnisses vom Schuldner zu vertretende Leistungsstörungen auf, so kann der Gläubiger unter bestimmten gesetzlich normierten Voraussetzungen statt der Erfüllung des Primärleistungsanspruchs einen Sekundäranspruch geltend machen. In einem solchen Fall räumt das Gesetz dem Gläubiger beispielsweise das Recht ein, anstelle der Erfüllung Schadensersatz wegen Nichterfüllung (§§ 280 Abs. 1, 325 Abs. 1 Satz 1 Alt. 1 BGB) oder die Rückabwicklung des Schuldverhältnisses (§§ 280 Abs. 2, 325 Abs. 1 Satz 1 Alt. 2, 462 Alt. 1, 634 Abs. 1 Satz 3 Alt. 1 BGB) zu verlangen. Der Primäranspruch geht damit in einen Sekundäranspruch über.

---

123 *Larenz*, Allgemeiner Teil des Schuldrechts, Band I, § 2 I; *Kramer*, in: *MünchKomm*, BGB, § 241 Rn. 4; *Palandt/Heinrichs*, Bürgerliches Gesetzbuch, vor § 241 Rn. 6.

Die Primärleistungspflichten bestehen aber nicht isoliert: Mit deren Begründung geht die Begründung von Nebenleistungspflichten einher. Diese ergänzen die Primärleistungspflichten insoweit, als sie der Vorbereitung, Herbeiführung und Sicherung der Hauptleistung dienen. Von besonderer Bedeutung sind in diesem Zusammenhang die sog. Schutz- und Obhutspflichten. So hat beispielsweise der Verkäufer bei einer Stückschuld dafür zu sorgen, daß die geschuldete Sache in dem Zeitraum zwischen Abschluß des Vertrages und Übergabe nicht verlorengeht. Den deliktisch Haftenden trifft die Nebenpflicht, bei der Wiederherstellung des ursprünglichen Zustandes des verletzten Eigentums keine anderen Gegenstände zu beschädigen.

Das zivilrechtliche Schuldverhältnis – sei es rechtsgeschäftlicher, sei es gesetzlicher Natur – ist also gekennzeichnet durch „korrespondierende" Rechte und Pflichten.

2) *Subjektiv-öffentliche Rechte als konstitutives Merkmal verwaltungsrechtlicher Schuldverhältnisse*

Dem öffentlichen Recht ist die aus dem Zivilrecht bekannte schuldrechtstypische Konstruktion von „korrespondierenden" Rechten und Pflichten nicht unbekannt: So indiziert bereits die Existenz des allgemein anerkannten Begriffs des subjektiv-öffentlichen Rechts, daß auch verwaltungsrechtliche Rechtsbeziehungen zwischen Staat und Bürger schuldrechtlichen Charakter haben können.[124] Dieser Umstand gibt Anlaß zu der Überlegung, ob sich nicht hinter der von diesem Begriff typischerweise zum Ausdruck gebrachten Konstellation des anspruchsberechtigten Bürgers und anspruchsverpflichteten Staates das konstitutive Element verwaltungsrechtlicher Schuldverhältnisse verbirgt. Ein verwaltungsrechtliches Schuldverhältnis könnte also dann gegeben sein, wenn ein subjektiv-öffentliches Recht besteht.

Es ist damit der Frage nachzugehen, ob die Merkmale zivilrechtlicher Schuldverhältnisse auch zum Wesen von Schuldverhältnissen auf der Ebene

---

124 A.A.: *Meysen*, Die Haftung im Verwaltungsrechtsverhältnis, S. 171, nach dessen Auffassung dem zivilrechtlichen Schuldverhältnis keine „Ordnungsgröße" für die Bestimmung des verwaltungsrechtlichen Schuldverhältnisses beigemessen werden kann. „Wollte man die sog. verwaltungsrechtlichen Schuldverhältnisse entsprechend den Institutionen des Besonderen Schuldrechts des BGB typologisieren, hieße dies, die Verwaltungsrechtsverhältnisse einem Ordnungssystem zuführen zu wollen".

des öffentlichen Rechts gehören. Dabei ist unter anderem die Frage zu klären, ob neben dem Bürger auch der Staat Ansprüche aus verwaltungsrechtlichen Schuldverhältnissen ableiten kann.[125] Dies ist insofern problematisch, als das subjektiv-öffentliche Recht nach herkömmlichem Verständnis ausschließlich Rechte des Bürgers gegen den Staat umfaßt.

a) *Die Bedeutung des subjektiv-öffentlichen Rechts im Verhältnis zum objektiven Verwaltungsrecht*

Das öffentliche Recht läßt sich gliedern in objektives und subjektives Recht.

Das objektive Recht bildet die Summe aller Rechtssätze. Es begründet *inter alia* die Rechtspflichten des Bürgers. Doch mit der Auferlegung von objektiven Rechtspflichten geht nicht ohne weiteres die Begründung von subjektiv-öffentlichen Rechten des Bürgers einher. Dies folgt aus der primären Aufgabe des Verwaltungsrechts, die Wahrnehmung öffentlicher Interessen zu regeln.[126] Demgegenüber liegt der Lehre vom subjektiv-öffentlichen Recht der Gedanke zugrunde, daß der Bürger Anspruch auf Erfüllung einer auf Normen des objektiv-öffentlichen Rechts begründeten, den Staat treffenden Verpflichtung nur dann hat, wenn und soweit diese Normen ihm eine entsprechende subjektive Berechtigung gewähren. Dienen also Rechtsnormen ausschließlich der Wahrung und Durchsetzung objektiver öffentlicher Interessen, so begründen sie keinen subjektiv-öffentlichen Anspruch des Bürgers.[127] In diesen Fällen besteht allenfalls ein – prozessual jedoch nicht durchsetzbarer – Rechtsreflex[128] zu Gunsten des Bürgers.[129]

---

125 Vgl. dazu unter B)III)2)b) (Seite 59).

126 Vgl. *Maurer*, Allgemeines Verwaltungsrecht, § 1 Rn. 10.

127 Als Beispiel sei auf Art. 51 Abs. 4, 5 BayStrWG verwiesen. Danach können die Gemeinden per Rechtsverordnung die Eigentümer und die zur Nutzung dinglich Berechtigten von Grundstücken, die innerhalb der geschlossenen Ortslage an öffentliche Straßen angrenzen oder über sie erschlossen werden, zur Reinigung und Streuung bei Schnee und Glatteis verpflichten. In diesen Fällen besteht ausschließlich eine öffentlich-rechtliche Verpflichtung der Bürger, mit der kein subjektiv-öffentliches Recht einhergeht. Ein durchaus denkbarer Anspruch der verpflichteten Bürger auf Kostenerstattung ist ausdrücklich ausgeschlossen.

128 *Henke*, in: Festschrift-*Werner Weber*, 1974, S. 495 (509 f.); *Rupp*, Grundfragen der heutigen Verwaltungsrechtslehre, 2. Auflage, 1991, S. 170 ff.; vgl. ferner: *Meysen*, Die Haftung aus Verwaltungsrechtsverhältnis, S. 169; *Wolff/Bachof/Stober*, Verwaltungsrecht I, § 43 Rn. 9.

Demgegenüber setzt das Bestehen eines subjektiv-öffentlichen Rechts das Bestehen einer entsprechenden objektiv-rechtlichen Rechtspflicht voraus.[130] So kann das subjektiv-öffentliche Recht[131] definiert werden als die einem Rechtssubjekt eingeräumte Rechtsmacht, mit Hilfe der Rechtsordnung eigene Interessen auf dem Gebiet des öffentlichen Rechts zu verfolgen.[132] Das bedeutet: Was dem Staat als hoheitliche Pflicht auferlegt ist, kann unter bestimmten Voraussetzungen zur Begründung eines entsprechenden Anspruchs des Bürgers führen.[133] Ist folglich eine Korrespondenz von objektivem und subjektivem Verwaltungsrecht festzustellen, so ent-

---

129 Als ein klassisches Beispiel für einen bloßen Rechtsreflex zu Gunsten des Bürgers läßt sich Art. 89 BayGO anführen. Danach darf die Gemeinde wirtschaftliche Unternehmen nur errichten, übernehmen oder erweitern, wenn der öffentliche Zweck das Unternehmen erfordert, dieser Zweck nicht ebensogut von der Privatwirtschaft erfüllt werden kann und wenn das gemeindliche Unternehmen nach Art und Umfang in einem angemessenen Verhältnis zu der Leistungsfähigkeit der Gemeinde und zu dem voraussichtlichen Bedarf steht. – Auf diese Weise soll gewährleistet werden, daß sich die Gemeinden auf ihre eigentlichen Aufgaben konzentrieren und sich nicht in verwaltungsfremden Gebieten bewegen. Hingegen gewährt Art. 89 BayGO kein subjektiv-öffentliches Recht des Bürgers gegen die Gemeinde, das Betreiben eines öffentlich-rechtlichen Konkurrenzbetriebes zu unterlassen, vgl. *VGH München*, BayVBl. 1976, 628 (629 f.).

130 *Peine*, Allgemeines Verwaltungsrecht, Rn. 81.

131 Nach *Wolff/Bachof/Stober*, Verwaltungsrecht I, § 43 Rn. 5 f. umfaßt der Begriff des subjektiv-öffentlichen Rechts Berherrschungsrechte, Gestaltungsrechte sowie Forderungsrechte. Hier kommt nur die letztgenannte Fallgruppe als konstitutives Tatbestandsmerkmal verwaltungsrechtlicher Schuldverhältnisse in Betracht.

132 Grundlegend: *Georg Jellinek*, System der subjektiv-öffentlichen Rechte, 2. Auflage, 1919, S. 41 ff.; *Bühler*, Die subjektiven öffentlichen Rechte und ihr Schutz in der deutschen Verwaltungsrechtsprechung, 1914, S. 9 ff.; 21, 223 ff.; *ders.*, in: Gedächnisschrift-*Walter Jellinek*, 1955, S. 269 (274 ff.).

133 Auch wenn gesetzestechnisch nur ein subjektiv-öffentliches Recht formuliert ist, liegt dennoch eine objektiv-rechtliche Rechtspflicht vor. Sie wird gleichzeitig mit dem subjektiv-öffentlichen Recht begründet, vgl. *Maurer*, Allgemeines Verwaltungsrecht, § 8 Rn. 6. Ferner ist es nicht erforderlich, daß die Rechtsvorschrift ausdrücklich von „Anspruch" oder „Recht" spricht. Es genügt bereits, daß sich aus dem Zusammenhang und Zweck einer Regelung durch Auslegung ergibt, daß diese nicht nur die Verwaltung verpflichten soll, sondern auch dem begünstigten Bürger einen prozessual durchsetzbaren Anspruch auf Einhaltung dieser Verpflichtung vermittelt (sog. Schutznormtheorie). Das subjektiv-öffentliche Recht inkorporiert daher die öffentlich-rechtliche Pflicht, vgl. dazu: *Richter/Schuppert*, Casebook Verwaltungsrecht, 2. Auflage, 1995, S. 66 f.; *Happ*, in: *Eyermann* (Hrsg.), VwGO, 11. Auflage, 2000, § 42 Rn. 86 m.w.N.

spricht die Rechtsstellung des Bürgers gegenüber dem Staat derjenigen eines Gläubigers gegenüber einem Schuldner im Rahmen eines bürgerlich-rechtlichen Schuldverhältnisses.[134] So lassen sich nämlich solche öffentlich-rechtlichen Fallkonstellationen ebenfalls unter die Regelung des § 241 BGB subsumieren: Kraft des *öffentlich-rechtlichen* Schuldverhältnisses ist der *Bürger* berechtigt, vom Staat eine Leistung zu fordern. Die Leistung kann auch in einem Unterlassen bestehen.[135]

Im Folgenden soll anhand von mehreren Fallgruppen exemplarisch die konstitutive Bedeutung von subjektiv-öffentlichen Rechten und die damit korrespondierenden öffentlich-rechtlichen Pflichten für das verwaltungsrechtliche Schuldverhältnis dargestellt werden:

aa) Die sog. Anstalts- und Benutzungsverhältnisse

Das Vorliegen verwaltungsrechtlicher Schuldverhältnisse läßt sich anschaulich anhand von Anstalts- und Benutzungsverhältnissen aufzeigen.[136] In diesen Fällen legt zwar bereits der Umstand, daß solche Rechtsverhältnisse von der Verwaltung kraft ihrer Wahlfreiheit auch zivilrechtlich gestaltet werden können, das Vorliegen verwaltungsrechtlicher Schuldverhältnisse nahe. Wenn sich nämlich der Staat auf die Ebene des Privatrechts begibt und vertragliche Schuldverhältnisse begründet, so spricht eine Vermutung dafür, daß Entsprechendes auch bei öffentlich-rechtlicher Gestaltung gilt.[137]

Doch auch unabhängig von dieser strukturellen Rechtsähnlichkeit läßt sich in diesen Fällen ein verwaltungsrechtliches Schuldverhältnis begründen:

---

134 Es besteht damit auch eine rechtssystematische Parallelität zu § 839 BGB i.V.m. Art. 34 GG. Denn die Regelungen der Amtshaftung sind nur einschlägig, wenn die Verletzung drittbezogener Amtspflichten in Rede steht. Das verwaltungsrechtliche Schuldverhältnis bildet von daher das „Vorstadium" einer etwaigen späteren Amtspflichtverletzung. Dies wird besonders deutlich vor dem Hintergrund, daß die im Rahmen von verwaltungsrechtlichen Schuldverhältnissen bestehenden öffentlich-rechtlichen Pflichten gleichfalls maßgebend für die Bestimmung der Amtspflichten sind (vgl. dazu: *Soergel/Vinke*, BGB, 12. Auflage, 1999, § 839 Rn. 135; *Papier*, in: *Maunz/Dürig* (Hrsg.), Grundgesetz, Art. 34 Rn. 162; *ders.*, in: *MünchKomm*, BGB, § 839 Rn. 194; *ders.*, in: *Isensee/Kirchhof* (Hrsg.), HdbStR VI, § 157 Rn. 33, 37).

135 Zu diesem Aspekt, vgl. *Papier*, Forderungsverletzung, S. 31 ff.

136 Vgl. dazu die instruktive Darstellung von: *Meysen*, Die Haftung aus Verwaltungsrechtsverhältnis, S. 73 ff.

137 In diesem Sinne auch: *Klaus Lange*, in: *Püttner* (Hrsg.), Handbuch der kommunalen Wissenschaft und Praxis, 2. Auflage, 1983, S. 176.

So ist beispielsweise im Rahmen eines Schwimmbad-Benutzungsverhältnisses die Gemeinde zum einen verpflichtet, dem Bürger das Schwimmbecken zur Verfügung zu stellen. Dies stellt ihre Primärleistungspflicht dar. Mit dieser Primärleistungspflicht gehen zum anderen auch zahlreiche Nebenverpflichtungen einher, wie etwa diejenige, eine für den Bürger gefahrlose Benutzung des Schwimmbades zu gewährleisten.[138] So hat die Gemeinde unter anderem dafür Sorge zu tragen, daß die Benutzer auf rutschige Fußböden aufmerksam gemacht werden.[139] Diese Verpflichtungen der Gemeinde bezwecken ausschließlich den Schutz des Benutzers. Sie begründen daher korrespondierende subjektiv-öffentliche Rechte des Benutzers.

bb) Die Rechtsverhältnisse aufgrund von „Erlaubnisvorbehalten"

Eine weitere Kategorie verwaltungsrechtlicher Schuldverhältnisse bilden die „Genehmigungs- bzw. Erlaubnis-Fälle". In diesen Fällen dient der Erlaubnisvorbehalt der präventiven Verwaltungskontrolle. Die Erlaubnis bzw. Genehmigung ist dabei nur eine formelle Voraussetzung für eine vom materiellen Gesetz an sich gebilligte Tätigkeit.[140]

Beantragt beispielsweise ein Bürger die Erteilung einer Baugenehmigung, so gewähren die jeweiligen landesrechtlichen Bauordnungsvorschriften[141] als Ausfluß der Baufreiheit im Sinne von Art. 14 Abs. 1 GG einen entsprechenden Anspruch, soweit das Vorhaben öffentlich-rechtlichen Vorschriften nicht widerspricht. Sind die formellen und materiellen Voraussetzungen zur Erteilung einer Baugenehmigung erfüllt, hat der Bürger ein subjektiv-öffentliches Recht[142] auf ihre Erteilung.[143] Dieses subjektiv-öffentliche

138 Vgl. *Klaus Lange*, VVDStRL 44 (1986), S. 169 (184); *Wolff/Bachof/Stober*, Verwaltungsrecht II, 5. Auflage, 1987, § 99 Rn. 32.

139 Als Rechtsgrundlage dieser Nebenleistungspflichten kommt im wesentlichen der Grundsatz von Treu und Glauben gem. § 242 BGB in Betracht, der entsprechend auch für das gesamte öffentliche Recht gilt, *Palandt/Heinrichs*, Bürgerliches Gesetzbuch, § 242 Rn. 17, 23.

140 Vgl. dazu: *Wolff/Bachof/Stober*, Verwaltungsrecht II, § 46 Rn. 36.

141 Vgl. Art. 72 BayBO; § 58 BWBO; § 62 BerlinBO; § 74 BrandBO; § 74 BremBO; §§ 69, 70 HambBO; § 70 HessBO; § 72 McVoBO; § 75 NdsBO; § 75 NRWBO; §§ 68, 74 RhPfBO; § 77 SaarlBO; § 70 SäBO; § 74 SaAnhBO; § 78 SchlHBO; § 70 ThüBO.

142 Gleiches gilt für Erlaubnisse bzw. Genehmigungen nach § 3 GüKG, §§ 30, 33a, 33c, 33d, 33i, 34, 34a, 34b, 34c GewO, § 2 GastG, § 4 BImSchG.

143 Vgl. auch: *Papier*, Forderungsverletzung, S. 26 ff.

Recht korrespondiert mit der öffentlich-rechtlichen Verpflichtung des Staates auf Erlaß dieses begünstigenden Verwaltungsakts.[144]

cc) Personenbezogene Rechtsverhältnisse

aaa) Ein weiteres typisches Beispiel eines verwaltungsrechtlichen Schuldverhältnisses bildet das Beamtenverhältnis.[145] Während der Beamte Dienst- und Treuepflichten zu erfüllen hat (vgl. § 52 BBG), ist der Dienstherr zur Fürsorge für den Beamten verpflichtet (vgl. § 79 BBG). Die Fürsorgepflicht des Dienstherrn korrespondiert daher mit einem subjektiv-öffentlichen Recht des Beamten, dem Anspruch auf Fürsorge.[146]

bbb) Im Zusammenhang mit personenbezogenen Rechtsverhältnissen ist in der Rechtsprechung die Frage erörtert worden, ob auch das Strafgefangenenverhältnis ein verwaltungsrechtliches Schuldverhältnis ist. Der *Bundesgerichtshof* hat diese Frage verneint. Eine Fürsorgepflicht des Staates zu Gunsten des Strafgefangenen sei zwar grundsätzlich gegeben.[147] Diese sei aber „ihrem Grund und ihrem Gehalt nach eine wesentlich andere als die gegenüber ... Beamten".[148] Die beamtenrechtliche Fürsorgepflicht sei eine Ausprägung der wechselseitigen Treueverpflichtung. Demgegenüber habe das Strafgefangenen-Verhältnis seinen „Grund und Zweck in dem Schutz der Allgemeinheit v o r dem Rechtsbrecher ..., nicht jedoch in dem der Fürsorge f ü r den Strafgefangenen." Die Fürsorgepflicht stelle daher nur eine Nebenpflicht des Staates dar. Sie begründe kein verwaltungsrechtliches Schuldverhältnis, da „kein sachlich gerechtfertigter innerer Grund dafür vorhanden (ist), unabhängig von der Amtshaftung des Staates gemäß § 839

144 Ob eine Pflichtverletzung im Rahmen eines solchen verwaltungsrechtlichen Schuldverhältnisses Schadensersatzansprüche begründet – beispielsweise bei erhöhten Baukosten wegen einer verzögerten Baugenehmigung – ist eine Frage des Haftungsgrundes. In einem solchen Fall kommt eine positive Forderungsverletzung in Betracht. Regelmäßig wird dann zu prüfen sein, ob die zuständige Behörde eine Pflichtverletzung schuldhaft begangen hat. Als Orientierungshilfe können diesbezüglich die Amtspflichten im Sinne von § 839 BGB i.V.m. Art. 34 GG herangezogen werden, vgl. etwa *BGH*, NJW 1994, 2091 (2092) m.w.N., wonach die Verzögerung einer behördlichen Entscheidung eine Amtspflichtverletzung darstellt.

145 Dazu eingehend: *Meysen*, Die Haftung aus Verwaltungsrechtsverhältnis, S. 87 ff.

146 *Häde*, Beamtenrechtliche Fürsorgepflicht und Rechtsschutzkosten, BayVBl. 1999, 673 f.; *Battis*, Bundesbeamtengesetz, 2. Auflage, 1997, § 79 Rn. 3.

147 *BGHZ* 21, 214 (219).

148 *BGHZ* 21, 214 (220).

BGB i.V.m. Art. 34 GG zusätzlich noch einen besonderen Schadensersatzanspruch wegen Verletzung dieser öffentlichrechtlichen Fürsorge-Nebenpflichten des Staates gegenüber dem Strafgefangenen in sinngemäßer Anwendung der schuldrechtlichen (nichtdeliktischen) Vorschriften zu gewähren".[149]

ccc) Diese Entscheidung offenbart ein Mißverständnis in Bezug auf das Rechtsinstitut des verwaltungsrechtlichen Schuldverhältnisses. Es sind nämlich regelmäßig zwei Fragen zu unterscheiden: zum einen, ob ein verwaltungsrechtliches Schuldverhältnis überhaupt vorliegt; zum anderen, welche Rechtsfolgen sich aus ihm ergeben.

Wie der *Bundesgerichtshof* zutreffend feststellt, besteht eine Fürsorgepflicht des Staates gegenüber Strafgefangenen. Diese begründet gleichzeitig ein subjektiv-öffentliches Recht des Gefangenen.[150] Unbeachtlich für die Frage des Vorliegens eines verwaltungsrechtlichen Schuldverhältnisses ist indessen der von der *Rechtsprechung* ins Feld geführte Gesichtspunkt, die Fürsorgepflicht stelle lediglich eine Nebenpflicht des Staates dar.[151] Unabhängig von der Einordung der Fürsorgepflicht als bloßer Nebenpflicht vermag dieser Umstand nichts daran zu ändern, daß die Fürsorgepflicht des Staates mit einem subjektiv-öffentlichen Recht des Strafgefangenen auf deren Erfüllung korrespondiert.[152] Das bedeutet also, daß – selbst bei Qualifizierung der Fürsorgepflicht als Nebenpflicht – die typischen Merkmale eines Schuldverhältnisses vorliegen.[153] Dies zeigt sich nicht nur bei der Verletzung, sondern vor allem auch dann, wenn die Erfüllung der Fürsorgepflicht in Rede steht: Erkrankt der Strafgefangene, so hat er aufgrund der Fürsorgepflicht des Staates einen (Erfüllungs-)Anspruch auf ärztliche Behandlung, den er im Falle deren Versagung durch die Anstaltsleitung auch per einstweiliger

149 *BGHZ* 21, 214 (220 f.); kritisch: *K. Lange*, in: *Püttner* (Hrsg.), Handbuch der kommunalen Wissenschaft und Praxis, Band 3, S. 176; *Meysen*, Die Haftung aus Verwaltungsrechtsverhältnis, S. 196 f.

150 So auch: *BVerwGE* 1, 159 (161).

151 Vgl. auch *Larenz*, Schuldrecht Allgemeiner Teil, § 26a, der dem *Bundesgerichthof* zwar im Ergebnis zustimmt, aber im übrigen dessen Argumentation ablehnt. Das Strafgefangenenverhältnis habe als öffentlich-rechtliches Gewaltverhältnis „keine Leistungen zum Gegenstand, wie sie auch Gegenstand eines Schuldvertrages sein können".

152 Kritisch äußert sich ebenfalls *Ossenbühl*, Staatshaftungsrecht, S. 352, zu der von der *Rechtsprechung* vorgenommenen Differenzierung zwischen Haupt- und Nebenleistungspflichten. Dies sei „im Hinblick auf die Fürsorge formalistisch und ohne Realitätsbezug".

153 Ähnlich: *Meysen*, Die Haftung aus Verwaltungsrechtsverhältnis, S. 352 f.

Anordnung (§ 123 VwGO) durchsetzen kann. Diese öffentlich-rechtliche Konstellation entspricht also derjenigen des Zivilrechts, die in § 241 BGB normiert ist.

Ob schließlich dem Strafgefangenen im Falle der Verletzung der Fürsorgepflicht Schadensersatzansprüche aus dem verwaltungsrechtlichen Schuldverhältnis erwachsen, ist daher *ausschließlich* eine Frage des Haftungsgrundes. Dies bedarf einer Prüfung der Tatbestandsmerkmale (hier: der positiven Forderungsverletzung) im Einzelfall. Daher ist auch das Strafgefangenenverhältnis ein verwaltungsrechtliches Schuldverhältnis.

dd) Zwischenergebnis

Besteht ein subjektiv-öffentliches Recht zu Gunsten des Bürgers, liegt ein verwaltungsrechtliches Schuldverhältnis[154] vor.[155]

b) Das verwaltungsrechtliche Schuldverhältnis als Grundlage für Ansprüche des Staates gegen den Bürger?

Ist bisher nur von den Voraussetzungen verwaltungsschuldrechtlicher Ansprüche des Bürgers gegen den Staat die Rede gewesen, so ist nunmehr der Frage nachzugehen, ob auch der *Staat* aus einem solchen Rechtsverhältnis primäre oder sekundäre Ansprüche ableiten kann.

aa) *Rechtsprechung* und *Schrifttum* haben sich zu dieser Problematik schon mehrfach geäußert: So hält insbesondere der *Bundesgerichtshof* die Ableitung von Ansprüchen aus verwaltungsrechtlichen Schuldverhältnissen zu Gun-

---

154 Die Frage der Begründungsformen verwaltungsrechtlicher Schuldverhältnisse wird unter B)IV) (Seite 68 ff.) behandelt.

155 So im Grundsatz auch: *Papier*, Forderungsverletzung, S. 84 mit Zustimmung von: *Wallerath*, DÖV 1971, 717 f.
Papier will allerdings eine Haftung aus verwaltungsrechtlichen Schuldverhältnissen nur bei der beamtenrechtlichen Fürsorgepflicht, der öffentlichen Verwahrung sowie bei öffentlich-rechtlichen Verträgen zulassen. Dies folge aus § 40 Abs. 2 Satz 2 VwGO, der – prozessual eingekleidet – die Haftung des Staates aus verwaltungsrechtlichen Schuldverhältnissen in diesen Fällen anerkenne. Im übrigen solle aber die Staatshaftung ausschließlich über Art. 34 GG abgewickelt werden. Diese Konzeption der Staatshaftung erscheint allerdings bedenklich, vgl. dazu unter D)I) (Seite 106 ff.).

sten des Staates generell für unbedenklich.[156] In dem der Entscheidung zugrundeliegenden Sachverhalt ging es um die Frage, ob die Bundesrepublik Deutschland Ersatzansprüche aus verwaltungsrechtlichem Schuldverhältnis gegen einen privaten Träger von Beschäftigungsstellen für Zivildienstleistende verlangen kann. Der *Bundesgerichtshof* hat das Vorliegen eines solchen Schuldverhältnisses bejaht: Die einzelnen Beschäftigungsstellen übernähmen gegenüber dem Bund „die selbstverständliche Pflicht, den Zivildienst nach Maßgabe der gesetzlichen Vorschriften und ihrer Zusagen auszuführen und hierbei die Belange der ihr anvertrauten Dienstleistenden zu wahren. Die weitgehende Übertragung von hoheitlichen Befugnissen auf den privaten Träger der Beschäftigungsstelle bei gleichzeitigem Verbleiben von Verantwortlichkeiten (des Bundes) ... (begründe) im Hinblick auf das Zusammenwirken zu dem gemeinsamen Ziel zwischen den Parteien gegenseitige Rechte und Pflichten". Diese erlaubten es, „die Grundsätze des vertraglichen Schuldrechts auf ihre Beziehungen zueinander anzuwenden".[157]

Auch nach Ansicht der *Literatur* kann der Staat auf der Grundlage verwaltungsrechtlicher Schuldverhältnisse ohne weiteres Ansprüche gegen den Bürger ableiten.[158] Wenngleich dieser *herrschenden Meinung* im Ergebnis beizutreten ist, so erscheint es dennoch geboten, hinsichtlich des methodischen Ansatzes eines differenzierte Betrachtungsweise vorzunehmen:

bb) Wie oben herausgearbeitet, ist das subjektiv-öffentliche Recht Wesensmerkmal des verwaltungsrechtlichen Schuldverhältnisses. Es liegt insofern nahe, die Ableitung von hoheitlichen Ansprüchen gegen den Bürger aus einem verwaltungsrechtlichen Schuldverhältnis von dem Bestehen eines subjektiv-öffentlichen Rechts des Staates abhängig zu machen. Es stellt sich damit aber die Frage, ob der Staat überhaupt Träger subjektiv-öffentlicher Rechte sein kann.

aaa) Die Assoziierung der *termini* „Staat" und „subjektiv-öffentliches Recht" wirkt auf den ersten Blick widersprüchlich. Dieser vermeintliche Widerspruch beruht auf dem traditionellen Verständnis des Begriffs des „subjektiv-öffentlichen Rechts": Herkömmlicherweise sind darunter *ausschließlich* die gegen den Staat gerichteten Ansprüche des Bürgers verstanden

156 *BGH*, NJW 1998, 298 (299); ferner: *BVerwG*, NJW 1995, 2303 (2309); *VGH Mannheim*, VBlBW 1982, 369; NVwZ-RR 1991, 325 f.; NVwZ-RR 1992, 656 f.; restriktiver: *BVerwGE* 101, 51 (54).

157 *BGH*, NJW 1998, 298 (299).

158 *Püttner*, Die öffentlichen Unternehmen, 2. Auflage, 1985, S. 254; *Maurer*, Allgemeines Verwaltungsrecht, § 28 Rn. 2.

worden.[159] Indessen hat sich jedoch zwischenzeitlich die Erkenntnis durchgesetzt, daß das Rechtsinstitut des „subjektiv-öffentlichen Rechts" nicht auf Rechte des einzelnen Bürgers beschränkt ist, sondern gleichermaßen Ansprüche des Staates gegen den Bürger umfaßt.[160]

bbb) *Hartmut Bauer* hat in diesem Zusammenhang zu Recht hervorgehoben, daß die Lehre von den subjektiven öffentlichen Rechten einer „Neuorientierung" bedarf. Denn nur wenn diese Lehre sämtliche subjektiven öffentlichen Rechte einbeziehe, werde sie ihrem Gegenstand – nämlich den subjektiven Rechten des öffentlichen Rechts – gerecht. Als Ansatz für eine Neuorientierung sollten nach *Hartmut Bauer* folgende Überlegungen herangezogen werden: Mit dem Inkraftreten des Grundgesetzes habe das „allgemeine Gewaltverhältnis" als Relikt des absolutistisch-obrigkeitsstaatlich verstandenen Rechtsverhältnisses zwischen Staat und Bürger seine Daseinsberechtigung verloren.[161] Die verfassungsrechtliche Grundentscheidung für den Menschen als Rechtsperson habe das „allgemeine Gewaltverhältnis" durch ein „allgemeines Rechtsverhältnis" ersetzt. Dies schließe es aus, „einzelne konkrete Beziehungen zwischen Rechtssubjekten als Macht- oder Gewaltverhältnisse zu konstruieren". Träten Rechtssubjekte in rechtlich relevanter Weise zueinander in Kontakt, entstünden vielmehr „konkrete Rechtsverhältnisse".[162]

ccc) Verfolgt man diesen von *Hartmut Bauer* aufgezeigten Ansatz weiter, so tritt damit ein Bedürfnis nach einer rechtlichen Ausgestaltung der Beziehung zwischen Staat und Bürger zutage. Faßt man diese Beziehung daher als „konkretes Rechtsverhältnis" auf, so liegt es durchaus nahe, dem Staat in gleicher Weise wie dem Bürger subjektiv-öffentliche Rechte zuzubilligen,

---

159 So noch: *Henke*, Das subjektive öffentliche Recht, 1968, S. 1: „Die Frage nach dem subjektiven öffentlichen Recht ist heute die Frage, wie man gegenüber dem Staat Recht haben und zu seinem Recht kommen kann"; Kritisch ebenfalls: *Herbert Krüger*, Allgemeine Staatslehre, 2. Auflage, 1966, S. 110 f.; *Walter Krebs*, in: Festschrift-*Christian Friedrich Menger*, 1985, S. 191 (207 ff.); *Bleckmann*, DVBl. 1986, 666 f.

160 *Schapp*, Das subjektive Recht im Prozeß der Rechtsgewinnung, 1977, S. 152 ff.; *Schenke*, Rechtsschutz bei normativen Unrecht, 1979, S. 233 ff.; *Bauer*, Geschichtliche Grundlagen der Lehre vom subjektiven öffentlichen Recht, 1986, S. 166 f., 172 ff.; *ders.*, DVBl. 1986, 209 (215 ff.).

161 *Hartmut Bauer*, Geschichtliche Grundlagen der Lehre vom subjektiven öffentlichen Recht, S. 167 ff., *ders.*, DVBl. 1986, 209 (216) in Anlehnung an: *Hesse*, Grundzüge des Verfassungsrechts der Bundesrepublik Deutschland, 20. Auflage, 1995, Rn. 280.

162 *Hartmut Bauer*, Geschichtliche Grundlagen der Lehre vom subjektiven öffentlichen Recht, S. 167 f.

„denen notwendig Pflichten, Beschränkungen und rechtliche Gebundenheiten der jeweils anderen Seite korrespondieren".[163] Dieses Verständnis des subjektiv-öffentlichen Rechts fügt sich dabei ohne weiteres in das System der Rechtsordnung ein, wie folgende Beispiele zeigen: So sind der Steueranspruch gegen den Bürger gem. § 37 Abs. 1 AO, das Recht zur Kündigung von verwaltungsrechtlichen Verträgen gem. § 60 Abs. 1 VwVfG, der allgemein anerkannte gewohnheitsrechtliche öffentlich-rechtliche Erstattungsanspruch wie auch der Schadensersatzanspruch des Dienstherrn gegen den Beamten gem. § 78 BBG nichts anderes als Ausprägungen subjektiv-öffentlicher Rechte des Staates.

cc) Das bedeutet also für die Ausgangsfrage: Der alleinige Umstand, daß aufgrund eines subjektiv-öffentlichen Rechts des Bürgers ein verwaltungsrechtliches Schuldverhältnis besteht, besagt noch nichts über das Entstehen von Ansprüchen des Staates gegenüber dem Bürger aus diesem Rechtsverhältnis. Ansprüche des Staates setzen vielmehr das Bestehen eigener subjektiv-öffentlicher Rechte voraus.[164] Aufgrund des belastenden Charakters dieser Rechte gegenüber dem Bürger ist hierfür allerdings nach dem Grundsatz des Vorbehalts des Gesetzes eine gesetzliche Normierung erforderlich.[165] Diese kann in Gestalt von formellen Gesetzen, Rechtsverordnungen oder Satzungen erfolgen.[166]

---

163 *Hartmut Bauer,* Geschichtliche Grundlagen der Lehre vom subjektiven öffentlichen Recht, S. 170; *ders.*, DVBl. 1986, 209 (217); *Erichsen*, in: *Erichsen* (Hrsg.), Allgemeines Verwaltungsrecht, 11. Auflage, 1998, § 11 Rn. 46.

164 Unklar insofern *VGH Mannheim*, NVwZ-RR 1991, 325, als sich aus der Entscheidung nicht ergibt, welches konkrete subjektiv-öffentliche Recht des Staates der verklagte Bürger verletzt haben soll.

165 So auch: *BVerwGE* 101, 51 (54); ferner: *Bamberger*, AfP 2000, 131 (133); *Ulrich Stelkens*, DVBl. 1998, 300 (303); *Meysen*, Die Haftung aus Verwaltungsrechtsverhältnis, S. 295 f.; *Detterbeck/Windthorst/Sproll*, Staatshaftungsrecht, § 19, Rn. 9.

166 Vgl. dazu auch: *VGH Mannheim*, NVwZ-RR 1992, 656 f.; In dieser Entscheidung ging es um Schadensersatzansprüche eines Zweckverbandes gegen einen Benutzer des örtlichen Kanalentsorgungssystems. Die maßgebliche Satzung verbot die Einleitung aller Flüssigkeiten oder Stoffe, die den Betrieb der Kläranlage beschädigen oder erschweren konnten. Gleichwohl hatte der Beklagte giftige Abwässer in das System geleitet. Das hatte zur Folge, daß der Klärschlamm nicht wie sonst weiterverarbeitet und als Düngemittel verkauft werden konnte. Diesen Schaden machte der Kläger geltend. Nach Auffassung des *VGH Mannheim* waren die von dem Beklagten eingeleiteten Abwässer geeignet, den Betrieb der Kläranlage zu erschweren. Das Gericht bejahte daher zutreffenderweise einen Schadensersatzanspruch des Zweckverbandes aus verwaltungsrechtlichem Schuldverhältnis.

3) Erfordernis der Vermögenswertigkeit des verwaltungsrechtlichen Schuldverhältnisses?

Im Rahmen der Begriffsbestimmung des verwaltungsrechtlichen Schuldverhältnisses ist in der *Literatur* die Frage umstritten, ob das Rechtsverhältnis vermögenswerter Natur sein muß, um als verwaltungsrechtliches Schuldverhältnis qualifiziert werden zu können.

a) *Meier-Branecke* setzt die Vermögenswertigkeit eines öffentlich-rechtlichen Anspruchs für die Anwendung zivilrechtlicher Vorschriften voraus. Nichtvermögensrechtliche Ansprüche erhielten „durch das Subjektionsverhältnis, dem sie entspringen, eine so eigenartige Färbung, daß eine Rechtsähnlichkeit mit dem Privatrecht" nicht mehr vorliege.[167] *Wolff/Bachof/Stober* sehen die Vermögenswertigkeit des verwaltungsrechtlichen Schuldverhältnisses ebenfalls als essentiell an. Für die auf diese Weise begrenzten Sonderverbindungen ließen sich „leichter gemeinsame Grundsätze entwickeln".[168] Ferner hält auch *Simons* in Anlehnung an Art. 188 Abs. 1 wüEVRO die Vermögenswertigkeit als Wesensmerkmal eines verwaltungsrechtlichen Schuldverhältnisses: Die „zu erbringende Leistung (müsse) für den Gläubiger einen konkreten Vermögensvorteil beinhalten".[169]

b) aa) Die Kopplung des verwaltungsrechtlichen Schuldverhältnisses an das Merkmal der Vermögenswertigkeit erscheint allerdings willkürlich.[170] Selbst dem Zivilrecht ist eine derartige Beschränkung des Schuldverhältnisses fremd.[171]

---

167 *Meier-Branecke*, AöR 11 (1926), S. 230 (249).

168 *Wolff/Bachof/Stober*, Verwaltungsrecht II, § 55 Rn. 3.

169 *Simons*, Leistungsstörungen, S. 56; zustimmend: *Janson*, DÖV 1979, 696 (697).

170 Vgl. auch die ablehnenden Ansichten von: *Tiemann*, VerwArch 65 (1974), S. 381 (388) Anm. 34; *Eckert*, DVBl. 1962, 11 f.; *Meysen*, Die Haftung aus Verwaltungsrechtsverhältnis, S. 151; *Papier*, Forderungsverletzung, S. 59 f.; *Mittermeier*, Haftung, S. 99; *Hertwig*, Verwaltungsrechtsverhältnis, S. 68.

171 Vgl. diesbezüglich die zivilrechtliche Literatur: *MünchKomm/Kramer*, BGB, vor § 241 Rn. 40, der auf die Materialien verweist (Mot. II, 5; Prot., 561): Dort werde hervorgehoben, daß „ein Vermögensinteresse nicht zum Wesen der Obligation (des Schuldverhältnisses) gehöre. Das Schuldverhältnis habe bei einem hochkultivierten Volk nicht bloß die Aufgabe, dem Gläubiger materielle Güter zu verschaffen, sondern solle auch ideelle Güter ihm vermitteln, deren Bedeutung und Wertschätzung mit der Kultur steige". Ferner: *Larenz*, Schuldrecht Allgemeiner Teil, Band I, § 2 I; *Enneccerus-Lehmann*, Recht der Schuldverhältnisse, § 1 IV/2.

Dies läßt sich anhand des Zwangsvollstreckungsrechts veranschaulichen: Neben der Vollstreckung wegen Geldforderungen (§§ 803 – 882a ZPO) erlaubt die Zivilprozeßordnung auch die Vollstreckung zur Erwirkung von Handlungen oder Unterlassungen und zur Herausgabe von Sachen (§§ 883 – 893 ZPO); und zwar ohne Rücksicht auf den Vermögenswert der jeweils in Rede stehenden Handlungen bzw. Unterlassungen oder der herauszugebenden Sachen. Die Möglichkeit der Vollstreckung zur Erwirkung von Handlungen und Unterlassungen zeigt also, daß es materiell-rechtliche Verpflichtungen zu nicht-vermögenswerten Leistungen geben muß. Diese Folgerung läßt sich auf das öffentliche Recht übertragen: Denn § 167 VwGO erklärt die §§ 883 ff. ZPO auch im Verwaltungsprozeß für anwendbar.[172] Schon aufgrund dieser zivilrechtlichen Vorgabe ist davon auszugehen, daß die Vermögenswertigkeit kein zwingendes Wesensmerkmal verwaltungsrechtlicher Schuldverhältnisse ist.

bb) Weiterhin ist zu berücksichtigen: Qualifiziert man – wie oben dargelegt – das subjektiv-öffentliche Recht als entscheidendes Kriterium für die Annahme eines verwaltungsrechtlichen Schuldverhältnisses, so ergibt sich hieraus gleichzeitig die Entbehrlichkeit des Merkmals der Vermögenswertigkeit. Es gibt nämlich durchaus subjektiv-öffentliche Rechte des Bürgers, die keinen Vermögenswert haben. Als praktisch bedeutsames Beispiel sind insbesondere zu nennen die Unterlassungs- bzw. Widerrufsansprüche wegen unwahrer Tatsachenbehauptungen des Staates bzw. seiner Bediensteten gegenüber Bürgern. Unabhängig von der umstrittenen Frage, auf welche Rechtsgrundlage ein solcher Anspruch zu stützen ist[173], besteht diesbezüg-

172 Vgl. dazu: *OVG Koblenz*, NJW 1987, 1220 (1221) (Einsichtnahme von Personalakten); ferner: *Wolfgang Roth*, VerwArch 91 (2000), S. 12 (14 ff.); *Peter Schmidt*, in: *Eyermann* (Hrsg.), VwGO, § 167 Rn. 21; *Kopp/Schenke*, VwGO, 12. Auflage, 2000, § 172 Rn. 9; *Redeker/v. Oertzen*, VwGO, 13. Auflage, 2000, § 167 Rn. 3.

173 Die Meinungen in der Rechtsprechung zur Frage der Rechtsgrundlage von Unterlassungs- bzw. Widerrufsansprüchen sind geteilt: Nach *VGH Mannheim*, NJW 1986, 340 ist die Rechtsgrundlage des Widerrufsanspruchs „unmittelbar in den Grundrechten, vor allem in Art. 20 Abs. 3, aber auch in Art. 14, 12 und 2 GG" angesiedelt. Demgegenüber stützt *VGH Kassel*, DÖV 1988, 468 Abwehransprüche wegen ehrverletzender Äußerungen auf eine „entsprechende Anwendung des § 1004 BGB". In der jüngeren Rechtsprechung werden derartige Ansprüche des Bürgers zunehmend unmittelbar aus den Grundrechten abgleitet, vgl.: *OVG Lüneburg*, NJW 1992, 192 (193); *OVG Berlin*, NVwZ 1992, 501 (502); *OVG Schleswig*, NJW 1993, 807; *OVG Münster*, NJW 1995, 1629 f.; *VGH München*, NVwZ 1995, 502 (503); *VGH Mannheim*, NJW 1997, 754 (755); zustimmend: *Hösch*, DÖV 1999, 192 (193 f.).

lich zumindest ein subjektiv-öffentliches Recht des Bürgers gegen den jeweils verantwortlichen Hoheitsträger.[174] Ferner hat beispielsweise auch der im Rahmen des Schulverhältnisses bestehende Anspruch des Schülers auf Unterricht keinen unmittelbaren Vermögenswert.[175]

c) Damit ist festzustellen, daß die Vermögenswertigkeit kein Tatbestandsmerkmal des verwaltungsrechtlichen Schuldverhältnisses ist.

4) Begründung von verwaltungsrechtlichen Schuldverhältnissen nur bei schlicht-hoheitlichem oder auch bei obrigkeitlichem Handeln des Staates?

Die auf *Walter Jellinek*[176] zurückgehende Trennung der Hoheitsverwaltung in schlicht-hoheitliche und obrigkeitliche Verwaltung ist von der *Rechtsprechung* und Teilen der *Literatur* als Kriterium verwaltungsrechtlicher Schuldverhältnisse aufgegriffen worden.[177]

a) Nach nunmehr allgemeiner Ansicht[178] können verwaltungsrechtliche Schuldverhältnisse bei schlicht-hoheitlichem Handeln der Verwaltung begründet werden. Streit besteht, ob dies auch bei obrigkeitlichem Handeln des Staates der Fall sein kann.[179] Es wird die Auffassung vertreten, daß bei obrigkeitlichem Handeln des Staates verwaltungsrechtliche Schuldverhältnisse nicht entstehen können.[180] *Blume* hat in diesem Zusammenhang ausgeführt: Kennzeichnend für die obrigkeitliche Verwaltung sei, daß sie „mit Befehl und Zwang" arbeite.[181] Dem Privatrecht seien aber derartige Rechtsverhältnisse unbekannt; es verfüge aus diesem Grunde auch über keine ent-

---

174 Vgl. auch: *Ossenbühl*, Staatshaftungsrecht, S. 298 f.

175 So auch: *Zuleeg*, DÖV 1970, 627 (630).

176 *Walter Jellinek*, Verwaltungsrecht, 3. Auflage, 1931, S. 21 ff.

177 Obrigkeitliches Handeln ist gegeben, wenn die Verwaltung einseitig verbindlich regelnd in die Freiheitssphäre des Einzelnen eingreift. Schlicht-hoheitliches Handeln liegt vor, wenn die Verwaltung in *nicht*-obrigkeitlicher Form auf Grund des öffentlichen Rechts tätig wird, vgl. *Wolff/Bachof/Stober*, Verwaltungsrecht I, § 23 Rn. 39 f.

178 Vgl. nur: *Bender*, Staatshaftungsrecht, Rn. 810.

179 Die gegenteilige Ansicht von *Otto Mayer*, Deutsches Verwaltungsrecht I, S. 117 f., gilt heute als überholt; ähnlich: *Hartmann*, VerwArch 25 (1917), S. 389 (396 ff.).

180 *Adalbert Mayer*, Die Anwendung des § 278 BGB auf öffentlich-rechtliche Verhältnisse, 1933, S. 7; *Enneccerus-Lehmann*, Recht der Schuldverhältnisse, § 44 II 5; *Schack* in: Festschrift-*Laun*, 1948, S. 281 f., 292 f.; *Eckert*, DVBl. 1962, 11; *Staudinger/Löwisch*, BGB, § 278 Rn. 11.

181 *Blume*, Schuldrechtsähnliche Sonderverbindungen im öffentlichen Recht, S. 134.

sprechenden Rechtsfiguren. Es fehle daher an einer Ähnlichkeit zwischen öffentlichem und privatem Recht.[182]

Das *Reichsgericht* hat zunächst ähnlich argumentiert. Es hat anfangs die Anwendung zivilrechtlicher Haftungsnormen auf öffentlich-rechtliche Verhältnisse an einen Vorbehalt geknüpft: Die aus dem öffentlich-rechtlichen Verhältnis entspringenden Verpflichtungen müßten nach privatrechtlichen Gesichtspunkten beurteilt werden können.[183] Damit sollte das obrigkeitliche Handeln des Staates von zivilrechtlichen Haftungsgrundlagen ausgenommen werden. Eine Wende erfuhr die Rechtsprechung sodann im Urteil des *Reichsgerichts* vom 10.03.1941.[184] Ohne nähere Begründung erachtete das *Reichsgericht* nunmehr auch bei obrigkeitlichem Handeln des Staates eine Haftung aus verwaltungsrechtlichen Schuldverhältnissen für zulässig.[185] Der *Bundesgerichtshof* hat die Rechtsprechung des *Reichsgerichts* namentlich für Fälle der Beschlagnahme[186] übernommen.[187] Dem hat sich die *strafprozessuale Literatur* angeschlossen.[188]

---

182 Mit diesem Argument der fehlenden Ähnlichkeit verneint auch *Walter Jellinek*, Verwaltungsrecht, S. 154, die Übertragbarkeit zivilrechtlicher Vorschriften auf öffentlich-rechtliche Verhältnisse im Falle obrigkeitlichen Handelns des Staates. Er begründet dies mit einem Vergleich zwischen dem Rechtsgeschäft eines geisteskranken Privatmannes und dem Verwaltungsakt eines geisteskranken Beamten. Beide Fälle böten nur äußerliche Ähnlichkeiten von privatem und öffentlichem Recht. Der Privatmann solle durch die Nichtigkeit des von ihm geschlossenen Vertrages in seinem Vermögen geschützt werden. Für den geisteskranken Beamten treffe dieser Gesichtspunkt nicht zu. Die Möglichkeit des Rechtsmittels sowie die Eingriffsbefugnis der vorgesetzten Behörden seien Mittel „zur Beseitigung des etwa angerichteten Unheils".

183 *RGZ* 98, 341 (343); 102, 6 (8); 112, 290 (293) 130, 97 (98 f.).

184 *RGZ* 166, 218 (223): Verlust beschlagnahmter Sachen; ferner: *RG*, DR 1943, 854: Zwangsweise Unterbringung eines Geisteskranken in eine staatliche Heilanstalt.

185 Unzutreffend ist daher Feststellung von *Palder*, NJW 1977, 954 das *Reichsgericht* (Urteil vom 6.5.1943: *RG*, DR 1943, 854) fordere für die Anwendbarkeit zivilrechtlicher Regelungen eine Verpflichtung des Staates zu „weitgehenden Fürsorge" gegenüber dem Bürger. Zum einen handelt es sich bei dem Merkmal „Fürsorge" um ein Kriterium, das das *Reichsgericht* auch im Rahmen von schlicht-hoheitlichem Handeln des Staates verwendet hat (*RGZ* 112, 290 (293)). Die Fürsorge-Verpflichtung des Staates ist also keine Haftungsvoraussetzung, die nur im Falle obrigkeitlichen Handelns gilt. Zum anderen ist in einer früheren Entscheidung mit gleichgelagerter Problematik (Urteil des *Reichsgerichts* vom 10.3.1941, *RGZ* 166, 218 ff.) von diesem Kriterium überhaupt nicht die Rede. Auch hier geht das *Reichsgericht* auf die Frage des obrigkeitlichen Handelns nicht ein.

186 *BGHZ* 1, 369 (371); 4, 192 (193); *BGH*, NJW 1952, 658 (659); ferner: *LG Köln*, NJW 1965, 1440.

b) Der heutige Standpunkt der Rechtsprechung verdient Zustimmung. Denn subjektiv-öffentliche Rechte als entscheidende materiell-rechtliche Voraussetzung verwaltungsrechtlicher Schuldverhältnisse bestehen unabhängig davon, ob der Staat dem Bürger gegenüber in schlicht-hoheitlicher oder obrigkeitlicher Weise auftritt. Dies läßt sich am Beispiel der kommunalen Wasserversorgung aufzeigen:

Will die Gemeinde ein solches Rechtsverhältnis öffentlich-rechtlich regeln, so stehen ihr zwei Gestaltungsmöglichkeiten zur Verfügung: Zum einen kann sie mit dem Bürger einen öffentlich-rechtlichen Vertrag gem. §§ 54 ff. VwVfG über die Lieferung von Wasser abschließen. Zum anderen kann sie aufgrund der ihr regelmäßig in der jeweiligen Gemeindeordnung[189] eingeräumten Befugnis kraft Satzung einen Anschluß- und Benutzungszwang hinsichtlich der örtlichen Wasserversorgung anordnen. In diesem Fall wird der Bürger durch einen entsprechenden vollziehenden Verwaltungsakt verpflichtet, Wasser ausschließlich von dem kommunalen Wasserversorgungsbetrieb zu beziehen.[190]

Im erstgenannten Fall liegt schlicht-hoheitliches, im zweiten Fall hingegen obrigkeitliches Handeln der Gemeinde vor. Diese unterschiedlichen Begründungen des in der Sache nämlichen Rechtsverhältnisses haben jedoch keinen Einfluß auf den Inhalt der jeweils entstehenden subjektiv-öffentlichen Rechte des Bürgers: Denn in beiden Fällen wird jeweils der (Primärleistungs-) Anspruch auf die jederzeitige Lieferung von Wasser be-

---

187 Auch für den Fall der zwangsweisen Unterbringung in einem Krankenhaus ist der *Bundesgerichtshof* (*BGHZ* 21, 214 (219) mit Verweis auf *BGHZ* 5, 138 (151)) zunächst dem *Reichsgericht* (DR 1943, 854 f.) gefolgt.
Ein Umschwung der Rechtsprechung vollzog sich jedoch in *BGHZ* 38, 49 (51). Dort heißt es: „Soweit Insassen des Landeskrankenhauses auf Grund dieses Gesetzes eingewiesen werden, entzieht sich das Verhältnis zwischen der Anstalt und den Insassen von vornherein einer Regelung auf bürgerlichrechtlicher Ebene, da der Staat die ihm nach Maßgabe des Unterbringungsgesetzes obliegenden Aufgaben ausschließlich im Rahmen des Verhältnisses der Über- und Unterordnung ausüben kann und für bürgerlichrechtliche Regelungen insoweit kein Raum ist."; aA *Gries/Willebrand*, JuS 1990, 103 (106).

188 *Gerhard Schäfer, in: Löwe/Rosenberg* (Hrsg.), StPO-Kommentar, 24. Auflage, 1988, § 94 Rn. 63; *Kleinknecht/Meyer-Goßner*, StPO-Kommentar, 44. Auflage, 1999, § 94 Rn. 23; *Nack, in: Karlsruher Kommentar*, StPO, 4. Auflage, 1999, § 94 Rn. 20.

189 Vgl. Art. 23 f. BayGO; § 4 BWGO; §§ 5 f. BrandGO; § 3 BrhVerf; §§ 5 f. HessGO; § 5 MVKommVerf; §§ 6 ff. NdsGO; § 7 NWGO; §§ 24 ff. RhPfGO; § 12 SaarlKSG; § 4 SachsAnGO; § 4 SchlHGO; §§ 19 ff. ThürKO.

190 Vgl. *BGHZ* 59, 303 (304 f.).

gründet. Desweiteren erwirbt der Bürger in beiden Varianten den Anspruch, daß das zu liefernde Wasser hygienisch einwandfrei – also „mangelfrei" – ist.[191] Darüber hinaus sind noch weitere öffentlich-rechtliche Nebenleistungspflichten der Gemeinde aus dem Wasserversorgungsverhältnis denkbar, die jeweils mit subjektiv-öffentlichen Rechten des Benutzers korrespondieren: Dazu zählt etwa die Verpflichtung zur Erstellung von Abrechnungen.

c) Subjektiv-öffentliche Rechte des Bürgers lassen sich auch in anderen Fällen obrigkeitlichen Handelns feststellen: beispielsweise im Bereich der öffentlich-rechtlichen Verwahrung in Form von Sicherstellungen bzw. Beschlagnahmen. Der zur Duldung der Beschlagnahme verpflichtete Bürger hat Anspruch auf eine sorgfältige Behandlung des beschlagnahmten Gegenstands.[192] Oder: Muß ein Bürger aufgrund eines Seuchenverdachts eine medizinische Untersuchung dulden (vgl. § 32 Abs. 2 BSeuchenG), so hat er Anspruch darauf, daß die Behandlung *lege artis* durchgeführt wird.[193]

d) Es zeigt sich also: Auch wenn der Staat gegenüber dem Bürger obrigkeitlich handelt, können subjektiv-öffentliche Rechte des Bürgers entstehen. Das Entstehen verwaltungsrechtlicher Schuldverhältnisse ist somit unabhängig von der jeweiligen öffentlich-rechtlichen Handlungsform des Staates.

IV) Begründungsformen verwaltungsrechtlicher Schuldverhältnisse

Sind also nunmehr die Tatbestandsvoraussetzungen verwaltungsrechtlicher Schuldverhältnisse geklärt, schließt sich die Frage an, auf welche Weise solche Schuldverhältnisse begründet werden können. Diese Frage wird deshalb akut, weil das öffentliche Recht dem Staat verschiedene Handlungsformen

---

191 Vgl. dazu: *VGH Mannheim*, ESVGH 26, 155 ff.

192 Vgl. *VGH Kassel*, NVwZ 1988, 655 (656); DÖV 1991, 699; *Gallwas/Mössle*, Bayerisches Polizei- und Sicherheitsrecht, 2. Auflage, 1996, Rn. 714; *Drews/Wacke/Vogel/Martens*, Gefahrenabwehr, S. 211; *Büllesbach*, Die öffentlich-rechtliche Verwahrung, 1994, S. 19 ff.; 50; *Knemeyer*, Polizei- und Ordnungsrecht, Rn. 183.

193 Vgl. dazu auch: *BGH*, NJW 1982, 1328; NJW 1996, 2431 (2432). In diesen Entscheidungen ging es um Amtspflichtsverletzungen (§ 839 BGB i.V.m. Art. 34 GG) im Rahmen der Gesundheitsfürsorge gegenüber Untersuchungsgefangenen bzw. Soldaten. Ansprüche aus der Verletzung von subjektiv-öffentlichen Rechten im Rahmen des jeweiligen verwaltungsrechtlichen Schuldverhältnisses wurden vom *Bundesgerichtshof* indes nicht erörtert.

zur Verfügung stellt. Als Begründungsformen verwaltungsrechtlicher Schuldverhältnisse kommen in Betracht: Verwaltungsakte[194], öffentlich-rechtliche Verträge[195] sowie Rechtssätze[196]. Denkbar ist ferner eine Begründung verwaltungsrechtlicher Schuldverhältnisse kraft Verfassungsrechts.[197]

1) Numerus clausus *der Begründungsformen?*

a) Die Frage, ob verwaltungsrechtliche Schuldverhältnisse auf vielfältige Weise begründet werden können, ist jedoch nicht unumstritten. Stimmen in der *Literatur* haben insoweit eine Beschränkung gefordert:[198] „Legitimer Kern" und Wesensmerkmal des verwaltungsrechtlichen Schuldverhältnisses sei „die Begründung durch Übereinkunft der beteiligten Parteien".[199] Aus diesem Grunde schieden alle auf Rechtssatz beruhenden Rechtsbeziehungen zwischen Staat und Bürger aus. Denn ausschlaggebend für eine schuldrechtsähnliche Verbindung sei die vom konkreten Einzelfall bestimmte Leistungsbeziehung. Eine Leistungsbeziehung sei jedoch in den Fällen nicht gegeben, in denen der Staat die Bürger lediglich nach Maßgabe einer Norm „tendenziell" gleichbehandele.[200] Dem ist insofern zuzustimmen, als unmittelbar von Gesetzes wegen allgemeine Rechte und Pflichten in Rede stehen. Als Beispiel sind Polizeipflichten zu nennen. Diese begründen als allgemeine Rechtssätze nur im Falle ihrer Konkretisierung ein verwaltungsrechtliches Schuldverhältnis.[201]

b) Im übrigen ist richtigerweise davon auszugehen, daß die Begründungsform eines Rechtsverhältnisses nicht konstitutiv für die Annahme ei-

---

194 Vgl. dazu unter B)IV)2)a) (Seite 71).

195 Vgl. dazu unter B)IV)2)b) (Seite 71).

196 Vgl. dazu unter B)IV)2)c) (Seite 74).

197 Vgl. dazu unter B)IV)2)d) (Seite 75).

198 *Simons*, Leistungsstörungen, S. 59; *Friedrichs*, ArchBürgRecht 42 (1916), S. 28 (31); *Ekkert*, DVBl. 1962, 11.

199 So *Janson*, DÖV 1979, 696 (697).

200 *Janson*, DÖV 1979, 696 (697).

201 Vgl. *Wolff/Bachof/Stober*, Verwaltungsrecht II, § 55 Rn. 3 f.; *Peine*, Allgemeines Verwaltungsrecht, Rn. 86.

nes verwaltungsrechtlichen Schuldverhältnisses sein kann.[202] Denn wie oben bereits dargelegt wurde, ist das Entstehen von subjektiv-öffentlichen Rechten unabhängig von der jeweiligen öffentlich-rechtlichen Handlungsform.[203] Dies bedeutet gleichzeitig, daß es einen *numerus clausus* der Begründungsformen verwaltungsrechtlicher Schuldverhältnisse nicht gibt.

Bestätigung erhält dieses Ergebnis durch eine vergleichende Betrachtung mit dem Zivilrecht: So kennt auch das zivilrechtliche Schuldverhältnis nicht ausschließlich das Rechtsgeschäft als Form seiner Begründung. Vielmehr können Schuldverhältnisse auch kraft Gesetzes entstehen.[204] Davon geht auch § 241 BGB als Kardinalvorschrift des Allgemeinen Schuldrechts aus: Das Recht des Gläubigers, vom Schuldner eine Leistung zu verlangen, setzt das Bestehen eines Schuldverhältnisses voraus. Ob dieses nur auf Rechtsgeschäft oder auf Gesetz beruht, läßt § 241 BGB offen. Aber schon die systematische Stellung der Vorschrift zu Beginn des Allgemeinen Teils macht deutlich, daß § 241 BGB für sämtliche Schuldverhältnisse, auch die des Besonderen Schuldrechts (§§ 433 - 853 BGB), gilt.

c) Die insbesondere von *Janson* und *Simons* vertretene Beschränkung der Begründung des verwaltungsrechtlichen Schuldverhältnisses auf eine wechselseitige, durch Übereinkunft der Parteien beruhende Sonderrechtsbeziehung ist zu eng. Denn eine solche Beschränkung bedeutet der Sache nach, daß ein verwaltungsrechtliches Schuldverhältnis nur durch öffentlich-rechtlichen Vertrag (§§ 54 ff. VwVfG) begründet werden könnte. Daß diese Eingrenzung des Ursprungs des verwaltungsrechtlichen Schuldverhältnisses nicht richtig ist, wird schon aus dem Umstand deutlich, daß der öffentlich-rechtliche Vertrag lediglich eine Fallgruppe des verwaltungsrechtlichen Schuldverhältnisses bildet und daher nicht dessen einzige Begründungsform darstellt.[205] Maßgeblich für die Begründung eines verwaltungsrechtlichen

202 Vgl. *Götz*, JuS 1971, 349 (350); *Gries/Willebrand*, JuS 1990, 103 (106); ***Bender***, Staatshaftungsrecht, Rn. 808; *Hertwig*, Verwaltungsrechtsverhältnis, S. 63; *Meysen*, Die Haftung aus Verwaltungsrechtsverhältnis, S. 49; *Papier*, Forderungsverletzung, S. 19, 68.

203 Vgl. unter B)III)4) (Seite 65).

204 Zum Beispiel: §§ 677 ff., 701 ff.; 741 ff.; 809 ff.; 812 ff., 823 ff.; 829 BGB.

205 Vgl. *Bonk*, in: *Stelkens/Bonk/Sachs*, VwVfG, 5. Auflage, 1998, § 54 Rn. 44; *Meysen*, Die Haftung aus Verwaltungsrechtsverhältnis, S. 57; *Wolff/Bachof/Stober*, Verwaltungsrecht II, § 55 Rn. 8; *Bender*, Staatshaftungsrecht, Rn. 808; *Ossenbühl*, Staatshaftungsrecht, S. 339; *Schäfer/Bonk*, StHG, § 15 Rn. 30.

Schuldverhältnisses ist also nicht dessen Entstehungsform. Entscheidend ist einzig der Inhalt der jeweiligen Rechtsbeziehung.[206]

2) *Die Begründungsformen im einzelnen*

Folgende Formen der Begründung verwaltungsrechtlicher Schuldverhältnisse kommen somit in Betracht:

a) *Verwaltungsrechtliche Schuldverhältnisse aufgrund Verwaltungsakts*

Verwaltungsrechtliche Schuldverhältnisse können durch Erlaß eines Verwaltungsakts im Sinne von § 35 Satz 1 VwVfG zustandekommen. Dies ist namentlich der Fall bei der Beschlagnahme bzw. Sicherstellung von Sachen durch Träger öffentlicher Gewalt sowie bei der Ernennung zum Beamten.[207]

Eine weitere Begründungsform ist der Erlaß einer Allgemeinverfügung im Sinne von § 35 Satz 2 VwVfG. Diese Form des Zustandekommens verwaltungsrechtlicher Schuldverhältnisse ist beispielsweise bei der Benützung öffentlicher Spielplätze und Parkanlagen von Bedeutung.[208]

b) *Verwaltungsrechtliche Schuldverhältnisse aufgrund öffentlich-rechtlichen Vertrages*

aa) Eine weitere, allgemein anerkannte Form der Begründung verwaltungsrechtlicher Schuldverhältnisse ist der öffentlich-rechtliche Vertrag, §§ 54 ff. VwVfG.[209]

bb) In diesem Zusammenhang stellt sich die Frage, ob „Rechtsverhältnisse des täglichen Lebens" – zum Beispiel die Benutzung kommunaler Verkehrsmittel oder Anstalten – ebenfalls als öffentlich-rechtliche Verträge zu qualifizieren sind, soweit sie öffentlich-rechtlich geregelt sind.[210] Dagegen ist mit gewichtigem Grund eingewandt worden, daß § 57 VwVfG nach

---

206 Insoweit zutreffend: *Hertwig*, Verwaltungsrechtsverhältnis, S. 63.

207 Vgl. zum Ganzen: *Flessa*, DVBl. 1957, 81 ff., 118 ff.

208 Vgl. dazu: *K. Lange*, in: *Püttner* (Hrsg.), Handbuch der kommunalen Wissenschaft und Praxis, Band 3, S. 176 f.

209 Vgl. Anm. 205.

210 Hiervon auszunehmen sind selbstverständlich Anstalts- und Benutzungsverhältnisse, für die ein Anschluß- und Benutzungszwang besteht.

seinem klaren Wortlaut die Schriftform als Wirksamkeitserfordernis öffentlich-rechtlicher Verträge voraussetzt.[211] Ohne Frage ist die Schriftform in diesen Fällen regelmäßig nicht gewahrt.

Es ist jedoch zu überlegen, § 57 VwVfG einschränkend auszulegen, so daß auch die erwähnten verwaltungsrechtlichen „Massengeschäfte" unter den Tatbestand der §§ 54 ff. VwVfG subsumiert werden können. Denn das Schriftformerfordernis ist verantwortlich für die praktische Bedeutungslosigkeit des Rechtsinstituts des verwaltungsrechtlichen Vertrages[212], obgleich die vielfältigen öffentlich-rechtlichen Rechtsverhältnisse des täglichen Lebens gerade ein Bedürfnis nach einer gesetzlichen Regelung dokumentieren. Vor diesem Hintergrund wird daher von Seiten des *Schrifttums* eine Lockerung des strengen Formpostulats des § 57 VwVfG zunehmend befürwortet.

aaa) So ist etwa von *Thieme* der Gedanke ins Feld geführt worden, den öffentlich-rechtlichen Vertrag entsprechend dem Bürgerlichen Recht nur bei bestimmten Inhalten dem Schriftformerfordernis zu unterwerfen.[213] *Kopp/Ramsauer* wollen indessen „aufgrund von Gewohnheitsrecht ... trotz der scheinbar abschließenden Regelung des § 57 (VwVfG) ... auch formlose Verträge des täglichen Lebens als Verträge im Sinne von §§ 54 ff. VwVfG qualifizieren.[214] Demgegenüber hält *Maurer*[215] auch einen Verzicht auf das

---

211 *Ehlers*, Verwaltung in Privatrechtsform, 1984, S. 208 ff.; *Henneke*, in: *Knack* (Hrsg.), VwVfG, 6. Auflage, 1998, § 57 Rn. 4; *Bonk*, in: *Stelkens/Bonk/Sachs*, VwVfG, § 54 Rn. 32, § 62 Rn. 30; *Wolff/Bachof/Stober*, Verwaltungsrecht II, § 54 Rn. 27; *Bergmann/Schumacher*, Die Kommunalhaftung, 2. Auflage, 1996, Rn. 1984; offengelassen: *Erichsen*, in: *Erichsen* (Hrsg.), Allgemeines Verwaltungsrecht, § 26 Rn. 5.

212 Vgl. *Maurer*, DVBl. 1989, 798 (803); *Erichsen*, in: *Erichsen* (Hrsg.), Allgemeines Verwaltungsrecht, § 26 Rn. 5 aE.

213 *Thieme*, DÖV 1996, 757 (761).

214 *Kopp/Ramsauer*, Verwaltungsverfahrensgesetz, 7. Auflage, 2000, § 57 Rn. 6. – Anders noch in der von *Kopp* allein betreuten Vorauflage (VwVfG, 1996, § 57 Rn. 11 aE), in der von faktischen Verträgen kraft sozialtypischen Verhaltens die Rede ist. Dieses von *Günter Haupt* geschaffene Rechtsinstitut (Über faktische Vertragsverhältnisse, in: Festschrift-*Heinrich Siber*, 1941, Band II, S. 1 ff.) hat sich aber bereits im Zivilrecht nicht durchsetzen können. Sein vornehmlicher Anwendungsbereich sollten die Versorgungsleistungen des modernen Verkehrs (zB die Benutzung von Straßenbahnen, Parkplätzen etc.) sein. Deren Bedingungen seien allgemein festgelegt und würden ohne weitere Vertragsverhandlungen tatsächlich in Anspruch genommen. Für einen Vertragsschluß solle das „sozial-typische Verhalten" genügen (so *Larenz/Wolf*, Allgemeiner Teil des Bürgerlichen Rechts, 8. Auflage, 1997, § 28 II).
Die Rechtsfigur des Faktischen Vertrages ist jedoch entbehrlich. Denn bereits mit der Anwendung rechtsgeschäftlicher Prinzipien sowie des Grundsatzes der ***protestatio facto***

Schriftformerfordernis für möglich, sofern dies durch Rechtsvorschrift (mindestens) in Form einer Satzung festgesetzt werde.[216] Im übrigen lasse sich ein solcher Verzicht aus der Subsidiarität des VwVfG ableiten.[217]

bbb) Indessen ist noch ein weiterer Ansatzpunkt für eine Einordnung der „Rechtsverhältnisse des täglichen Lebens" als öffentlich-rechtliche Verträge denkbar. In Erwägung zu ziehen ist für diese Fälle eine teleologische Reduktion des § 57 VwVfG. Vergegenwärtigt man sich nämlich den Zweck des Schrifterfordernisses, so offenbart dies möglicherweise ein fehlendes Bedürfnis nach dessen Erfüllung für öffentlich-rechtliche „Massenverträge". Es ist damit der Sinn des Formpostulats zu untersuchen.[218]

Das Schriftformerfordernis des § 57 VwVfG erfüllt vier Funktionen:[219] Es dient zum einen der Abschluß- und Inhaltsklarheit, zum anderen trägt es zur Beweissicherung bei. Schließlich kommt ihm eine Warnfunktion zu im

---

contraria non nocet lassen sich sachgerechte Ergebnisse erzielen (vgl. dazu: *Medicus*, Allgemeiner Teil des BGB, 6. Auflage, 1994, Rn. 245 ff.; *Esser-Schmidt*, Schuldrecht, 7. Auflage, 1992, § 10 II 2; *Fikentscher*, Schuldrecht, 9. Auflage, 1997, Rn. 60 ff.; *Kramer*, in: *MünchKomm*, BGB, vor § 145 Rn. 27; *Palandt/Heinrichs*, Bürgerliches Gesetzbuch, Einf. v. § 145 Rn. 25 f.).

215 *Maurer*, Allgemeines Verwaltungsrecht, § 14 Rn. 29; ebenso: *Peine*, Allgemeines Verwaltungsrecht, Rn. 279.

216 *Ehlers*, Verwaltung in Privatrechtsform, S. 208 Anm. 202 hält die Argumentation von *Maurer* für unzulässig. Zum einen gestatte der Vorbehalt des § 57 VwVfG nur eine strengere Formregelung als die positiv-rechtliche einfache Schriftform. Zum anderen sei nicht anzunehmen, „daß die Gemeindeordnungen den Kommunen mit der Verleihung des Satzungsgebungsrechts zugleich das Recht eingeräumt (hätten), sich über das Verwaltungsverfahrensrecht hinwegzusetzen".
Ehlers schlägt deshalb vor (S. 210), Rechtsverhältnisse des öffentlich-rechtlichen Massenverkehrs durch Verwaltungsakt zu regeln. Dieser Lösungsweg macht von der insofern inkonsequenten Regelung des VwVfG Gebrauch, wonach Verwaltungsakte gem. § 37 Abs. 2 Satz 1 VwVfG auch mündlich erlassen werden können (vgl. hierzu auch die Kritik von: *Thieme*, DÖV 1996, 757 (761)). Die rechtstechnische Konstruktion von *Ehlers* mag daher dogmatisch sauberer sein als eine einschränkende Auslegung des § 57 VwVfG. Jedoch erscheint eine Behandlung von verwaltungsrechtlichen „Massengeschäften" nach vertraglichen Grundsätzen sachgerechter, insbesondere vor dem Hintergrund der Möglichkeit einer privatrechtlichen Ausgestaltung solcher Rechtsverhältnisse durch die Verwaltung.

217 Insoweit zustimmend: *Büllesbach*, Die öffentlich-rechtliche Verwahrung, S. 60.

218 So auch: *BVerwGE* 96, 326 (333) in Anlehnung an *BSGE* 69, 238 ff., wonach Formvorschriften nicht „Selbstzweck" und deshalb unter Berücksichtigung ihres Sinngehalts auszulegen und anzuwenden seien.

219 Vgl. dazu: *Bonk*, in: *Stelkens/Bonk/Sachs*, VwVfG, § 57 Rn. 4.

Sinne eines Schutzes vor Übereilung. Gerade die drei erstgenannten Funktionen spielen in Zeiten der Automatisierung[220] des Rechtsverkehrs – vor allem auch im Bereich der Daseinsvorsorge – eine immer unbedeutender werdende Rolle.

Auch die Warnfunktion des § 57 VwVfG verliert bei verwaltungsrechtlichen „Massengeschäften" an Gewicht: Denn regelmäßig wird der Bürger der Antragende (gem. § 62 Satz 2 VwVfG i.V.m. § 145 BGB) gegenüber der öffentlichen Hand sein, so daß es zu einer „Überrumpelung" von Seiten der Verwaltung in der Regel nicht kommen kann und es damit einer entsprechenden Schutzvorschrift nicht bedarf. Hinzu kommt, daß die meisten verwaltungsrechtlichen „Massengeschäfte" nur Leistungen von geringem finanziellen Wert zum Inhalt haben. Auch dieser Umstand läßt die Notwendigkeit des Schriftformerfordernisses als Schutzmaßnahme als entbehrlich erscheinen. Bei den öffentlich-rechtlichen „Massengeschäften" ist daher ein Bedürfnis nach einer Schutzvorschrift im Sinne des § 57 VwVfG nicht zu erkennen. Indessen läßt sich wohl aber das Bedürfnis nach einer klaren gesetzlichen Regelung feststellen. Vor diesem Hintergrund liegt es daher nahe, § 57 VwVfG bei öffentlich-rechtlichen „Massengeschäften" im Wege einer teleologischen Reduktion einschränkend auszulegen.[221] Die „Rechtsverhältnisse des täglichen Lebens sind daher trotz Nichterfüllung des Schriftformerfordernisses des § 57 VwVfG als öffentlich-rechtliche Verträge zu qualifizieren.

c) *Verwaltungsrechtliche Schuldverhältnisse kraft Rechtssatzes*

Verwaltungsrechtliche Schuldverhältnisse können ferner – entsprechend ihrem privatrechtlichen „Vorbild" – kraft Gesetzes entstehen, wenn dieses subjektiv-öffentliche Rechte des Staates oder des Bürgers festsetzt. Dies hat auch schon das *Reichsgericht* anerkannt: Gesetzlich begründete Rechtsverhältnisse des öffentlichen Rechts könnten ebenfalls „Rechte und Verbind-

220 Vgl. zu diesem Gesichtspunkt: *Löwer*, NVwZ 1986, 793 (799).

221 In diesem Fall braucht man auch nicht die von *Kopp* befürwortete Rechtsfigur des faktischen Vertrages zu bemühen. Denn wählt man als Lösungsweg die teleologische Reduktion des § 57 VwVfG, so kommt der öffentlich-rechtliche Vertrag nach den allgemeinen Grundsätzen über die Wirksamkeit von Willenserklärungen zustande, § 62 Satz 2 VwVfG i.V.m. §§ 145 ff. BGB; kritisch zur Lehre vom faktischen Vertrag: *Rüfner*, Formen öffentlicher Verwaltung im Bereich der Wirtschaft, S. 318, 325.

lichkeiten erzeugen".[222] Als Gesetz in diesem Sinne kommen sowohl formelle als auch materielle Gesetze wie Rechtsverordnungen und Satzungen in Betracht.

Ein praktisch bedeutsames Beispiel liefert das Sozialrecht: Gem. § 40 Abs. 1 SGB AT entstehen Ansprüche des Bürgers auf Sozialleistungen mit dem Eintritt der gesetzlichen Voraussetzungen; sie sind in diesem Zeitpunkt auch bereits fällig (§ 41 SGB AT). Ferner begründet auch die allgemeine Schulpflicht ein verwaltungsrechtliches Schuldverhältnis kraft Gesetzes.[223] Gleiches gilt in Bezug auf den Steueranspruch[224] bzw. den Anspruch des unbeschränkt steuerpflichtigen Bürgers auf Eigenheimzulagen (§ 1 EigZulG). Von besonderer praktischer Bedeutung ist schließlich auch die öffentlich-rechtliche Geschäftsführung ohne Auftrag als gesetzlich begründetes verwaltungsrechtliches Schuldverhältnis.[225]

d) *Verwaltungsrechtliche Schuldverhältnisse kraft Verfassungsrechts*

Es bleibt der Frage nachzugehen, ob verwaltungsrechtliche Schuldverhältnisse bei Fehlen einer einfachgesetzlichen Regelung sich auch unmittelbar aus Grundrechten ergeben können. Dies ist – soweit ersichtlich – in der verwaltungsrechtlichen *Literatur* noch nicht erörtert worden. Eine solche leistungsrechtliche Wirkung von Grundrechten setzt voraus, daß sie Rechtsgrundlage einer Handlungspflicht des Staates gegenüber dem Bürger sein können. Es ist daher im Folgenden die Frage zu untersuchen, ob Grundrechte auch subjektiv öffentliche Rechte auf hoheitliche Leistungen verbürgen.

---

222 *RGZ* 65, 113 (116 f.).

223 In Bayern ist die Schulpflicht in Art. 35 Abs. 1 Satz 1 BayEUG angeordnet. Vgl. ferner: § 7 Abs. 1 Berliner SchulG; § 72 Abs. 1 Satz 1 BWSchulgesetz; § 36 Abs. 1 Satz 1 BrandenburgSchulG; § 1 Abs. 1 Satz 1 NRWSchulpflichtG; § 63 Abs. 1 Satz 1 Niedersächsisches SchulG; § 1 Abs. 1 SaarlSchulpflichtG; § 26 Abs. 1 Satz 1 SächsSchulG; § 36 Abs. 1 Satz 1 Sachsen-AnhaltSchulG.
Vgl. dazu auch: *BGH*, NJW 1964, 1670 (1671); *BGH*, VersR 1973, 141; *BGH*, NJW 1988, 1258 (1259); zustimmend: *Zuleeg*, DÖV 1970, 627 (630); *Gries/Willebrand*, JuS 1990, 103 (106); *K. Lange*, in: *Püttner* (Hrsg.), Handbuch der kommunalen Wissenschaft und Praxis, Band 3, S. 176; anders noch: *BGH*; NJW 1963, 1828 f.

224 *Kühn/Hofmann*, Abgabenordnung, 17. Auflage, 1995, § 38 sub 1.

225 *Schoch*, Jura 1994, 241 (249).

aa) *Abkehr vom traditionellen Verständnis der Grundrechte als reinen Abwehrrechten*

Zu den traditionellen Funktionen der Grundrechte gehört nicht nur die Abwehr staatlicher Eingriffe[226], sondern auch die Pflicht des Staates, die grundrechtlich gewährleisteten Rechtsgüter des Bürgers vor ungerechtfertigten Eingriffen Dritter zu schützen.[227] Die damit korrespondierenden individuellen Ansprüche auf Gewährung dieses Schutzes gehören zu der Gruppe der sog. Teilhaberechte im weiteren Sinne. Sie zielen auf das Tätigwerden des Staates zu Gunsten des Einzelnen.

Eine Unterart dieser Teilhaberechte sind die Teilhaberechte im engeren Sinne. Als solche werden subjektiv-öffentliche Rechte verstanden, die auf Gewährung von staatlichen Leistungen gerichtet sind (Leistungsrechte).[228] Der Begriff der staatlichen Leistungen reicht sehr weit: So können beispielsweise auch der Rechtsschutz durch die Gerichte und der Schutz des Bürgers durch die Polizei sowie der Erlaß von grundrechtschützenden Verfahrens- oder Organisationsnormen als staatliche Leistungen angesehen werden.[229] In diesen Fällen wird der Staat aber nicht als Leistungs- und Sozialstaat im eigentlichen Sinne tätig, sondern als klassisch-liberaler Rechtsstaat.[230] Ansprüche in leistungsstaatlichem Sinne sind dagegen gerichtet auf Förderung der „Interessenverfolgung der Mitglieder des Gemeinwesens durch gewährende Tätigkeit“[231] bzw. auf Herstellung einer sozialstaatlich angemessenen Lebenssituation des Einzelnen.[232]

Diese Teilhaberechte im engeren Sinne hat *Martens* in originäre und derivative Teilhaberechte unterteilt.[233] Diese Differenzierung bezieht sich nicht auf deren Inhalt, sondern auf deren Begründung. Originäre Teilhaberechte sind unmittelbar aus den Grundrechten abzuleitende Ansprüche auf Teilhabe. Derivative Teilhaberechte werden zwar ebenfalls aus den Grundrechten

226 Vgl. *BVerfGE* 7, 198 (204); 9, 83 (88); 12, 81 (87); 13, 318 (325 f.); 19, 342 (349); 21, 342 (349); 21, 362 (369).

227 Statt vieler: *Dreier*, in: *Dreier* (Hrsg.), Grundgesetz, 1996, Band I, Vorb. Rn. 62 ff.

228 Vgl. etwa: *Sachs*, in: *Sachs* (Hrsg.), Grundgesetz, vor Art. 1 Rn. 46.

229 Vgl. *Loschelder*, DVBl. 1957, 819 (820 ff.); *Beinhardt*, DVBl. 1961, 608 (611 ff.).

230 Vgl. *Wolff/Bachof*, Verwaltungsrecht III, 4. Auflage, 1978, § 137 Rn. 1 ff.

231 So *Wolff/Bachof*, Verwaltungsrecht III, § 137 Rn. 5 a)

232 Vgl. auch *Hesse*, in: *Benda/Maihofer/Vogel* (Hrsg.), Handbuch des Verfassungsrechts, 2. Auflage, 1994, § 5 Rn. 31 f.; *Sachs*, in: *Stern*, Staatsrecht III/1, 1988, S. 692 ff.

233 *Martens*, VVDStRL 30 (1972), S. 7 (21).

abgeleitet. Dies folgt aber nicht aus einem erweiterten Verständnis der Freiheitsrechte als Teilhaberechte. Derivative Teilhaberechte sind vielmehr in ihrem Bestand, Inhalt und Umfang abhängig von vorangegangenem teilhabegründenden Handeln des Staates.[234] Der Zweck derivativer Teilhaberechte liegt damit in der Gewährleistung rechtsstaatlicher Gleichheit und Freiheit.[235]

bb) Gewährung subjektiv-öffentlicher Rechte in Form originärer Teilhaberechte durch das Grundgesetz ?

Die Problematik der originären (sozialen) Teilhaberechte wurzelt in der Frage, ob die grundgesetzlichen Freiheitsrechte in Teilhaberechte „umgedeutet"[236] werden können. Praktische Bedeutung hat diese Thematik im *numerus-clausus*-Urteil des *Bundesverfassungsgerichts* erfahren.[237]

aaa) Das numerus-clausus-*Urteil des* Bundesverfassungsgerichts

Der Entscheidung lag folgender Sachverhalt zugrunde:

Im Rahmen des Art. 100 Abs. 1 GG hatten das *Verwaltungsgericht Hamburg* sowie das *Verwaltungsgericht München* dem *Bundesverfassungsgericht* die Frage zur Entscheidung vorgelegt, ob die Zulassungsbeschränkungen zu Universitäten in den jeweiligen Landeshochschulgesetzen mit dem Grundgesetz vereinbar seien. Nach Ansicht der vorlegenden *Verwaltungsgerichte* lag jeweils ein Verstoß gegen Art. 12 GG vor[238]: Dieses Grundrecht erschöpfe sich nicht in einem bloßen Abwehrrecht gegen berufslenkende Maßnahmen, sondern verpflichtete den Staat jedenfalls im Falle staatlicher Ausbildungs-

---

234 *Martens*, VVDStRL 30 (1972), S. 7 (21 ff.).

235 *Heintschel von Heinegg*, JA 1995 333 (338); *Murswiek*, in: *Isensee/Kirchhof* (Hrsg.), HdbStR V, § 112 Rn. 85.

236 So *Murswiek*, in: *Isensee/Kirchhof* (Hrsg.), HdbStR V, § 112 Rn. 93. Der Begriff der „Umdeutung" ist allerdings unglücklich gewählt. „Umdeutung" meint die Aufgabe einer Interpretation zu Gunsten einer anderen. Dies kann hier aber nicht gewollt sein. Es soll vielmehr zum Ausdruck gebracht werden, daß die Grundrechte unter Beibehaltung ihrer herkömmlichen Funktion als Freiheitsrechte möglicherweise auch Leistungsrechte garantieren.

237 *BVerfGE* 33, 303 ff.

238 Vgl. *BVerfGE* 33, 303 (315 f.).

monopole, Ausbildungsstätten entprechend dem Bedarf zur Verfügung zu stellen.[239]

Das *Bundesverfassungsgericht* hat dazu ausgeführt: Selbst unter Berücksichtigung der gesetzgeberischen Einschätzungsprärogative könnten sich „aus dem Gleichheitssatz in Verbindung mit Art. 12 Abs. 1 GG und dem Sozialstaatsprinzip Ansprüche auf Zutritt zu diesen (Ausbildungs-) Einrichtungen ergeben".[240] Dies sei insbesondere dann der Fall, wenn der Staat über ein Ausbildungsmonopol verfüge und „die Beteiligung an staatlichen Leistungen zugleich notwendige Voraussetzung für die Verwirklichung von Grundrechten" sei.[241] Es liege nicht in der freien Entscheidung staatlicher Organe, „den Kreis der Begünstigten nach ihrem Gutdünken abzugrenzen und einen Teil der Staatsbürger von den Vergünstigungen auszuschließen". Das *Bundesverfassungsgericht* folgerte damit aus Art. 12 Abs. 1 GG i.V.m. Art. 3 Abs. 1 GG und dem Sozialstaatsgebot ein „Recht des die subjektiven Zulassungsvoraussetzungen erfüllenden Staatsbürgers auf Zulassung zum Hochschulstudium seiner Wahl".

Klarheit hinsichtlich der Problematik der Freiheitsrechte als originäre Teilhaberechte hat das *numerus-clausus*-Urteil indes nicht geschaffen: Sowohl die Frage der Erweiterung der bestehenden Kapazitäten als auch die damit einhergehende Frage der Funktion des Art. 12 Abs. 1 GG als originäres Teilhaberecht ließ das *Bundesverfassungsgericht* letztlich offen. „Denn verfassungsrechtliche Konsequenzen kämen erst bei evidenter Verletzung jenes Verfassungsauftrages in Betracht."[242] Eine solche Verletzung verneinte das *Bundesverfassungsgericht* im konkreten Fall. Denn „soweit Teilhaberechte nicht von vornherein auf das jeweils Vorhandene beschränkt (sind, stehen) sie unter dem Vorbehalt dessen, was der Einzelne vernünftigerweise von der Gesellschaft beanspruchen" könne.[243]

bbb) Würdigung

Das Verständnis der Grundrechte als originäre Teilhaberechte ist nicht frei von Bedenken. Es ist zwar anerkannt, daß es zu den wesentlichen Aufgaben

---

239 So die Argumentation des *Verwaltungsgerichts Hamburg*, vgl. *BVerfGE* 33, 303 (315).

240 *BVerfGE* 33, 303 (331).

241 *BVerfGE* 33, 303 (332).

242 *BVerfGE* 33, 303 (333).

243 *BVerfGE* 33, 303 (333).

des Sozialstaats gehört, für die materiellen Voraussetzungen der grundrechtlichen Freiheitsausübung zu sorgen.[244] Fraglich ist aber, ob die Tatsache der Abhängigkeit der Freiheitsausübung von materiellen Voraussetzungen dazu führt, daß die Freiheitsrechte auch die Gewährung dieser materiellen Voraussetzungen selbst garantieren.[245]

α) Der *Weimarer Reichsverfassung* waren seinerzeit „sozialprogrammatische Artikel"[246] nicht unbekannt, wenngleich sie jedoch unrealisiert blieben. Das von der *Weimarer Reichsverfassung* garantierte „Recht auf Arbeit" konnte von der Politik nicht umgesetzt werden. Zurück blieben uneingelöste grundrechtliche Versprechungen.[247] Indessen haben diese schlechten Erfahrungen mit der Umsetzung sozialer Teilhaberechte in der Praxis einige Landesverfassungsgesetzgeber nicht daran gehindert, ähnlich formulierte „Sozialgrundrechte" in ihre Verfassungen[248] aufzunehmen.[249]

Das Grundgesetz hat den Weimarer Weg nicht eingeschlagen.[250] Es hat den sozialen Teilhaberechten vielmehr eine Absage erteilt.[251] Dies verdeutlicht der Umstand, daß das Grundgesetz nur vereinzelt auf hoheitliche Lei-

---

244 *Bethge*, Der Staat, 24 (1985), S. 351 (376).

245 Vgl. auch: *Hesse*, EuGRZ 1978, 427 (433).

246 *Forsthoff*, Allgemeines Verwaltungsrecht, S. 64.

247 Zu diesem Aspekt: *Hans Schneider*, in: *Isensee/Kirchhof* (Hrsg.), HdbStR I, § 3 Rn. 34; ferner: *Nawiasky*, VVDStRL, 3 (1927), S. 25 (32).

248 Vgl. exemplarisch: Art. 144 Abs. 3 Satz 1 BayVerfassung (Recht auf Aneignung wildwachsender Waldfrüchte); Art. 166 BayVerfassung (Recht auf Arbeit); Art. 5 Abs. 1 Satz 2 SächsVerfassung (Recht auf Heimat); Art. 48 Abs. 1 BrandenburgVerfassung (Recht auf Arbeit); Art. 8 Abs. 1 BremVerfassung (Recht auf Arbeit); Art. 28 Abs. 2 HessVerfassung (Recht auf Arbeit).

249 Vgl. dazu auch die treffende Bemerkung von *Breuer*, in: Festgabe aus Anlaß des 25-jährigen Bestehens des *Bundesverwaltungsgerichts*, 1978, S. 89 (93): „Symptomatisch erscheint, daß die sozialen Grundrechte einzelner Landesverfassungen bisher keine praktische, über die Grundrechtsgarantien des Grundgesetzes hinausgehende Bedeutung erlangt haben."

250 Vgl. auch *Isensee*, Der Staat, 19 (1980), S. 367 (370): Das Grundgesetz sei geprägt von einem „nüchternen Geist"; „der auf klare politische Entscheidung und juristische Durchsetzbarkeit ausgeht, der abrückt von der teils hochfliegenden, teils platten Volkskatechese, wie sie sich in den Grundrechtskatalogen der frühen Landesverfassungen findet, mit ihrer Unbekümmertheit um innere Konsequenz und um Praktikabilität."

251 Vgl. dazu auch die grundlegende Untersuchung von: *Werner Weber*, Der Staat 4 (1965), S. 409 ff.

stung gerichtete Grundrechte ausdrücklich gewährt.[252] Aus dieser Tatsache muß der Schluß gezogen werden, daß das Grundgesetz soziale Teilhaberechte prinzipiell nicht hat anerkennen wollen.[253]

β) Darüber hinaus ist zu berücksichtigen: Würde man soziale Teilhaberechte von Verfassungs wegen anerkennen, ginge damit ein Verstoß gegen das Gewaltentrennungsprinzip einher. Auf diese Weise griffe die Rechtsprechung auf die Kompetenz des Gesetzgebers „zur Gestaltung des Sozial- und Wirtschaftslebens sowie zur Festsetzung des Haushalts" über.[254] Denn die Konkretisierung der auch als Teilhaberechte aufzufassenden Freiheitsrechte wäre eine vom Grundgesetz nicht determinierte politische Gestaltungsentscheidung.[255] Solche Entscheidungen sind aber nach dem verfassungsrechtlichen System der Aufgabenverteilung in den Verantwortungsbereich der politischen Führungsorgane, namentlich des Gesetzgebers gestellt (Parlamentsvorbehalt).

Gegen die Anerkennung sozialer Teilhaberechte spricht auch deren Unbestimmtheit.[256] Mangels einfach-gesetzlicher Konkretisierung wäre es letztlich den Gerichten überlassen, den Umfang solcher Leistungsansprüche zu bestimmen. Aber auch dies ist eine politische Entscheidung, die der Le-

---

252 Art. 1 Abs. 1 Satz 2 Alt. 2 GG („Verpflichtung ... zu schützen"); Art. 6 Abs. 4 GG („Anspruch auf den Schutz und die Fürsorge der Gemeinschaft"); Art. 6 Abs. 5 GG („sind durch die Gesetzgebung die gleichen Bedingungen ... zu schaffen"); Art. 7 Abs. 4 Satz 3 GG („Die Genehmigung ist zu erteilen ..."); Art. 48 Abs. 1 GG („Anspruch auf den erforderlichen Urlaub"); Art. 103 Abs. 1 GG („Anspruch auf rechtliches Gehör"); Art. 104 Abs. 2 Satz 2 GG („ ... ist unverzüglich eine richterliche Entscheidung herbeizuführen"); Art. 104 Abs. 3 Satz 1 2.Hs. GG („der ihm die Gründe der Festnahme mitzuteilen, ihn zu vernehmen und ihm die Gelegenheit zu Einwendungen zu geben hat"); Art. 104 Abs. 4 GG („ ist unverzüglich ein Angehöriger ... zu benachrichtigen"); Art. 116 Abs. 2 Satz 1 GG („ ... sind auf Antrag wieder einzubürgern"); Art. 140 GG i.V.m. Art. 137 Abs. 5 Satz 2 WRV („sind auf ihren Antrag gleiche Rechte zu gewähren ...").

253 So auch: *H.H.Klein*, Die Grundrechte im demokratischen Staat, 1972, S. 65 f.; *Martens*, VVDStRL, 30 (1972), S. 7 (29 f.); *Breuer*, in: Festgabe-*Bundesverwaltungsgericht*, S. 89 (92 f.).

254 *Breuer*, in: Festgabe-*Bundesverwaltungsgericht*, S. 89 (93); ferner: *Böckenförde*, NJW 1974, 1529 (1536); *Friauf*, DVBl. 1971, 674 (677); *Ossenbühl*, NJW 1976, 2100 (2105).

255 So *Murswiek*, in: *Isensee/Kirchhof* (Hrsg.), HdbStR V, § 112 Rn. 95.

256 *von Mutius*, VerwArch 64 (1973), S. 183 (193); *Badura*, Der Staat 14 (1975), S. 17 (25); *Dreier*, Jura 1994, 505 (508); *Murswiek*, in: *Isensee/Kirchhof* (Hrsg.), HdbStR V, § 112 Rn. 93, der plastisch die Problematik der Unbestimmtheit solcher Leistungsrechte darstellt.

gislative und/oder der Exekutive vorbehalten ist, jedenfalls nicht der Judikative.[257]

Aus diesen Gründen ist eine generelle Interpretation von Grundrechten als sozialen Teilhaberechten abzulehnen. Etwas anderes könnte nur insoweit gelten, als eine Sicherung des Minimalstandards in Rede stünde.[258] Aber auch für diesen Fall wird allgemein angenommen, daß Grundrechte den Staat nur unter dem Vorbehalt des Möglichen[259] verpflichten, Mindestvoraussetzungen für die Ausübung der Freiheitsrechte zu schaffen.

γ) Das bedeutet: Das Grundgesetz gewährt keine subjektiv-öffentlichen Rechte in Form originärer Teilhaberechte, soweit diese nicht ausdrücklich[260] formuliert sind und keine Sicherung des Minimalstandards in Rede steht. Eine Begründung verwaltungsrechtlicher Schuldverhältnisse kraft Verfassungsrechts scheidet daher in der Regel insoweit aus.

cc) Gewährung subjektiv-öffentlicher Rechte in Form derivativer Teilhaberechte durch das Grundgesetz?

Derivative Teilhaberechte lassen sich indes unproblematisch begründen.[261] Denn aufgrund des vorangehenden teilhabebegründenden Handelns der öf-

---

257 Zusammenfassend: *Martens*, VVDStRL 30 (1972), S. 7 (30 f.): Leistungsgrundrechte seien im Gegensatz zu den Abwehrgrundrechten „nicht unmittelbar vollziehbar, (bedürften) vielmehr der Konkretisierung und Aktualisierung durch den Gesetzgeber. Erst die gesetzliche Regelung (begründe) vollzugsfähige subjektive öffentliche Rechte, die nur im Rahmen des jeweils Möglichen und Angemessenen und schon aus diesem Grunde nicht mit Verfassungsrang gewährt werden (könnten)".

258 Als Beispiele für die Anerkennung eines Minimalstandards durch die Rechtsprechung seien folgende genannt: Schutz der Krankenversorgung (*BVerfGE* 57, 70 (99); Witwenrente (*BVerfGE* 62, 323 (332); Sicherung des Anspruchs privater Hochschulen auf staatliche Föderung (*BVerfGE* 75, 40 (62 ff.)); Schutz und Förderung der Ehe und Familie (*BVerfGE* 87, 1 (35 f.)); Existenzminimums durch Sozialhilfe (vgl. *BVerwGE* 1, 159 (161 f.); 5, 27 (31)); Anspruch des Grundeigentümers auf Anliegergebrauch der für die Nutzung seines Grundstücks erforderlichen Straßen (*BVerwGE* 32, 222 (225 f.)).

259 Vgl. zu diesem Gesichtspunkt: *Kirchhof*, in: *Isensee/Kirchhof* (Hrsg.), HdbStR III, § 59 Rn. 79 ff.; *Häberle*, VVDStRL 30 (1972), S. 69 (91 ff.); *Böckenförde/Jekewitz/Ramm*, Soziale Grundrechte, 1981, S. 13; *Isensee*, Der Staat, 19 (1980), S. 367 (381).

260 Vgl. Anm. 252.

261 H.M.: *Dreier*, in: *Dreier* (Hrsg.), Grundgesetz, Vorb. Rn. 54; *Osterloh*, in: *Sachs* (Hrsg.), Grundgesetz, Art. 3 Rn. 53; *von Münch*, in: *von Münch/Kunig* (Hrsg.), Grundgesetz, Vorb. Rn. 20; *Sachs*, in: *Stern*, Staatsrecht III/1, S. 700; *Murswiek*, in: *Isensee/Kirchhof* (Hrsg.), HdbStR V, § 112 Rn. 68; *Hesse*, Grundzüge des Verfassungsrechts, Rn. 289.

fentlichen Hand stellt sich die Problematik der mangelnden Konkretisierung nicht, wie dies bei originären Teilhaberechten der Fall ist.[262] Die Rechtsgrundlage hierfür bilden das allgemeine Gleichbehandlungsgebot des Art. 3 Abs. 1 GG bzw. die speziellen Gleichheitsrechte[263]. Darüber hinaus können sich derivative Teilhaberechte aus dem Gesichtspunkt des rechtsstaatlichen Vertrauensschutzprinzips[264] (Art. 2 Abs. 1 i.V.m. Art. 20 Abs. 3 GG) und der Eigentumsgarantie[265] (Art. 14 Abs. 1 GG) ergeben. Sie sind allerdings nur von untergeordneter Bedeutung.

Das Gleichbehandlungsgebot bindet den Staat auch bei der Gewährung hoheitlicher Leistungen. Praktisch bedeutsam werden derivative Teilhaberechte in höchst unterschiedlichen Bereichen wie beispielsweise bei der Zulassung zur Benutzung öffentlicher Einrichtungen, bei der Zuteilung von Sendezeiten für Wahlkampfzwecke durch die öffentlich-rechtlichen Rundfunkanstalten[266] sowie bei der Bewilligung von Subventionen und Sozialleistungen.[267] Werden derartige Begünstigungen vom Staat gewährt, so haben

---

262 *Bleckmann*, Staatsrecht II – Die Grundrechte, 4. Auflage, 1997, § 11 Rn. 26 f.; *Sachs*, in: *Stern*, Staatsrecht III/1, S. 700; *Murswiek*, in: *Isensee/Kirchhof* (Hrsg.), HdbStR V, § 112 Rn. 74.

263 Zum Beispiel: Art. 3 Abs. 2 und 3, Art. 21, Art. 33 Abs. 1, 2 und 3, Art. 38 Abs. 1 Satz 1 GG.

264 Die Ableitung derivativer Teilhabeansprüche aus Art. 3 Abs. 1 GG setzt regelmäßig eine Gewährungspraxis voraus. Ist dies aber nicht der Fall, wie zum Beispiel bei der erstmaligen Vergabe von Subventionen, können sich derivative Teilhabeansprüche aus dem Gebot des Vertrauensschutzes ergeben (Art. 2 Abs. 1 i.V.m. Art. 20 Abs. 3 GG). Der Leistungsanspruch besteht folglich, wenn der Bürger aufgrund besonderer Umstände die Einhaltung der jeweiligen Subventionsvergabe-Richtlinie auch ohne vorherige Anwendung erwarten durfte, vgl. *BVerwGE* 35, 159 (162); *OVG Münster*, GewArch 1976, 290.

265 Ein derivativer Teilhabeanspruch wird schließlich auch begründet, wenn der Staat Leistungen von eigentumsrechtlicher Relevanz (Art. 14 Abs. 1 GG) über einen längeren Zeitraum gewährt hat. Dies ist beispielsweise denkbar bei einer Erlaubnis für Wasserbenutzungen gem. § 6 WHG. Wenngleich eine solche Erlaubnis widerruflich ist, kann ein derivatives Teilhaberecht auf Aufrechterhaltung bestehen. Dies ist dann anzunehmen, wenn der Bürger aufgrund der Erlaubnis Investitionen getätigt hat (Investitionsschutz), vgl. *VGH Mannheim*, ZfW 1982, 240.
Ferner kann die Eigentumsgarantie bei der Gewährung von sozialen Leistungen (Arbeitslosengeld etc.) durch den Staat von Bedeutung sein, vgl. dazu: *Heintschel Heinegg*, JA 1995, 333 (339) m.w.N.

266 Vgl. *BVerfGE* 14, 121 (131 ff.); 34, 160 (163); 47, 198 (225); 69, 257 (268).

267 Vgl. *BVerfGE* 45, 376 (386 ff.): Ausschluß des *nasciturus* von den Leistungen der gesetzlichen Unfallversicherung.

auch Dritte einen entsprechenden Leistungsanspruch gegen den Staat, soweit die Ungleichbehandlung nicht sachlich gerechtfertigt ist. Als prozessual durchsetzbare Ansprüche zählen derivative Teilhaberechte damit zu den subjektiv-öffentlichen Rechten des Bürgers.

Ein solches subjektiv-öffentliches Recht auf den Bezug öffentlichrechtlicher Leistungen ist allerdings nur in den Fällen gegeben, in denen die Gewährung der Leistung die einzige Möglichkeit ist, einen Gleichheitsverstoß zu vermeiden.[268] Eine andere Möglichkeit, einen Verstoß gegen das Gleichbehandlungsgebot zu vermeiden, kann darin bestehen, die in Rede stehende Leistung einzustellen, anstatt den Kreis der Bezugsberechtigten zu vergrößern.[269] In diesem Fall wird kein Anspruch auf Bezug der Leistung begründet. Die Rechtsposition des Bürgers ist dann reduziert auf die Chance einer zukünftigen Leistungsteilhabe. Deren Realisierung ist abhängig von der Entscheidung des zuständigen Staatsorgans, die Begünstigung weiterhin zu gewähren.[270]

Das bedeutet für die Ausgangsfrage: Das Grundgesetz gewährt subjektiv-öffentliche Rechte in Form derivativer Teilhaberechte. Insoweit können verwaltungsrechtliche Schuldverhältnisse kraft Verfassungsrechts begründet werden.

V) Zusammenfassung

Ein (verwaltungsrechtliches) Schuldverhältnis ist gekennzeichnet durch das Bestehen von Rechten des Gläubigers und mit ihnen korrespondierenden Pflichten des Schuldners. Voraussetzung für die Annahme eines verwaltungsrechtlichen Schuldverhältnisses ist das Bestehen eines subjektiv-öffentlichen Rechts des Bürgers und/oder der öffentlichen Hand. Keine konstitutive Bedeutung erlangt dabei das Kriterium der Vermögenswertigkeit. Das verwaltungsrechtliche Schuldverhältnis entsteht auch unabhängig davon, ob die öffentliche Hand schlicht-hoheitlich oder obrigkeitlich handelt.

---

268 *Heintschel von Heinegg*, JA 1995, 333 (338); *Murswiek*, in: *Isensee/Kirchhof* (Hrsg.), HdbStR V, § 112 Rn. 69.

269 *Sachs*, in: *Stern*, Staatsrecht III/1, S. 749 f. m.w.N.

270 *Murswiek*, in: *Isensee/Kirchhof* (Hrsg.), HdbStR V, § 112 Rn. 69 spricht insoweit von einem „bedingten Teilhabeanspruch".

Begründet werden kann das vewaltungsrechtliche Schuldverhältnis durch Verwaltungsakt (§ 35 VwVfG), durch öffentlich-rechtlichen Vertrag (§§ 54 ff. VwVfG), kraft Rechtssatzes und kraft Verfassungsrechts, soweit derivative Teilhaberechte in Rede stehen.

C) Die staatshaftungsrechtliche Bedeutung des Zivilrechts für das Verwaltungsschuldrecht

Das Recht des verwaltungsrechtlichen Schuldverhältnisses ist positivrechtlich nicht geregelt. Nur vereinzelt lassen sich Ansätze einer gesetzlichen Ausgestaltung finden. Dies ist namentlich im Allgemeinen Teil des Sozialgesetzbuchs (SGB-AT) sowie in der Abgabenordnung (AO) der Fall.[271] Es ist daher im Anschluß an die Klärung der tatbestandlichen Voraussetzungen verwaltungsrechtlicher Schuldverhältnisse der Frage nachzugehen, ob und gegebenenfalls inwieweit bei der Beurteilung der Haftung im Rahmen solcher Schuldverhältnisse auf zivilrechtliche Regelungen zurückgegriffen werden kann.

Der Rückgriff hierauf ist nicht unwidersprochen geblieben. Schon sehr früh ist *Otto Mayer* einem solchen methodischen Ansatz entgegengetreten. Er lehnt die Anwendung zivilrechtlicher Normen im öffentlichen Recht weitestgehend ab. Seine Auffassung fußt auf der These, daß sich ein Rückgriff des öffentlichen Rechts auf das Zivilrecht prinzipiell verbiete. Öffentlich-rechtliche Rechtsinstitute dürften „durch Heranziehung zivilrechtlicher Bestimmungen auf dem Wege der Analogie" weder verbessert noch ergänzt werden.[272] Die für eine Analogie erforderliche Rechtsähnlichkeit ergebe sich nur aufgrund einer „Auslegung des anzuwendenden Gesetzeswillens". „Für den Willen eines Zivilrechtssatzes aber (könne) ein öffentlich-rechtliches Verhältnis nie etwas Rechtsähnliches sein". Eine Ausnahme sei nur statt-

---

271 Vgl. die nachfolgenden Bestimmungen: Entstehungsvoraussetzungen des Sozialleistungs- bzw. Steuerschuldverhältnisses: § 40 SGB I, § 38 AO; Fälligkeit: § 41 SGB I, § 220 AO; Erfüllung: § 47 SGB I; § 224, 225 AO; Leistung an Dritte: §§ 48-50 SGB I; Verzicht bzw. Erlaß: § 46 SGB I, § 227 AO; Verjährung: § 45 Abs. 1 SGB I, §§ 228-232 AO; Aufrechnung: § 51 SGB I, § 226 AO; Verrechnung: § 52 SGB I; Verzinsung: §§ 233-239 AO; Übertragung/Verpfändung: § 52 SGB I; Pfändung: § 54 SGB I, §§ 281-321 AO; Vererbung: § 58 SGB I; Gesamtschuldnerschaft: § 44 AO; Gesamtgläubigerschaft: § 48 SGB I; vgl. zum Ganzen auch: *Peter Krause*, VVDStRL 45 (1987), 213 (228 f.).

272 *Otto Mayer*, Deutsches Verwaltungsrecht I, 3. Auflage, 1923, S. 117.

haft, wenn der Staat privatwirtschaftlich tätig werde. In diesem Fall seien die vermögensrechtlichen Bestimmungen des Zivilrechts anwendbar.[273]

Eine derart kategorische Ablehnung der Anwendung privatrechtlicher Vorschriften auf öffentlich-rechtliche Rechtsverhältnisse wird heute nicht mehr vertreten. Es ist heute allgemein anerkannt, daß das öffentliche Recht nicht isoliert neben dem Zivilrecht steht, sondern teilweise maßgeblich von diesem beeinflußt wird.[274] Dies ergibt sich nicht nur aus den zahlreichen ausdrücklichen Verweisungen in öffentlich-rechtlichen Normen auf das Zivilrecht.[275] Viele Vorfragen, deren Beantwortung für das Verwaltungshandeln unerläßlich ist, können schließlich auch nur mit Hilfe und in Anwendung des Zivilrechts beantwortet werden.[276] Entgegen der Ansicht *Otto Mayers* ist deshalb mit der *herrschenden Meinung* davon auszugehen, daß im Falle fehlender öffentlich-rechtlicher Regelungen ein Rückgriff auf zivilrechtliche Vorschriften dem Grunde nach statthaft ist.[277]

I) Unterschiedliche methodologische Wege der Übertragung zivilrechtlicher Vorschriften auf verwaltungsrechtliche Schuldverhältnisse

Umstritten ist die Frage, mit Hilfe welchen methodologischen Ansatzes die Übertragung zivilrechtlicher Normen auf das öffentliche Recht zu erfolgen hat. Die Vielfalt der Begründungen ist zurückzuführen auf den Umstand, daß eine unmittelbare Anwendung des Zivilrechts nach *herrschender Ansicht*

---

273 *Otto Mayer*, Deutsches Verwaltungsrecht I, S. 115 f.

274 So auch bereits *Meier-Branecke*, AöR 11 (1926), S. 230 (233 ff.); ferner: *Beikert*, Haftungsbeschränkungen bei verwaltungsrechtlichen Schuldverhältnissen, 1977, S. 23; *Forsthoff*, Allgemeines Verwaltungsrecht, S. 168

275 Siehe beispielsweise § 62 Satz 2 VwVfG; § 31 VwVfG; § 58 SGB I; § 87 Abs. 2 Satz 1 BBG; § 12 Abs. 2 Satz 1 BBesG; § 52 Abs. 2 Satz 1 BeamtVG.

276 So kann beispielsweise nur der Eigentümer im bürgerlich-rechtlichen Sinne enteignet werden. Ferner richtet sich die Zustandsverantwortlichkeit bei Polizei- und Ordnungsmaßnahmen nach den sachenrechtlichen Vorschriften des BGB. Weiter ist der Übergang von Sozialhilfeansprüchen im Falle des Todes des Berechtigten nach den familien- bzw. erbrechtlichen Vorschriften des BGB zu beurteilen, vgl. § 56 ff. SGB I.

277 Statt vieler: *Maurer*, Allgemeines Verwaltungsrecht, § 28 Rn. 4.

nicht in Betracht kommt.[278] Dies wird gefolgert aus der dogmatischen Trennung zwischen privatem und öffentlichem Recht.[279] Beide Rechtsgebiete hätten unterschiedliche Aufgaben und übten insofern unterschiedliche Funktionen aus.[280] Aus diesen Überlegungen heraus hat die *Lehre* verschiedene Ansätze entwickelt, wie die Übertragung zivilrechtlicher Vorschriften auf das öffentliche Recht rechtstechnisch vollzogen werden kann.

1) Die Lehre vom „Allgemeinen Teil des Rechts"

Eine frühe Meinung ist von der Überlegung ausgegangen, daß es eine Anzahl von Rechtssätzen gibt, die in allen Rechtsgebieten gelten. Die Diskussion ist namentlich unter Stichworten wie „gemeinsame Moleküle juristischen Denkens"[281], „allgemeine Rechtslehre"[282] und „Allgemeiner Teil des Rechts"[283] geführt worden: So hat schon *Georg Jellinek* beispielsweise bei der Erfüllung öffentlich-rechtlicher Ansprüche deutliche Parallelen zum Zivilrecht herausgearbeitet.[284] Die einem Schuldner zur Verfügung stehenden Möglichkeiten der Erfüllung seien in beiden Rechtsgebieten gleichartig. Daher sei die Erfüllung von Ansprüchen kein spezifisch zivilrechtliches Rechtsinstitut. Es gehöre vielmehr zu „allgemeine(n) juristische(n) Kategorien". Wesentlich weiter gefaßt ist hingegen *Friedrichs* Verständnis von dem „Allgemeinen Teil des Rechts". Nach seiner Ansicht ist dieser maßgeblich von den Regelungen des Bürgerlichen Rechts geprägt. Dazu zählten insbesondere das Allgemeine Schuldrecht, die Lehren von den natürlichen und juristischen Personen, von der Rechts- und Geschäftsfähigkeit sowie die Grundsätze über die Willenserklärungen.[285]

---

278 Vgl. *Hans Peters*, Lehrbuch der Verwaltung, 1949, S. 156; *Eckert*, DVBl. 1962, 11 (14); *Soergel-Siebert/Reimer Schmidt*, BGB, Schuldrecht I, Band 2, 10. Auflage, 1967, vor § 241 Rn. 16; *Beikert*, Haftungsbeschränkungen, S. 24.

279 Vgl. dazu die eingehenden Untersuchungen von. *Hans Julius Wolff*, AöR 76 (1950/51), S. 205 ff.; ferner: *Zuleeg*, VerwArch 73 (1982), S. 384 ff.; *Bachof*, in: Festgabe aus Anlaß des 25jährigen Bestehens des Bundesverwaltungsgerichts, 1978, S. 1 ff.

280 Vgl. dazu etwa: *Maurer*, Allgemeines Verwaltungsrecht, § 3 Rn. 13.

281 So *Tezner*, AöR 9 (1894), S. 325 (351).

282 So *Skaupy*, Die ungerechtfertigte Bereicherung im öffentlichen Recht, 1934, S. 87.

283 So *Friedrichs*, Der Allgemeine Teil des Rechts, 1927, S. 12 ff.

284 *Georg Jellinek*, System der subjektiven öffentlichen Rechte, S. 66.

285 *Friedrichs*, Annalen 1917, 385 (430).

2) Die Lehre von der analogen Anwendung des Privatrechts

Eine andere dogmatische Begründung für die Übertragung zivilrechtlicher Vorschriften auf das öffentliche Recht wird in dem Rechtsinstitut der Analogie gesehen. [286] Die Analogie knüpfe generell an die Rechtsähnlichkeit zwischen zwei Fallgestaltungen an. Die Bildung einer Analogie ermögliche die Überbrückung der grundsätzlich bestehenden Verschiedenheit des Privatrechts zum öffentlichen Recht. Die Analogie gestatte deshalb, auf einen öffentlich-rechtlichen Sachverhalt Rechtsfolgen des Zivilrechts anzuwenden, sofern eine Rechtsählichkeit des öffentlich-rechtlichen Sachverhalts mit dem zivilrechtlichen bestehe.

3) Die Lehre vom „Allgemeinen Rechtsgedanken"

Schließlich ist die Lehre vom Allgemeinen Rechtsgedanken als dogmatische Rechtfertigung für die Anwendung zivilrechtlicher Bestimmungen auf öffentlich-rechtliche Rechtsverhältnisse entwickelt worden. Ihr liegt der Gedanke zugrunde, daß die Rechtsordnung von allgemeinen Rechtsgedanken geprägt ist, die in allen Gebieten des Rechts gelten. Da diese aber aus historischen Gründen positiv-rechtlich meist nur im Zivilrecht normiert seien, könnten daher zivilrechtliche Vorschriften auch auf Sachverhalte zivilrechtsfremder Rechtsgebiete übertragen werden.[287] Das schließe aber nicht aus,

---

286 Vgl. dazu: *Walter Jellinek*, Verwaltungsrecht, S. 152 f.; *Schack*, in: Festschrift-*Rudolf Laun*, S. 275 (278, 283); *Menger*, System des verwaltungsgerichtlichen Rechtsschutzes, 1954, S. 68 ff.; *ders.*, VerwArch 64 (1973), S. 305 (307); *Stürner*, JuS 1973, 749 (750); *Maurer*, Allgemeines Verwaltungsrecht, § 3 Rn. 29 f.; *Papier*, Forderungsverletzung, S. 75 ff.

287 Vgl. auch *Wolff* in: Gedächtnisschrift-*Walter Jellinek*, 1955, Rechtsgrundsätze und verfassungsgestaltende Grundentscheidungen als Rechtsquellen, S. 33 (39 f.): Nach seiner Ansicht können Rechtsgrundsätze in solche allgemeiner und besonderer Art untergliedert werden. *Wolff* führt dazu aus: „Allgemeine Rechtsgrundsätze sind Ableitungen aus dem Rechtsprinzip hinsichtlich solcher allgemeinen und typischen Situationen und Interessenlagen, die lediglich bedingt sind durch die Existenz einer Vielheit von Menschen. Damit knüpfen sie an keine weiteren sozialen Gegebenheiten als an solche, die auch Voraussetzung einer Rechtsordnung überhaupt sind. Die hier in Betracht gezogenen Interessen sind daher zeitlich und volklich konstant, und die allgemeinen Rechtsgrundsätze enstehen zugleich mit einer jeden zwischenmenschlichen Rechtsordnung. Ihre Zahl ist notwendig gering."

daß Normen als Ausprägung eines allgemeinen Rechtsgedankens in ihrer jeweiligen positiv-rechtlichen Fassung „so speziell auf das jeweils geregelte Rechtsgebiet ausgerichtet (sind), daß eine Geltung für das gesamte Rechtsleben ausscheidet“.[288]

4) *Praktische Relevanz der verschiedenen dogmatischen Ansatzpunkte*

Eine eingehende Auseinandersetzung mit den verschiedenen dogmatischen Ansatzpunkten ist an dieser Stelle nicht erforderlich. Denn im Ergebnis ist man sich einig: Es ergeben sich aus ihnen weitestgehend[289] keine praktischen Auswirkungen für die Anwendbarkeit zivilrechtlicher Vorschriften im öffentlichen Recht.[290]

Es kommt hinzu: Die Entscheidung für den einen oder anderen dogmatischen Ansatz machte es nicht entbehrlich, die Anwendbarkeit von Privatrechtsnormen im Einzelfall zu prüfen. Regelmäßig ist nämlich zu untersuchen[291], ob die zivilrechtliche Regelung im Hinblick auf Funktion und Struktur auf den öffentlich-rechtlichen Sachverhalt paßt.[292] Dabei ist vor

---

„Besondere Rechtsgrundsätze sind demgegenüber Ableitungen aus dem Rechtsprinzip im Hinblick auf andere, allgemeine, typische Situationen und Interessenlagen, die nicht lediglich durch die Existenz einer Vielheit von Menschen bedingt sind, sondern darüber hinaus schon bestimmte, raum-zeitlich bedingte soziale Lebensverhältnisse und Lebensordnungen als „Tatsachen und Umstände“ voraussetzen. Dazu gehören auch die Grundzüge einer positiven Rechtsordnung. Die zu berücksichtigenden Interessen werden dadurch zahlreicher, und ihr Wert wird von bestimmten gegebenen Umständen des sozialen Lebens beeinflußt oder gar bedingt.“

288 So *Weber*, JuS 1970, 169 (170); ferner *Forsthoff*, Allgemeines Verwaltungsrecht, S. 173 f.

289 *Maurer*, Allgemeines Verwaltungsrecht, § 3 Rn. 30, weist darauf hin, daß allgemeine Rechtsgrundsätze auch Kompetenz-Regelungen enthalten können. Die Bildung einer Analogie hingegen führe nur zu einer Rechtsfolgenverweisung; zustimmend: *Wolff/Bachof/Stober*, Verwaltungsrecht I, § 22 Rn. 48.

290 So auch: *Schulte*, Zulässigkeit allgemeiner Haftungsregelungen bei der Benutzung von kommunalen Einrichtungen, S. 103; *Ossenbühl*, Staatshaftungsrecht, S. 355; *Stürner*, JuS 1973, 749 (750); dazu eingehend: *Papier*, Forderungsverletzung, S. 71 ff.

291 In diesem Sinne auch: *Kramer*, in: *MünchKomm*, BGB, Einl. Vor § 241 Rn. 10; *Stürner*, JuS 1973, 749 (750); *Henneke*, in: *Knack* (Hrsg.), VwVfG, § 62 Rn. 3.

292 Vor diesem Hintergrund erscheint die Lehre von dem allgemeinen Rechtsgedanken begrifflich verfehlt. Aus dem Terminus „allgemeiner Rechtsgedanke“ folgt, daß dieser entweder schlechthin gilt oder eben nicht. Wenn aber erst noch zu prüfen ist, ob die konkrete Zivilrechtsnorm auf das jeweilige Rechtsverhältnis überhaupt übertragbar ist,

allem das jeweils verfolgte öffentliche Interesse im Auge zu behalten.[293] Gerade dieser Gesichtspunkt kann im konkreten Fall eine Modifikation bei der Anwendung einer privatrechtlichen Norm erfordern.[294] Mit Rücksicht hierauf erscheint deshalb die Verwendung des Ausdrucks „sinngemäße Anwendung“ treffender.[295] Daher wird im Folgenden von der sinngemäßen Anwendung zivilrechtlicher Vorschriften auf verwaltungsrechtliche Schuldverhältnisse gesprochen.[296]

II) Sinngemäße Anwendbarkeit des AGBG

Ist im Grundsatz also von der sinngemäßen Anwendbarkeit zivilrechtlicher Bestimmungen im Verwaltungsschuldrecht auszugehen, ist damit aber noch nicht geklärt, welche konkreten Haftungsregelungen des Zivilrechts für eine sinngemäße Anwendung im Rahmen verwaltungsrechtlicher Schuldverhältnisse in Betracht kommen.

Die Anwendbarkeit bürgerlich-rechtlicher Haftungsvorschriften wird von der *herrschenden Meinung* bejaht.[297] Fraglich ist indessen die Anwendbarkeit zivilrechtlicher Nebengesetze. Zu denken ist namentlich an das AGBG als Bestandteil des sog. Sonderprivatrechts.[298] So könnte beispielsweise die

kann vom Vorliegen eines allgemeinen Rechtsgedankens eigentlich keine Rede sein (vgl. auch: *Schack*, in: Festschrift-*Rudolf Laun*, S. 275 (282).

293 Als Beispiel sei auf das öffentlich-rechtliche Verwahrungsverhältnis hingewiesen: Nach allgemeiner Ansicht sind dort § 690 BGB (*diligentia quam in suis* bei unentgeltlicher Verwahrung) sowie § 695 BGB (jederzeitiges Rückforderungsrecht des Hinterlegers) nicht anwendbar, vgl. *Bender*, Staatshaftungsrecht, Rn. 813; *Ossenbühl*, Staatshaftungsrecht, S. 355.

294 Die Frage der Anwendbarkeit einzelner Vorschriften des BGB wird eingehend untersucht von: *Friedrichs*, ArchBürgRecht 42 (1916), S. 28 (30 ff.); *Meier-Branecke*, AöR 11 (1926), S. 230 (243 ff.); aus jüngster Zeit: *De Wall*, Die Anwendbarkeit privatrechtlicher Vorschriften im Verwaltungsrecht, 1999.

295 So beispielsweise auch: *Schneider*, NJW 1962, 705 (708).

296 Zur uneinheitlichen Gebrauch der Terminologie in der *Rechtsprechung*, vgl. die Darstellung bei: *Büllesbach*, Die öffentlich-rechtliche Verwahrung, S. 29; ferner: *Papier*, Forderungsverletzung, S. 72 ff.

297 Statt vieler: *Wolff/Bachof/Stober*, Verwaltungsrecht II, § 55 Rn. 2.

298 Mit der Verabschiedung des AGBG im Jahre 1976 ist der Gesetzgeber der Forderung des 50. Deutschen Juristentages nachgekommen, den Verbraucherschutz gesetzlich zu verankern. Vgl. dazu auch die Beschlüsse des Juristentages in: NJW 1974, 1987 f.

Inhaltskontrolle von Anstalts- und Benutzungsordnungen an den Maßstäben des AGBG vorzunehmen sein. Haftungsfreizeichnungen für einzelne Verschuldensformen könnten sich folglich am Leitbild des § 11 Nr. 7 AGBG zu orientieren haben.[299]

Keine Zweifel hinsichtlich der Anwendbarkeit des AGBG besteht, soweit die öffentliche Hand ihre Rechtsverhältnisse mit dem Bürger privatrechtlich gestaltet.[300] In diesen Fällen ist der Staat wie jede Person des Privatrechts an die „Verbraucherschutzgesetze“[301] gebunden.[302] Im Bereich des Verwaltungsschuldrechts liegt eine sinngemäße Anwendung des AGBG vor allem deshalb nahe, weil die öffentliche Hand hier aufgrund ihrer hoheitlichen Stellung in der Lage ist, einseitig den Inhalt der Rechtsverhältnisse zum Bürger festzulegen. Dies geschieht häufig durch Verwendung von „vorformulierten“[303], eben standardisierten Regelungen, die für eine „Vielzahl“ von verwaltungsrechtlichen Schuldverhältnissen gelten sollen.

Im Folgenden ist daher die Frage einer sinngemäßen Anwendbarkeit des AGBG im Bereich des Verwaltungsschuldrechts zu untersuchen.

1) Sinngemäße Anwendbarkeit des AGBG auf verwaltungsrechtliche Schuldverhältnisse

Im Anschluß an *Stober* sind hierbei zunächst zwei Gesichtspunkte auseinanderzuhalten[304]: zum einen die Frage, ob das AGBG bei Handeln des Staates in öffentlich rechtlicher Form anwendbar sein kann (dazu unter a); zum anderen, ob juristische Personen des öffentlichen Rechts als Verwender im

299 Vgl. auch: *Meysen*, Die Haftung aus Verwaltungsrechtsverhältnis, S. 348, nach dessen Auffassung sich dem AGBG keine Rechtsgrundsätze ableiten lassen, die dem öffentlichen Recht nicht schon selbst immanent seien.

300 Vgl. *BGH*, WM 1984, 1174; *BGHZ* 111, 295 (297); *OLG Düsseldorf*, WM 1992, 1895 (1896); *Wolf/Horn/Lindacher*, AGBG, 4. Auflage, 1999, Einl. Rn. 20; *Staudinger/Schlosser*, AGBG, 13. Bearbeitung, 1998, § 1 Rn. 3; *Ulmer/Brandner/Hensen*, AGBG, 9. Auflage, 2001, § 1 Rn. 73; *Palandt/Heinrichs*, Bürgerliches Gesetzbuch, § 1 AGBG Rn. 1; *Stober*, DÖV 1977, 398 (399).

301 Dazu zählt auch das VerbrKrG: *Ulmer*, in: *MünchKomm*, VerbrKrG, § 1 Rn. 6, 15; *Bülow*, Verbraucherkreditgesetz, 3. Auflage, 1998, § 1 Rn. 20; *von Westphalen/Emmerich/von Rottenburg*, Verbraucherkreditgesetz, 2. Auflage, 1996, § 1 Rn. 6.

302 Vgl. auch *BGH*, ZIP 1981, 989 (990).

303 Vgl. die Formulierung des § 1 Abs. 1 Satz 1 AGBG.

304 *Stober*, DÖV 1977, 398 ff.

Sinne von § 1 Abs. 1 Satz 1 AGBG überhaupt in Betracht kommen können (dazu unter b).[305]

a) *Einschlägigkeit des AGBG bei Handeln des Staates in öffentlich-rechtlicher Form*

Zunächst ist die Frage zu klären, ob die sinngemäße Anwendung des AGBG überhaupt bei Handlungen des Staates in öffentlich-rechtlicher Form erfolgen kann. Dem AGBG lassen sich diesbezüglich keine ausdrücklichen Hinweise entnehmen.

aa) Einen „versteckten" Anhaltspunkt liefert § 1 Abs. 1 Satz 1 AGBG. Danach sind Allgemeine Geschäftsbedingungen „für eine Vielzahl von Verträgen vorformulierte Vertragsbedingungen". Vertragliche Schuldverhältnisse können aber sowohl zivilrechtlicher als auch öffentlich-rechtlicher Natur sein. Das AGBG ordnet auch insoweit keine Einschränkung an. Das bedeutet, daß der Anwendungsbereich des AGBG nicht bereits von vornherein auf privatrechtliche Rechtsgeschäfte beschränkt ist. Diese am Wortlaut orientierte Auslegung des § 1 Abs. 1 Satz 1 AGBG schließt also nicht schlechthin aus, daß (wenigstens) verwaltungsrechtliche Schuldverhältnisse vertraglicher Art in den Anwendungsbereich des AGBG fallen.[306]

bb) Dieses Ergebnis wird gestützt durch den Umstand, daß es im Ermessen der öffentlichen Hand liegt, ob sie ihre Rechtsverhältnisse mit den Bürgern – namentlich im Bereich der Leistungsverwaltung – privatrechtlich oder öffentlich-rechtlich gestaltet. Diese Wahlfreiheit darf aber der Staat nicht dazu „mißbrauchen", sich den Schranken des AGBG zu entziehen. Wenn der Bürger bei privatrechtlichem Handeln der öffentlichen Hand den Schutz des AGBG genießt, so kann dies bei öffentlich-rechtlichem Handeln

---

305 Auch unter kompetenzrechtlichen Gesichtspunkten ist die Anwendbarkeit des AGBG im öffentlichen Recht nicht unproblematisch: Weist der Sachverhalt nämlich kommunalrechtliche Bezüge auf, kommen die Regelungen des AGBG mangels Gesetzgebungskompetenz des Bundes nicht zum Tragen, vgl. Art. 30, 70 GG. Dies ist beispielsweise bei Benutzungsverhältnissen gemeindlicher Einrichtungen der Fall. Dieser Umstand verbietet jedoch nicht eine *sinngemäße* Anwendung des AGBG auf derartige Schuldverhältnisse, vgl. *Heintzen*, NVwZ 1992, 857 (858); *Ehlers*, Verwaltung in Privatrechtsform, S. 354 f.; anders: *Stober*, DÖV 1977, 398 (401), nach dessen Auffassung bei wirtschaftsrechtlichen Sachverhalten öffentlich-rechtlicher Natur eine Gesetzgebungskompetenz des Bundes aus Art. 74 Abs. 1 Nr. 11 GG folgt.

306 Vgl. *Stober*, DÖV 1977, 398 (400).

nicht anders sein.[307] Denn Schutzwürdigkeit wie auch Schutzbedürftigkeit des Bürgers liegen unabhängig davon vor, ob das Rechtsverhältnis privatrechtlich oder öffentlich-rechtlich gestaltet ist.[308] Der Zweck der inhaltlichen Kontrolle durch das AGBG ist folglich nicht auf privatrechtliche Rechtsverhältnisse beschränkt. Schließlich erscheint auch bei öffentlich-rechtlichen Schuldverhältnissen ein gesetzlicher Kontrollmaßstab erforderlich, um eine Leistungsgerechtigkeit in Rechtsverhältnissen zwischen Staat und Bürger zu garantieren.[309] Die Anwendung des AGBG im Bereich des Verwaltungsschuldrechts kann insofern eine Ausgleichsfunktion bei der einseitigen hoheitlichen Festlegung der Leistungsbedingungen wahrnehmen. *Ehlers* hat daher treffend formuliert, dem AGBG komme „strukturformende Bedeutung" für das Verwaltungshandeln zu.[310]

---

307 *Ehlers*, Verwaltung in Privatrechtsform, S. 360, weist in diesem Zusammenhang aber auch darauf hin, daß sich eine „Umgehung des AGBG" für den Bürger nicht nachteilig auszuwirken braucht. Er verdeutlicht dies anhand eines Beispiels: Schließe eine Gemeinde mit den Benutzern ihrer öffentlichen Einrichtungen privatrechtliche Verträge auf der Grundlage Allgemeiner Geschäftbedingungen ab, könne sie sowohl die vertragliche als auch deliktische Haftung bis zur Grenze des § 11 Nr. 7 AGBG ausschließen. Werde das Benutzungsverhältnis hingegen durch Verwaltungsakt oder öffentlich-rechtlichen Vertrag nach Maßgabe von Satzungsbestimmungen begründet, könne zwar die vertragsähnliche Haftung entsprechend den Grundsätzen des AGBG eingeschränkt werden. Diese Haftungsbeschränkung sei aber nicht für die Amtshaftung wirksam. Hierzu bedürfe es nach der Rechtsprechung des *Bundesgerichtshofs* eines formellen Gesetzes bzw. einer formell-gesetzlichen Ermächtigung.
Ehlers wird mit dieser Argumentation aber gerade einem wesentlichen Zweck des verwaltungsrechtlichen Schuldverhältnisses nicht gerecht: Er liegt in den Vorteilen schuldrechtlicher Ansprüche gegenüber solchen aus § 839 BGB i.V.m. Art. 34 GG. Denn die Amtshaftung gewährleistet angesichts ihrer zahlreichen Anspruchsvoraussetzungen gerade keinen angemessenen haftungsrechtlichen Schutz des Bürgers (vgl. dazu unter A)II)4) (Seite 34)). Der Ausschluß schuldrechtlicher Ansprüche wirkt sich von daher sehr wohl nachteilig für den Bürger aus. Dies gilt insbesondere dann, wenn sich aus dem AGBG strengere Haftungsmaßstäbe für die öffentliche Hand ergeben, als dies bei einer nach rein bürgerlich-rechtlichen Kriterien zu beurteilenden Haftung der Fall ist, vgl. unter H)I)7) (Seite 221 ff.).

308 Vgl. *AG Cuxhaven*, NJW-RR 1989, 990; *Wolf*, in: *Wolf/Horn/Lindacher*, AGBG, Einl. Rn. 20; *Fritz Baur*, in: Festschrift-*Mallmann*, 1978, S. 33 (37); *Stober*, DÖV 1977, 398 (400); *Heintzen*, NVwZ 1992, 857 (858).

309 Vgl. *Püttner*, Die öffentlichen Unternehmen, S. 252; *Stober*, DÖV 1977, 398 (400); *Heintzen*, NVwZ 1992, 857 (858).

310 *Ehlers*, Verwaltung in Privatrechtsform, S. 359.

cc) Das Bedürfnis nach einer Anwendung des AGBG auf verwaltungsrechtliche Schuldverhältnisse läßt sich auch nicht mit dem Hinweis verneinen, die öffentliche Hand unterliege bereits aufgrund des Rechtsstaatsprinzips dem Grundsatz der Verhältnismäßigkeit und Erforderlichkeit.[311] Dieser Hinweis ist zwar richtig. Doch es ist zu berücksichtigen, daß die Grundsätze der Verhältnismäßigkeit und Erforderlichkeit allgemeine Rechtsgrundsätze[312] sind, die keine unmittelbare Inhaltskontrolle erlauben, sondern aus denen erst Leitlinien für eine konkrete Inhaltskontrolle abzuleiten sind. Solche Leitlinien bieten die Regelungen in §§ 9 ff. AGBG.[313] Mögen sie auch rechtsgebietsfremd sein, enthalten sie doch ein gesetzliches Leitbild, das in anderen als dem ursprünglich vorgesehenen Rechtsgebiet gelten kann. Das AGBG kann daher durchaus eine solche Leitbildfunktion ausüben, wenn es um die Haftung der öffentlichen Hand im Verwaltungsschuldrecht geht.

dd) Vor diesem Hintergrund ist es folgerichtig, die inhaltliche Gestaltung von Leistungsverhältnissen zwischen Staat und Bürger – unabhängig davon, ob sie dem Privatrecht oder dem öffentlichen Recht zugeordnet sind – jeweils am AGBG zu messen, um auf diese Weise eine einheitliche Haftung der öffentlichen Hand herbeizuführen.[314] Es ist davon auszugehen, daß das AGBG grundsätzlich auch bei Handeln des Staates in öffentlich-rechtlichen Formen – jedenfalls sinngemäß – anwendbar ist.

b) Juristische Personen des öffentlichen Rechts als Verwender im Sinne von § 1 Abs. 1 Satz 1 AGBG

aa) Das AGBG liefert in § 1 Abs. 1 Satz 1 die Legaldefinition des Verwenders Allgemeiner Geschäftbedingungen. Danach ist derjenige Verwender, der einer anderen Vertragspartei vorformulierte Vertragsbedingungen bei Abschluß des Vertrages stellt. Das Gesetz geht damit zur Bestimmung des Verwenders lediglich von einem tatsächlichen Vorgang aus. Dem Gesetz läßt sich weder eine Konkretisierung noch eine Einschränkung des Begriffs des Verwenders entnehmen. Diese „offene" Formulierung gestattet eine Auslegung des Verwender-Begriffs dahingehend, daß jegliche Rechtsperso-

---

311 So *BGHZ* 61, 7 (13).

312 Vgl. dazu auch die noch folgenden Ausführungen unter: I f)I)7)b) (Seite 218 ff.).

313 *Herbert Roth*, BB 1992, Beilage Nr. 4, S. 1 (4).

314 So auch schon die Forderung von *Dietlein*, NJW 1974, 969 (973) vor Inkrafttreten des AGBG.

nen Verwender von Allgemeinen Geschäftsbedingungen im Sinne des § 1 Abs. 1 Satz 1 AGBG sein können, somit auch juristische Personen des öffentlichen Rechts.[315] Eine Beschränkung des Verwenderbegriffs auf Personen des Privatrechts ist vom Gesetz also nicht beabsichtigt.

bb) Für diese weite Auslegung des Begriffs „Verwender" spricht im übrigen auch der Schutzzweck des Gesetzes. Das AGBG will der Gefahr begegnen, daß der Verwender von Allgemeinen Geschäftsbedingungen die Gestaltungsfreiheit hinsichtlich des Rechtsverhältnisses für sich allein in Anspruch nimmt und seinem Vertragspartner auf diese Weise unangemessene Geschäftsbedingungen diktiert.[316] Der Verbraucher soll damit vor einer „Übervorteilung" durch den Verwender geschützt werden.[317] Diesen Schutz hat das Gesetz in Bezug auf jegliche Allgemeinen Geschäftsbedingungen zu gewähren, ohne Rücksicht darauf, wer sie verwendet. Bei vorformulierten Klauseln im Sinne des AGBG, die juristische Personen des öffentlichen Rechts im Rahmen von öffentlich-rechtlichen Rechtsverhältnissen verwenden, besteht die – abstrakte – Gefahr einer unangemessenen Benachteilung des Verbrauchers gleichermaßen.[318]

cc) Daß auch juristische Personen des öffentlichen Rechts Verwender von Allgemeinen Geschäftsbedingungen im Sinne von § 1 Abs. 1 Satz 1 AGBG sein können, folgt schließlich auch aus dem Normengefüge des Gesetzes. Zu nennen ist in diesem Zusammenhang insbesondere § 23 Abs. 2 Nr. 3 AGBG. Danach finden die §§ 11 Nr. 7[319] und Nr. 8[320] AGBG für die nach Maßgabe des Personenbeförderungsgesetzes genehmigten Beförderungsbedingungen und Tarifvorschriften der Straßenbahnen, Obusse und Kraftfahrzeuge im Linienverkehr keine Anwendung. Der Gesetzgeber hat diese Regelung mit dem Bewußtsein in das AGBG aufgenommen[321], daß

315 So auch: *Stober*, DÖV 1977, 398 (399).

316 Vgl. *BGHZ* 41, 151 (154); 51, 55 (59); 70, 304 (310); 126, 326 (332); ferner: *Heinrichs*, NJW 1993, 1817 (1818); *Locher*, JuS 1997, 389 ff.; *Erman/Hefermehl/Werner*, BGB, 10. Auflage, 2000, vor § 1 AGBG Rn. 7; *Ulmer/Brandner/Hensen*, AGBG, Einl. 28 f.; *Palandt/Heinrichs*, Bürgerliches Gesetzbuch, Einl. AGBG Rn. 5.

317 BT-Drucksache 7/3919, S. 43.

318 Vgl. *Herbert Roth*, BB 1992, Beilage Nr. 4, S. 1 (4); *Heintzen*, NVwZ 1992, 857 (858).

319 § 11 Nr. 7 AGBG betrifft die formularmäßige Begrenzung der Haftung bei grober Fahrlässigkeit des Verwenders.

320 § 11 Nr. 8 AGBG betrifft die Beschränkung der Rechte des Verbrauchers in den Fällen, in denen der Verwender in Verzug gerät oder die Unmöglichkeit seiner Leistung zu vertreten hat.

321 *Stober*, DÖV 1977, 398 (399).

solche Beförderungsleistungen vielfach von juristischen Personen des öffentlichen Rechts[322] erbracht werden.[323]

Das Zusammenspiel von § 23 Abs. 2 Nr. 3 AGBG und §§ 11 Nr. 7, 8 AGBG läßt daher vor dem soeben dargestellten Hintergrund nur den Schluß zu, daß der Gesetzgeber selbst von der Anwendbarkeit des AGBG auf juristische Personen des öffentlichen Rechts als Verwender ausging. Ansonsten hätte es dieses ausdrücklichen Hinweises des Gesetzgebers nicht bedurft.[324]

Zum anderen läßt sich aus der Tatsache, daß § 23 Abs. 2 Nr. 3 AGBG lediglich §§ 11 Nr. 7, 8 AGBG für nicht anwendbar erklärt, eine Anwendbarkeit der übrigen AGBG-Vorschriften auf die Beförderungsbedingungen öffentlich-rechtlicher Verkehrsbetriebe folgern. Dies kann als Indiz dafür gewertet werden, daß die Kontrolle vorformulierter Leistungsbedingungen der öffentlichen Hand grundsätzlich anhand der Maßstäbe des AGBG zu erfolgen hat. Dieses Argument wird gestützt durch § 23 Abs. 2 Nr. 2 AGBG, der eine zu § 23 Abs. 2 Nr. 3 AGBG parallele Regelung für das Elektrizitäts- und Gasversorgungswesen enthält.[325]

dd) Diese gesetzlichen Wertungen rechtfertigen den Schluß, daß juristische Personen des öffentlichen Rechts „Verwender" Allgemeiner Geschäftsbedingungen im Sinne von § 1 Abs. 1 Satz 1 AGBG sein können.[326]

---

322 Dies gilt auch dann, wenn die Beförderungsleistungen von gemischt-wirtschaftlichen Unternehmen erbracht werden (vgl. zum Begriff: *Jarass*, Wirtschaftsverwaltungsrecht, 3. Auflage, 1997, § 12 Rn. 2). § 23 Abs. 2 Nr. 3 AGBG läßt sich hierzu kein gegenteiliger Hinweis entnehmen.

323 Diese Aufgabe ist in Bayern sogar von Verfassungs wegen den Gemeinden zugewiesen. Vgl. beispielsweise Art. 83 Abs. 1 BayVerfassung, wonach den Gemeinden die Schaffung und Unterhaltung kommunaler Verkehrsbetriebe obliegt. Vgl. dazu aber *Meder*, Die Verfassung des Freistaats Bayern, 4. Auflage, 1992, Art. 83 Rn. 1: Danach begründet diese Regelung keinerlei Verpflichtungen der Gemeinden.

324 Vgl. *Stober*, DÖV 1977, 398 (399).

325 § 23 Abs. 2 Nr. 2 AGBG erklärt die §§ 10, 11 AGBG für Verträge der Elektrizitäts- und der Gasversorgungsunternehmen über die Versorgung von Sonderabnehmern für nicht anwendbar.

326 So ebenfalls: *BGH*, NJW 1990, 2686 hinsichtlich öffentlich-rechtlicher Versicherungsanstalten; ferner: *Ehlers*, Verwaltung in Privatrechtsform, S. 352 f., nach dessen Ansicht die Anwendbarkeit des AGBG auf juristische Personen des öffentlichen Rechts aus dem Umkehrschluß zu § 24 Satz 1 Nr. 2 AGBG folgt.

2) *Umfang der sinngemäßen Anwendbarkeit des AGBG im Verwaltungsschuldrecht*

Wie bereits dargestellt[327], steht die Rechtswahl für ein verwaltungsrechtliches Schuldverhältnis im Ermessen des Staates. Entscheidet sich die öffentliche Hand für eine öffentlich-rechtliche Gestaltung, stehen ihr verschiedene Regelungsinstrumente zur Verfügung.[328] Dies wirft die Frage auf, ob eine sinngemäße Anwendung des AGBG ausnahmslos geboten ist oder ob sie nur bei einzelnen bestimmten öffentlich-rechtlichen Handlungsformen in Betracht kommt. Problematisch ist dies insofern, als § 1 Abs. 1 Satz 1 AGBG von Allgemeinen Geschäftsbedingungen für Verträge spricht. Diese Formulierung ist zurückzuführen auf den Umstand, daß der Vertrag die bedeutendste Handlungsform des Privatrechts ist und die Gewährung und Sicherung des Verbraucherschutzes auch vornehmlich im privatrechtlichen Rechtsverkehr zutage treten.[329]

Die Handlungsinstrumente des Staates im Bereich des öffentlichen Rechts sind vielfältig. Sie sind nicht auf das Rechtsinstitut des Vertrages beschränkt.[330] Die öffentliche Hand kann insbesondere auch durch Rechtssatz und Verwaltungsakt ihre Rechtsverhältnisse zu dem Bürger regeln. Die Auswirkungen der sinngemäßen Anwendung des AGBG angesichts dieser Vielfalt der Handlungsformen hat der Gesetzgeber vielleicht nicht erkannt. Er wollte den Staat jedenfalls nicht vom Anwendungsbereich des AGBG ausnehmen. Das belegen einzelne speziell an den Staat gerichtete Bestimmungen: §§ 23 Abs. 2 Nr. 1, Nr. 2, Nr. 3, 24 Satz 1 Nr. 2, 27 AGBG.[331] Es

327 Vgl. unter A)II)1) (Seite 31) bzw. unter B)III)2)a)aa) (Seite 55).

328 Vgl. unter B)IV) (Seite 68 ff.).

329 So auch: *Herbert Roth*, BB 1992, Beilage Nr. 4, S. 1 (4).

330 Vgl. dazu ausführlich: *Rüfner*, Formen öffentlicher Verwaltung im Bereich der Wirtschaft, S. 290 ff.

331 Vgl. auch die aufgrund der Ermächtigung des § 27 AGBG erlassenen AVBFernwärmeV und AVBWasserV (Verordnungen vom 20.6.1980; BGBl. I S. 742). Diese sehen ausdrücklich - jeweils in § 35 - eine Anwendung der Verordnungen auf öffentlichrechtlich gestaltete Versorgungsverhältnisse vor.
Laut amtlicher Begründung sollen die Verordnungen die Geschäftsbedingungen in der Fernwärme- und Wasserversorgung unter Berücksichtigung ihrer wirtschaftlich-technischen Besonderheiten an die Zielsetzung des AGBG anpassen und eine Regelung schaffen, die sowohl wasserwirtschaftlichen, technischen, rechtlichen sowie verbraucherpolitischen Erfordernissen Rechnung tragen, vgl. bei: *Ludwig/Cordt/Stech/Odenthal*,

erscheint daher auch unter dem Gesichtspunkt der Vielfalt öffentlich-rechtlicher Handlungsformen nicht systemwidrig, die öffentliche Hand in den Anwendungsbereich des AGBG einzubeziehen.

Es ist damit im Folgenden zu untersuchen, bei welchen öffentlich-rechtlichen Handlungsformen eine sinngemäße Anwendung des AGBG in Betracht kommt.

a) Sinngemäße Anwendbarkeit des AGBG auf verwaltungsrechtliche Schuldverhältnisse kraft Verwaltungsakts

aa) Die Frage der sinngemäßen Anwendbarkeit des AGBG auf durch Verwaltungsakt begründetete verwaltungsrechtliche Schuldverhältnisse ist – soweit ersichtlich – bisher nur von *Fritz Baur* – mit ablehnendem Ergebnis – diskutiert worden. Nach seiner Auffassung scheidet eine Anwendung des AGBG schon nach der Umschreibung des sachlichen Anwendungsbereichs in § 1 Abs. 1 Satz 1 AGBG aus.[332] Das AGBG erfasse nur vertraglich begründete Schuldverhältnisse.

Daß eine solche, nur am Wortlaut orientierte Auslegung der Vorschrift jedoch eine Anwendung des AGBG bei öffentlich-rechtlichen Handlungsformen nichtvertraglicher Art nicht ausschließt, ist bereits erörtert worden.[333] Die sinngemäße Anwendung des AGBG auf verwaltungsrechtliche Schuldverhältnisse kraft Verwaltungsakts ist daher unter dem Gesichtspunkt der Sicherung der Rechtsstellung des Bürgers gegenüber dem Staat zu befürworten.[334] Dies gilt insbesondere auch deshalb, weil der Verwaltungsakt das typische Handlungsinstrument der Verwaltung bildet.

Recht der Elektrizitäts-, Gas und Wasserversorgung, Band II, AVBWasserV, S. 1 f.; ferner: *Meysen*, Die Haftung aus Verwaltungsrechtsverhältnis, S. 348.

332 *Fritz Baur*, in: Festschrift-*Mallmann*, S. 33 (38).

333 Vgl. unter C)II)1)a) (Seite 92). Im übrigen durchbricht *Fritz Baur* die vermeintliche Schranke des strengen Wortlauts des § 1 Abs. 1 Satz 1 AGBG, wenn er eine Anwendbarkeit des AGBG auf Satzungen befürwortet, die durch Vertrag in das Rechtsverhältnis einbezogen werden, vgl. *Fritz Baur*, in: Festschrift-*Mallmann*, S. 33 (36 f.; 39). Er konzediert, daß gegenüber einer solchen Vorgehensweise zwar dogmatische Bedenken bestünden, diese aber durch den Zweck des AGBG gerechtfertigt seien.

334 Demgegenüber wird man beamtenrechtliche Rechtsverhältnisse von dem Anwendungsbereich des AGBG ausnehmen müssen. Denn schon im Bereich der privatrechtlichen Arbeitsverhältnisse ist eine Anwendung des AGBG ausdrücklich ausgeschlossen, § 23 Abs. 1 AGBG. Angesichts dieser Regelung und der im Grundsatz vergleichbaren

bb) Das VwVfG[335] regelt zwei Arten von Verwaltungsakten in § 35 VwVfG:

Der Verwaltungsakt gem. § 35 Satz 1 VwVfG ist gekennzeichnet durch seine konkret-*individuelle* Regelungswirkung: Ein solcher Verwaltungsakt betrifft einen konkreten Sachverhalt und richtet sich an eine bestimmte Person. Eine Heranziehung des AGBG ist beispielsweise dann in Erwägung zu ziehen, wenn eine Gemeinde ihre Haftung für Schäden aufgrund der Überlassung öffentlicher Einrichtungen einschränken will. Die Zulässigkeit derartiger Haftungsregelungen im Bewilligungsbescheid ist vor allem anhand § 11 Nr. 7 AGBG zu beurteilen.

Die sog. Allgemeinverfügung nach § 35 Satz 2 VwVfG betrifft zwar ebenfalls einen konkreten Sachverhalt. Sie unterscheidet sich von Verwaltungsakten im Sinne des § 35 Satz 1 VwVfG jedoch insofern, als sie einen erweiterten Adressatenkreis hat. Dies gilt sowohl für den Fall der adressatenbezogenen Allgemeinverfügung gem. § 35 Satz 2 Var. 1 VwVfG als auch für den Fall der benutzungsregelnden Allgemeinverfügung[336] gem. § 35 Satz 2 Var. 3 VwVfG. Ihre Regelungswirkung ist jeweils konkret-*generell.* Eine sinngemäße Anwendung des AGBG auf Allgemeinverfügungen kommt beispielsweise hinsichtlich der Benutzungsregelungen von öffentlichen Kinderspielplätzen und Parkanlagen in Betracht.[337] So könnte § 11 Nr. 7 AGBG den Rahmen von Haftungsfreizeichnungen für bestimmte Verschuldensformen auf grobe Fahrlässigkeit begrenzen.

b) Sinngemäße Anwendbarkeit des AGBG auf verwaltungsrechtliche Schuldverhältnisse aufgrund öffentlich-rechtlichen Vertrages

Die Frage der sinngemäßen Anwendbarkeit des AGBG auf öffentlich-rechtliche Verträge ist Gegenstand eines Meinungsstreits zwischen der *Rechtsprechung* und weiten Teilen des *Schrifttums.*

Struktur von Arbeits- und Beamtenrechtsverhältnis scheidet eine Anwendung des AGBG für beamtenrechtliche Schuldverhältnisse aus.

335 Nachfolgende Ausführungen gelten sowohl für das VwVfG des Bundes als auch das der einzelnen Bundesländer.

336 Vgl. auch: *Maurer,* Allgemeines Verwaltungsrecht, § 9 Rn. 32 ff., nach dessen Ansicht die benutzungsregelnde Allgemeinverfügung einen Unterfall der adressatenbezogenen Allgemeinverfügung darstellt.

337 Vgl. dazu: *Klaus Lange,* in: *Püttner* (Hrsg.), Handbuch der kommunalen Wissenschaft und Praxis, Band 3, S. 176 f.; *Maurer,* Allgemeines Verwaltungsrecht, § 9 Rn. 34.

aa) Die *Rechtsprechung* lehnt eine Anwendung des AGBG auf öffentlich-rechtliche Verträge ab.[338] Insbesondere das in § 9 AGBG enthaltene Gebot von Treu und Glauben sei für den öffentlich-rechtlichen Vertrag in §§ 56, 59 VwVfG spezialgesetzlich geregelt. Demgegenüber plädiert die *Literatur* zu Recht für eine sinngemäße Anwendung des AGBG auf vertragliche Schuldverhältnisse öffentlich-rechtlicher Natur.[339] Die Träger hoheitlicher Verwaltung dürfen die ihnen gegebene Wahlmöglichkeit zwischen privatrechtlicher und öffentlich-rechtlicher Gestaltung der Vertragsverhältnisse mit dem Bürger nicht dazu nutzen, den Schutz des Vertragspartners zu unterlaufen.

bb) Unabhängig davon, ob ein Vertrag dem Zivilrecht oder dem öffentlichen Recht zuzuordnen ist, muß der Vertragspartner vor unbilligen Regelungen in den von der anderen Partei vorformulierten Bedingungen geschützt werden. §§ 56, 59 VwVfG sind Generalklauseln, die nur Fragen der Zulässigkeit von Gegenleistungen und der Nichtigkeit des Vertrages betreffen. Die vielfältigen Regelungen namentlich in Bezug auf Haftung und Gewährleistung, die das AGBG insbesondere in den §§ 10, 11 AGBG bereithält, werden von den Vorschriften des VwVfG gar nicht angesprochen. Die Generalklauseln der §§ 56, 59 VwVfG erlauben damit keine differenzieren de Beurteilung verwaltungsschuldrechtlicher Haftungsregelungen, wie dies gerade §§ 10, 11 AGBG ermöglichen.

Ferner kann gegen eine sinngemäße Anwendung des AGBG auf öffentlich-rechtliche Verträge nicht eingewendet werden, § 62 Satz 2 VwVfG verweise ausdrücklich nur auf die Vorschriften des Bürgerlichen Gesetzbuchs, nicht aber auf ein zivilrechtliches Nebengesetz wie das AGBG. Dieses Argument ist nicht stichhaltig: Im Zeitpunkt der Verkündung des VwVfG am 25.5.1976 gab es das AGBG noch nicht.[340] Dieses ist erst am 9.12.1976 ver-

---

338 *BVerwGE* 74, 78 (83); wohl auch *OVG Münster,* NJW 1989, 1879, (1880); offengelassen von: *BGH*, NJW 1995, 2289; zustimmend: *Ule/Laubinger*, Verwaltungsverfahrensrecht, 4. Auflage, 1995, § 67 Rn. 15; *Henneke*, in: *Knack*, VwVfG, § 62 Rn. 3; *Bonk*, in: *Stelkens/Bonk/Sachs*, VwVfG, § 62 Rn. 25.

339 *Wolf/Horn/Lindacher*, AGBG, Einl. Rn. 20; *Ulmer/Brandner/Hensen*, AGBG, § 1 Rn. 14; *Staudinger/Schlosser*, AGBG, § 1 Rn. 4; *Palandt/Heinrichs*, Bürgerliches Gesetzbuch, vor § 8 AGBG Rn. 5; *Kötz*, in: *MünchKomm*, AGBG, § 1 Rn. 3; *Ehlers*, Verwaltung in Privatrechtsform, S. 357; *Wagner*, Die Anwendbarkeit des AGB-Gesetzes auf Benutzungsregelungen kommunaler Einrichtungen, 1982, S. 192; *Herbert Roth*, BB 1992, Beilage Nr. 4, S. 1 (4); *Stober*, DÖV 1977, 398 (399 f.); *Fritz Baur*, in: Festschrift-*Mallmann*, 33 (38)).

340 BGBl. I S. 1253.

kündet worden.[341] *Rechtsprechung* und *Lehre* hatten seinerzeit die Rechtsgrundsätze, die später Regelungsgegenstand des AGBG wurden, aus den Bestimmungen des Bürgerlichen Gesetzbuchs abgeleitet, namentlich aus §§ 138, 242 BGB.[342] Die Verweisung des § 62 Satz 2 VwVfG auf das Bürgerliche Gesetzbuch vor Erlaß des AGBG erfaßte also auch diese Rechtsgrundsätze. Schon daraus folgt die Anwendbarkeit des AGBG auf öffentlich-rechtliche Verträge.

Schließlich kann angesichts der „Lückenhaftigkeit der verwaltungsverfahrensrechtlichen Vertragsregelungen"[343] aus § 62 Satz 2 VwVfG nicht eine allgemeine Unzulässigkeit einer sinngemäßen Anwendung des AGBG gefolgert werden. Der Gesetzgeber hat sich darauf beschränkt, in den §§ 54 ff. VwVfG lediglich die besonderen Merkmale öffentlich-rechtlicher Verträge zu regeln. Im übrigen soll – wie der Verweis in § 62 Satz 2 VwVfG dokumentiert – das zivilrechtliche Vertragsrecht zur Anwendung kommen.[344]

Es kann damit festgehalten werden: Das AGBG ist sinngemäß auf öffentlich-rechtliche Verträge anzuwenden.

c) *Sinngemäße Anwendbarkeit des AGBG auf verwaltungsrechtliche Schuldverhältnisse kraft Rechtssatzes*

Verwaltungsrechtliche Schuldverhältnisse können durch Rechtssatz, nämlich formelle Gesetze, Rechtsverordnungen und Satzungen entstehen. Letzteres ist beispielsweise im Bereich des kommunalen Anschluß- und Benutzungszwangs der Fall.[345] Gerade in diesen privatrechtstypischen[346], auf

341 BGBl. I S. 3317.

342 Vgl. etwa: *Dietlein*, NJW 1974, 969 (973); *Erman/Hefermehl/Werner*, BGB, vor § 1 AGBG Rn. 3 ff. m.w.N.

343 *Ehlers*, Verwaltung in Privatrechtsform, S. 355.

344 Vgl. *Kopp/Ramsauer*, VwVfG, § 62 Rn. 6; insoweit zutreffend: *Bonk*, in: *Stelkens/Sonk/Sachs*, VwVfG, § 62 Rn. 22 f.; *Paul Stelkens*, Verwaltungsverfahren, Rn. 623.

345 Vgl. dazu exemplarisch die jeweiligen Ermächtigungsgrundlagen: § 11 Abs. 1 BW GO; Art. 24 BayGO; § 15 Abs. 1 Brandenburg GO; § 8 Niedersächs. GO; § 9 Satz 1 NW GO; § 22 Abs. 1 Saarl. KommunalselbstverwaltungsG; § 14 Abs. 1 Sächs. GO; § 8 Nr. 2 Sachsen-Anhalt GO; § 20 Abs. 2 Satz 1 Nr. 2 Thür KommunalO.

346 Vgl. *BGHZ* 59, 303 (305): Es dränge sich in öffentlich-rechtlich gestalteten Wasserlieferungsverhältnissen „die Anwendung der Regeln des bürgerlichen Rechts über den Kauf geradezu auf". Die Frage des Einflusses von Allgemeinen Geschäftsbedingungen auf solche, durch Anschluß- und Benutzungssatzung begründete Rechtsverhältnisse spricht der *Bundesgerichtshof* hingegen nicht an.

Leistungsaustausch gerichteten Rechtsbeziehungen zwischen Staat und Bürger stellt sich die Frage, ob das AGBG auch dann sinngemäße Anwendung findet, wenn das Rechtsverhältnis durch Rechtssatz geregelt wird. Diese Problematik ist im *Schrifttum* umstritten:

aa) Die *herrschende Meinung* lehnt eine sinngemäße Anwendung des AGBG auf verwaltungsrechtliche Schuldverhältnisse kraft Rechtssatzes ab.[347] Das AGBG sei schon begrifflich nicht einschlägig, da es ausschließlich vertragliche Geschäftsbedingungen erfasse.[348] Werde im übrigen ein Rechtsverhältnis durch Rechtssatz ausgestaltet, so sei es positiv-rechtlich erschöpfend geregelt. Für eine „zusätzliche Kontrolle nach dem AGBG" bestehe dann keine Notwendigkeit.[349] Allenfalls bei Ausgestaltung eines grundsätzlich privatrechtlichen Verhältnisses durch eine öffentlich-rechtliche Satzung sei eine Berücksichtigung des AGBG möglich.[350]

bb) Demgegenüber gehen *Wolf/Horn/Lindacher* von einer sinngemäßen Anwendbarkeit des AGBG auch auf durch Rechtssatz entstandene und geregelte Rechtsverhältnisse zwischen Staat und Bürger aus. Dies wird zutreffend damit begründet, daß „Träger öffentlicher Verwaltung die ihnen zustehende Wahlmöglichkeit zwischen privatrechtlicher und öffentlich-rechtlicher Gestaltung nicht zur Flucht vor den inhaltlichen Schranken des AGB-Gesetzes nutzen und den Schutz des unterlegenen Vertragsteils nicht unterlaufen" dürfen.[351] Denn für die Frage der Anwendbarkeit des AGBG kann es nicht entscheidend darauf ankommen, ob die öffentliche Hand das jeweils in Rede stehende Rechtsverhältnis dem Zivilrecht oder dem öffentlichen Recht unterstellt. Dieses Ergebnis wird durch den Umstand gestützt, daß Allgemeine Geschäftsbedingungen und Rechtssätze hinsichtlich ihrer

347 *Kötz*, in: *MünchKomm*, AGBG, § 1 Rn. 3; *Dietlein*, NJW 1974, 969 (973); *Stober*, DÖV 1977, 398 (400).

348 So *Ulmer/Brandner/Hensen*, AGBG, § 1 Rn. 73; *Palandt/Heinrichs*, Bürgerliches Gesetzbuch, vor § 8 AGBG Rn. 4, § 24 AGBG Rn. 1.

349 So *Staudinger/Schlosser*, AGBG, Einl. Rn. 19.

350 Zustimmend: *OLG München*, BB 1980, 496; *Fritz Baur*, in: Festschrift-*Mallmann*, S. 33 (37); *Kötz*, in: *MünchKomm*, AGBG, § 1 Rn. 3; anders: *Ulmer/Brandner/Hensen*, AGBG, § 1 Rn. 9, die eine Anwendung des AGBG auf durch Satzung geregelte Benutzungsordnungen befürworten, „sofern das Benutzungsverhältnis als solches als öffentlich-rechtlicher Vertrag und nicht als Subordinationsverhältnis ausgestaltet ist".

351 *Wolf/Horn/Lindacher*, AGBG, Einl. Rn. 20.

Regelungswirkung eine Parallele aufweisen: Sie haben jeweils abstrakt-*generellen* Charakter.[352]

cc) In diesem Zusammenhang ist von Teilen des *Schriftttums* erwogen worden, die Anwendbarkeit des AGBG auf Satzungen zu beschränken. Der Ausschluß von formellen Gesetzen und Rechtsverordnungen aus dem Anwendungsbereich des AGBG sei damit zu rechtfertigen, daß „der Gesetz- oder Verordnungsgeber wirtschaftlich an dem Ergebnis seines Normsetzungsakts in aller Regel unmittelbar nicht interessiert" sei.[353] Die Satzung werde hingegen durch diejenige juristische Person erlassen, die auch später in dem Rechtsverhältnis dem Bürger gegenüberstehe.

Dies kann jedoch nicht überzeugen: Das Schutzbedürfnis des Bürgers besteht unabhängig davon, ob das Rechtsverhältnis durch formelles Gesetz, Rechtsverordnung oder Satzung begründet wird. Eine wirtschaftliche „Distanz" des formellen Gesetz- bzw. Verordnungsgebers zu dem wirtschaftlichen „Ergebnis" kann nicht generell unterstellt werden. Sie müßte in jedem einzelnen Fall festgestellt werden. Im übrigen ändert sie nichts an dem Schutzbedürfnis des Bürgers. Das gilt umso mehr, als der Bürger auf die Wahl des jeweils verwendeten „normativen Vehikels" keinen Einfluß hat.[354] Ein sachlicher Grund für eine Beschränkung des Anwendungsbereich des AGBG auf Satzungen ist damit nicht ersichtlich.

dd) Dieses Ergebnis steht im Einklang mit der vom Grundgesetz vorgenommenen Verteilung der Gesetzgebungskompetenzen, Art. 70 ff. GG. Die von dem AGBG geregelte Rechtsmaterie fällt gem. Art. 74 Abs. 1 Nr. 1 GG in die Gesetzgebungszuständigkeit des Bundes.[355] Eine Beurteilung allein unter dem Gesichtspunkt der Gesetzgebungskompetenz führte zu der Nicht-Anwendbarkeit des AGBG auf verwaltungsrechtliche Schuldverhältnisse kraft Landesrecht. In diesen Fällen kann dennoch auf das AGBG rekurriert werden: Wie § 62 Satz 2 VwVfG der Länder anordnet, finden die

---

352 Vgl. dazu: *Lukes*, JuS 1961, 301 (304); *Helm*, JuS 1965, 121 (125 f.); ferner: *Rüfner*, Formen öffentlicher Verwaltung im Bereich der Wirtschaft, S. 319, der Allgemeine Geschäftsbedingungen auch als „allgemeine Regeln mit normativer Geltung" umschreibt.

353 *Fritz Baur*, in: Festschrift-*Mallmann*, S. 33 (37 ff.); zustimmend: *Herbert Roth*, BB 1992, Beilage Nr. 4, S. 1 (4); wohl auch: *Kötz*, in: *MünchKomm*, AGBG, § 1 Rn. 3.

354 In diesem Sinne auch: *Wolf/Horn/Lindacher*, AGBG, Einl. Rn. 20.

355 *Maunz*, in: *Maunz/Dürig* (Hrsg.), Grundgesetz, Art. 74 Rn. 55; *Degenhart*, in: *Sachs* (Hrsg.), Grundgesetz, Art. 74 Rn. 4; *Jarass/Pieroth*, Grundgesetz, Art. 74 Rn. 2; *Kunig*, in: *von Münch/Kunig* (Hrsg.), Grundgesetz, Art. 74 Rn. 8; vgl. ferner: *BVerfGE* 42, 20 (31), wo von den „vielfältigen Nebengesetzen des Privatrechts" die Rede ist.

Vorschriften des Bürgerlichen Gesetzbuchs auch auf Länderebene entsprechende Anwendung.[356] Zu diesen Vorschriften gehört – wie bereits dargestellt[357] – das AGBG.

ee) Die sinngemäße Anwendung des AGBG wird schließlich auch nicht durch die Regel *lex posterior derogat legi priori*[358] ausgeschlossen. Wird ein verwaltungsrechtliches Schuldverhältnis durch ein nach Verkündung des AGBG erlassenes Bundesgesetz begründet, so erscheint es auf den ersten Blick fraglich, ob das AGBG in solchen Fällen derogiert wird. Eine Stütze für diese Überlegung läßt sich dem AGBG jedoch nicht entnehmen. Gegen eine solche Überlegung sprechen indes die Allgemeingültigkeit und der Schutzzweck des AGBG. Soweit auch nicht in dem jeweiligen Bundesgesetz eine Haftungsregelung vorgesehen ist, aus der sich die Nicht-Anwendbarkeit des AGBG ergibt, kann davon ausgegangen werden, daß sich die Haftung der öffentlichen Hand in diesen Fällen nach dem Haftungsmaßstab des AGBG richtet. Es handelt sich insoweit um eine Durchbrechung der *lex posterior*-Regel.

3) Zusammenfassung

Eine sinngemäße Anwendbarkeit des AGBG auf verwaltungsrechtliche Schuldverhältnisse ist unabhängig davon zu bejahen, ob diese durch Verwaltungsakt im Sinne von § 35 VwVfG, durch öffentlich-rechtlichen Vertrag gem. §§ 54 ff. VwVfG oder kraft Rechtssatzes begründet werden.

---

356 Vgl. *Fischedick*, Die Wahl der Benutzungsform kommunaler Einrichtungen, 1986, S. 50; *Wagner*, Die Anwendbarkeit des AGBG auf Benutzungsregelungen kommunaler Einrichtungen, S. 135 ff.; *Heintzen*, NVwZ 1992, 857 (858).

357 Vgl. dazu unter C)II)2) (Seite 97 ff.).

358 Vgl. dazu: *BGHZ* 23, 184 (196 f.); *BVerwGE* 10, 82 (85); *BayVerfGHE* 8, 25 (28); ferner: *Badura*, in: *Isensee/Kirchhof* (Hrsg.), HbdStR VII, § 163 Rn. 31; *Forsthoff*, Allgemeines Verwaltungsrecht, S. 150; zum geschichtlichen Hintergrund: *Schneider*, Gesetzgebung, 1982, Rn. 553 f., 647.

D) Die Forderungsverletzung im Verwaltungsschuldrecht

Die Forderungsverletzung ist der Oberbegriff für alle Leistungsstörungen.[359] Als Recht der Leistungsstörungen[360] bezeichnet man die Gesamtheit der Rechtsinstitute, die die Rechtsfolgen von Störungen in der Abwicklung von Schuldverhältnissen bestimmen, seien es gesetzliche oder vertragliche. Eine Leistungsstörung tritt ein, wenn ein an dem Schuldverhältnis Beteiligter seine Pflichten nicht wie geschuldet erfüllt.

Das Recht der Leistungsstörungen hat seinen positiv-rechtlichen Niederschlag im Bürgerlichen Recht gefunden, und dort – entsprechend seinem allgemeinen Charakter – vornehmlich im Allgemeinen Teil des Schuldrechts (vgl. §§ 275 ff., 323 ff. BGB). Darüber hinaus enthält das BGB im Besonderen Teil des Schuldrechts zusätzliche Regelungen von Leistungsstörungen in einzelnen Schuldverhältnissen, namentlich Gewährleistungsvorschriften (vgl. §§ 459 ff., 537 ff., 633 ff. BGB). *Rechtsprechung* und *Lehre* haben daneben weitere Rechtsinstitute entwickelt, um Lücken im System der gesetzlichen Leistungsstörungsregelungen zu schließen. Dazu zählen positive Vertragsverletzung, culpa in contrahendo und die Rechtsfigur des Wegfalls der Geschäftsgrundlage.

Wenngleich das Rechtsinstitut der Forderungsverletzung privatrechtlichen Ursprungs ist, hat es auch Einzug in das Verwaltungsschuldrecht gehalten. Es entspricht nämlich einem allgemeinen Rechtsgrundsatz, daß „eine zu verantwortende Forderungsverletzung eine Haftungsfolge zu Lasten des die Ursache Beherrschenden auslöst".[361] Die Konkretisierung dieses Rechtsgrundsatzes, wie sie im Bürgerlichen Recht erfolgt ist, kann daher generell auch in verwaltungsrechtlichen Schuldverhältnissen angewandt wer-

---

359 Vgl. *Simons*, Leistungsstörungen, S. 132; *Wolff/Bachof/Stober*, Verwaltungsrecht II, § 55 Rn. 35; *Enneccerus-Lehmann*, Recht der Schuldverhältnisse, § 55 I, II; *Stoll*, AcP 136 (1932) S. 257 (282 ff.).

360 Der Begriff der „Leistungsstörung" geht zurück auf die Arbeit von *Stoll*, Die Lehre von den Leistungsstörungen, 1936.

361 *Simons*, Leistungsstörungen, S. 138, 140 f., 146 f.; ebenso: *Wolff/Bachof/Stober*, Verwaltungsrecht II, § 55 Rn. 35; *Papier*, Forderungsverletzung, S. 112; *Eckert*, DVBl. 1962, 11 (18).

den.[362] Die *herrschende Meinung* bejaht daher zu Recht die Anwendbarkeit der zivilrechtlichen Leistungsstörungsregelungen im Rahmen verwaltungsrechtlicher Schuldverhältnisse.[363]

Dies ist jedoch nicht unwidersprochen geblieben: So ist *Papier* der Ansicht, im Bereich des öffentlichen Rechts statuiere Art. 34 GG die ausschließliche Haftungsnorm für sämtliche Forderungsverletzungen.[364] Ob diese Auffassung mit dem öffentlich-rechtlichen Haftungssystem in Einklang steht, ist im Folgenden zu untersuchen.

I) Art. 34 GG als Haftungsnorm für öffentlich-rechtliche Forderungsverletzungen?

1) Die Ansicht Papiers

Papier verneint das Bedürfnis für die Übertragung der bürgerlich-rechtlichen Leistungsstörungsregelungen auf öffentlich-rechtliche Forderungsverletzungen.[365] „Von einer die sinngemäße Anwendung des allgemeinen Schuldrechts rechtfertigenden Lücke im öffentlichen Ersatzleistungsrecht für den Fall der Forderungsverletzung könnte ... nicht mehr die Rede sein"[366]: Denn Art. 34 GG begründe bereits eine umfassende Eigenhaftung des Staates. *Papier* lehnt daher die von der *herrschenden Meinung* befürwortete Beschränkung

362 Vgl. auch Art. 188 ff. wüEVRO (Entwurf einer Verwaltungsrechtsordnung für Württemberg), deren Regelungen sich maßgeblich am Bürgerlichen Recht orientierten: Beispielsweise entsprachen Art. 197 Abs. 1, Abs. 2 Satz 1 wüEVRO dem § 275 BGB, Art. 197 Abs. 3 wüEVRO verwies auf §§ 280-282 BGB. Art. 199 Abs. 2 wüEVRO übernahm die bürgerlich-rechtlichen Verzugsfolgen für verwaltungsrechtliche Schuldverhältnisse, Art. 202 Abs. 1 wüEVRO erkärte die §§ 323-325 BGB für anwendbar.

363 Vgl. *BGHZ* 21, 214 (218); 59, 303 (305 f.); 135, 341 (346 f.); *BGH*, DVBl. 1983, 1062 (1063); NJW 1974, 1816; *BVerwG*, DÖV 1965, 670 (671); *LG Wiesbaden*, NVwZ 1983, 179; ferner: *Wolff/Bachof/Stober*, Verwaltungsrecht II, § 55 Rn. 35 f.

364 *Papier*, Forderungsverletzung, S. 108 ff.

365 Ähnlich: *Rüfner*, Formen öffentlicher Verwaltung im Bereich der Wirtschaft, S. 298 f., nach dessen Auffassung „die damaligen Gründe für die Heranziehung schuldrechtlicher Normen zum größten Teil weggefallen (sind): Art. 34 GG (gewährleiste) eine umfassende Haftung des Staates für alle hoheitlich handelnden Beamten und sonstigen Bediensteten der öffentlichen Hand, welche der Haftung für den Erfüllungsgehilfen im bürgerlichen Recht ihrem Umfang nicht (nachstehe)".

366 *Papier*, Forderungsverletzung, S. 108 f.

des Art. 34 GG auf „deliktisches Staatsunrecht“ ab. „Rechtswidrige Eingriffe in die Rechte des status negativus eines Gewaltunterworfenen (bzw.) die Verletzung absoluter oder allgemeiner Pflichten eines Trägers öffentlicher Gewalt“ seien nicht der einzige Anwendungsbereich des Art. 34 GG. Entgegen dem traditionellen Verständnis dieser Vorschrift als Zurechnungsnorm kommt Art. 34 GG nach Auffassung *Papiers* vielmehr auch die Funktion einer Haftungsnorm für schuldhafte öffentlich-rechtliche Forderungsverletzungen zu.[367]

Papier stützt seine Auffassung im wesentlichen auf folgende Überlegung: Werde der Staat gegenüber dem Bürger tätig, so sei nicht der handelnde Amtsträger, sondern regelmäßig die jeweilige juristische Person des öffentlichen Rechts Träger von Rechten und Pflichten. Das herkömmliche Verständnis der Amtshaftung führe hingegen dazu, „daß die Verletzung öffentlich-rechtlicher Außen-Pflichten eines Hoheitsträgers nicht – unmittelbar – mit einer Schadensersatzpflicht des Hoheitsträgers sanktioniert sei“[368]. Denn zunächst bestehe eine Haftung des schuldhaft handelnden Beamten nach § 839 BGB, die erst auf dem rechtstechnischen (Um-)Weg einer schuldbefreienden Haftungsübernahme gem. Art. 34 GG dem Staat zugerechnet werde. Dieses Verständnis der Amtshaftung hält *Papier* mit dem allgemeinen Grundsatz der Rechtsordnung für nicht vereinbar, „daß sich primäre Forderungsrechte im Falle der Nichterfüllung in – sekundäre – Schadensersatzansprüche umwandeln“. *Papier* verweist auf die höchstrichterliche Rechtsprechung, daß „es im Bereich der geltenden Rechtsordnung eine Besonderheit darstellen (würde) ..., wenn ein klagbarer Erfüllungsanspruch nicht der Umwandlung in einen Schadensersatzanspruch fähig“ wäre.[369]

Diese Feststellung – von Rechtsprechung und Lehre als Begründung angeführt für die „Anwendung des Haftungsrechts des bürgerlichen Schuldrechts als Ausdruck eines allgemeinen Rechtsgedankens auf öffentlich-rechtliche Verhältnisse“ – hält *Papier* für nicht überzeugend.[370] Damit sei „noch lange nicht bewiesen, daß die im und für das Privatrecht als Konkretisierung des bezeichneten allgemeinen Rechtsgrundsatzes normierten Ein-

---

367 *Papier*, Forderungsverletzung, S. 109.

368 *Papier*, Forderungsverletzung, S. 111 f.

369 Vgl. *BGHZ* 43, 178 (184 f.); *BVerwGE* 13, 17 (22 f.); *BVerwG*, DVBl. 1963, 677 (678); ferner: *OVG Koblenz*, DVBl. 1964, 773 (774).

370 *Papier*, Forderungsverletzung, S. 112.

zelregelungen der Forderungsverletzung und Leistungsstörung auch im öffentlichen Recht zu gelten" hätten. Vielmehr sei „die Feststellung jenes allgemeinen Rechtsgrundsatzes in erster Linie für eine seiner Geltung auch im öffentlichen Recht Rechnung tragenden Interpretation des Art. 34 GG als der ausdrücklich normierten Unrechtshaftung des öffentlichen Rechts heranzuziehen".

2) *Stellungnahme*

Die Ansicht *Papiers* vermag nicht zu überzeugen.

a) Es ist zwar einzuräumen, daß der Wortlaut einer Auslegung des Art. 34 GG als Anspruchsnorm nicht entgegensteht.[371] Es ist allein nach dem Wortlaut durchaus vertretbar, aus Art. 34 GG eine unmittelbare Haftung des jeweiligen Trägers öffentlicher Gewalt abzuleiten. Diese Konstruktion einer unmittelbaren Staatshaftung steht insoweit auch in Einklang mit der Rechtsprechung des *Bundesverfassungsgerichts*. Denn im *Staatshaftungs-Urteil* hat es ausgeführt, Art. 34 GG gebiete zwar in seiner jetzigen Fassung keine unmittelbare Staatshaftung, stehe ihr aber auch nicht entgegen.[372] Dabei ist das *Bundesverfassungsgericht* jedoch davon ausgegangen, daß eine solche Staatshaftung einfach-gesetzlich zu normieren sei, jedenfalls nicht unmittelbar Art. 34 GG entnommen werden könne.[373]

Das Verständnis des Art. 34 GG als Anspruchsnorm ließe im übrigen den historischen Hintergrund der Einführung einer Haftung des Staates für Pflichtverletzungen seiner Beamten außer Betracht. Die Übernahme einer für den Staat „fremden" Schuld ist zurückzuführen auf die im ausgehenden 19. Jahrhundert allgemein vertretene Theorie des „privatrechtlichen Mandatskontraktes". Das Handeln des Beamten konnte nach damaliger Auffassung nur dann dem Staat zugerechnet werden, wenn es rechtmäßig war. Handelte der Beamte hingegen rechtswidrig und damit *contra mandatum*, konnte dies dem Staat nicht zugerechnet werden. In diesen Fällen war der Beamte vielmehr für sein Handeln haftungsrechtlich selbst verantwortlich. Man ging davon aus, daß der Beamte bei unrechtmäßigem Handeln gewissermaßen in den Privatstand trete und deshalb – wie alle anderen Bürger –

---

371 Vgl. *Papier*, Forderungsverletzung, S. 111; aA *Wallerath*, DÖV 1971, 717 (718).

372 *BVerfGE* 61, 149 (198).

373 *BVerfGE* 61, 149 (198 f.).

nach privatrechtlichem Deliktsrecht hafte. Eine gesetzliche Ausformung hat diese Theorie in § 839 BGB erfahren. Hieran anknüpfend haben Art. 131 WRV bzw. nunmehr Art. 34 GG die Überleitung der persönlichen Beamtenhaftung zu einer (mittelbaren) Staatshaftung auf verfassungsrechtlicher Ebene vollzogen.[374]

b) Einwendungen gegen das Verständnis des Art. 34 GG als Haftungsnorm ergeben sich ferner vor allem daraus, daß *Papier* selbst in Art. 34 GG letzlich doch nicht die ausschließliche, allumfassende Anspruchsgrundlage für öffentlich-rechtliche Forderungsverletzungen sieht.

aa) *Papier* bejaht in Fällen der beamtenrechtlichen Fürsorge bzw. der öffentlich-rechtlichen Verwahrung neben der Staatshaftung eine Haftung aus Forderungsverletzung.[375] Er relativiert damit seine These, „von einer die sinngemäße Anwendung des allgemeinen Schuldrechts rechtfertigenden Lücke im öffentlichen Ersatzrecht" könne keine Rede sein.[376] Seine Begründung, es handele sich hierbei um gesetzlich anerkannte Fälle der Haftung eines Hoheitsträgers wegen Forderungsverletzung neben der Staatshaftung, trifft nicht zu.

Gegen die Annahme einer parallelen Haftung spricht schon, daß – vor dem Hintergrund des von *Papier* befürworteteten Verständnisses des Art. 34 GG als „umfassender Haftungsnorm" – ein Bedürfnis für die zusätzliche Haftung aus Forderungsverletzung nicht besteht. Vielmehr scheint sich *Papier* durch die Existenz des § 40 Abs. 2 Satz 1 VwGO genötigt zu sehen, jedenfalls in diesen Fällen eine Haftung aus Forderungsverletzung neben der Staatshaftung gem. Art. 34 GG anzuerkennen.[377]

bb) Nach Meinung *Papiers* enthält § 40 Abs. 2 Satz 1 VwGO die stillschweigende „Anerkennung einer neben der Amtshaftung bestehenden Schadensersatzpflicht wegen Verletzung der beamtenrechtlichen Fürsorgepflicht".[378] Daß § 40 Abs. 2 Satz 2 VwGO als „prozessuale Norm zugleich die Anerkennung eines materiell-rechtlichen Satzes" verkörpere, sei keine Seltenheit im Verwaltungsrecht. Dies ist ohne Frage richtig.[379] Unzutreffend

---

374 Vgl. etwa: *Bonk*, in: *Sachs* (Hrsg.), Grundgesetz, Art. 34 Rn. 9 ff.

375 *Papier*, Forderungsverletzung, S. 140 ff.

376 *Papier*, Forderungsverletzung, S. 109.

377 Ähnliche Kritik üben: *Wallerath*, DÖV 1971, 717 (718); *Littbarski*, JuS 1979, 537 (540 f.).

378 *Papier*, Forderungsverletzung, S. 142.

379 *Papier*, Forderungsverletzung, S. 142 weist zu Recht auf § 113 Abs. 1 Satz 2 VwGO hin. Die Vorschrift normiert den Folgenbeseitigungsanspruch nicht, sondern setzt ihn vor-

ist aber die weitere Folgerung *Papiers*, aus der Einschränkung des § 40 Abs. 2 Satz 1 VwGO („ ... für Schadensersatzansprüche aus der Verletzung öffentlich-rechtlicher Pflichten ... ist der ordentliche Rechtsweg gegeben") durch § 40 Abs. 2 Satz 2 VwGO („Die besonderen Vorschriften des Beamtenrechts ... bleiben unberührt") ergebe sich zwingend die „Existenz von Schadensersatzansprüchen wegen Verletzung öffentlich-rechtlicher Pflichten aus dem Beamtenverhältnis neben dem Staatshaftungsanspruch", da § 40 Abs. 2 Satz 2 VwGO anderenfalls leerlaufe.

Richtig ist auch insoweit, daß § 40 Abs. 2 Satz 1 VwGO das Bestehen von Schadensersatzansprüchen aus öffentlich-rechtlicher Forderungsverletzung gesetzlich anerkennt. Daraus folgt aber noch nicht die von *Papier* befürchtete Gefahr einer Funktionslosigkeit des § 40 Abs. 2 Satz 2 VwGO. Denn dessen Anwendungsbereich ist nicht auf beamtenrechtliche Schadensersatzansprüche beschränkt: Dies folgt schon aus dem Wortlaut des § 40 Abs. 2 Satz 2 VwGO.

Daneben ergibt sich auch aus dem Zusammenspiel mit der Sonderzuweisung des § 126 BRRG, daß der Verwaltungsrechtsweg nicht ausschließlich für beamtenrechtliche Schadensersatzklagen, sondern für alle beamtenrechtlichen Klagen eröffnet ist.[380] Die Gefahr einer Funktionslosigkeit des § 40 Abs. 2 Satz 2 VwGO ist folglich nicht gegeben. Daher geht auch die aus diesem vermeintlichen Umstand rührende Folgerung ins Leere, § 40 Abs. 2 Satz 2 VwGO setze im Falle der Verletzung einer beamtenrechtlichen Fürsorgepflicht das Bestehen schuldrechtlicher Schadensersatzansprüche neben einer ansonsten umfassenden Staatshaftung gem. Art. 34 GG voraus. Denn § 40 Abs. 2 Satz 2 VwGO hat auch ohne die ihr von *Papier* zugesprochene haftungsrechtliche Funktion eine eigenständige Bedeutung: So können auf dessen Grundlage den Verwaltungsgerichten beamtenrechtliche Streitigkeiten auch durch Landesgesetz zugewiesen werden.[381]

cc) Ähnliches läßt sich auch der Argumentation *Papiers* hinsichtlich der öffentlich-rechtlichen Verwahrung entgegenhalten. Nach seiner Auffassung normiert § 40 Abs. 2 Satz 1 VwGO „in prozessualer Einkleidung ... die An-

aus, vgl. *Schmitt Glaeser/Horn*, Verwaltungsprozeßrecht, 15. Auflage, 2000, Rn. 239a; *Redeker/v. Oertzen*, VwGO, 13. Auflage, 2000, § 113 Rn. 18 ff.; *Jörg Schmidt*, in: *Eyermann* (Hrsg.), VwGO, § 113 Rn. 28.

380 Vgl. dazu *Ehlers*, in: *Schoch/Schmidt-Aßmann/Pietzner* (Hrsg.), VwGO, § 40 Rn. 38 ff.; *Ule*, Verwaltungsprozeßrecht, 9. Auflage, 1987, S. 55; *Rennert*, in: *Eyermann* (Hrsg.), VwGO, § 40 Rn. 164.

381 Vgl. *Rennert*, in: *Eyermann* (Hrsg.), VwGO, § 40 Rn. 163.

erkennung eines durch eine entsprechende Anwendung des bürgerlichen Rechts der Forderungsverletzung zu begründenden öffentlich-rechtlichen Schadensersatzanspruchs".[382] Um die Heranziehung der Rechtsinstitute der privatrechtlichen Leistungsstörungen auf öffentlich-rechtliche Verwahrungsverhältnisse zu rechtfertigen, bedarf es aber auch in diesem Fall keines Rückgriffs auf das Verwaltungsprozeßrecht. Die Anwendbarkeit der bürgerlich-rechtlichen Regelungen über die Forderungsverletzung folgt schon aus dem – bereits erwähnten – im Bürgerlichen Recht konkretisierten allgemeinen Rechtsgedanken, daß die schuldhafte Verletzung von subjektiven Rechten Schadensersatzansprüche nach sich zieht.[383]

dd) Als weitere Ausnahme der nach seiner Auffassung aus Art. 34 GG fließenden umfassenden Staatshaftung hält *Papier* die Regelungen der §§ 323 ff. BGB bei der Verletzung synallagmatischer Hauptleistungspflichten im Rahmen öffentlich-rechtlicher Verträge für anwendbar[384]: Art. 34 GG regele nämlich nur die von einem Hoheitsträger zu vertretende Leistungsstörung im Rahmen einseitig verpflichtender und unvollkommen zweiseitig verpflichtender Schuldverhältnisse.[385]

Auch dieser Argumentation kann jedenfalls seit der Einführung des VwVfG im Jahre 1977 nicht gefolgt werden. Denn § 62 Satz 2 VwVfG ordnet nunmehr ausdrücklich die Anwendung der Vorschriften des BGB auf sämtliche öffentlich-rechtlichen Verträge ausdrücklich an. Das bedeutet: Im Falle der Unmöglichkeit der Erfüllung einseitiger Leistungs-Pflichten greift § 280 BGB ein, während bei Unmöglichkeit der Erfüllung synallagmatischer Leistungs-Pflichten die §§ 323 ff. BGB zur Anwendung gelangen.[386]

ee) Gegen *Papiers* Konzeption einer umfassenden Staatshaftung nach Art. 34 GG sprechen schließlich auch die Rechtsfolgen. Nach seiner Auffassung kann der Staatshaftungsanspruch sowohl auf Naturalrestitution als auch auf Leistung in Geld gerichtet sein. *Papier* wendet sich damit gegen die *herrschende Meinung*, wonach die Amtshaftung nur Schadensersatz in Form von Geld gewährt.[387] *Papier* stimmt der *herrschenden Meinung* jedoch insoweit

382 *Papier*, Forderungsverletzung, S. 146.

383 Vgl. unter D) (Seite 105).

384 *Papier*, Forderungsverletzung, S. 146 ff.

385 *Papier*, Forderungsverletzung, S. 147.

386 Vgl. *Henneke*, in: *Knack* (Hrsg.), VwVfG , § 62 Rn. 3; *Bonk*, in: *Stelkens/Bonk/Sachs*, VwVfG, § 62 Rn. 33; *Ule/Laubinger*, Verwaltungsverfahrensrecht, § 72 Rn. 9.

387 *BGHZ GrS* 34, 99 (104); 78, 274 (276); 121, 367 (374); *Kreft*, Öffentlich-rechtliche Ersatzleistungen, § 839 Rn. 313; *Ossenbühl*, Staatshaftungsrecht, S. 110; anders: *Bonk*, in:

zu, als auch nach seiner Ansicht auf Geldersatz gerichtete Amtshaftungsansprüche gem. Art. 34 Satz 3 GG ausschließlich in die Zuständigkeit der ordentlichen Gerichte fallen.[388] Anders als die *herrschende Meinung* zieht er aus diesem Umstand jedoch nicht den (zwangsläufigen) Schluß, daß Amtshaftungsansprüche regelmäßig nur Geldleistungen zum Gegenstand haben können.

Diese Beschränkung der Zuständigkeit der Zivilgerichte auf geldwerte Schadensersatzansprüche soll nach Ansicht *Papiers* gerade nicht zu einer „inhaltlichen Beschränkung" materiell-rechtlicher Ansprüche führen. Soweit der jeweilige Staatshaftungsanspruch auf die Vornahme einer Amtshandlung und damit auf Naturalrestitution gerichtet sei, werde die Sonderregelung des Art. 34 Satz 3 GG vielmehr durch die verwaltungsgerichtliche Generalklausel des § 40 Abs. 1 VwGO verdrängt.[389]

Die Fragwürdigkeit dieses Ergebnisses rührt aus dem Umstand, daß sich aus Art. 34 GG kein Anhaltspunkt dafür entnehmen läßt, in welcher Form Schadensersatz zu leisten ist: So betrifft Art. 34 Satz 1 GG nur die Frage der „Verantwortlichkeit" bzw. Passivlegitimation. Art. 34 Satz 2 GG setzt den Vorbehalt des Rückgriffs der haftenden Körperschaft gegen den geweiligen Amtsträger fest. Art. 34 Satz 3 GG regelt schließlich die Rechtswegzuständigkeit für Amtshaftungsansprüche. Zwar liefert Art. 34 GG zugegebenermaßen auch keinen ausdrücklichen Hinweis für die Richtigkeit der herrschenden Meinung, Amtshaftungsansprüche gewährten ausschließlich Geldersatz. Immerhin läßt sich zu deren Gunsten das Argument anführen, daß die inhaltliche Beschränkung der Amtshaftungsansprüche auf Schadensersatzleistungen in Geld jedenfalls in Einklang steht mit der Rechtswegzuweisung des Art. 34 Satz 3 GG. Die *herrschende Meinung* folgert konsequenterweise aus der verfassungsrechtlich angeordneten Rechtswegzuständigkeit der Zivilgerichte die inhaltliche Beschränkung der Amtshaftungsansprüche auf Geldersatz.[390]

Die Beschränkung der Amtshaftung auf (Ersatz-) Leistung in Geld ergibt sich ferner aus dem Normzusammenhang zwischen § 839 BGB und Art. 34 GG: Der Grund der Beschränkung liegt darin begründet, daß die

Sachs (Hrsg.), Grundgesetz, Art. 34 Rn. 104, nach dessen Auffassung die Frage der Form der Ersatzleistung in Geld und/oder durch Naturalrestitution durch den Gesetzgeber festgesetzt werden kann.

388 *Papier*, Forderungsverletzung, S. 123.

389 *Papier*, Forderungsverletzung, S. 124.

390 Vgl. *BGHZ GrS* 34, 99 (105).

Amtshaftung eine persönliche Haftung des Beamten voraussetzt. Wird auch die haftungsrechtliche Verantwortung auf den Staat übergeleitet, transformiert sich die Haftung des Beamten indes nicht zu einer unmittelbaren Staatshaftung. Die Verantwortlichkeit des Staates ist begrenzt auf die Übernahme der durch das Handeln des Beamten verursachten Schadensersatzverpflichtung. Die Ersatzpflicht des Staates kann sich aber nur darauf erstrecken, was von dem Beamten selbst erbracht werden könnte, würde er persönlich in die haftungsrechtliche Verantwortung nach § 839 BGB genommen. Als Privatperson wäre er jedoch nicht in der Lage, Naturalrestitution durch Erlaß hoheitlicher Akte zu erbringen.[391]

Nach allem ist *Papiers* Auffassung auch hinsichtlich der Rechtsfolgen des Art. 34 GG als „umfassende" Haftungsgrundlage abzulehnen. Amtshaftungsansprüche sind nicht auf Naturalrestitution gerichtet. Eine Zuständigkeit der Verwaltungsgerichte für solche Amtshaftungsansprüche besteht schon wegen des unmißverständlichen Wortlauts des Art. 34 Satz 3 GG nicht.[392]

3) Ergebnis

Art. 34 GG ist keine Haftungsnorm für schuldhafte öffentlich-rechtliche Forderungsverletzungen. Es ist daran festzuhalten, Art. 34 GG rechtssystematisch als Zurechnungsnorm einzuordnen.

II) Die einzelnen Arten der öffentlich-rechtlichen Forderungsverletzung

Wie oben dargelegt, kennt das Verwaltungsschuldrecht keine eigene gesetzliche Konkretisierung des allgemeinen Haftungsgedankens.[393] Es liegt daher nahe, auf die Haftungsregelungen des Bürgerlichen Rechts zurückzugreifen. Wie aber im Folgenden zu zeigen sein wird, können diese nicht generell übernommen werden. Das öffentliche Recht gebietet vereinzelt Modifizierungen.

---

391 Vgl. etwa: *Maurer*, Allgemeines Verwaltungsrecht, § 25 Rn. 44.

392 Ebenso die Kritik von: *Littbarski*, JuS 1979, 537 (541).

393 Vgl. unter D) (Seite 105 f.).

1) Leistungsstörungen im engeren Sinne

Das Bürgerliche Recht regelt ausdrücklich drei Arten von Leistungsstörungen: Unmöglichkeit, Verzug und Gewährleistung. Zu den Leistungsstörungen im engeren Sinne gehört ferner die positive Vertragsverletzung. Sie ist gesetzlich nicht definiert, sondern Gewohnheitsrecht.

a) Unmöglichkeit

Wird die Leistung nach Entstehen des Schuldverhältnisses ohne Verschulden des Schuldners objektiv oder subjektiv unmöglich, so wird dieser gem. § 275 BGB von der Verpflichtung zur Leistung frei. Im Rahmen synallagmatischer Rechtsverhältnisse verliert der Schuldner grundsätzlich den Anspruch auf die Gegenleistung, § 323 Abs. 1 BGB. Etwas anderes gilt dann, wenn die Unmöglichkeit entweder von dem Gläubiger zu vertreten ist (§ 324 Abs. 1 BGB) oder während des Gläubigerverzuges (§ 324 Abs. 2 BGB) eintritt. Dem Schuldner bleibt in diesen Fällen der Anspruch auf die Gegenleistung erhalten.

Hat der Schuldner hingegen den Eintritt der Unmöglichkeit der Leistung zu vertreten, so ist er gem. § 280 Abs. 1 BGB zum Schadensersatz verpflichtet; bei synallagmatischen Rechtsverhältnissen bestimmen sich die Rechte des Gläubigers nach § 325 Abs. 1 BGB.

aa) Besondere Berücksichtigung öffentlicher Interessen auf der Rechtsfolgenseite?

In diesem Zusammenhang stellt sich die Frage, ob die beispielsweise in § 325 Abs. 1 Satz 1 BGB zur Wahl des Gläubigers gestellten Rechtsfolgen – Schadensersatz wegen Nichterfüllung oder Rücktritt – auch im Rahmen von verwaltungsrechtlichen Schuldverhältnissen geltend gemacht werden können.

Dies ist für öffentllich-rechtliche Verträge zu bejahen. § 62 Satz 2 VwVfG erklärt die Vorschriften des Bürgerlichen Gesetzbuchs und damit auch die damit jeweils einhergehenden Rechtsfolgen ohne Einschränkung für anwendbar.[394] Im übrigen haben es die Parteien des öffentlich-

394 Vgl. *Ossenbühl*, Staatshaftungsrecht, S. 355; *Ule/Laubinger*, Verwaltungsverfahrensrecht, § 72 Rn. 7 ff.; *Hans Meyer*, in: *Meyer/Borgs*, 2. Auflage, 1982, VwVfG, § 62 Rn. 20; *ders.*, NJW 1977, 1705 (1711 f.); restriktiver: *Meysen*, Die Haftung aus Verwaltungsrechtsver-

rechtlichen Vertrages in der Hand, die Rechtsfolgen von Leistungsstörungen – abweichend vom Gesetz – durch Vereinbarung zu bestimmen.

Die Problematik der Berücksichtigung öffentlicher Interessen auf der Rechtsfolgenseite ist daher nur für verwaltungsrechtliche Schuldverhältnisse nichtvertraglicher Art von Bedeutung. Hintergrund der Überlegung, die von den zivilrechtlichen Normen vorgesehenen Gläubigerrechte im Verwaltungsschuldrecht nur in modifizierter Form anzuwenden, ist folgender:[395] Geht die öffentliche Hand vertragsähnliche Bindungen ein, so gebietet das öffentliche Interesse die Erfüllung der hoheitlichen Leistungspflicht. Diese hat Vorrang vor der Verfolgung von „schadensersatz- bzw. rücktrittsorientierten" Individualinteressen. Denn „die starre Berücksichtigung des Parteiinteresses (ist) dem öffentlichen Recht fremd".[396] Das öffentliche Interesse genießt nur dann keinen Vorrang, wenn dem Gläubiger eine Erfüllung der Hauptleistungspflicht durch die öffentliche Hand nicht zuzumuten ist.[397] Dieser Argumentation wird entgegengehalten, daß „das öffentliche Interesse nicht die unbedingte Erfüllung einer Leistungspflicht" verlange.[398] Die „Funktions- und Interessenstruktur fast aller Benutzungsverhältnisse (sei) weitgehend mit der privatrechtlichen Vertragslage kongruent", so daß

---

hältnis, S. 59; ferner: *Henneke*, in: *Knack* (Hrsg.), VwVfG, § 62 Rn. 3, der auch bei verwaltungsrechtlichen Verträgen die öffentlichen Interessen berücksichtigen will. Grundlegend anders: *Bullinger*, DÖV 1977, 812 (817 f.), der dafür plädiert, „sich von den starren bürgerlich-rechtlichen Normalregeln der Leistungsstörungen zu lösen" und „nachträgliche Sach- und Rechtsänderungen nicht mit den starren Kategorien des normalen Leistungsstörungsrechts zu erfassen, sondern nach den Grundsätzen der clausula rebus sic stantibus zu beurteilen"; *Obermayer*, BayVBl. 1977, 546 (550), will sogar bei Unmöglichkeit der von der öffentlichen Hand zu erbringenden Leistung nicht auf die Vorschriften des BGB zurückgreifen, sondern ausschließlich die des VwVfG anwenden.

395 Vgl. dazu: *Eckert*, DVBl. 1962, 11 (17 ff.); *Beinhardt*, VerwArch 55 (1964), S. 210 (258); *Bullinger*, DÖV 1977, 812 (813 f.); *Meysen*, Die Haftung aus Verwaltungsrechtsverhältnis, S. 45; *Bender*, Staatshaftungsrecht, Rn. 812; *Wolff/Bachof/Stober*, Verwaltungsrecht II, § 55 Rn. 34, 37;

396 So *Eckert*, DVBl. 1962, 11 (19).

397 *Eckert*, DVBl. 1962, 11 (19); ebenso: *Beinhardt*, VerwArch 55 (1964), S. 210 (258).

398 Bezogen auf öffentlich-rechtliche Benutzungsverhältnisse: *Tiemann*, VerwArch 65 (1974), 381 (393); zustimmend: *Schulte*, Haftungsregelungen, S. 105; ferner: *Simons*, Leistungsstörungen, S. 117 f.

von Gesetzes wegen keine Notwendigkeit bestehe, die öffentlichen Interessen den Individualinteressen überzuordnen.[399]

bb) Stellungnahme

Die öffentlichen Interessen müssen im Rahmen von Sekundäransprüchen besondere Berücksichtigung finden. Die bürgerlich-rechtlichen Vorschriften sind ausschließlich auf den Ausgleich privatrechtlicher Interessen zugeschnitten. Daß sich daher eine uneingeschränkte Übertragung der für das Privatrecht geltenden Rechtsfolgen auf verwaltungsrechtliche Schuldverhältnisse verbietet, verdeutlicht das folgende Beispiel[400]: Erleidet ein schulpflichtiges Kind während des Sportunterrichts aufgrund einer schuldhaften Sorgfaltspflichtverletzung des Lehrers einen Schaden, so kann der Schadensersatzanspruch des geschädigten Schülers nicht auf Aufhebung des Schulverhältnisses gerichtet sein.[401] Das öffentliche Interesse an der Fortsetzung des Schulbesuchs ist – wie die gesetzliche Schulpflicht gerade dokumentiert – gewichtiger als ein etwaiges Interesse des Schülers, das Schulverhältnis wegen des Unfalls zu beenden. Vielmehr kann in einem solchen Fall nur die Gewährung eines Schadensersatzanspruchs in Geld die einzig richtige Rechtsfolge sein.[402]

Das Beispiel zeigt, daß der Gesichtspunkt der Erreichung einer möglichst dem Individualinteresse gemäßen Rechtsfolgen-Verteilung im öffent-

---

399 So *Tiemann*, VerwArch 65 (1974), 381 (393), der nur in Fällen des Anschluß- und Benutzungszwanges den öffentlichen Interessen besondere Berücksichtigung zollen will; zustimmend: *Schulte*, Haftungsregelungen, S. 105 f.
Dieses Ergebnis ist jedoch insoweit fragwürdig, als es dem Staat – zumindest theoretisch – „Tür und Tor" öffnen würde, in unbegrenztem Maße Forderungsverletzungen zu begehen, da dem Bürger eben eine Lösung von dem Anschluß- und Benutzungsverhältnis versagt ist. Gerade in derartigen Konstellationen erscheint deshalb die Einräumung eines Kündigungsrechts der einzig adäquate Schutz vor künftigen Forderungsverletzungen.

400 Vgl. *Wolff/Bachof/Stober*, Verwaltungsrecht II, § 55 Rn. 37.

401 Anspruchsgrundlage ist in einen solchen Fall die positive Forderungsverletzung des Schulverhältnisses. Sie gewährt bei Unzumutbarkeit des Festhaltens am jeweiligen Schuldverhältnis einen Anspruch auf Aufhebung, vgl. *Palandt/Heinrichs*, Bürgerliches Gesetzbuch, § 276 Rn. 124; *Emmerich*, in: *MünchKomm*, BGB, vor § 275 Rn. 315 ff. Vgl. auch die sogleich folgenden Ausführungen zur pVV unter D)II)1)d) (Seite 120).

402 Vgl. auch: *BGH*, NJW 1964, 1670 (1671).

lichen Recht nicht im Vordergrund steht.[403] Die zivilrechtlichen Rechtsfolgen können daher im Verwaltungsschuldrecht nicht uneingeschränkt gelten. Es muß stattdessen im Einzelfall die Kompatibilität der öffentlich-rechtlichen Forderungsverletzung zu der zivilrechtlich normierten Rechtsfolge untersucht werden.[404] Stellt sich im Rahmen dieser Prüfung die Vereinbarkeit zwischen den zivilrechtlich vorgesehenen Rechtsfolgen und den öffentlichen Interessen heraus, so können auf Grundlage der bürgerlich-rechtlichen Leistungsstörungsregelungen die entsprechenden Rechtsfolgen auch in verwaltungsrechtlichen Schuldverhältnissen zur Anwendung kommen.

b) Verzug

aa) Wird die geschuldete Leistung aus einem von dem Schuldner zu vertretenden Grunde trotz Fälligkeit und Mahnung nicht erbracht, tritt Schuldnerverzug ein. Die *herrschende Meinung* bejaht die grundsätzliche Anwendbarkeit der bürgerlich-rechtlichen Rechtsfolgen des Verzuges im Verwaltungsschuldrecht[405], soweit keine öffentlich-rechtlichen Sondervorschriften eingreifen.[406] Verzögerungsschäden sind gem. § 286 Abs. 1 BGB zu ersetzen. Das Entstehen eines Schadensersatzanspruchs wegen Nichterfüllung gem. § 286 Abs. 2 BGB bzw. § 326 Abs. 1 Satz 2 Alt. 1 BGB sowie eines Rücktrittsrechts gem. § 326 Abs. 1 Satz 2 Alt. 2 BGB hängen davon ab, ob dies im Einzefall mit den öffentlichen Interessen in Einklang steht.[407]

Demgegenüber begründet der Gläubigerverzug nach §§ 293 ff. BGB weder einen Schadensersatzanspruch noch ein Rücktrittsrecht. Ein Fall des Gläubigerverzugs liegt vor, wenn die Erfüllung eines Schuldverhältnisses dadurch verzögert wird, daß der Gläubiger die seinerseits erforderliche Annahme der geschuldeten Leistung unterläßt (vgl. § 294 ff. BGB). Wesentli-

403 So *Wolff/Bachof/Stober*, Verwaltungsrecht II, § 55 Rn. 34 aE.

404 In diesem Sinne auch: *Wolff/Bachof/Stober*, Verwaltungsrecht II, § 55 Rn. 37.

405 *Ossenbühl*, Staatshaftungsrecht, S. 355; *Bender*, Staatshaftungsrecht, Rn. 812; *Beinhardt*, VerwArch 55 (1964), S. 210 (258); *Eckert*, DVBl. 1962, 11 (19); *Wolff/Bachof/Stober*, Verwaltungsrecht II, § 55 Rn. 36; *Tiemann*, VerwArch 65 (1974), S. 381 (393).

406 Vgl. §§ 233, 240 AO, § 44 SGB AT (siehe dazu auch: *Hertwig*, Verwaltungsrechtsverhältnis, S. 88, 90 f.).

407 Für denselben Ansatz plädierend: *Tiemann*, VerwArch 65 (1974), S. 381 (393 f.); *Beinhardt*, VerwArch 55 (1964), S. 210 (258); *Schulte*, Haftungsregelungen, S. 104 f.; *Wolff/Bachof/Stober*, Verwaltungsrecht II, § 55 Rn. 34.

che Rechtsfolge ist vielmehr nur eine Minderung des Verschuldensmaßstabes auf Vorsatz und grobe Fahrlässigkeit (§ 300 Abs. 1 BGB).[408]

bb) Von praktischer Bedeutung ist in diesem Zusammenhang die Frage des Bestehens eines Anspruchs auf Verzugs- bzw. Prozeßzinsen (§§ 288 Abs. 1, 291 BGB) im Rahmen verwaltungsrechtlicher Schuldverhältnisse. Während der Anspruch auf Prozeßzinsen allgemein bejaht wird[409], ist die Frage hinsichtlich Verzugszinsen in *Rechtsprechung* und *Literatur* umstritten: Die *Rechtsprechung*, namentlich das *Bundesverwaltungsgericht*[410], ist der Auffassung, es gebe keinen allgemeinen Grundsatz[411] des Verwaltungsrechts, der zur Zahlung von Verzugszinsen verpflichte. Wie die Regelung des § 233 AO zeige[412], könnten Verzugszinsen nur aufgrund ausdrücklicher gesetzlicher Grundlage verlangt werden. Demgegenüber befürwortet die *Literatur* im Ergebnis übereinstimmend – wenn auch mit unterschiedlichen Begründungen – einen Anspruch auf Verzugszinsen.[413]

Ein Anspruch auf Verzugszinsen folgt schon aus § 288 Abs. 1 Satz 1 BGB. Nach allgemeiner Ansicht bestimmt § 288 Abs. 1 Satz 1 BGB den Mindestschaden, der bei nicht rechtzeitiger Erfüllung von Geldschulden zu leisten ist. Billigt man mit der *herrschenden Meinung* dem Gläubiger einen Anspruch auf Ersatz des Verzögerungsschadens/Verzugsschadens gem. § 286 Abs. 1/Abs. 2 BGB zu, so ist es nur folgerichtig, hierunter auch Verzugs-

---

408 Hinsichtlich der übrigen Rechtsfolgen, vgl. §§ 300 Abs. 2, 301 – 304 BGB.

409 St. Rspr.: *BVerwGE* 7, 95 (97); 11, 314 (318); 14, 1 (3 f.); 15, 78 (84 f.), 106 (107 ff.); 25, 72 (82); 38, 49 (50 f.); *BVerwG*, NJW 1973, 1854 (1855); BauR 1979, 500; NJW 1995, 3135; NJW 1998, 3368 (3369); NJW 1999, 1201; DVBl. 1999, 1062.

410 Vgl. *BVerwGE* 37, 239 (241); 48, 133 (136 f.); 80, 334 (335); 81, 312 (317 f.); zustimmend: *Krause*, VVDStRL 45 (1987), S. 212 (232); anders noch *BVerwGE* 7, 95 (97); 9, 225 (226 ff.).

411 Ausnahmsweise kommt nach Auffassung des *Bundesverwaltungsgerichts* eine Verpflichtung zur Zahlung von Verzugszinsen in Betracht, „wenn die Geldleistungspflicht eine vertragliche Hauptleistungspflicht sei, die in einem Gegenseitigkeitsverhältnis zur Leistungspflicht des anderen Vertragspartners stehe“, vgl. *BVerwGE* 81, 312 (318).

412 Vgl. ferner: § 49a Abs. 3 Satz 1 VwVfG; § 44 SGB AT.

413 Vgl. dazu: *Zimmerling/Jung*, DÖV 1987, 94 (97 ff.); *Götz*, DVBl. 1961, 433 (436 ff.); *Ekkart Weber*, Der Erstattungsanspruch, 1970, S. 137 ff.; *Bachof*, Verfassungsrecht, Verwaltungsrecht, Verfahrensrecht in der Rechtsprechung des Bundesverwaltungsgerichts, Band 2, 1967, S. 364; *Eckert*, DVBl. 1962, 11 (19); *Detterbeck/Windthorst/Sproll*, Staatshaftungsrecht, § 20 Rn. 4; aA *Meysen*, Die Haftung aus Verwaltungsrechtsverhältnis, S. 307 f.

zinsen zu verstehen. Denn Verzugszinsen sind der Mindestschaden[414], der im Falle einer nicht rechtzeitig erfüllten Geldschuld zu ersetzen ist.[415]

c) Gewährleistung

In verwaltungsrechtlichen Schuldverhältnissen mit kaufvertrags-, mietvertrags- oder werkvertragsrechtlichen Bezügen[416] kommen als Leistungsstörungsregelungen auch die Gewährleistungsvorschriften des Besonderen Schuldrechts des BGB in Betracht.[417]

Teilweise wird in der *Rechtsprechung*[418] und *Literatur*[419] jedoch die Ansicht vertreten, daß eine Übertragung sämtlicher bürgerlich-rechtlicher Gewährleistungsvorschriften auf verwaltungsrechtliche Schuldverhältnisse zu weitreichend ist. So scheidet nach Auffassung des *VGH Mannheim* in den Fällen der Lieferung mangelhaften Wassers durch die Gemeinde eine Anwendung der kaufvertraglichen Gewährleistungsvorschriften über die Minderung aus.[420] Der *VGH Mannheim* begründet dies im wesentlichen damit, daß eine Minderung „auf eine zwischen den Beteiligten erfolgende Umgestaltung des zugrundeliegenden Rechtsverhältnisses hinziele".[421] Hierfür sei „jedoch nach der durch gemeindliche Satzung erfolgten öffentlich-rechtlichen Aus-

---

414 So die ***herrschende Meinung*** im Zivilrecht: *Jauernig/Vollkommer*, BGB, § 288 Rn. 1; *Thode*, in: *MünchKomm*, BGB, § 288 Rn. 3; *Staudinger/Löwisch*, BGB, § 288 Rn. 1; *Soergel/Wiedemann*, Bürgerliches Gesetzbuch, vor § 288 Rn. 1; *Palandt/Heinrichs*, Bürgerliches Gesetzbuch, § 288 Rn. 1; ebenso die ***verwaltungsrechtliche Literatur***: *Götz*, DVBl. 1961, 433 (436); *Bachof*, Verfassungsrecht, Verwaltungsrecht, Verfahrensrecht in der Rechtsprechung des Bundesverwaltungsgerichts, Band 2, S. 364.

415 So im Ergebnis ebenfalls: *Heinrich Amadeus Wolff*, DÖV 1998, 872 (876).

416 So sind beispielsweise die §§ 459 ff. BGB bei Rechtsverhältnissen über Strom- und Wasserversorgung (*BGHZ* 59, 303 ff.; *BGH*, DVBl. 1977, 893 (894)), die §§ 537 ff. BGB bei der Nutzung von Stadt- und Markthallen sowie Schlachthöfen anwendbar. Im Rahmen von Rechtsverhältnissen über Abwasserbeseitigung und Müllabfuhr kommt eine Anwendung der §§ 633 ff. BGB in Betracht.

417 Vgl. dazu *Bender*, Staatshaftungsrecht, Rn. 813; *Maurer*, Allgemeines Verwaltungsrecht, § 28 Rn. 5; *Schulte*, Haftungsregelungen, S. 106; *Tiemann*, VerwArch 65 (1974), S. 381 (394).

418 *VGH Mannheim*, ESVGH 26, 155 ff.; aA wohl: *BGHZ* 59, 303 ff.; *BGH*, DVBl. 1977, 893 f.

419 *Wolff/Bachof/Stober*, Verwaltungsrecht II, § 55 Rn. 36; *Stürner*, JuS 1973, 749 (751 f.); unklar: *Meysen*, Die Haftung aus Verwaltungsrechtsverhältnis, S. 330 ff.

420 *VGH Mannheim*, ESVGH 26, 155 (157 f.).

421 *VGH Mannheim*, ESVGH 26, 155 (158).

gestaltung, durch die die Rechtsbeziehungen zwischen Gemeinde und Wasserabnehmer abschließend geregelt (würden), kein Raum".

Die Argumentation des *VGH Mannheim* überzeugt nicht. Denn eine „Umgestaltung" des verwaltungsrechtlichen Schuldverhältnisses findet im Falle der Minderung gerade nicht statt. Das kaufvertragsähnliche Rechtsverhältnis bleibt mit Rechten und Pflichten weiterhin bestehen.[422] Eine Umwandlung in ein Rückgewährschuldverhältnis – wie im Falle der Wandlung – bewirkt die Minderung gerade nicht. Dies gilt insbesondere im Hinblick darauf, daß es sich bei dem vom *VGH Mannheim* entschiedenen Fall um ein Dauerschuldverhältnis aufgrund eines Anschluß- und Benutzungszwangs handelte. Lediglich das Entgelt für die empfangene, mangelhafte Sache ist gem. § 472 BGB herabzusetzen.[423]

Etwas anderes kann gelten, wenn ein Anspruch auf Wandlung des Schuldverhältnisses geltend gemacht wird: In einem solchen Fall ist wiederum zu prüfen, ob öffentliche Interessen einer Umwandlung des Schuldverhältnisses in ein Rückgewährschuldverhältnis entgegenstehen.

d) *Positive Vertragsverletzung*

Die Anwendbarkeit der Rechtsfigur der positiven Vertragsverletzung ist im Verwaltungsschuldrecht unbestritten.[424] Dies gilt für Schuldverhältnisse vertraglicher wie nichtvertraglicher Art. Unter den Begriff der positiven

---

422 Vgl. *Palandt/Putzo*, Bürgerliches Gesetzbuch, § 462 Rn. 13; *Jauernig/Vollkommer*, BGB, § 462 Rn. 8; *Medicus*, Schuldrecht II, 9. Auflage, 1999, Rn. 55.

423 In verwaltungsrechtlichen Schuldverhältnissen mit mietvertrags- bzw. werkvertragsrechtlichen Bezügen kommt § 472 i.V.m. § 537 Abs. 1 Satz 1 bzw. § 634 Abs. 1 BGB zur Anwendung.

424 Vgl. dazu aus der neueren Rechtsprechung: *BVerwG*, NJW 1995, 2303 (2309); *OLG Hamm*, NJW 2001, 375 (376); *OVG Münster*, NWVBl. 1998, 196 f.; *OVG Münster*, NVwZ-RR 1997, 207 f.; *OVG Münster*, NVwZ-RR 1996, 482; aus der Literatur: *Bender*, Staatshaftungsrecht, Rn. 812; *Ossenbühl*, Staatshaftungsrecht, S. 356; *Detterbeck/Windthorst/Sproll*, Staatshaftungsrecht, § 20 Rn. 5; *Schäfer/Bonk*, StHG, § 15 Rn. 35; *Schulte*, Haftungsregelungen, S. 106 ff.; *Bamberger*, AfP 2000, 131 (132); *Tiemann*, VerwArch 65 (1974), S. 381 (388 f.); *Stürner*, JuS 1973, 749 (752); *Maurer*, Allgemeines Verwaltungsrecht, § 28 Rn. 5; *Wolff/Bachof/Stober*, Verwaltungsrecht II, § 55 Rn. 36; *Peine*, Allgemeines Verwaltungsrecht, Rn. 382; *Wallerath*, 3. Auflage, 1985, Allgemeines Verwaltungsrecht, § 6 V 4; *Seewald*, in: *Steiner* (Hrsg.), Besonderes Verwaltungsrecht, 6. Auflage, 1999, Teil I Rn. 158 ff.; *Rüfner*, in: *Erichsen* (Hrsg.), Allgemeines Verwaltungsrecht, § 49 Rn. 9 f.; *Bull*, Allgemeines Verwaltungsrecht, 6. Auflage, 2000, Rn. 738.

Vertragsverletzung[425] fallen alle Pflichtverletzungen im Rahmen eines bestehenden Schuldverhältnisses, die weder Unmöglichkeit noch Verzug sind und die nicht von den Gewährleistungsvorschriften erfaßt werden. Die positive Vertragsverletzung ist deshalb subsidiär.[426] Wegen der Vielfalt in Betracht kommender Pflichtverletzungen ist eine abschließende Tatbestandsbildung jedoch nicht möglich. Als Haupttypen lassen sich aber einerseits die sog. Schlechtleistung und andererseits die sog. Schutzpflichtverletzung ausmachen.

Rechtsfolge der positiven Vertragsverletzung ist grundsätzlich ein Schadensersatzanspruch. Dieser erfaßt alle unmittelbaren und mittelbaren Schäden, die durch die Pflichtverletzung entstehen. Bei synallagmatischen Rechtsverhältnissen kann die positive Vertragsverletzung auch einen Anspruch auf Schadensersatz wegen Nichterfüllung bzw. ein Rücktrittsrecht gewähren.[427] In verwaltungsrechtlichen Schuldverhältnissen ist in solchen Fällen aber wiederum zu prüfen, ob die Interessen[428] der öffentlichen Hand der Geltendmachung solcher Rechtsfolgen entgegenstehen. [429]

2) *Leistungsstörungen im weiteren Sinne*

Unter den Terminus der Leistungsstörungen im weiteren Sinne fallen die Rechtsinstitute culpa in contrahendo sowie Wegfall der Verwaltungsgrundlage.[430] Die Haftung aus culpa in contrahendo unterscheidet sich von den Leistungsstörungen im engeren Sinne insofern, als sie die *vor* Begründung

425 Die positive Vertragsverletzung (pVV) geht auf Untersuchungen von *Staub*, Die positiven Vertragsverletzungen, 1902, zurück. *Staub* hat schon kurz nach Inkrafttreten des BGB darauf hingewiesen, daß es zahlreiche Fälle von Vertragsverletzungen gibt, die sich unter keine der im Bürgerlichen Recht normierten Leistungsstörungs-Regeln subsumieren lassen. Wenngleich die Rechtsgrundlage der pVV umstritten ist, ist sie mittlerweile Gewohnheitsrecht (vgl. nur: *Palandt/Heinrichs*, Bürgerliches Gesetzbuch, § 276 Rn. 105 f.).

426 Vgl. *Medicus*, Bürgerliches Recht, 18. Auflage, 1999, Rn. 279, 309; *Fikentscher*, Schuldrecht, Rn. 388; *Jauernig/Vollkommer*, BGB, § 276 Rn. 46; *Emmerich*, in: *MünchKomm*, BGB, vor § 275 Rn. 218; *Palandt/Heinrichs*, Bürgerliches Gesetzbuch, § 276 Rn. 104.

427 Statt vieler: *Kropholler/Berenbrok*, BGB, 4. Auflage, 2000, § 276 Rn. 31.

428 Vgl. D)II)1)a)aa) (Seite 114).

429 Vgl. dazu auch das Beispiel bei Anm. 401.

430 Diese Unterteilung nehmen auch vor: *Hans Meyer*, NJW 1977, 1705 (1709); *Beinhardt*, VerwArch (55) 1964, S. 210 (256); *Simons*, Leistungsstörungen, S. 73 ff.

eines Schuldverhältnisses begangenen Pflichtverletzungen sanktioniert.[431] Demgegenüber ist das Rechtsinstitut des Wegfalls der Verwaltungsgrundlage keine Haftungsgrundlage. Es führt vielmehr in der Regel[432] zur Anpassung eines Rechtsverhältnisses an veränderte Umstände; Schadensersatzansprüche lassen sich aus ihm nicht ableiten.[433]

a) *culpa in contrahendo*

aa) *Anwendbarkeit im Rahmen verwaltungsschuldrechtlicher Verträge*

Die Rechtsfigur der culpa in contrahendo ist zivilrechtlichen Ursprungs.[434] Als nunmehr gewohnheitsrechtlich[435] anerkanntes, gesetzliches Schuldverhältnis bezweckt sie, Haftungslücken im vorvertraglichen Bereich zu schließen. Die Anwendung der Haftungsgrundsätze aus culpa in contrahendo ist nicht auf privatrechtliche Verträge beschränkt. Es entspricht allgemeiner Ansicht, daß auch Pflichtverletzungen im Rahmen der Anbahnung von öffentlich-rechtlichen Verträgen Schadensersatzansprüche aus culpa in contrahendo auslösen können.[436] Dies ergibt sich bereits aus § 62 Satz 2

---

431 Vgl. *BGHZ* 66, 51 (54 ff.); 71, 386 (393); 72, 92 (101); ferner: *Larenz*, Schuldrecht I, S. 106.

432 Ausnahmsweise kann sich bei Wegfall der Geschäftsgrundlage auch ein Rücktrittsrecht ergeben, wenn sich nämlich die Fortführung des Schuldverhältnisses für eine der Parteien als unzumutbar erweist (dazu sogleich unter D)II)2)b) (Seite 125).

433 Für den Bereich des Zivilrechts, vgl.: *BGHZ* 47, 48 (51 f.); 83, 251 (254 f.); 89, 226 (238 f.); 109, 224 (229); 120, 10 (26); *BGH*, NJW 1991, 1746 (1747); NJW 1991, 1478 (1480); NJW 1997, 320 (324); Für das Verwaltungsschuldrecht wird indessen von Teilen der *Literatur* die Auffassung vertreten, daß der Bürger im Falle der Kündigung eines öffentlich-rechtlichen Vertrages durch die Verwaltung einen Anspruch auf Entschädigung hat, vgl. dazu die Anm. 451.

434 Die culpa in contrahendo ist von *Rudolf von Jhering*, JherJb Nr. 4, 1861, S. 7 ff., entwikkelt worden. Obwohl dieses Rechtsinstitut den Verfassern des BGB schon lange vor Beratung bzw. Inkrafttreten des BGB bekannt war, wurde es nicht ins BGB aufgenommen. Vielmehr hat sich der Gesetzgeber darauf beschränkt, einzelne Regelungen in Anschluß an *von Jhering* im BGB zu normieren. Dies sind namentlich §§ 122, 179, 307, 309, 463 Satz 2, 663 BGB.

435 Eine gesetzliche Anerkennung der culpa in contrahendo ist in § 11 Nr. 7 AGBG erfolgt.

436 Vgl. *BGHZ* 6, 330 (332 f.); 71, 386 (392); 76, 343 (348 f.); *BGH*, DVBl. 1986, 409 (410); *BGH*, NJW 1980, 1683 (1684); NJW 1986, 1109; NJW-RR 1992, 1435 (1436); *Keller*, Vorvertragliche Schuldverhältnisse im Verwaltungsrecht, 1997, S. 105 ff.; *Jäckle*, NJW

VwVfG, der die Vorschriften des Bürgerlichen Gesetzbuchs für entsprechend anwendbar erklärt. Zu ihnen zählt nach herrschender Auffassung auch die Rechtsfigur der culpa in contrahendo.[437] Das *Bundesverwaltungsgericht*[438] hat dazu ausgeführt: „Die im Bereich des bürgerlichen Rechts entwickelten Grundsätze über die Haftung aus culpa in contrahendo sind auch auf Verhandlungen anwendbar, die bis zum Abschluß einer öffentlich-rechtlichen Vereinbarung zwischen Bürger und Staat führen sollen. Dabei kann ein Schadensersatzanspruch aus culpa in contrahendo geltend gemacht werden, sowohl wenn die Verhandlungen zu einem Vertrag geführt haben, der allerdings ohne das Verschulden der Vertragspartei anders abgeschlossen worden wäre, als auch, wenn der Vertrag infolge des Verschuldens bei den Verhandlungen gar nicht oder nicht wirksam vereinbart worden ist“.[439]

bb) Anwendbarkeit im Rahmen verwaltungsrechtlicher Schuldverhältnisse nichtvertraglicher Art

In diesem Zusammenhang stellt sich allerdings die Frage, ob die Grundsätze der Haftung aus culpa in contrahendo auch in verwaltungsrechtlichen Schuldverhältnissen nichtvertraglicher Art Anwendung finden. Diese Problematik ist in der *Literatur* nur am Rande erörtert worden.[440] Daß ein Bedürfnis für eine Haftung aus culpa in contrahendo auch in nichtvertraglichen Rechtsbeziehungen bestehen kann, verdeutlichen die beiden folgenden Beispiele:

1990, 2520 (2521 ff.); *Littbarski*, JuS 1979, 537 (542 ff.); *Obermayer*, BayVBl. 1977, 546 (551); *Hans Meyer*, NJW 1977, 1705 (1712); *Ossenbühl*, Staatshaftungsrecht, S. 356 f.; *Maurer*, Allgemeines Verwaltungsrecht, § 14 Rn. 52, § 28 Rn. 5; *Wolff/Bachof/Stober*, Verwaltungsrecht II, § 55 Rn. 44; *Simons*, Leistungsstörungen, S. 172 ff.; *Papier*, in: *MünchKomm*, BGB, § 839 Rn. 71 ff.

437 Statt vieler: *Maurer*, Allgemeines Verwaltungsrecht, § 14 Rn. 52, § 28 Rn. 5; kritisch: *Littbarski*, JuS 1979, 537 (539).

438 *BVerwG*, DÖV 1974, 133 (134); ebenso *BGHZ* 71, 385 (392 f.).

439 Zu den von *Rechtsprechung* und *Lehre* gebildeten Fallgruppen der culpa in contrahendo im Bereich des Verwaltungsprivatrechts, vgl. die ausführliche Darstellung von *Jäckle*, NJW 1990, 2520 (2521 ff.).

440 Vgl. die Anmerkungen bei: *Simons*, Leistungsstörungen, S. 178; *Schäfer/Bonk*, StHG, § 15 Rn. 48; *Wallerath*, Allgemeines Verwaltungsrecht, § 6 V 4; ohne Differenzierung: *Peine*, Allgemeines Verwaltungsrecht, Rn. 382; *Maurer*, Allgemeines Verwaltungsrecht, § 28 Rn. 4.

- Eine Molkerei verfügt über eine eigene Wasserversorgung. Die Gemeinde beabsichtigt, das Unternehmen durch Verwaltungsakt zum Anschluß an die kommunale Wasserversorgung zu verpflichten. Die Molkerei weist darauf hin, daß das benötigte Wasser eine bestimmte Qualität haben müsse. Anderenfalls werde sie eine Freistellung von Anschlußzwang beantragen. Die Gemeinde behauptet wider besseres Wissen, das Wasser habe die geforderte Qualität. Durch Verwaltungsakt wird das Unternehmen sodann verpflichtet, das Wasser ausschließlich aus dem örtlichen Versorgungsnetz zu beziehen. Kurze Zeit später tritt die ungenügende Qualität des Wassers zutage. Die Molkerei erleidet dadurch einen Produktionsschaden.[441]

- Ein Assessor bewirbt sich für ein Richteramt. Im Verlauf der Gespräche erweckt der Dienstherr bei dem Bewerber schuldhaft den ungerechtfertigten Eindruck, eine Ernennung zum Richter werde erfolgen. Der Bewerber kündigt daraufhin sein bisheriges Arbeitsverhältnis. Eine Ernennung unterbleibt jedoch. Der Bewerber erleidet dadurch einen Verdienstausfall.[442]

Eine eingehende Auseinandersetzung mit der Frage der Anwendbarkeit der culpa in contrahendo auf verwaltungsrechtliche Schuldverhältnisse nichtvertraglicher Art liegt außerhalb des Rahmens dieser Arbeit. Die Erörterung sei deshalb auf folgende Bemerkungen beschränkt:

Für eine Haftung aus culpa in contrahendo läßt sich zunächst der Gedanke anführen, daß die Anbahnung von Rechtsbeziehungen generell Sorgfaltspflichten der Beteiligten auslöst. Denn allein schon durch die Aufnahme eines rechtsgeschäfts*ähnlichen* Kontaktes entsteht ein Vertrauensverhältnis. Dieses begründet zwischen den Beteiligten die Pflicht zur gegenseitigen Rücksichtnahme. Daß es dabei für die Frage der Haftung nicht entscheidend auf das Merkmal der Anbahnung eines „Vertrages" ankommen kann, legt bereits der Umstand nahe, daß ein späterer Vertragsabschluß keine konstitutive Bedeutung hat für das Entstehen eines Schadensersatzanspruchs

---

441 Abwandlung des der Entscheidung *BGHZ* 59, 303 ff. zugrundeliegenden Sachverhalts.

442 Abwandlung des den Entscheidungen *BAG*, 7.6.1963, AP BGB, § 276 Verschulden bei Vertragsabschluß Nr. 1 bzw. *BAG*, 15.5.1974, AP BGB, § 276 Verschulden bei Vertragsabschluß Nr. 9 zugrundeliegenden Sachverhalts; vgl. dazu im übrigen aus der arbeitsrechtlichen Literatur: *Preis*, in: *Dieterich/Hanau/Schaub* (Hrsg.), Erfurter Kommentar zum Arbeitsrecht, 2. Auflage, 2001, § 611 Rn. 339 ff.; aus der verwaltungsrechtlichen Literatur: *Meysen*, Die Haftung im Verwaltungsrechtsverhältnis, S. 60.

aus culpa in contrahendo.[443] Denn auch bei rechtsgeschäfts*ähnlichem* Kontakt haben die Beteiligten ihre gegenseitigen Sorgfaltspflichten zu wahren. Für die Frage der Haftung aus culpa in contrahendo kann es schließlich nicht ausschlaggebend sein, ob der rechtliche Erfolg der Verhandlungen auf den Abschluß eines öffentlich-rechtlichen Vertrages oder den Erlaß eines Verwaltungsakts gerichtet ist.[444] Dies belegen die oben dargestellten Beispiele.

Entscheidend kommt folgender Gesichtspunkt hinzu: Es widerspräche aller Billigkeit, die Haftung der öffentlichen Hand aus culpa in contrahendo nur in den Fällen zuzulassen, in denen der Abschluß eines öffentlich-rechtlichen Vertrages Ziel des rechtsgeschäfts*ähnlichen* Kontaktes ist. Denn welchen rechtlichen Mittels sich der Staat zur Begründung eines verwaltungsrechtlichen Schuldverhältnisses bedient, liegt allein in seinem Ermessen. Für den Bürger ist die Wahl der jeweiligen öffentlich-rechtlichen Handlungsform häufig weder erkennbar noch kann er auf diese Entscheidung Einfluß nehmen.[445] Die Schutzwürdigkeit des Bürgers bei der Anbahnung von Schuldverhältnissen ist jedoch unabhängig davon gegeben, ob es sich dabei um vertragliche oder vertragsähnliche Schuldverhältnisse handelt.

cc) Ergebnis

Eine Haftung nach den Grundsätzen der culpa in contrahendo kommt auch im Bereich des Verwaltungsschuldrechts in Betracht. Dies gilt sowohl für Schuldverhältnisse vertraglicher als auch nichtvertraglicher Art.

b) Wegfall der Verwaltungsgrundlage

aa) Ursprünglich abgeleitet aus dem zivilrechtlichen Grundsatz von „Treu und Glauben“ (§ 242 BGB)[446], ist das Rechtsinstitut des Wegfalls der Ver-

---

443 Vgl. *BVerwG*, DÖV 1974, 133 (134); vgl. dazu ferner den „leading case“ aus der zivilgerichtlichen Rechtsprechung, *RGZ* 78, 239 (240); ähnlich: die Konstellation in *BGHZ* 66, 51 (54) („Salatblatt“); dazu: *Medicus*, Bürgerliches Recht, Rn. 199; ferner: *Larenz*, Schuldrecht I, S. 109 ff.; *Palandt/Heinrichs*, Bürgerliches Gesetzbuch, § 276 Rn. 66.

444 Vgl. *Meysen*, Die Haftung aus Verwaltungsrechtsverhälnis, S. 64 f.

445 Ebenso: *Meysen*, Die Haftung aus Verwaltungsrechtsverhältnis, S. 309.

446 Das Rechtsinstitut des Wegfalls der Geschäftsgrundlage ist von *Oertmann*, Die Geschäftsgrundlage, 1921, entwickelt worden. Im Anschluß daran hat das *Reichsgericht* (*RGZ* 103, 332) die Geschäftsgrundlage als den entscheidenden Gesichtspunkt für die

waltungsgrundlage als Ausdruck eines allgemeinen Rechtsgedankens[447] im Verwaltungsrecht anerkannt.[448] Inzwischen hat es einen positiv-rechtlichen Niederschlag gefunden: Mit dem Inkrafttreten des VwVfG sind die Grundsätze des Wegfalls der Verwaltungsgrundlage sowohl für die Zusicherung (§ 38 Abs. 3 VwVfG) als auch für den öffentlich-rechtlichen Vertrag (§ 60 VwVfG) normiert worden.

Von praktischer Relevanz ist vor allem § 60 VwVfG. Hinter dieser Regelung steht die Überlegung, daß Verträge auch ohne besondere Abrede unter dem Vorbehalt gleichbleibender tatsächlicher oder rechtlicher Verhältnisse abgeschlossen werden (*clausula rebus sic stantibus*).[449] Geschäftsgrundlage eines Vertrages können einerseits die nicht zum eigentlichen Vertragsinhalt erhobenen, aber bei Vertragsschluß zutage getretenen gemeinsamen Vorstellungen der Vertragsparteien bilden, andererseits die dem Geschäftspartner erkennbaren und von ihm nicht beanstandeten Vorstellungen der anderen Vertragspartei vom Vorhandensein oder Eintritt gewisser Umstände, sofern der Geschäftswille der Parteien auf dieser Vorstellung aufbaut.[450] Ändert sich jedoch einer dieser Umstände, so stellt sich die Frage, welche Rechtsfolgen sich hieraus ergeben. Die Antwort liefert das Rechtsinstitut des „Wegfalls des Verwaltungsgrundlage“: Danach kann – als Ausnahme des Grundsatzes *pacta sunt servanda* – ein Vertragspartner im Falle der Unzumutbarkeit des Festhaltens an dem Vertrag eine Anpassung verlangen, § 60 Abs. 1 Satz 1 Alt. 1 VwVfG. Stellt aber selbst die Aufrechter-

---

Berücksichtigung veränderter Verhältnisse angesehen. Heute sind die Grundsätze über das Fehlen oder den Wegfall der Geschäftsgrundlage trotz vieler Streitigkeiten über Einzelfragen Gewohnheitsrecht.

447 Vgl. dazu ausführlich: *Ralf Köbler*, Die „clausula rebus sic stantibus“ als allgemeiner Rechtsgrundsatz, 1991, S. 6 ff.; ferner: *Simons*, Leistungsstörungen, S. 181 ff.; *Eckert*, DVBl. 1962, 11 (16); *Stelkens*, in: *Stelkens/Bonk/Sachs*, VwVfG, § 38 Rn. 71, § 60 Rn. 1.

448 *Imboden*, Der verwaltungsrechtliche Vertrag, 1958, S. 107 f.; *Beinhardt* 55 (1965), S. 210 (258 f.); *Forsthoff*, Verwaltungsrecht I, S. 282 f.; *Simons*, Leistungsstörungen, S. 180 ff.; für den Fall der Zusicherung, so schon: *BVerwGE* 20, 292 ff.

449 Vgl. aber: *OVG Münster*, NVwZ 1991, 1106 f.: „Sind ... bereits in einem Vertrag Regeln für die Veränderung bestimmter Umstände enthalten, so sind die Grundsätze über den Wegfall der Geschäftsgrundlage nicht anwendbar“.

450 Vgl. *BGHZ* 61, 153 (160); 89, 226 (231); 120, 10 (23); 121, 378 (391); 124, 1 (8); 128, 230 (236); 129, 236 (252); 129, 297 (309 f.); 131, 209 (214).

haltung des Vertrages eine unzumutbare Belastung dar, so wird dem Betroffenen ein Kündigungsrecht gewährt, § 60 Abs. 1 Satz 1 Alt. 2 VwVfG.[451]

bb) Es stellt sich nunmehr die Frage, ob diese Grundsätze des Wegfalls der Verwaltungsgrundlage ebenfalls in verwaltungsrechtlichen Schuldverhältnissen nichtvertraglicher Art gelten:

aaa) Für Schuldverhältnisse, die durch Rechtssatz begründet werden, ist dies zweifelhaft. Denn das Recht auf Anpassung oder zur Kündigung eines Rechtsverhältnisses haben eine gemeinsame Voraussetzung: nämlich eine „andere" Entwicklung von Umständen nach Begründung des Schuldverhältnisses, als sie von wenigstens einer Partei in Betracht gezogen worden ist. Bei verwaltungsrechtlichen Schuldverhältnissen kraft Rechtssatzes ist aber für das Moment der Parteivorstellungen kein Raum: Denn in diesen Fällen wird das Rechtsverhältnis unabhängig von Parteivorstellungen – nämlich allein bei Vorliegen der Tatbestandsvoraussetzungen – *ipso iure* begründet.[452] Zudem können – wie *Eckert* für den Bereich des Verwaltungsschuldrechts festgestellt hat – „gesetzlich oder gewohnheitsrechtlich begründete Leistungspflichten ... nur durch Gesetz beseitigt werden".[453] Deshalb scheidet eine Anwendung der Grundsätze des Wegfalls der Verwaltungsgrundlage auf verwaltungsrechtliche Schuldverhältnisse kraft Rechtssatzes aus.

bbb) Auch eine Übertragung der Grundsätze des Wegfalls der Verwaltungsgrundlage auf verwaltungsrechtliche Schuldverhältnisse kraft Verwaltungsakts erscheint bedenklich: Dagegen sprechen namentlich zwei Überle-

451 Bei Kündigung des öffentlich-rechtlichen Vertrages durch die Behörde (vgl. § 60 Abs. 1 Satz 2 VwVfG) entsteht nach Ansicht der *Literatur* eine Entschädigungspflicht des Staates. Der Rechtsgedanke der §§ 48 Abs. 3, 49 Abs. 5 VwVfG sei auf den öffentlich-rechtlichen Vertrag übertragbar. Er begründe die Verpflichtung der Behörde, den Schaden der Vertragspartners zu ersetzen, den dieser durch das Vertrauen auf den Fortbestand des Vertrages erleidet, vgl. *Scherer*, DÖV 1991, 1 (6 f.); *Fiedler*, VerwArch 67 (1976), S. 125 (147); *Kopp/Ramsauer*, VwVfG, § 60 Rn. 23; *Ule/Laubinger*, Verwaltungsverfahrensrecht, § 71 Rn. 19; *Henneke*, in: *Knack* (Hrsg.), VwVfG, § 60 Rn. 11; *Maurer*, Allgemeines Verwaltungsrecht, § 14 Rn. 54; aA *Tober*, Die „clausula rebus sic stantibus" bei verwaltungsrechtlichen Verträgen, 1970, S. 115; *Bonk*, in: *Stelkens/Bonk/Sachs*, VwVfG, § 60 Rn. 30, die eine Ersatzpflicht des Staates ablehnen. Die Ausübung des Kündigungsrechts stelle rechtmäßiges Handeln des Staates dar, so daß Amtshaftungsansprüche ausschieden. Denkbar seien lediglich Ansprüche aus Enteignung bzw. enteignender Wirkung sowie aus Aufopferung.

452 So auch: *Simons*, Leistungsstörungen, S. 180 Anm. 157.

453 *Eckert*, DVBl. 1962, 11 (16).

gungen: Zum einen hält § 49 VwVfG[454] eine entsprechende Sonderregelung bereit.[455] Denn die Vorschrift ist auf den Fall nachträglich eintretender Umstände zugeschnitten, vgl. § 49 Abs. 2 Satz 1 Nr. 3, 4 VwVfG.[456] Danach können Verwaltungsakte aufgehoben werden, wenn die Behörde auf Grund nachträglich eingetretener Tatsachen (§ 49 Abs. 2 Satz 1 Nr. 3 VwVfG) oder auf Grund einer geänderten Rechtsvorschrift (§ 49 Abs. 2 Satz 1 Nr. 4 VwVfG) berechtigt wäre, den Verwaltungsakt nicht zu erlassen.

Zum anderen läßt sich das Rechtsinstitut des „Wegfalls der Verwaltungsgrundlage" nicht mit dem für Verwaltungsakte typischen Subordinationsverhältnis zwischen Staat und Bürger vereinbaren. Denn diese Rechtsfigur geht – insbesondere vor dem Hintergrund seines privatrechtlichen Ursprungs – gerade davon aus, daß die beteiligten Parteien gleichgeordnet sind.[457] Das Element der Gleichrangigkeit der Parteien ist bei Handeln des Staates in hoheitlicher Form nicht vorhanden. Es besteht in diesen Fällen ein Über-/Unterordnungsverhältnis. Aus diesem Grund scheidet eine Anwendbarkeit der Grundsätze der *clausula rebus sic stantibus* auf verwaltungsrechtliche Schuldverhältnisse kraft Verwaltungsakts aus.[458]

cc) Es bleibt damit festzustellen: Die Grundsätze des Wegfalls der Verwaltungsgrundlage kommen im Bereich des Verwaltungsschuldrechts ausschließlich bei öffentlich-rechtlichen Verträgen zur Anwendung.

---

454 Gleiches gilt für folgende Sondervorschriften bezüglich des Widerrufs von Verwaltungsakten: §§ 130 ff., 172 ff. AO; § 21 BImSchG; § 15 GastG; § 17 AtomG; § 47 WaffG; § 12 BBG.

455 Vgl. auch: *OVG Bautzen*, NJW 2000, 1057 (1059), das die Anwendbarkeit der Grundsätze des Wegfalls der Verwaltungsgrundlage neben § 49 VwVfG ausdrücklich offenläßt.

456 Hiergegen äußert *Köbler*, Die „clausula rebus sic stantibus" als allgemeiner Rechtsgrundsatz, S. 185, dogmatische Bedenken. „Clausula" und Widerruf beträfen jeweils Veränderungen im Tatbestand der Norm. Die „clausula" ermögliche aber gerade, solche Veränderungen zu berücksichtigen, die nur das Umfeld eines Rechtsverhältnisses und nicht direkt den Tatbestand erfassen. Im Ergebnis konzediert er aber, „daß die Regelung des Verwaltungsaktsrechts materiell der formell anders zu fassenden „clausula" sehr nahe kommt".

457 So auch schon: *Hans-Peter Ipsen*, Widerruf gültiger Verwaltungsakte, 1932, S. 132 ff.

458 So wohl auch: *Köbler*, Die „clausula rebus sic stantibus" als allgemeiner Rechtsgrundsatz, S. 185; vgl. im übrigen: *Fiedler*, VerwArch 67 (1976), S. 125 (142 ff.).

3) Zusammenfassung

Das Prinzip der haftungsrechtlichen Verantwortung für Forderungsverletzungen gilt auch im Verwaltungsschuldrecht. Dessen Konkretisierung in den bürgerlich-rechtlichen Leistungsstörungsregelungen ist daher auf verwaltungsrechtliche Schuldverhältnisse übertragbar. Die Regelungen über die Unmöglichkeit und die Gewährleistung, des Verzuges und der positiven Vertragsverletzung sowie die Grundsätze der culpa in contrahendo sind damit sinngemäß anwendbar. Die Geltung der Rechtsfigur vom Wegfall der Verwaltungsgrundlage ist auf öffentlich-rechtliche Verträge beschränkt.

E) Das Verschulden im Verwaltungsschuldrecht

Dem deutschen Haftungsrecht liegt das Verschuldensprinzip zugrunde.[459] Es ist von dem Gedanken geleitet, daß eine haftungsrechtliche Verantwortlichkeit grundsätzlich nur denjenigen treffen kann, der fremde Rechte durch ein vorwerfbares Verhalten verletzt. Das objektive Moment einer Pflichtverletzung kann also *per se* keine Haftung begründen. Vielmehr muß dieses von dem subjektiven Moment eines schuldhaften Handelns getragen sein. Das Verschulden bildet damit die subjektive Voraussetzung einer haftungsrechtlichen Verantwortlichkeit.

Die Rechtsordnung verfolgt das Verschuldensprinzip aber nicht konsequent. Sowohl das Bürgerliche Recht als auch das öffentliche Recht weichen von diesem Grundsatz vielfach ab: So sieht das BGB beispielsweise im Rahmen bestehender Schuldverhältnisse eine von der persönlichen Schuld unabhängige Einstandspflicht für das Verschulden von gesetzlichen Vertretern und Erfüllungsgehilfen vor (§ 278).[460] Gleiches gilt für die – ungeschriebene, aber vom Gesetz stillschweigend vorausgesetzte – finanzielle Leistungsfähigkeit[461] sowie das Beschaffungsrisiko bei Gattungsschulden (§ 279 BGB). Ferner besteht eine Garantiehaftung für Mängel bei Kauf- (§§ 437 bzw. 459 ff. BGB) und Mietverträgen (§§ 537 ff. BGB) sowie bei Werk- (§§ 633 f. BGB) und Reiseverträgen (§ 651c BGB). Weiter ordnet das BGB in §§ 122, 307 eine verschuldensunabhängige Erklärungshaftung an. Außerhalb bestehender Schuldverhältnisse normieren §§ 231, 701, 833 BGB eine sog. Gefährdungshaftung.[462]

---

459 Vgl. für das Bürgerliche Recht: *Palandt/Heinrichs*, Bürgerliches Gesetzbuch, § 276 Rn. 3; *Hanau*, in: *MünchKomm*, BGB, § 276 Rn. 2; *Staudinger/Löwisch*, BGB, § 276 Rn. 2; für das Verwaltungsschuldrecht: *Schwär*, Leistungsstörungen bei der Erfüllung öffentlich-rechtlicher Leistungspflichten, 1968, S. 100; *Beikert*, Haftungsbeschränkungen, S. 40 f.; *Simons*, Leistungsstörungen, S. 147; *Eckert*, DVBl. 1962, 11 (14 f.); *Staudinger/Löwisch*, BGB, § 276 Rn. 9.

460 Dazu sogleich unter E)II) (Seite 144 ff.).

461 Vgl. *Palandt/Heinrichs*, Bürgerliches Gesetzbuch, vor § 275 Rn. 6 aE.

462 *Larenz*, Schuldrecht I, § 20 III Anm. 28, weist unter Berufung auf *Reimer Schmidt* darauf hin, daß der Fahrlässigkeitsbegriff „eine der Gefährdungshaftung nahe kommende Ein-

Das öffentliche Recht geht namentlich im Polizei- und Ordnungsrecht von einer verschuldensunabhängigen Verantwortlichkeit aus. So kann beispielsweise selbst derjenige Störer sein, der die Störung nicht verschuldet hat.[463] Aber auch der Staat kann verschuldensunabhängig haften: So etwa beim öffentlich-rechtlichen Erstattungsanspruch sowie beim Folgenbeseitigungsanspruch. Darüber hinaus besteht eine öffentlich-rechtliche Gefährdungshaftung (vgl. exemplarisch §§ 25 ff. AtomG, § 84 ArzneimittelG, §§ 44 ff. LuftVG; § 32 GenTG).[464]

I) § 276 BGB als normative Festsetzung des Verschuldensbegriffs

§ 276 Abs. 1 BGB legt den haftungsrechtlichen Begriff des Verschuldens als Zurechnungsgrund fest. Der Schuldner hat danach Vorsatz und Fahrlässigkeit zu vertreten.[465] Er haftet für eine Leistungsstörung, sofern ihm wenigstens fahrlässiges Verhalten vorzuwerfen ist.

Dieser Haftungsmaßstab ist in § 276 Abs. 1 BGB nur für das Bürgerliche Recht normiert. Es entspricht aber allgemeiner Ansicht in *Rechtsprechung*[466] und *Schrifttum*[467], daß die Kriterien „Vorsatz" und „Fahrlässigkeit"

---

standspflicht für die sorgfältige Ausführung einer einmal übernommenen Tätigkeit" umfasse.

463 *OVG Münster*, DVBl. 1975, 588 (589); *Berner/Köhler*, Polizeiaufgabengesetz, 15. Auflage, 1998, Art. 7 Rn. 1; *Knemeyer*, Polizei- und Ordnungsrecht, 7. Auflage, 1998, Rn. 245; *Friauf*, in: *Schmidt-Aßmann* (Hrsg.), Besonderes Verwaltungsrecht, 11. Auflage, 1999, 2. Abschnitt Rn. 73; *Drews/Wacke/Vogel/Martens*, Gefahrenabwehr, § 19 Nr. 3; *Wolff/Bachof/Stober*, Verwaltungsrecht I, § 36 Rn. 21.

464 Vgl. dazu ausführlich: *Deutsch*, NJW 1992, 73 ff.

465 Es sei darauf hingewiesen, daß die Begriffe „Verschulden" und „Vertreten müssen" nicht synonym sind. Das Vertretenmüssen ist nicht auf das Verschulden beschränkt, sondern geht darüber hinaus, indem das Gesetz eine Verantwortlichkeit auch ohne Verschulden vorsieht (vgl. exemplarisch: §§ 285, 439 Abs. 1, 538 Abs. 1, 548, 602, 635, 991 Abs. 2, 1050 BGB), vgl. dazu: *Hanau*, in: *MünchKomm*, BGB, § 276 Rn. 3; *Soergel/Wolf*, BGB, § 276 Rn. 12; *Palandt/Heinrichs*, Bürgerliches Gesetzbuch, § 276 Rn. 1.

466 *RGZ* 78, 325 (329); 99, 96 (101); 131, 239 (250); 147, 275 (279); 152, 129 (132); 161, 174 (181); *BGHZ* 117, 240 (249); *BGH*, NVwZ 1994, 405 (406).

467 *Mayer/Kopp*, Allgemeines Verwaltungsrecht, 5. Auflage, 1985, S. 430; *Maurer*, Allgemeines Verwaltungsrecht, § 28 Rn. 4 ff.; *Wolff/Bachof/Stober*, Verwaltungsrecht II, § 55 Rn. 38 f.; *Bull*, Allgemeines Verwaltungsrecht, Rn. 1042; *Ossenbühl*, Staatshaftungsrecht, S. 358; *Simons*, Leistungsstörungen, S. 147; *Beikert*, Haftungsbeschränkungen, S. 42; *Bamberger*, AfP 2000, 131 (135 f.); *Beinhardt*, VerwArch 55 (1964), S. 210 (256); *Eckert*,

auch im Bereich des Verwaltungsrechts den Verschuldensbegriff bestimmen.[468] Besondere praktische Bedeutung hat dies im Amtshaftungs-[469] bzw. Beamtenrecht[470] erfahren.

1) Die Haftung für vorsätzliches Handeln

Die Begriffsbestimmungen des Vorsatzes im Zivilrecht und öffentlichen Recht entsprechen einander.[471] Vorsatz wird allgemein definiert als das Wissen und Wollen eines rechtswidrigen Erfolges.[472] Vorsätzliches Handeln in Form des *dolus eventualis* ist bereits dann gegeben, wenn der tatbestandliche Erfolg lediglich billigend in Kauf genommen wird.[473]

2) Die Haftung für fahrlässiges Handeln

§ 276 Abs. 1 Satz 2 BGB enthält die Legaldefinition der Fahrlässigkeit. Sie lautet: „Fahrlässig handelt, wer die im Verkehr erforderliche Sorgfalt außer Acht läßt". Der Terminus „im Verkehr erforderliche Sorgfalt" setzt dabei der privatrechtstypischen Funktion des Bürgerlichen Rechts – nämlich der

---

DVBl. 1962, 11 (14); *Henneke*, in: *Knack* (Hrsg.), VwVfG, § 62 Rn. 3; *Bonk*, in: *Stelkens/Bonk/Sachs*, VwVfG, § 62 Rn. 33; *Staudinger/Löwisch*, BGB, § 276 Rn. 9; *Hanau*, in: *MünchKomm*, BGB, § 276 Rn. 2; *Palandt/Heinrichs*, Bürgerliches Gesetzbuch, § 276 Rn. 130.

468 So auch schon Art. 198 Abs. 1 Satz 1 wüEVRO: „Der Schuldner hat, sofern nicht ein anderes bestimmt ist, Vorsatz und Fahrlässigkeit zu vertreten".

469 Vgl. *BGHZ* 117, 240 (249); *BGH*, NVwZ 1994, 405 (406); *Detterbeck/Windthorst/Sproll*, Staatshaftungsrecht, § 9 Rn. 175; *Ossenbühl*, Staatshaftungsrecht, S. 72 ff.; *Dagtoglou*, in: *Bonner Kommentar*, Grundgesetz, Art. 34 Rn. 173; *Papier*, in: *MünchKomm*, BGB, § 839 Rn. 278 ff.; *Bonk*, in: *Sachs* (Hrsg.), Grundgesetz, Art. 34 Rn. 84; *Wieland*, in: *Dreier* (Hrsg.), Grundgesetz, Art. 34 Rn. 39.

470 Vgl. *Beikert*, Haftungsbeschränkungen, S. 42; *Simons*, Leistungsstörungen, S. 147; *Staudinger/Löwisch*, BGB, § 276 Rn. 9; vgl. dazu ausführlich: *Battis*, Bundesbeamtengesetz, § 78 Rn. 7; *Ule*, Beamtenrecht, 1970, § 45 BRRG Rn. 3.

471 Vgl. *Schwär*, Leistungsstörungen, S. 101; *Wolff/Bachof/Stober*, Verwaltungsrecht II, § 55 Rn. 38; *Henneke*, in: *Knack* (Hrsg.), VwVfG, § 62 Rn. 3; *Beinhardt*, VerwArch 55 (1964), S. 210 (256); *Eckert*, DVBl. 1962, 11 (14).

472 Statt vieler: *Palandt/Heinrichs*, Bürgerliches Gesetzbuch, § 276 Rn. 10 m.w.N.

473 Zur Abgrenzung zur bewußten Fahrlässigkeit (sog. *luxuria*): *BGH*, NJW-RR 1998, 32 (34).

Verfolgung und Verwirklichung von Individualinteressen – Grenzen. § 276 Abs. 1 Satz 2 BGB gebietet die Einschränkung, private Interessen nur insoweit wahrzunehmen, als sie die Interessen Dritter nicht beeinträchtigen bzw. diesen nicht zuwiderlaufen.[474]

Dieser Umstand ist bei der Festlegung des Umfangs der Sorgfaltsanforderungen zu berücksichtigen. Dies bedeutet allerdings nicht, daß die Anforderungen an den jeweiligen Sorgfaltsmaßstab lediglich nach subjektiven Kriterien zu bemessen sind. Vielmehr ist im Zivilrecht – anders als im Strafrecht – ein objektiver Sorgfaltsmaßstab anzulegen.[475] Entscheidendes Argument hierfür ist das allgemeine Vertrauen des Rechtsverkehrs darauf, daß jedermann über die im Rahmen der Ausübung seiner Rechte und der Erfüllung seiner Pflichten erforderlichen Kenntnisse und Fähigkeiten verfügt.[476] Der bürgerlich-rechtliche Fahrlässigkeitsbegriff kann deshalb bestimmt werden als eine Überschreitung des Gebots durch den Schuldner, „das eigene Verhalten in der Weise zu bestimmen, daß die Erreichung eines gleichen oder ähnlichen Erfolges durch andere Privatpersonen nicht gefährdet oder aber die Wahrung sonstiger privater Interessen ihrerseits nicht beeinträchtigt wird".[477]

a) *Modifikation des Fahrlässigkeitsbegriffs bei öffentlich-rechtlichem Handeln des Staates*

Stellt man vor diesem Hintergrund die Relation zwischen § 276 Abs. 1 Satz 2 BGB und dem öffentlichen Recht her, so ist fraglich, ob die bürgerlich-rechtliche Inhaltsbestimmung des Fahrlässigkeitsbegriffs ohne weiteres in das Verwaltungsschuldrecht übernommen werden kann.[478]

aa) Bedenken ergeben sich daraus, daß beide Rechtsgebiete unterschiedliche Ziele im Auge haben: Das Bürgerliche Recht ist auf die Sicherung und

---

474 *Simons*, Leistungsstörungen, S. 148.

475 Vgl. *BGHZ* 24, 21 (27); 39 , 281 (283); 80, 186 (193); *BGH*, NJW 1980, 2464 (2465); NJW 1988, 909; NJW-RR 1996, 981; ferner: *Larenz*, Schuldrecht I, § 20 III; *Fikentscher*, Schuldrecht, Rn. 508; *Soergel/Wolf*, BGB, § 276 Rn. 75; *Erman/Battes*, BGB, § 276 Rn. 20 f.; *Staudinger/Löwisch*, BGB, § 276 Rn. 23; *Palandt/Heinrichs*, Bürgerliches Gesetzbuch, § 276 Rn. 15; *Hanau*, in: *MünchKomm*, BGB, § 276 Rn. 78.

476 *Staudinger/Löwisch*, BGB, § 276 Rn. 23; *Hanau*, in: *MünchKomm*, BGB, § 276 Rn. 78; *Palandt/Heinrichs*, Bürgerliches Gesetzbuch, § 276 Rn. 15.

477 *Simons*, Leistungsstörungen, S. 148.

478 So aber: *Staudinger/Löwisch*, BGB, § 276 Rn. 9.

Durchsetzung von Individualinteressen ausgerichtet.[479] Demgegenüber hat das Verwaltungsrecht primär die Erfüllung öffentlicher Aufgaben zum Regelungsgegenstand. Das öffentliche Recht ist folglich beherrscht von der Wahrnehmung öffentlicher Interessen.[480]

Simons hat diesen Gesichtspunkt in Bezug auf die Bemessung der Sorgfaltsanforderungen bei öffentlich-rechtlichem Handeln des Staates weitergeführt: In methodischer Anlehnung an die bürgerlich-rechtliche Inhaltsbestimmung des Fahrlässigkeitsbegriffs will *Simons* in diesen Fällen den Sorgfaltsmaßstab regelmäßig nach der Maxime der „höchstmöglichen Erreichung" öffentlich-rechtlicher Ziele bestimmen. „Im Bereich des Verwaltungsrechts (sei) diejenige Sorgfalt anzuwenden (...), die die Erfüllung der in konkreto verfolgten öffentlichen Aufgaben" ermögliche.[481]

bb) Die Auswirkungen von *Simons'* Konzeption der Sorgfaltsanforderungen im Verwaltungsschuldrecht werden anhand des folgenden Beispiels deutlich: Ein Besucher einer kommunalen Badeanstalt rutscht beim Betreten des Schwimmbades aus und verletzt sich leicht. Der (einzige) Bademeister leistet umgehend Erste Hilfe. Das Schwimmbecken ist währenddessen unbewacht. In diesem Moment ertrinkt ein Kind. Dieses hätte gerettet werden können, wenn das Schwimmbecken beaufsichtigt worden wäre.

Wendet man den von *Simons* befürworteten Fahrlässigkeitsbegriff auf diesen Fall an, so könnte – nur – auf den ersten Blick dem Bademeister als Erfüllungsgehilfen[482] des öffentlich-rechtlichen Trägers der Badeanstalt kein Vorwurf eines fahrlässigen Handelns gemacht werden. Denn das Leisten Erster Hilfe gegenüber dem verunglückten Besucher stellte in diesem Zeitpunkt die „höchstmögliche Erreichung" *eines* öffentlich-rechtlichen Ziels dar. Ein Verschulden wäre folglich zu verneinen.[483]

---

479 Vgl. auch: *Ehlers*, Verwaltung in Privatrechtsform, S. 87.

480 *Wolff/Bachof/Stober*, Verwaltungsrecht I, § 29 Rn. 1 ff.; *Maurer*, Allgemeines Verwaltungsrecht, § 1 Rn. 10; *Beikert*, Haftungsbeschränkungen, S. 46; *Simons*, Leistungsstörungen, S. 42.

481 *Simons*, Leistungsstörungen, S. 148 f.; in diesem Sinne auch: *Beikert*, Haftungsbeschränkungen, S. 46.

482 Vgl. dazu unter E)II) (Seite 144 ff.).

483 Diese Ergebnis erscheint nicht nur unbillig. Es wirft auch rechtssystematische Probleme auf: Denn eine ausschließlich an öffentlich-rechtlichen Interessen orientierte Inhaltsbestimmung der von der öffentlichen Hand zu beachtenden Sorgfalt kann – je nach Lage des Einzelfalls – eine quasi-haftungsbeschränkende Wirkung haben. Fällt nämlich der anzuwendende Sorgfaltsmaßstab in einer Angelegenheit von besonderer Bedeutung für das Gemeinwesen sehr niedrig aus, so hat dies zur Folge, daß bereits

Diese Sichtweise ließe allerdings außer Acht, daß die im Beispielsfall aufgezeigte Erreichung des im öffentlichen Interesse liegenden Ziels nicht auf die Versorgung des verletzten Besuchers beschränkt ist. Wie bei der Bestimmung bürgerlich-rechtlicher Sorgfaltskriterien ist auch im Verwaltungsschuldrecht nach dem Grundsatz zu verfahren, daß sich die Sorgfaltsanforderungen nicht ausschließlich nach der Verfolgung und Verwirklichung von Interessen Einzelner (i.e. der Staat) zu richten haben, sondern daß ebenfalls die Interessen Dritter (i.e. die Bürger) bei ihrer Inhaltsbestimmung Berücksichtigung finden müssen. Denn die öffentlichen Interessen sind nicht auf „etatistische" Belange beschränkt. Als übergreifendes Strukturprinzip des Verwaltungsrechts umfassen sie auch die Interessen der Bürger.[484] Dazu zählen namentlich die Grundrechtsanliegen.[485] Es handelt sich hierbei um sog. Publikumsinteressen, eine Form der besonderen öffentlichen Interessen.[486] Der Staat darf bei der Erfüllung seiner hoheitlichen Aufgaben nicht auf die Wahrnehmung – vermeintlich – eigener Interessen fixiert sein. Dies gebietet das Prinzip der Grundrechtsbindung aller staatlichen Gewalt, Art. 1 Abs. 3, 20 Abs. 3 GG.[487] Das Merkmal des öffentlichen Interesses erweist sich damit als ambivalent: Es trägt einerseits „etatistischen", andererseits aber auch grundrechtsbezogenen Belangen Rechnung.

cc) Für einen solchen Modus der Inhaltsbestimmung öffentlich-rechtlicher Sorgfaltsanforderungen spricht ferner der auf diese Weise hergestellte Gleichlauf zwischen bürgerlich- und öffentlich-rechtlichem Fahrlässigkeitsbegriff. Eine solche Parallelität ist insofern geboten, als daß der öffentlichen Hand namentlich im Bereich der Anstalts- und Benutzungsverhältnisse kraft ihrer Wahlfreiheit die Befugnis eingeräumt ist, die rechtliche Gestaltung solcher Schuldverhältnisse frei zu bestimmen[488]: So kann etwa

durch bloße Auslegung des Fahrlässigkeitsbegriffs eine Haftung der öffentlichen Hand auf Tatbestandsebene entfällt. Dem Verschulden würde damit neben seiner Funktion als Tatbestandsmerkmal gleichzeitig die Wirkung einer Haftungsbeschränkung zukommen. Dies würde jedoch eine Umgehung der Zulässigkeitsvoraussetzungen öffentlich-rechtlicher Haftungsfreizeichnungen bedeuten, dazu eingehend unter H) (Seite 207 ff.).

484 Vgl. *Wolff/Bachof/Stober*, Verwaltungsrecht I, § 29 Rn. 1; ferner: *Herzog*, in: *Isensee/Kirchhof* (Hrsg.), HbdStR III, § 58 Rn. 50.

485 Vgl. *Ehlers*, Verwaltung in Privatrechtsform, S. 87; *Maurer*, Allgemeines Verwaltungsrecht, § 1 Rn. 10.

486 *Wolff/Bachof/Stober*, Verwaltungsrecht I, § 29 Rn. 10.

487 Vgl. dazu etwa: *Höfling*, in: *Sachs* (Hrsg.), Grundgesetz, Art. 1 Rn. 76.

488 Statt vieler: *BGHZ* 91, 84 (86) m.w.N.

die Benutzung eines kommunalen Schwimmbades privatrechtlich oder öffentlich-rechtlich geregelt werden. Eine unterschiedliche Inhaltsbestimmung des Fahrlässigkeitsbegriffs sowie die damit einhergehenden divergierenden Haftungsfolgen wären mit dem Willkürverbot nicht zu vereinbaren.[489] Es wäre kein sachlicher Grund gegeben, der diese ins Ermessen der Verwaltung gestellte und vom Bürger nicht zu beeinflußende haftungsrechtliche Ungleichbehandlung tragen würde.

dd) Dies bedeutet bezogen auf den eingangs gebildeten Beispielsfall: Die Notwendigkeit einer Erste-Hilfe-Versorgung des verletzten Schwimmbad-Besuchers darf nicht dazu führen, daß andere Besucher – wenn auch nur vorübergehend – erhöhten Gefahren ausgesetzt sind. Denn die „höchstmögliche Erreichung“ *eines* öffentlich-rechtlichen Ziels kann nicht unter Vernachlässigung anderer öffentlich-rechtlicher Ziele – nämlich der Sicherstellung einer ununterbrochenen Beaufsichtigung der übrigen Schwimmbadbesucher – erfolgen. Dem Bademeister könnte daher insofern ein Fahrlässigkeitsvorwurf zu machen sein, als er für die Dauer der Behandlung des verunglückten Besuchers keine anderweitige Beaufsichtigung des Schwimmbeckens sicherstellte.

ee) Aus diesen Überlegungen heraus ist in Anlehnung an *Simons* der Fahrlässigkeitsbegriff im Verwaltungsschuldrecht wie folgt zu bestimmen: Die öffentliche Hand handelt fahrlässig, wenn sie die durch das öffentliche Interesse gebotene Sorgfalt außer Acht läßt.

b) Berücksichtigung bürgerlich-rechtlicher Haftungserleichterungen in verwaltungsrechtlichen Schuldverhältnissen?

Vor dem Hintergrund dieses modifizierten öffentlich-rechtlichen Fahrlässigkeitsbegriffs stellt sich die Frage, ob und gegebenenfalls inwieweit bürgerlich-rechtliche Haftungserleichterungen den Sorgfaltsmaßstab der öffentlichen Hand beeinflussen können. Für eine sinngemäße Anwendung im Verwaltungsschuldrecht kommen zwei Haftungsmilderungen des BGB in Betracht[490]:

489 Vgl. auch *Forsthoff*, Allgemeines Verwaltungsrecht, S. 422 f., der sich ebenfalls gegen eine Divergenz zwischen privat- und öffentlich-rechtlichen Haftungsregelungen ausspricht.

490 Vgl. im übrigen: §§ 300 Abs. 1, 521, 599 BGB jeweils i.V.m. § 277 BGB.

Zum einen ist für den Bereich der öffentlich-rechtlichen Verwahrung die Heranziehung der Haftungserleichterung nach § 690 BGB in Erwägung zu ziehen. Danach hat der unentgeltliche Verwahrer nur für diejenige Sorgfalt einzustehen, welche er in eigenen Angelegenheiten anzuwenden pflegt, es sei denn, er handelt grob fahrlässig (sog. *diligentia quam in suis*, § 277 BGB). Zum anderen ist im Bereich der öffentlich-rechtlichen Geschäftsführung ohne Auftrag an eine Anwendung des § 680 BGB zu denken. Danach haftet der Geschäftsführer dem Geschäftsherrn nur für Vorsatz und grobe Fahrlässigkeit, wenn die Führung des fremden Geschäfts die Abwendung einer dem Geschäftsherrn drohenden dringenden Gefahr bezweckt.

aa) Gegen die Möglichkeit einer gestuften Haftung der öffentlichen Hand wegen fahrlässigen Handelns haben sich *Eckert* und *Beinhardt* ausgesprochen.[491] Sie sind der Auffassung, daß die Bestimmung der Sorgfaltsanforderungen durch den Begriff des öffentlichen Interesses die Möglichkeit ausschließt, eine Haftung der öffentlichen Hand nur im Falle grob fahrlässigen Handelns zu begründen. Gegen eine derartige Haftungsmilderung zu Gunsten des Staates spreche der Umstand, daß „die Verwaltung ... sich bei der Erfüllung aller öffentlichen Aufgaben der gleichen Sorgfalt zu befleißigen" habe.[492] Mit dieser Argumentation verneinen *Eckert* und *Beinhardt* folglich die prinzipielle[493] Zulässigkeit öffentlich-rechtlicher Haftungsbeschränkungen gesetzlicher sowie konsequenterweise auch rechtsgeschäftsähnlicher Natur.

bb) Einer solchen strengen Haftung der öffentlichen Hand ist aber entgegenzuhalten – wie *Simons* zutreffend formuliert hat –, daß „das öffentliche Interesse an der Erfüllung der Leistungspflichten keine konstante Größe (ist) mit der Folge, daß die an die Beteiligten zu stellenden Sorgfaltsanforderungen in jedem Falle gleich" sind.[494] Vielmehr sollte jeweils geprüft werden, ob der hinter der konkreten bürgerlich-rechtlichen Haftungserleichterung stehende Gedanke auch im Rahmen verwaltungsrechtlicher Schuldverhältnisse zu berücksichtigen ist. Für die hier in Betracht kommenden Vorschriften – § 690 BGB bzw. § 680 BGB – ist daher zu überlegen, ob

491 *Eckert*, DVBl. 1962, 11 (15); *Beinhardt*, VerwArch 55 (1964), S. 210 (256); ferner: *Schwär*, Leistungsstörungen, S. 101.

492 So *Eckert*, DVBl. 1962, 11 (15).

493 Beide Autoren halten lediglich im Falle einer besonderen gesetzlichen Anordnung eine Haftungserleichterung für zulässig, vgl. *Eckert*, DVBl. 1962, 11 (15) Anm. 68; *Beinhardt*, VerwArch 55 (1964), S. 210 (256) Anm. 374.

494 *Simons*, Leistungsstörungen, S. 150.

diese bei Anwendung im Verwaltungsschuldrecht ihrem Sinn und Zweck gerecht würden:

aa) Anwendbarkeit des § 690 BGB im Verwaltungsschuldrecht

aaa) Die Regelung des § 690 BGB beruht auf dem Gedanken, daß der Verwahrer sich zu einer ordnungsgemäßen Verwahrung eines Gegenstandes verpflichtet hat, ohne einen wirtschaftlichen Vorteil hieraus zu erlangen.[495] Aufgrund der Unentgeltlichkeit und damit der Uneigennützigkeit seines Handelns wird er ausschließlich zu Gunsten des Hinterlegers tätig. Er handelt also fremdnützig. Der Gefälligkeitscharakter des zivilrechtlichen Verwahrungsverhältnisses rechtfertigt es daher, die Haftung des Verwahrers auf die *diligentia quam in suis* zu beschränken, (§ 690 i.V.m. § 277 BGB).

bbb) Demgegenüber erfolgt die Begründung eines öffentlich-rechtlichen Verwahrungsverhältnisses in der Regel im Zusammenhang mit der Erfüllung öffentlicher Aufgaben: so beispielsweise bei der Beschlagnahme von Gegenständen im Rahmen strafrechtlicher Ermittlungsverfahren gem. § 94 StPO. Verfolgt die öffentliche Hand ausschließlich eigene Interessen und handelt sie daher nicht fremdnützig, so ist ein sachlicher Grund für eine Übertragung der Haftungserleichterung des § 690 BGB in das Verwaltungsschuldrecht nicht gegeben.[496] Etwas anderes ist allenfalls dann in Erwägung zu ziehen, wenn beispielsweise die Verwahrung eines Gegenstandes in einem Fundbüro nicht ordnungsgemäß erfolgt. In einem solchen Fall wird die Verwahrung aus fremdnützigen Gründen vorgenommen. Für diesen Fall er-

495 Vgl. nur: *Staudinger/Dieter Reuter*, BGB, § 690 Rn. 2.

496 So auch im Ergebnis: *RGZ* 84, 338 (339); *BGHZ* 4, 192 (194); *VG Arnsberg*, MDR 1975, 255; wohl auch *BVerwGE* 52, 247 (254); *Beikert*, Haftungsbeschränkungen, S. 43; *Schwär*, Leistungsstörungen, S. 101; *Detterbeck/Windthorst/Sproll*, Staatshaftungsrecht, § 21 Rn. 6; *Ossenbühl*, Staatshaftungsrecht, S. 341, 355; *Bender*, Staatshaftungsrecht, Rn. 813; *Maurer*, Allgemeines Verwaltungsrecht, § 28 Rn. 5; *Schäfer/Bonk*, StHG, § 15 Rn. 59; *Schäfer, in: Löwe/Rosenberg* (Hrsg.), StPO, § 94 Rn. 63; *Jauernig/Vollkommer*, BGB, § 688 Rn. 6, § 690 Rn. 1; *Hüffer, in: MünchKomm*, BGB, § 688 Rn. 63, § 690 Rn. 6; *Palandt/Heinrichs*, Bürgerliches Gesetzbuch, § 690 Rn. 1; restriktiver: *Büllesbach*, Die öffentlich-rechtliche Verwahrung, S. 106 f.; anders: *Meysen*, Die Haftung aus Verwaltungsrechtsverhältnis, S. 317 f., der für die Anwendbarkeit bürgerlich-rechtlicher Normen im Verwaltungsschuldrecht voraussetzt, daß sich aus diesen Normen jeweils Rechtsgrundsätze ableiten lassen (S. 282 ff.). § 690 BGB enthalte keinen Rechtsgrundsatz und könne aus diesem Grunde nicht als Verschuldensmaßstab herangezogen werden.

scheint es durchaus gerechtfertigt, § 690 BGB zu Gunsten der öffentlichen Hand anzuwenden.[497]

ccc) Im übrigen erscheint es aus rechtssytematischen Gründen bedenklich, die *diligentia quam in suis* auf Träger öffentlicher Gewalt zu übertragen. Wie bereits dargelegt, trägt § 690 BGB dem Umstand Rechnung, daß von dem Schuldner wegen der Uneigennützigkeit der Verwahrung nicht mehr Sorgfalt verlangt werden soll, als er sie in eigenen Angelegenheiten anzuwenden pflegt. In unentgeltlichen bürgerlich-rechtlichen Rechtsverhältnissen ist es daher geboten, nicht einen typisierten, objektiven Sorgfaltsmaßstab zugrunde zu legen, sondern einen an den persönlichen Gepflogenheiten des Schuldners orientierten, subjektiven Maßstab (*diligentia quam in suis*).

Das Bedürfnis für einen solchen individuellen Sorgfaltsmaßstab läßt sich beim Staat indessen nicht feststellen. Dies folgt aus dem Umstand, daß der Staat nicht selbst, sondern nur durch seine Organe bzw. Organwalter handelt. Da aber die öffentliche Hand als Rechtsperson gegenüber dem Bürger auftritt, kann nicht auf die *diligentia quam in suis* des jeweiligen Organwalters abgestellt werden. Denn der Staat darf sich nicht seiner Haftung entziehen, indem er sich den individuellen Sorgfaltsmaßstab des jeweiligen Organwalters zueigen macht. Vielmehr muß er sich dessen nach objektiven Maßstäben zu bemessendes Verschulden zurechnen lassen, § 278 Satz 1 BGB[498].

bb) Anwendbarkeit des § 680 BGB im Verwaltungsschuldrecht

Die von § 680 BGB vorgesehene Haftungsprivilegierung will zu Hilfeleistungen in Notsituationen ermutigen. Ob allerdings diese Haftungserleichterung auch der öffentlichen Hand bei Geschäftsführungen gegenüber den Bürgern zugute kommen kann, erscheint fraglich.

aaa) Der *Bundesgerichtshof* hat diese Frage in einer Entscheidung aus dem Jahre 1974 bejaht.[499] In dem konkreten Fall hatte eine gemeindliche Feuer-

---

497 Vgl. auch: *VGH München*, NVwZ 1998, 421 (422) für den Fall des Bestehens von verwaltungsschuldrechtlichen Schadensersatzansprüchen eines Lehrers wegen der Zerstörung der von ihm zu Unterrichtszwecken eingebrachten eigenen Gegenstände.

498 Dazu unter E)II) (Seite 144 ff.).

499 *BGHZ* 63, 167 (174); zustimmend: *Bamberger*, JuS 1998, 706 (708); *Peine*, Allgemeines Verwaltungsrecht, Rn. 386; *Maurer*, Allgemeines Verwaltungsrecht, § 28 Rn. 14; *Staudinger/Wittman*, BGB, § 680 Rn. 1 aE; anders: *Seiler*, in: *MünchKomm*, BGB, § 680 Rn. 6, der über eine abgestufte Fahrlässigkeitsprüfung nach Berufs- und Tätigkeitsfeldern zu angemessenen Ergebnissen gelangen will.

wehr einen verunglückten Tanklastzug bei dessen Bergung beschädigt. Nach Auffassung des *Bundesgerichtshofs* kann es für die Frage der Anwendbarkeit des § 680 BGB zu Gunsten der Gemeinde keinen Unterschied machen, ob die Bergung von einem Privatunternehmer oder der gemeindlichen Feuerwehr durchgeführt wird. Denn das „allgemeine Interesse" an schneller Hilfe in Fällen dringender Gefahren sei unabhängig davon gegeben, wer die Geschäftsführung übernehme.[500] Etwas anderes ergebe sich auch nicht daraus, daß die Übernahme solcher Tätigkeiten zu den öffentlichen Aufgaben der Feuerwehr gehöre. Da die Erfüllung eigener öffentlich-rechtlicher Pflichten die gleichzeitige Besorgung privatrechtlicher Geschäfte nicht ausschließe[501], könne die Haftung für Pflichtverletzungen bei der Geschäftsführung nicht allein nach öffentlich-rechtlichen Gesichtspunkten beurteilt werden.[502]

bbb) Der Auffassung des *Bundesgerichtshofs* kann nicht gefolgt werden. Bedenken bestehen nicht nur hinsichtlich der Frage der grundsätzlichen Anwendbarkeit des § 680 BGB im Verwaltungsschuldrecht. Es bestehen bereits auch grundsätzliche Zweifel hinsichtlich seiner Anwendbarkeit auf professionelle Nothelfer, deren Hilfe sich die öffentliche Hand bei der Geschäftsführung ohne Auftrag zu Gunsten des Bürgers regelmäßig bedient (z.B. Notärzte, Feuerwehr, Bergungs- und Abschleppunternehmen).

Die Prämisse des *Bundesgerichtshofs*, der Sorgfaltsmaßstab von Privatunternehmern in der Funktion als professionelle Nothelfer richte sich nach § 680 BGB, trifft nicht zu. Der *Bundesgerichtshof* verkennt insoweit den Schutzzweck der Norm. Denn § 680 BGB will nur den „privaten Helfer" begünstigen.[503] Denn dieser ist aufgrund seiner Unerfahrenheit oftmals nicht imstande, eine Gefahr abzuwenden, ohne dabei fremde Rechtsgüter zu verletzen. Dieses Risiko will § 680 BGB dem Privatmann nehmen, um ihn trotz seiner Furcht vor etwaigen haftungsrechtlichen Folgen zur Hilfeleistung zu bewegen.

Dieser Schutzzweck der Norm kommt hingegen bei berufsmäßigen und kraft öffentlichen Amtes tätigen Nothelfern nicht zum Tragen. Wer die Gefahrenabwehr berufsmäßig betreibt, ist nicht unerfahren und bedarf daher keiner Haftungsprivilegierung. Professionelle Nothelfer brauchen auch nicht erst durch eine gesetzliche Haftungserleichterung zur Gefahrenabwehr

500 *BGHZ* 63, 167 (174).
501 Vgl. dazu: *BGHZ* 63, 167 (170).
502 *BGHZ* 63, 167 (174).
503 *Schoch*, Jura 1994, 241 (249).

bewegt werden. Für sie bildet die Gefahrenabwehr die Grundlage ihrer beruflichen Tätigkeit.[504]

Darüber hinaus ist zu berücksichtigen: Es ist wertungswidersprüchlich, dem berufsmäßigen Nothelfer einerseits einen vergütungsgleichen Aufwendungsersatz für seine Rettungsleistung nach §§ 683 Satz 1, 670 BGB i.V.m. § 1835 Abs. 3 BGB analog zu gewähren[505], ohne ihn andererseits dem vertragsüblichen strengeren Haftungsmaßstab des § 276 Abs. 1 BGB zu unterstellen.[506]

ccc) Das bedeutet also: Der Schutzzweck des § 680 BGB erfaßt nicht die Tätigkeit der öffentlichen Hand. Denn die Gefahrenabwehr gehört zu ihren Aufgaben. Sie verfügt damit über die erforderliche Sachkunde. Die öffentliche Hand befindet sich also nicht in der zwiespältigen Situation, wie sie sich dem unerfahrenen Bürger darstellt und die der Regelungszweck des § 680 BGB im Auge hat. Die öffentliche Hand kann sich deshalb nicht auf die Haftungsmilderung des § 680 BGB berufen.[507]

cc) Ergebnis

Es kann damit festgehalten werden: Bürgerlich-rechtliche Haftungsprivilegierungen sind im Rahmen verwaltungsrechtlicher Schuldverhältnisse regelmäßig nicht zu berücksichtigen. Die öffentliche Hand haftet also für fahrlässiges Handeln, wenn sie die durch das öffentlichen Interesse gebotene Sorgfalt außer Acht läßt.

---

504 In diesem Sinne auch: *Wollschläger*, Die Geschäftsführung ohne Auftrag, 1976, S. 283 f.; *Soergel/Beuthien*, BGB, § 680 Rn. 5; *Jauernig/Vollkommer*, BGB, § 680 Rn. 1.

505 So der *Bundesgerichtshof* in gefestigter Rechtsprechung: *BGHZ* 65, 384 (390); *BGH*, NJW-RR 1989, 970 f. – Bemerkenswert ist, daß der *Bundesgerichtshof* diesen Aspekt in seiner Entscheidung (*BGHZ* 65, 384 ff.) überhaupt nicht berücksichtigt hat, obwohl er in einem vorangegangenen Urteil (NJW 1971, 609 (612), sog. Flugreise-Fall) den vergütungsgleichen Aufwendungsersatz gebilligt hatte.

506 Ebenso: *Wollschläger*, Die Geschäftsführung ohne Auftrag, S. 283; *Erman/Ehmann*, BGB, § 680 Rn. 3; *Soergel/Beuthien*, BGB, § 680 Rn. 5.

507 So auch im Ergebnis: *Schoch*, Jura 1994, 241 (249).

c) *Übertragung des öffentlich-rechtlichen Sorgfaltsmaßstabes auf Pflichten des Bürgers?*

Es ist in diesem Zusammenhang die Frage aufgeworfen worden, ob die Modifizierung des Fahrlässigkeitsbegriffs im öffentlichen Recht nur für den Staat gilt oder ob sich hieran nicht auch die Haftung des Bürgers zu orientieren hat. Namentlich von *Eckert* wird die These vertreten, daß „auch die Privatrechtssubjekte, die den Hoheitsträgern in verwaltungsrechtlichen Schuldverhältnissen gegenübertreten, ... zu einer höheren Sorgfalt als im Privatrechtsverkehr verpflichtet" seien. Dies ergebe sich daraus, daß „der Private sich bewußt sein (müsse), daß ihm nicht ein einzelner Vertragspartner, sondern die Gemeinschaft ... (gegenüberstehe), deren Integrität von seiner Pflichterfüllung (abhänge)".[508]

Ein Bedürfnis für einen einheitlichen Fahrlässigkeitsbegriff im Verwaltungsschuldrecht ist nicht erkennbar. Zwar mag es in Einzelfällen geboten sein, im Rahmen öffentlich-rechtlicher Rechtsverhältnisse höhere Anforderungen an die vom Bürger zu beobachtetende Sorgfalt zu stellen als in vergleichbaren Rechtsverhältnissen des Privatrechts. Doch hierzu bedarf es keiner Übertragung des modifizierten öffentlich-rechtlich Fahrlässigkeitsbegriffs auf die Sorgfaltspflichten des Bürgers. Dem stünde schon der Umstand entgegen, daß der Bürger keine öffentlich-rechtliche Funktion wahrnimmt und damit auch keine öffentlichen Interessen verfolgt. Selbst bei Kontrahierung mit dem Staat bleibt sein rechtliches Anliegen auf die Wahrnehmung von Individualinteressen beschränkt.[509] Die an ihn zu stellenden Sorgfaltsanforderungen lassen sich systematisch vielmehr unmittelbar aus der Legaldefinition des § 276 Abs. 1 Satz 2 BGB ableiten. Der Begriff der „im Verkehr erforderlichen Sorgfalt" bietet hinreichenden Auslegungsspielraum, um die Sorgfaltsanforderungen des Bürgers im Rahmen des konkreten verwaltungsrechtlichen Schuldverhältnisses zu bestimmen. Eines Rückgriffs auf den modifizierten öffentlich-rechtlichen Fahrlässigkeitsbegriff bedarf es daher nicht. Er ist für die Frage des Sorgfaltsmaßstabes des Bürgers abzulehnen.

---

508 So *Eckert*, DVBl. 1962, 11 (15).

509 Ebenso: *Hans Meyer*, NJW 1977, 1705 (1713).

II) Die Zurechnung fremden Verschuldens

1) § 278 BGB als Ausdruck eines allgemeinen Rechtsgedankens

Die durch das BGB erfolgte Normierung der Zurechnung fremden Verschuldens ist schon früh von der *Rechtsprechung* zum Anlaß genommen worden, diese Regelung auf öffentlich-rechtliche Rechtsverhältnisse zu übertragen.[510] Die bereits erwähnte[511] verschuldensunabhängige Einstandspflicht für fremdes Verschulden hat ihren gesetzlichen Niederschlag in § 278 BGB gefunden. Satz 1 der Vorschrift lautet: „Der Schuldner hat ein Verschulden seines gesetzlichen Vertreters und der Personen, deren er sich zur Erfüllung seiner Verbindlichkeiten bedient, in gleichem Umfang zu vertreten wie eigenes Verschulden".

Es entspricht mittlerweile allgemeiner Meinung, daß der Anwendungsbereich des § 278 BGB nicht auf das Privatrecht beschränkt ist, sondern sich auch auf das Verwaltungsschuldrecht erstreckt.[512] Die Notwendigkeit der Übertragung dieser Zurechnungsnorm in das Verwaltungsschuldrecht ist darauf zurückzuführen, daß der Staat als juristische Person nicht selbst handlungsfähig ist. Er bedarf natürlicher (Hilfs-) Personen, um überhaupt Handlungen mit Rechtswirkung gegenüber dem Bürger vorzunehmen. So

---

510 Vgl. das Urteil des *Reichsgerichts* vom 24.01.1907: *RGZ* 65, 113 (117 f.).

511 Siehe unter E) (Seite 131).

512 So bereits das *Reichsgericht*: *RGZ* 65, 113 (115); 84, 338 (339); 98, 341 (343); 99, 96 (101); 112, 290 (293); 115, 419 (423); 130, 97 (98); 135, 12 (13); zu der *Rechtsprechung* aus neuerer Zeit: *BVerwG*, DVBl. 1998, 645 (646); *OVG Münster*, NVwZ 1996, 610 (612) unter Berufung auf *BGH*, NJW 1984, 1748 (1749); *OLG Düsseldorf*, NVwZ-RR 1996, 305; ferner: *Bender*, Staatshaftungsrecht, Rn. 820; *Ossenbühl*, Staatshaftungsrecht, S. 358; *Schulte*, Haftungsregelungen, S. 112; *Meysen*, Die Haftung aus Verwaltungsrechtsverhältnis, S. 335 f.; *Drews/Wacke/Vogel/Martens*, Gefahrenabwehr, § 32.3; *Wallerath*, Allgemeines Verwaltungsrecht, § 6 V 4; *Wolff/Bachof/Stober*, Verwaltungsrecht II, § 55 Rn. 40; *Maurer*, Allgemeines Verwaltungsrecht, § 28 Rn. 6; *Bamberger*, AfP 2000, 131 (135); *Tiemann*, VerwArch 65 (1974), S. 381 (389); *Götz*, JuS 1971, 349 (350); *Janson*, DÖV 1979, 696 (698); *Rüfner*, JuS 1981, 259 (262); *Weber*, JuS 1974, 48 (49); *Bonk*, in: *Stelkens/Bonk/Sachs*, VwVfG, § 54 Rn. 44; *Seewald*, in: *Steiner* (Hrsg.), Besonderes Verwaltungsrecht, Teil I Rn. 159; *Papier*, in: *MünchKomm*, BGB, § 839 Rn. 75; *Larenz*, Schuldrecht I, § 26a; zurückhaltender: *Staudinger/Löwisch*, BGB, § 278 Rn. 10, der über die Anwendbarkeit des § 278 BGB im öffentlichen Recht einzelfallbezogen entscheiden will. Ähnliche Bedenken äußert: *Krause*, VVDStRL 45 (1987), S. 212 (230); insgesamt ablehnend: *Denecke*, JR 1953, 40.

erweist es sich schon aus diesem Grund als naheliegend, § 278 BGB im Verwaltungsschuldrecht anzuwenden. Vor diesem Hintergrund wird daher die Auffassung vertreten, § 278 BGB bringe einen allgemeinen Rechtsgedanken[513] zum Ausdruck.[514]

Hierfür spricht eine grundsätzliche Überlegung: Wer sich Dritter bedient, um seine Verpflichtungen zu erfüllen, darf nicht nur die Früchte der Einsparung eigener Leistungskraft ziehen. Vielmehr muß er auch das Risiko der Verletzung schuldrechtlicher Pflichten durch seinen Erfüllungsgehilfen tragen und damit für dessen Verschulden einstehen. Dies gilt um so mehr, als es regelmäßig im Machtbereich des Schuldners steht, welcher Gehilfen er sich zur Erfüllung seiner Verbindlichkeit bedient.[515]

2) *§§ 31, 89 BGB als* leges speciales *für die Verschuldenszurechenung von Organen öffentlich-rechtlicher Rechtsträger?*

Das Verständnis des § 278 BGB als Generalnorm für die Zurechnung fremden Verschuldens im Verwaltungsschuldrecht ist auf Kritik gestoßen. Zweifel an der undifferenzierten Anwendung des § 278 BGB im Rahmen verwaltungsrechtlicher Schuldverhältnisse hat *Hans Meyer* geäußert.[516] Nach seiner Auffassung ist zumindest für den öffentlich-rechtlichen Vertrag zu unterscheiden: Denn aus dem Umstand, daß regelmäßig der Rechtsträger Vertragspartner sei, ergebe sich aus § 62 Satz 2 VwVfG die Anwendbarkeit des § 89 BGB. Im Falle des Verschuldens eines Organs (zB des Behördenleiters) habe daher die Zurechnung an den jeweiligen Rechtsträger gem.

---

513 So ausdrücklich: *RGZ* 98, 341 (343); 112, 290 (293); 130, 97 (98); *BVerwG*, DVBl. 1998, 645 (646); ferner: *Eckert*, DVBl. 1962, 11 (15); *Tiemann*, VerwArch 65 (1974), S. 381 (389); *Beinhardt*, VerwArch 55 (1964), S. 210 (256); *Beikert*, Haftungsbeschränkungen, S. 52; *Wolff/Bachof/Stober*, Verwaltungsrecht II, § 55 Rn. 40; *Simons*, Leistungsstörungen, S. 153 ff.

514 Das ältere Schrifttum (*Walter Jellinek*, Verwaltungsrecht, S. 154; *Enneccerus-Lehmann*, Recht der Schuldverhältisse, S. 197; *Adalbert Mayer*, Die Anwendung des § 278 BGB auf öffentlich-rechtliche Verhältnisse, S. 7; *Schack*, in: Festschrift-*Rudolf Laun*, S. 281 f.) hat indessen befürwortet, § 278 BGB nicht bei obrigkeitlichen Handeln des Staates anzuwenden.

515 Zu der Frage, ob auch Amtsträger Erfüllungsgehilfen sein können, vgl. die ausführliche Darstellung von: *Lüderitz*, NJW 1975, 1 ff.

516 *Hans Meyer*, NJW 1977, 1705 (1712 f.).

§§ 31, 89 BGB zu erfolgen. In Bezug auf das „übrige Personal" sei hingegen auf § 278 BGB zurückzugreifen.

a) Gegen diese Ansicht spricht zunächst, daß § 89 BGB nach einhelliger Ansicht in der zivilrechtlichen *Literatur* nur bei privatrechtlichem Handeln des Staates anzuwenden ist.[517] Wird der Staat hingegen hoheitlich tätig, ist für die Anwendung des § 89 BGB kein Raum. Geht man nämlich mit der *herrschenden Meinung* davon aus, daß sich die Haftung der öffentlichen Hand nach der jeweils von ihr gewählten Rechtsform (also privatrechtlich oder öffentlich-rechtlich) richtet, so ist der Anwendungsbereich des § 89 BGB auf fiskalische Hilfsgeschäfte sowie das Verwaltungsprivatrecht beschränkt.[518] Im Falle hoheitlichen Handelns ist § 89 BGB daher nicht einschlägig. Demgegenüber ist die generelle Anwendung des § 278 BGB im Verwaltungsschuldrecht deshalb gerechtfertigt, weil er einen allgemeinen Rechtsgedanken enthält, der auch im öffentlichen Recht gilt.[519]

b) Darüber hinaus erscheint eine Differenzierung zwischen „Organen" und „übrigem Personal" hinsichtlich der Frage der Haftungszurechnung auf Seiten der öffentlichen Hand nicht geboten:

aa) Zum einen hat sie keine praktischen Auswirkungen.[520] Sowohl § 89 BGB als auch § 278 BGB führen letztlich zu einer unmittelbaren Haftung der öffentlichen Hand. Dogmatische Unterschiede bestehen lediglich insofern, als §§ 31, 89 BGB die Haftung für eigenes Verschulden anordnen. Demgegenüber bestimmt § 278 BGB die Haftung für fremdes Verschulden.[521]

517 Vgl. *Staudinger/Rawert*, BGB, § 89 Rn. 23; *Ott*, in: *Alternativ-Kommentar*, Bürgerliches Gesetzbuch, 1987, § 89 Rn. 4; *Jauernig/Jauernig*, BGB, § 89 Rn. 2; *Erman/H.P.Westermann*, BGB, § 89 Rn. 3; *Reuter*, in: *MünchKomm*, BGB, § 89 Rn. 6; *Palandt/Heinrichs*, Bürgerliches Gesetzbuch, § 89 Rn. 1; *Soergel/Hadding*, BGB, § 89 Rn. 34; *Larenz/Wolf*, Allgemeiner Teil des Bürgerlichen Rechts, § 9 Rn. 16.

518 Vgl. nur: *Erman/H.P. Westermann*, BGB, § 89 Rn. 3 m.w.N.; vgl. im übrigen die Kritik zu der Ansicht *Hans Meyers* von: *Reuter*, in: *MünchKomm*, BGB, § 89 Rn. 7

519 Vgl. Anm. 513.

520 *Jauernig/Vollkommer*, BGB, § 278 Rn. 1; *Detterbeck/Windthorst/Sproll*, Staatshaftungsrecht, § 21 Rn. 21.

521 Vgl. zu diesem Gesichtspunkt: einerseits: *Palandt/Heinrichs*, Bürgerliches Gesetzbuch, § 31 Rn. 1; *Jauernig/Jauernig*, BGB, § 31 Rn. 1; *Reuter*, in: *MünchKomm*, BGB, § 31 Rn. 1 ff. mit Hinweis auf die Entwicklung von einer Organ- zu einer Repräsentantenhaftung; andererseits: *Palandt/Heinrichs*, Bürgerliches Gesetzbuch, § 278 Rn. 1; *Jauernig/Vollkommer*, BGB, § 278 Rn. 1; *Hanau*, in: *MünchKomm*, BGB, § 278 Rn. 1.

bb) Zum anderen erweist sich die Differenzierung *Hans Meyers* hinsichtlich der Frage der Verschuldenszurechnung zwischen „Organen“ und sonstigem „Personal“ als inkonsequent: Denn Rechte und Pflichten von „Organen“ und sonstigem „Personal“ sind gleichermaßen festgelegt: Faßt man den Begriff „Verfassung“ im Sinne der §§ 31, 89 BGB als Gesamtheit der organisatorischen Verwaltungsvorschriften jeglicher Art auf, so nimmt jeder Amtsträger eine ihm von der „Verfassung“ zugewiesene Stellung ein. Legt man daher – in Anlehnung an die Rechtsprechung des *Reichsgerichts*[522] – für die Frage der Abgrenzung den Nachdruck nicht auf die Art der Tätigkeit, sondern darauf, ob der Geschäftskreis des Amtsträgers durch Rechtssatz oder durch Weisung bestimmt ist, so kann man sich der Konsequenz nicht entziehen, daß eine Verschuldenszurechnung nach § 89 BGB sich auf alle Amtsträger der juristischen Person erstrecken müßte.[523] Wenn also schon das Verschulden nach § 89 BGB zugerechnet werden soll, so wäre es nur folgerichtig, darunter nicht einzig das Verschulden der Organe, sondern das Verschulden jeglicher Amtsträger zu subsumieren. Die von *Hans Meyer* befürwortete Anwendung des § 278 BGB für das „sonstige Personal“ würde damit obsolet.

c) Es zeigt sich somit: *Hans Meyers* Verständnis des § 89 BGB als spezielle Zurechnungsnorm für Organverschulden von Hoheitsträgern erweist sich als unzutreffend. Seine Auffassung ist daher abzulehnen. Indessen gilt auch für die Verschuldenszurechnung im Rahmen öffentlich-rechtlicher Verträge die Regelung des § 278 Satz 1 BGB.

III) Zusammenfassung

Die normative Festsetzung des Verschuldensbegriffs in § 276 Abs. 1 BGB gilt auch im Verwaltungsschuldrecht. Der Begriff des Vorsatzes entspricht dem des Zivilrechts: das Wissen und Wollen eines rechtswidrigen Erfolges. Der Fahrlässigkeitsbegriff im Verwaltungsschuldrecht ist hingegen für die

---

522 *RGZ* 53, 276 (280 f.); 55, 171 (177 f.); 62, 31 (34 ff.); vgl. ferner: *Schnellenbach*, Beamtenrecht in der Praxis, 4. Auflage, 1998, Rn. 311 ff.; *Battis*, Bundesbeamtengesetz, § 52 Rn. 2; *Ule*, Beamtenrecht, § 36 BRRG Rn. 3 f.

523 Vgl. *Andreas von Tuhr*, Der Allgemeine Teil des Deutschen Bürgerlichen Rechts, Band I, 1910, S. 622 f.

öffentliche Hand zu modifizieren: Sie handelt fahrlässig, wenn sie die durch das öffentliche Interesse gebotene Sorgfalt außer Acht läßt.

Die Zurechnung fremden Verschuldens erfolgt nach § 278 Satz 1 BGB.

F) Zulässigkeit von Haftungsbeschränkungen im Verwaltungsschuldrecht

Bislang ist ausschließlich von den tatbestandlichen Voraussetzungen der verwaltungsschuldrechtlichen Haftung die Rede gewesen. Nunmehr soll die Problematik der Zulässigkeit von Haftungsbeschränkungen[524] ins Blickfeld der Untersuchung gerückt werden. Das Augenmerk ist dabei nicht nur auf den Zweck haftungsbeschränkender Regelungen (dazu unter I) sowie deren dogmatischer Grundlage (II) zu richten. Insbesondere ist auch deren verfassungsrechtliche Konformität zu untersuchen (III).

I) Der Zweck verwaltungsschuldrechtlicher Haftungsbeschränkungen

1) Schuldrechtliche Haftungsbeschränkungen haben den Zweck, das Risiko des Schuldners zu begrenzen, von seinem Gläubiger wegen einer Forderungsverletzung in Anspruch genommen zu werden. Dieses Anliegen wird nicht nur im Privatrechtsverkehr verfolgt. Auch das Handeln der öffentlichen Hand ist im Bereich der Leistungsverwaltung von diesem Bestreben gekennzeichnet. Sie neigt dazu, das Risiko der eigenen Haftung zu minimieren und Schadensrisiken auf den Bürger zu verlagern. Damit soll die Gefahr einer hoheitlichen „Überhaftung" gebannt werden.[525]

Die Leistungsverwaltung unterscheidet sich insoweit von der traditionellen Eingriffsverwaltung: Während bei der Leistungsverwaltung haftungsrechtliche Vermögensinteressen berührt sein können[526], ist die Eingriffs-

---

524 Die Begriffe „Haftungsbeschränkung", „Haftungsausschluß", „Haftungsfreizeichnung" und „Haftungsbegrenzung" werden im Folgenden synonym verwendet.

525 So *BGHZ* 61, 7 (12 f.) in Anlehnung an *Schneider*, NJW 1962, 705 (708).

526 So sind beispielsweise Gemeinden nur im Rahmen ihrer Leistungsfähigkeit zur Schaffung von öffentlichen Einrichtungen verpflichtet, *Erichsen*, Kommunalrecht in NRW, § 10 F; *Waechter*, Kommualrecht, Rn. 069; Oder: Die Festsetzung von Benutzungsgebühren richtet sich u.a. nach dem Kostendeckungsprinzip, vgl. *Wolff/Bachof/Stober*, Verwaltungsrecht I, § 42 Rn. 20 ff.

verwaltung im Hinblick auf das Rechtsstaatsprinzip (Art. 20 Abs. 3 GG) primär auf die Wahrung der Rechtsordnung gerichtet.[527]

Öffentlich-rechtliche Haftungsbeschränkungen erfüllen darüber hinaus noch einen weiteren Zweck: Dieser hängt damit zusammen, daß es weitgehend im Ermessen der Verwaltung steht, in welcher Rechtsform sie hoheitliche Aufgaben wahrnimmt.[528] *Rüfner* weist in diesem Zusammenhang zu Recht auf folgenden Gesichtspunkt hin[529]: Erklärte man Haftungsfreizeichnungen bei öffentlich-rechtlich gestalteten Rechtsverhältnissen für unzulässig, würde „die Verwaltung um der Freizeichnung willen zur Wahl privatrechtlicher Formen" veranlaßt.[530] Diese Motivation für die Wahl der Rechtsform entfällt, hält man auch in verwaltungsrechtlichen Schuldverhältnissen Haftungsfreizeichnungen grundsätzlich für zulässig. Sie ermöglichen eine gerechte Verteilung des Haftungsrisikos zwischen Staat und Bürger sowohl in privatrechtlich als auch öffentlich-rechtlich gestalteten Schuldverhältnissen.

2) Von Seiten der *Rechtsprechung*[531] sowie des *Schrifttums*[532] wird die Funktion öffentlich-rechtlicher Haftungsfreizeichnungen indes damit beschrieben, daß diese erst die Schaffung öffentlicher Einrichtungen ermöglichten bzw. deren Unterhaltung sicherstellten. Würde die öffentliche Hand für „jegliches" Verschulden haften müssen, so würden ihr „Belastungen aufer-

---

527 Hiervon ist allerdings der hoheitliche Steueranspruch (§ 37 AO) auszunehmen. Er ist kraft Natur der Sache rein vermögensrechtlicher Natur. Allerdings ist zu berücksichtigen, daß sich in diesem Bereich die Problematik der Haftungsbeschränkung nicht stellt.

528 Vgl. unter E)I)2)a) (Seite 136 f.).

529 *Rüfner*, DÖV 1973, 808 (809); *ders.*, in: *Erichsen* (Hrsg.), Allgemeines Verwaltungsrecht, § 49 Rn. 13 m.w.N.; ebenso: *Forsthoff*, Allgemeines Verwaltungsrecht, S. 422 f.

530 Dazu: *Schwarze*, JuS 1974, 640 (641), nach dessen Ansicht sich das Argument *Rüfners* auch umkehren läßt. Die Verwaltung dürfe mit der Wahl privatrechtlicher Gestaltungsformen bei dem Betrieb öffentlicher Einrichtungen nicht aus den besonderen Bindungen entlassen werden, die ihr der soziale Rechtsstaat bei der Wahrnehmung ihrer Aufgaben auferlege. Es gelte von vornherein einer Flucht des Staates in das Privatrecht vorzubeugen. Deswegen müssten sich unabhänigig von einer privatrechtlichen oder öffentlich-rechtlichen Betriebsform etwaige Haftungsbeschränkungen an den gemeinderechtlichen Normen über die Funktion öffentlicher Einrichtungen messen lassen und dürften nicht zu den jeweiligen sozialstaatlichen Zwecken solcher Einrichtungen in Widerspruch stehen.

531 *OVG Münster*, OVGE 18, 153 (162 ff.).

532 *Zuleeg*, JuS 1973, 34 (37); *Schneider*, NJW 1962, 705 (708); *Simons*, Leistungsstörungen, S. 149 ff.; *Rüfner*, in: *Erichsen* (Hrsg.), Allgemeines Verwaltungsrecht, § 49 Rn. 15; eine ähnliche Argumentation klingt an bei: *Kohl*, DÖV 1968, 722 (724).

legt, die sie im allgemeinen Interesse nicht ... tragen" könne.[533] Denn angesichts der großen Zahl der Benutzer öffentlicher Einrichtungen könne bereits ein geringfügiges Versehen weitreichende finanzielle Folgen für den Staat haben. Die Gefahr einer solchen haftungsrechtlichen „Überbelastung" müßte durch eine beträchtliche Anhebung der Gebühren kompensiert werden.[534]

Ob öffentlich-rechtliche Haftungsbeschränkungen tatsächlich das Risiko einer finanziellen „Überbelastung" der öffentlichen Hand entfallen lassen, ist zu bezweifeln.[535] Dieses Risiko könnte beispielsweise durch Abschluß entsprechender Versicherungsverträge reduziert bzw. ausgeschaltet werden.[536] Doch auch im übrigen kann dieser Argumentation nicht gefolgt werden: Zu bedenken ist, daß die Höhe von Benutzungsgebühren nicht in einen Zusammenhang mit finanziellen Belastungen gestellt werden kann, die durch eine haftungsrechtliche Inanspruchnahme auf die öffentliche Hand zukommen können. Benutzungsgebühren unterliegen dem Äquivalenzprinzip. Danach muß das Verhältnis von öffentlich-rechtlicher Leistung und Gegenleistung des Bürgers[537] ausgewogen sein.[538] Das Äquivalenzprinzip wäre verletzt, wenn ein Verzicht auf Haftungsbeschränkungen der Grund für eine drastische Erhöhung der Benutzungsgebühren wäre. Andererseits kann aber auch – wie *Tiemann*[539] anschaulich formuliert hat – „eine niedrige Gebührengestaltung ... nicht mit gesteigertem individuellen Risiko erkauft werden".[540]

Desweiteren kann nicht der Argumentation gefolgt werden, öffentliche Einrichtungen würden gar nicht erst geschaffen, wenn den öffentlich-rechtlichen Trägern als ihren Betreibern die Möglichkeit einer Haftungsbe-

533 So *OVG Münster*, OVGE 18, 153 (162).

534 Vgl. die Nachweise bei Anm. 532.

535 Vgl. *Heintzen*, NVwZ 1992, 857 (858), der dem Kostenargument ebenfalls keine Bedeutung beimißt. Es beruhe auf „unbewiesenen kalkulatorischen Prämissen".

536 Vgl. zu diesem Gesichtspunkt: *Püttner*, Die öffentlichen Unternehmen, S. 255.

537 I.e. In der Regel die Zahlung eines Entgelts.

538 Vgl. *BVerfGE* 20, 257 (270); *BVerwGE* 5, 136 (141); 12, 162 (166); 26, 305 (308); *BVerwG*, BayVBl. 2000, 215 (216); *BayVerfGHE* 22, 138 (142); 14, 116 (121); ferner: *Becker/Sichert*, JuS 2000, 144 (146); *Stober*, Kommunalrecht, § 21 II 3 a; so auch schon: *Jellinek*, Verwaltungsrecht, S. 389.

539 *Tiemann*, BayVBl. 1974, 57 (63); ferner: *Beikert*, Haftungsbeschränkungen, S. 60; *Heintzen*, NVwZ 1992, 857 (858).

540 Zu den Grenzen öffentlich-rechtlicher Haftungsfreizeichnungen, vgl. dazu ausführlich unter II) (Seite 207 ff.).

schränkung versagt bliebe. Auch dieser Einwand ist nicht stichhaltig: Es wird dabei übersehen, daß der Staat – im Rahmen seiner Leistungsfähigkeit – bereits von Gesetzes wegen zur Schaffung bestimmter öffentlicher Einrichtungen verpflichtet ist.[541] Die Frage der Errichtung öffentlich-rechtlicher Institutionen kann folglich nicht abhängig gemacht werden von der Zulässigkeit entsprechender Haftungsausschlußregelungen.[542]

3) Das bedeutet also: Haftungsbeschränkungen dienen weder allein der Gewährleistung noch ausschließlich der Existenzsicherung öffentlicher Einrichtungen. Ihre Funktion ist im wesentlichen vielmehr auf die Reduzierung des Haftungsrisikos der öffentlichen Hand gerichtet.

II) Die dogmatische Grundlage verwaltungsschuldrechtlicher Haftungsbeschränkungen

1) Das Zivilrecht geht von dem Grundsatz der Privatautonomie aus.[543] Es überläßt dem Einzelnen, im Rahmen der Rechtsordnung verbindliche Regelungen zu treffen. Dazu zählen auch Vereinbarungen von Freizeichnungsklauseln. Der Gesetzgeber hat die grundsätzliche Zulässigkeit rechtsgeschäftlicher Haftungsbeschränkungen u.a. in §§ 276 Abs. 2, 651 h BGB, § 11 Nr. 7 AGBG anerkannt. Diese Vorschriften geben gleichzeitig den zulässigen Rahmen haftungsbegrenzender Regelungen vor.

Demgegenüber gilt der Grundsatz der Vertragsfreiheit bei verwaltungsrechtlichen Schuldverhältnissen – der öffentlich-rechtliche Vertrag ausgenommen[544] – nicht.[545] Dies ergibt sich aus der Tatsache, daß das öffentliche

541 Vgl. Art. 57 Abs. 2 BayGO (Verpflichtung der Gemeinden zur Schaffung einer kommunalen Wasserversorgung); Art. 41 b BayWG (Verpflichtung der Gemeinden zur Schaffung einer Abwasserbeseitigung), dazu: *Lissack*, Bayerisches Kommunalrecht, 1997, § 2 Rn. 7 f.; ferner: Art. 2 SächsKulturrahmenG (Verpflichtung der Gemeinden zur Kulturpflege, z.B. Museen, Theater, Volkshochschulen), dazu: *Hegele/Ewert*, Kommunalrecht in Sachsen, 2. Auflage, 1997, S. 57 f.

542 Ebenso: *Beikert*, Haftungsbeschränkungen, S. 59 f.

543 Eine Ausnahme bildet der Kontrahierungszwang, der namentlich im Bereich der Daseinsvorsorge von Bedeutung ist, vgl. etwa: § 10 Abs. 1 Satz 1 EnWG.

544 Aber selbst auf den öffentlich-rechtlichen Vertrag läßt sich die Privatautonomie nicht uneingeschränkt übertragen. So sehen die §§ 54 ff. VwVfG eine besondere öffentlich-rechtliche Inhaltskontrolle vor.

545 *Palder*, Die Zulässigkeit von Haftungsbeschränkungen in öffentlichen Benutzungsverhältnissen, S. 82; *Beikert*, Haftungsbeschränkungen, S. 58; *Mittermeier*, Haftung, S. 226;

Recht neben der rechtsgeschäftlichen noch andere – hoheitliche – Handlungsformen zur Regelung der Rechtsbeziehungen zwischen Staat und Bürger kennt. Dazu zählen insbesondere der Erlaß von formellen bzw. materiellen Gesetzen (Rechtsverordnungen, Satzungen) sowie von Verwaltungsakten. Diese hoheitlichen Handlungsformen erlauben es dem Staat, die Rechtsverhältnisse zwischen ihm und dem Bürger einseitig zu gestalten. Folglich hat der Staat auch die Möglichkeit, die Haftung zu seinen Gunsten einseitig zu beschränken. Vor diesem Hintergrund wird deutlich, daß die Privatautonomie als dogmatische Grundlage zivilrechtlicher Haftungsfreizeichnungen keine Geltung im Verwaltungsschuldrecht beanspruchen kann.[546]

2) Daß aber auch im Verwaltungsschuldrecht grundsätzlich die Möglichkeit einer Haftungsbeschränkung zu Gunsten der öffentlichen Hand gegeben ist, entspricht nahezu einhelliger Ansicht.[547] Mangels einer gesetzlichen Normierung werden jedoch unterschiedliche Auffassungen hinsichtlich der Frage vertreten, wie die Zulässigkeit haftungsbeschränkender Regelungen des Verwaltungsschuldrechts dogmatisch zu begründen ist:

a) Zum einen wird angenommen, die Schuldrechtsähnlichkeit von verwaltungsrechtlichen Rechtsverhältnissen rechtfertige eine Übertragung zivilrechtlicher, normierter Haftungsbeschränkungen.[548] Einen ähnlichen argumentativen Ausgangspunkt wählt *Erichsen.* Nach seiner Meinung ergibt sich aus der „lückenfüllenden Funktion" der zivilrechtlichen Vorschriften, „daß ihre Übernahme nur insoweit erfolgen (könne), als das öffentliche Recht

---

Rüfner, DÖV 1973, 808 (809); *ders.*, in: *Erichsen* (Hrsg.), Allgemeines Verwaltungsrecht, § 49 Rn. 13; wohl auch: *Schwarze*, JuS 1974, 640 (641); *Götz*, JuS 1971, 349 (351).

546 So auch: *Schneider*, NJW 1962, 705 (707); *Rüfner*, DÖV 1973, 808 (809); *Palder*, Haftungsbeschränkungen, S. 82.

547 *BGHZ* 61, 7 (12); *OVG Münster*, OVGE 18, 153 (154); *VGH München*, DVBl. 1985, 903 (904); *Erichsen*, Kommunalrecht des Landes Nordrhein-Westphalen, 2. Auflage, 1997, S. 262; *ders.*, VerwArch 65 (1974), S. 219 (221 f.); *Brehm*, Benutzungsregelungen gemeindlicher öffentlicher Einrichtungen, 1975, S. 137; *Bender*, Staatshaftungsrecht, Rn. 824; *Ossenbühl*, Staatshaftungsrecht, S. 358; *Forsthoff*, Allgemeines Verwaltungsrecht, S. 422; *Püttner*, Die öffentlichen Unternehmen, S. 254 f.; *Mittermeier*, Haftung, S. 225; *Schneider*, NJW 1962, 705 ff.; *Tiemann*, VerwArch 65 (1974), S. 381 (401); *Papier*, in: *MünchKomm*, BGB, § 839 Rn. 76; aA *Eckert*, DVBl. 1962, 11 (15); *Beinhardt*, VerwArch 55 (1964), S. 210 (256); vgl. dazu auch unter E)I)2)b) (Seite 137).

548 *BGHZ* 61, 7 (13); *Schneider*, NJW 1962, 705 (708); *Forsthoff*, Allgemeines Verwaltungsrecht, S. 422; *Seewald*, in: *Steiner* (Hrsg.), Besonderes Verwaltungsrecht, Teil I Rn. 160.

nicht selbst Regelungen (bereitstelle)".[549] Diese Überlegung führe dazu, daß „in den Handlungsformen des Verfassungs- und Verwaltungsrechts das gebotene, aber auch verfügbare Instrumentarium gegeben (sei), um Haftungsbeschränkung und -ausschluß herbeizuführen". Demgegenüber ist nach Auffassung *Rüfners* das Ermessen der Verwaltung Rechtsgrund für die Zulässigkeit öffentlich-rechtlicher Haftungsbeschränkungen.[550] Dieses trete an die Stelle des von der Privatautonomie gekennzeichneten subjektiven Elements, eine Haftungserleichterung zu vereinbaren. Ähnlich argumentiert auch *Palder*, indem er in Anlehnung an *Rüfner* die dogmatische Grundlage auf das „Normsetzungsermessen des öffentlichen Aufgabenträgers" konkretisiert.[551]

b) Als Ausgangspunkt für die Beantwortung der Frage nach der dogmatischen Grundlage verwaltungsschuldrechtlicher Haftungsbeschränkungen empfiehlt sich vielmehr das von *Beikert* ins Feld geführte Argument der Gesetzmäßigkeit der Verwaltung.[552] Als dessen Ausfluß ist der Grundsatz des Vorbehalts des Geseztzes zu berücksichtigen.[553]: Dieses rechtsstaatliche Prinzip verpflichtet die Verwaltung, nur aufgrund gesetzlicher Ermächtigungen zu handeln, namentlich bei Eingriffen in Freiheit und Eigentum des Bürgers.[554] Der Eingriffscharakter verwaltungsschuldrechtlicher Haftungsbeschränkungen erfordert daher eine Ermächtigungsgrundlage[555] in Form

549 *Erichsen*, VerwArch 65 (1974), S. 219 (222).

550 *Rüfner*, DÖV 1973, 808 (809).

551 *Palder*, Haftungsbeschränkungen, S. 84 ff.

552 *Beikert*, Haftungsbeschränkungen, S. 60.

553 Vgl. dazu: *Wolff/Bachof/Stober*, Verwaltungsrecht I, § 30 Rn. 15 ff.

554 Vgl. dazu: *BVerfGE* 40, 237 (248 ff.); 49, 89 (126); ferner: *Stein*, Staatsrecht, 16. Auflage, 1998, § 20 III 3; *Badura*, Staatsrecht, 2. Auflage, 1996, D 56; *Pieroth/Schlink*, Grundrechte, 15. Auflage, 1999, Rn. 269; *Sachs*, in: *Sachs* (Hrsg.), Grundgesetz, Art. 20 Rn. 113 ff.; *Grabitz*, in: *Isensee/Kirchhof* (Hrsg.), HdbStR VI, § 130 Rn. 1; *Stern*, Staatsrecht I, 2. Auflage, 1984, S. 805; *K. Vogel*, VVDStRL 24 (1966), S. 125 (147 ff.); *Krebs*, Jura 1979, 304 ff.; *Pietzcker*, JuS 1979, 710 (711 ff.).

555 Für einen solchen Ansatz plädieren ebenfalls: *Thieme*, JZ 1964, 80 (85); *Herbig*, Die öffentliche Einrichtungen im sozialen Rechtsstaat der Gegenwart, 1970, S. 230; ferner: *Götz*, JuS 1971, 349 (351), der von dem Erfordernis einer „objektivrechtlichen Regelung" spricht; ebenso: *Schwarze*, JuS 1974, 640 (643); *Tiemann*, VerwArch 65 (1974), S. 381 (402); *Mittermeier*, Haftung, S. 226 f.; *Schulte*, Haftungsregelungen, S. 137.
In diesem Zusammenhang weist *Erichsen*, VerwArch 65 (1974), S. 219 (222), zutreffend darauf hin, daß sich „die Verwaltungsvorschrift als ungeeignet zur Einschränkung oder Ausschluß der Haftung" erweist. Die Verwaltungsvorschrift betreffe nicht „die rechtli-

eines (formellen) Gesetzes, einer Rechtsverordnung oder einer Satzung, um dem Grundsatz der Gesetzmäßigkeit der Verwaltung zu genügen.[556]

III) Verfassungsrechtliche Zulässigkeit öffentlich-rechtlicher Haftungsbeschränkungen

Im Rahmen der Prüfung der Frage der Zulässigkeit von Haftungsbeschränkungen ist desweiteren zu untersuchen, ob Haftungsfreizeichnungen zu Gunsten der öffentlichen Hand mit dem Grundgesetz vereinbar sind und inwiefern das Grundgesetz gegebenenfalls die Zulässigkeit derartiger Regelungen beeinflußt. Berührungspunkte zwischen Haftungsbeschränkungen und Grundgesetz ergeben sich nicht nur im Hinblick auf Grundrechte (Art. 14 Abs. 1, 2 Abs. 1, 3 Abs. 1 GG), sondern auch im Hinblick auf das Rechtsstaats- bzw. Sozialstaatsprinzip (Art. 20 Abs. 3 bzw. Abs. 1 GG).

---

che Ordnung des Amts- oder Amtswaltungsverhältnisses, sondern ... interpersonale Rechtsbeziehungen"; aA insoweit: *Rüfner*, DÖV 1973, 808 (809).

556 Dieses Ergebnis wird gestützt durch einen Vergleich mit dem Amtshaftungsrecht: So entspricht es herrschender Ansicht, daß Art. 34 GG haftungseinschränkende Regelungen gestattet. Dies wird aus dem Wortlaut der Vorschrift gefolgert („grundsätzlich"), vgl. *BGHZ* 9, 289 (290); 12, 89 (91); 13, 241 (242); 61, 7 (14); 76, 375 (379); *Kreft*, Öffentlich-rechtliche Ersatzleistungen, § 839 Rn. 24; *Klein*, in: *Schmidt-Bleibtreu/Klein*, Grundgesetz, 9. Auflage, 1998, Art. 34 Rn. 1; *Dagtoglou*, in: *Bonner Kommentar*, Grundgesetz, Art. 34 Rn. 34; *Papier*, in: *Maunz/Dürig* (Hrsg.), Grundgesetz, Art. 34 Rn. 235 ff.; *Bonk*, in: *Sachs* (Hrsg.), Grundgesetz, Art. 34 Rn. 88; *Bryde*, in: *von Münch/Kunig* (Hrsg.), Grundgesetz, Art. 34 Rn. 33; kritisch: *Maurer*, Allgemeines Verwaltungsrecht, § 25 Rn. 37; *Bettermann*, in: *Bettermann/Nipperdey/Scheuner* (Hrsg.), Die Grundrechte, Band III/2, S. 846 f.). Allerdings bedürfen solche Haftungsfreizeichnungen einer formell-gesetzlichen Grundlage.(vgl. etwa: *Bonk*, in: *Sachs* (Hrsg.), Grundgesetz, Art. 34 Rn. 100).
Dabei ist auch zu berücksichtigen, daß amtshaftungsrechtliche Haftungsfreizeichnungen nicht in Form gemeindlicher Satzung erfolgen dürfen (aA: *VGH München*, DVBl. 1985, 903 (904)). Denn die Satzungsgewalt der Kommunen besteht nicht originär. Die den Gemeinden allgemein erteilte Rechtssetzungsbefugnis erfaßt nicht Modifizierungen des Amtshaftungsrechts. Sie kann aber zu diesem Zweck gesondert verliehen werden, *BGHZ* 61, 7 (14) m.w.N.

1) *Vereinbarkeit verwaltungschuldrechtlicher Haftungsbeschränkungen mit Art. 14 GG*

Art. 14 GG soll als „elementares Grundrecht“[557] einen Freiheitsraum im vermögensrechtlichen Bereich sichern und auf diese Weise eine eigenverantwortliche Gestaltung des Lebens ermöglichen.[558] Art. 14 GG enthält im wesentlichen[559] ein subjektiv-öffentliches Abwehrrecht gegen staatliche „Eingriffe“. Die Eigentumsgarantie soll das Eigentum in seiner konkreten Form sichern. Es gewährt zu diesem Zweck die Befugnis, jede ungerechtfertigte hoheitliche Einwirkung auf den Bestand der geschützten vermögenswerten Rechte abzuwehren.[560]

Vor diesem Hintergrund könnten Haftungsfreizeichnungen des Staates insofern eine Verletzung des Eigentums bedeuten, als sie Schadensersatzansprüche des Bürgers gegen die öffentliche Hand einschränken oder ausschließen. Es soll daher im Folgenden der Frage nachgegangen werden, ob ein hoheitlicher Ausschluß von verwaltungschuldrechtlichen Ersatzansprüchen des Bürgers eine Verletzung des von Art. 14 GG gewährleisteten Eigentumsschutzes nach sich zieht.

a) *Der Schutzbereich des Art. 14 GG*

Voraussetzung für die Eröffnung des Schutzbereiches des Art. 14 GG ist zunächst, daß es sich bei den durch Haftungsbeschränkungen gekürzten bzw. ausgeschlossenen Ersatzansprüchen um schutzfähige Rechtspositionen des Bürgers im Sinne des Art. 14 GG handelt. Es ist somit zu prüfen, ob Sekundär-Ansprüche aus verwaltungsrechtlichen Schuldverhältnissen als solche überhaupt den grundrechtlichen Eigentumsschutz genießen. Ist diese

---

557 So *BVerfGE* 14, 263 (277); zustimmend: *Jarass/Pieroth*, Grundgesetz, Art. 14 Rn. 1; *Wendt*, in: *Sachs* (Hrsg.), Grundgesetz, Art. 14 Rn. 4.

558 Vgl. *BVerfGE* 24, 367 (389); 30, 292 (334); 31, 229 (239); 50, 290 (339); 68, 193 (222); 79, 292 (303 f.); 83, 201 (208).

559 Daneben verkörpert Art. 14 GG eine Institutsgarantie für das Privateigentum. Nach *Badura*, in: *Benda/Maihofer/Vogel* (Hrsg.), Handbuch des Verfassungsrechts, § 10 Rn. 33, bringt diese Garantie „die objektive, ordnungsgestaltende Bedeutung des Privateigentums zum Tragen und sichert einen Kernbestand von Normen, die Existenz und Funktionstüchtigkeit privatnützigen Eigentums ermöglichen und ordnen.“

560 Vgl. *BVerfGE* 21, 73 (86); 24, 367 (400); 31, 229 (239); 42, 263 (294); 50, 290 (339); 52, 1 (30).

Frage nämlich zu verneinen, erübrigt sich die Diskussion, ob und gegebenenfalls inwieweit Haftungsbeschränkungen des Staates im Rahmen verwaltungsrechtlicher Schuldverhältnisse eine Verletzung der Eigentumsgarantie darstellen.

aa) Der verfassungsrechtliche Begriff des Eigentums

aaa) Das Grundgesetz gewährleistet in Art. 14 Abs. 1 Satz 1 GG das Eigentum. Was unter diesem Begriff zu verstehen ist, läßt das Grundgesetz offen. Es liefert keine Legaldefinition.[561] Dieser Umstand verbietet allerdings, den verfassungsrechtlichen Eigentumsbegriff mit dem des Bürgerlichen Rechts gleichzusetzen.[562] Denn aus der Schutzfunktion der Eigentumsgarantie folgt unmittelbar, daß der grundrechtliche Eigentumsbegriff erheblich weiter gefaßt sein muß als der bürgerlich-rechtliche Eigentumsbegriff.[563] So betont das *Bundesverfassungsgericht* in ständiger Rechtsprechung, daß der Begriff des verfassungsrechtlich gewährleisteten Eigentums aus der Verfassung selbst gewonnen werden müsse.[564] Aus den Normen des einfachen Rechts könne der Begriff des Eigentums im verfassungsrechtlichen Sinne nicht abgeleitet werden; auch könne aus der privatrechtlichen Rechtsstellung der Umfang der Gewährleistung des grundrechtlichen Eigentums nicht bestimmt werden.[565]

bbb) Für privatrechtliche Vermögenswerte ist nach Auffassung des *Bundesverfassungsgerichts* das Eigentum im Sinne des Art. 14 GG vielmehr zu bestimmen als „die rechtliche Zuordnung von Gegenständen zu Personen, die durch die Merkmale der Privatnützigkeit und der ausschließlichen Verfügungsbefugnis gekennzeichnet" sind.[566] Die Merkmale der „Privatnützig-

561 *BVerfGE* 36, 281 (290).

562 *Leisner*, in: *Isensee/Kirchhof* (Hrsg.), HdbStR VI, § 149 Rn. 72 ff.

563 Grundlegend: *Martin Wolff*, Reichsverfassung und Eigentum, in: Festgabe-*Kahl*, 1923, Teil IV, S. 1 ff., nach dessen Ansicht sich die verfassungsrechtliche Eigentumsgewährleistung nach der Vorgänger-Regelung des Art. 153 WRV über das Eigentum im Sinne des Bürgerlichen Rechts hinaus auf „jedes private Vermögensrecht (Forderung, Aktie, dingliches Recht, Urheberrecht)" erstreckt.

564 *BVerfGE* 14, 263 (278); 18, 121 (132); 25, 112 (117); 26, 215 (222); 31, 229 (239); 36, 281 (290); 58, 300 (335); 83, 201 (208).

565 *BVerfGE* 58, 300 (335).

566 *BVerfGE* 31, 229 (240); 50, 290 (339); 52, 1 (30); 53, 257 (290); 71, 230 (246); 78, 58 (71); 83, 201 (209).

keit“ sowie der „ausschließlichen Verfügungsbefugnis“ sollen dem einzelnen Grundrechtsträger einen „Freiheitsraum im vermögensrechtlichen Bereich“ gewährleisten.[567] Denn das Eigentum sei ein elementares Grundrecht, welches in einem engen Zusammenhang mit der Garantie der persönlichen Freiheit stehe. Dieser „Freiheitsraum“ solle dem Einzelnen eine eigenverantwortliche Gestaltung seines Lebens ermöglichen.

Vor diesem Hintergrund hat das *Bundesverfassungsgericht* im Bereich des Privatrechts als grundrechtlich geschütztes Eigentum insbesondere anerkannt: Forderungen aus Kauf-[568] und Mietverträgen[569]; Ansprüche aus Besitz[570]; Vorkaufsrechte[571]; Erbbaurechte[572]; Ansprüche auf Versorgungsausgleich[573]; das sog. geistige Eigentum in Gestalt von Urheber-[574], Patent-[575], Warenzeichen-[576] sowie Leistungsschutzrechten[577]; Ausstattungsrechte[578], Rechte aus Aktien[579]; Rechte von Unternehmensträgern[580]; Anteilsrechte an Gesamthandsgemeinschaften[581]; Bergbaurechte[582]; Fischereirechte[583].

ccc) Legt man die vom *Bundesverfassungsgericht* aufgestellten Kriterien für den Begriff des Eigentums im Sinne des Art. 14 GG zugrunde, so läßt sich jedenfalls in Bezug auf privatrechtliche Schadensersatzansprüche sagen: Sie sind ohne Frage von der Rechtsordnung dem Gläubiger in der Weise zugeordnet, daß er allein über sie nach seinem Belieben verfügen kann. Der Gläubiger hat also die ausschließliche Verfügungsbefugnis über diese An-

567 *BVerfGE* 24, 367 (389); 31, 229 (239); 50, 290 (339); 53, 257 (290); 78, 58 (73); 83, 201 (208); 89, 1 (6); 91, 294 (307); 98, 17 (35); 100, 1 (32), 226 (240).

568 *BVerfGE* 45, 142 (179); 68, 193 (222 f.); 77, 370 (377).

569 *BVerfGE* 18, 121 (131).

570 *BVerfGE* 89, 1 (5 f.).

571 *BVerfGE* 83, 201 (209 ff.).

572 *BVerfGE* 79, 174 (191).

573 *BVerfGE* 83, 182 (199).

574 *BVerfGE* 31, 229 (240 ff.); 31, 270 (272); 49, 382 (392).

575 *BVerfGE* 36, 281 (290 ff.).

576 *BVerfGE* 51, 193 (216 f.).

577 *BVerfGE* 81, 208 (219); 97, 228 (264 f.).

578 *BVerfGE* 78, 58 (71 ff.).

579 *BVerfGE* 14, 263 (276 ff.); 25, 371 (407); 50, 290 (341 ff.).

580 *BVerfGE* 50, 290 (341).

581 *BVerfGE* 24, 367 (384).

582 *BVerfGE* 77, 130 (136).

583 *BVerfGE* 70, 191 (199).

sprüche, die auch dem Merkmal der Privatnützigkeit entsprechen. Privatrechtliche Schadensersatzansprüche sind nach der Rechtsprechung des *Bundesverfassungsgerichts* also Eigentum im Sinne des Art. 14 GG.

Damit ist aber noch nicht gesagt, ob dies auch für Schadensersatzansprüche aus verwaltungsrechtlichen Schuldverhältnissen gilt. Denn sie wurzeln im öffentlichen Recht. Es ist daher zu untersuchen, ob die vom *Bundesverfassungsgericht* aufgestellten Grundsätze des verfassungsrechtlichen Eigentumsbegriffes für privatrechtliche Vermögenswerte auch für öffentlich-rechtliche Rechtspositionen gelten.

bb) Erstreckung des Schutzbereichs des Art. 14 GG auf öffentlich-rechtliche Rechtspositionen

aaa) Die Auffassung der Rechtsprechung

Die *Rechtsprechung* differenziert hinsichtlich der Anforderungen an den grundrechtlichen Eigentumsschutz zwischen privatrechtlichen und öffentlich-rechtlichen Rechtspositionen.

α) Der *Bundesgerichtshof* hat zunächst eine Einbeziehung öffentlich-rechtlicher Rechtspositionen in den Schutzbereich des Art. 14 GG befürwortet. Danach seien subjektiv-öffentliche Rechte unterschiedslos dem grundrechtlich gewährleisteten Eigentumsschutz zuzuordnen. Der *Große Senat* hatte hierzu in seinem Beschluß vom 10. Juni 1952 ausgeführt: „Wenn die staatliche Enteignung nach dem ganzen Vermögen der Bürger greift, muß die Eigentumsgarantie und der Enteignungsschutz auch das ganze Vermögen der Bürger decken. Sie müssen daher folgerichtigerweise auf jedes vermögenswerte Recht bezogen werden, gleichgültig, ob es dem bürgerlichen oder dem öffentlichen Recht angehört".[584] Der *Bundesgerichtshof* hat diese Rechtsprechung inzwischen aufgegeben.[585] Ausschlaggebend für die seitdem ablehnende Haltung ist die Erwägung, daß ein extensiver Eigentumsschutz Gefahr laufe, zum Hemmschuh der gesetzgeberischen Sozialgestaltung zu werden.

β) Demgegenüber neigte das *Bundesverfassungsgericht* anfänglich dazu, öffentlich-rechtliche Ansprüche vom Schutzbereich des Art. 14 GG generell auszunehmen. Das *Bundesverfassungsgericht* argumentierte zunächst, das

---

584 *BGHZ GrS* 6, 270 (278); ferner: *BGHZ* 15, 17 (20).

585 Vgl. etwa: *BGHZ* 81, 21 (33).

Grundgesetz habe das Rechtsinstitut des Eigentums, so wie es das bürgerliche Recht und die gesellschaftlichen Anschauungen geformt hätten, schützen wollen, „und dieser Schutz (kann) nicht auf eine vorwiegend durch das öffentliche (Recht) gewährte Rechtsposition erstreckt werden".[586] Dieser fehlten alle den Eigentumsbegriff konstituierenden Merkmale.[587]

Das *Bundesverfassungsgericht* erkannte zwar kurz darauf[588] das Bedürfnis nach einer Ausdehnung des grundrechtlichen Eigentumsschutzes auf öffentlich-rechtliche Vermögenswerte[589]. Das Gericht bejahte aber erstmals in seinem Beschluß vom 7. Mai 1963 die Eigentumsqualität öffentlich-rechtlicher Rechtspositionen jedenfalls in Bezug auf Versorgungsansprüche von Berufssoldaten.[590] Es entwickelte in der Folgezeit eine differenzierende Lösung: Nur die Rechtsposition, die derjenigen des Eigentümers privatrechtlicher Rechtsgüter so nahe komme, daß Art. 14 GG Anwendung finden müsse, verdiene es, in den Schutzbereich des Art. 14 GG aufgenommen zu werden.[591] Voraussetzung sei, daß die jeweilige öffentlich-rechtliche Rechtsposition so „stark" sei, „daß ihre ersatzlose Entziehung dem rechtsstaatlichen Gehalt des Grundgesetzes widersprechen würde".[592] Das *Bundes-*

586 *BVerfGE* 1, 264 (278); ferner: *BVerfGE* 2, 380 (402); 3, 58 (153).

587 *BVerfGE* 1, 264 (279).

588 Erstmals angedeutet in: *BVerfGE* 4, 219 (240 f.).

589 In der ***Literatur*** ist schon früh das Bedürfnis nach einer grundrechtlichen Anerkennung öffentlich-rechtlicher Rechtspositionen erkannt worden (so erstmals: ***Stödter***, Öffentlich-rechtliche Entschädigung, 1933, S. 159 ff.; *ders.*, DÖV 1953, 97 (98)). Dabei wurde auch die Erforderlichkeit einer differenzierenden Lösung erkannt. ***Werner Weber***, in: ***Neumann/Nipperdey/Scheuner***, Die Grundrechte, Band 2, S. 354, formulierte anschaulich, daß „in Wahrheit ... nicht nur privatrechtliche Berechtigungen und ... andererseits auch nicht jede öffentliche Berechtigung von Vermögenswert als „Eigentum" aufzufassen seien. ***Dürig***, in: Festschrift-***Willibalt Apelt***, 1958, S. 13 (41 ff.), hat sodann erstmalig Abgrenzungskriterien für die vom Schutz des Art. 14 GG erfaßten öffentlich-rechtlichen Rechtspositionen entwickelt. Zu diesem Zweck hat ***Dürig*** zwei Fallgruppen gebildet: Zum einen umfasse die Eigentumsgarantie alle durch eigenverantwortliche Leistung erworbenen Vermögenswerte. Dafür sei es ohne Bedeutung, ob die öffentlich-rechtlichen Rechtspositionen durch Kapital- oder Arbeitseinsatz erlangt seien. Zum anderen fielen unter den Eigentumsbegriff alle durch besonderes Opfer an Leben, Gesundheit, Freiheit oder Eigentum erworbenen öffentlich-rechtlichen Ausgleichsansprüche.

590 *BVerfGE* 16, 94 (110 ff.).

591 *BVerfGE* 16, 94 (111); 18, 392 (397); 40, 65 (83); 72, 141 (153).

592 *BVerfGE* 16, 94 (111 f.); 18, 392 (397); 40, 65 (83); 48, 403 (412 f.), 69, 272 (299 ff.); ebenso weite Teile der ***Literatur***: ***Hesse***, Grundzüge des Verfassungsrechts, Rn. 445; ***Pie-***

verfassungsgericht stellt seither entscheidend darauf ab, ob sich die Rechtsposition „als Äquivalent eigener Leistung erweist oder auf staatlicher Gewährung beruht".[593] Danach sei öffentlich-rechtlichen Rechtspositionen jedenfalls dann kein Eigentumsschutz einzuräumen, wenn zu der einseitigen Gewährung des Staates keine den Eigentumsschutz rechtfertigende Leistung des Einzelnen hinzutrete.[594]

Auf dieser Grundlage hat das *Bundesverfassungsgericht* namentlich sozialversicherungsrechtliche Ansprüche[595] in den Schutzbereich der Eigentumsgarantie einbezogen, wie auch Ersatzansprüche aufgrund Aufopferung privater Rechte[596], steuerliche Erstattungsansprüche[597] sowie Rückübertragungsansprüche nach dem VermG[598].

γ) Legt man bei der Prüfung der Frage, ob auch verwaltungsschuldrechtliche Sekundäransprüche die eigentumsrechtlichen Anforderungen an öffentlich-rechtliche Rechtspositionen erfüllen und damit in den Schutzbereich des Art. 14 GG fallen, diese vom *Bundesverfassungsgericht* entwickelten Kriterien zugrunde, kommt es somit entscheidend darauf an, ob öffentlich-rechtliche Schadensersatzforderungen als „Äquivalent eigener Leistung" zu qualifizieren sind:[599]

Geht man von dem allgemeinen Rechtsgrundsatz[600] aus, daß sich ein Erfüllungsanspruch im Falle einer Forderungsverletzung in einen Sekundäranspruch wandelt, so wird der Sekundäranspruch zum Surrogat des Erfüllungsanspruchs. Demzufolge ist der Erwerb eines Sekundäranspruchs je-

---

roth/Schlink, Grundrechte, Rn. 975; *Badura*, in: *Benda/Maihofer/Vogel* (Hrsg.), Handbuch des Verfassungsrechts, § 10 Rn. 40; *Bryde*, in: *von Münch/Kunig* (Hrsg.), Grundgesetz, Art. 14 Rn. 25; *Jarass/Pieroth*, Grundgesetz, Art. 14 Rn. 11.

593 *BVerfGE* 53, 257 (289 ff.); 72, 175 (193), 88, 384 (401); 95, 64 (82).

594 *BVerfGE* 16, 94 (113); vgl. im übrigen Anm. 592.

595 *BVerfGE* 53, 257 (289 ff.); 55, 114 (131 f.); 58, 81 (109); 63, 152 (174); 64, 87 (97 ff.); 66, 234 (247); 69, 272 (298 ff.); 70, 101 (110 ff.); 71, 1 (10 ff.); 71, 66 (80); 72, 9 (18); 72, 141 (152 ff.); 74, 203 (213); 75, 78 (96 ff.); 76, 256 (293 ff.); 80, 297 (308 ff.); 92, 365 (405); 97, 271 (283 f.).

596 *BVerfGE* 53, 336 (348 f.).

597 *BVerfGE* 70, 278 (285).

598 *BVerfGE* 95, 48 (58); aA: *BVerwGE* 98, 147 (150); vgl. dazu auch: *Depenheuer/Grzeszick*, NJW 2000, 385 (388 ff.).

599 Keinen Einfluß auf die Beurteilung der Sekundäransprüche als öffentlich-rechtliche hat der Umstand, daß deren normative Grundlage im Bürgerlichen Recht angesiedelt ist, vgl. *Palder*, Haftungsbeschränkungen, S. 125; *Schulte*, Haftungsregelungen, S. 143.

600 Vgl. dazu die Ausführungen unter D)I)1) (Seite 107).

denfalls dann als Äquivalent eigener Leistung zu qualifizieren, wenn der Bürger seinerseits im Rahmen eines synallagmatischen Schuldverhältnisses eine eigene Verpflichtung gegenüber der öffentlichen Hand erfüllt oder zu erfüllen hat. Die von dem Bürger geschuldete Leistung besteht dabei regelmäßig in der Zahlung eines Entgelts, wie etwa bei der Benutzung öffentlicher Einrichtungen im Bereich der Daseinsvorsorge (Kanalisation, Müllabfuhr, Schwimmbad). Das bedeutet: Begründet das jeweilige verwaltungsrechtliche Schuldverhältnis auch eine Leistungspflicht des Bürgers, so ist der damit einhergehende Erwerb des Anspruchs auf die öffentlich-rechtliche Gegenleistung Ausfluß eines Äquivalents eigener Leistung. Unter Zugrundelegung der Kriterien des *Bundesverfassungsgerichts* sind folglich Sekundäransprüche aus synallagmatischen Rechtsverhältnissen des Verwaltungsschuldrechts vom Schutzbereich des Art. 14 GG erfaßt.[601]

δ) Legt man hingegen die vom *Bundesverfassungsgericht* geforderten Merkmale des Eigentumsbegriffs in den Fällen zugrunde, in denen der Bürger eine staatliche Leistung erhält, ohne eine eigene Verpflichtung erfüllen zu müssen, kommt man zu einem anderen Ergebnis: Zu denken ist hier beispielsweise an eine unentgeltliche Benutzung öffentlicher Bibliotheken und Museen. In solchen Konstellationen fehlt das Merkmal der eigenen Leistung. Es handelt sich hierbei vielmehr um staatliche Gewährung. Nach der Rechtsprechung des *Bundesverfassungsgerichts* sind demzufolge öffentlich-rechtliche Vermögenswerte in Gestalt von Ersatzansprüchen aus Schuldverhältnissen ohne Leistungspflicht des Bürgers von der Eigentumsgarantie des Art. 14 GG ausgenommen.[602]

bbb) Kritik

Die Auffassung des *Bundesverfassungsgericht* wirft Fragen auf. Anhand des Beispiels des unentgeltlichen Benutzungsverhältnisses wird deutlich, zu welch bedenklichen Ergebnissen die Rechtsprechung des *Bundesverfassungsgerichts* führen kann. Die unterschiedliche eigentumsrechtliche Definition von privatrechtlichen und öffentlich-rechtlichen Rechtspositionen gibt daher Anlaß zur Kritik des verfassungsgerichtlichen Verständnisses des Eigentumsbegriffs im Sinne des Art. 14 GG.

---

601 Vgl. *Palder*, Haftungsbeschränkungen, S. 125; *Schulte*, Haftungsregelungen, S. 146 f.

602 Ebenso: *Palder*, Haftungsbeschränkungen, S. 125; *Schulte*, Haftungsregelungen, S. 147.

So stellt sich insbesondere die Frage, warum der Eigentumsschutz bei vermögenswerten Rechten des Privatrechts lediglich von der Privatnützigkeit bzw. Verfügungsbefugnis über das Rechtsgut abhängen soll, während der Eigentumsschutz bei vermögenswerten Rechten des öffentlichen Rechts darüber hinaus an das Merkmal der eigenen Leistung gebunden sein soll. Aus welchem Grund verdienen unentgeltlich erworbene privatrechtliche Vermögenspositionen (etwa aufgrund einer Schenkung, Erbschaft[603] oder eines Lotteriegewinns[604]) grundrechtlichen Schutz, während hingegen unentgeltlich erworbenen öffentlich-rechtlichen Vermögenspositionen dieser Schutz versagt sein soll?

α) Die Suche nach einem überzeugenden Rechtfertigungsgrund für diese differenzierende Behandlung subjektiv-öffentlicher Rechte ist von Teilen der *Literatur* für gescheitert erklärt worden: So wird das Kriterium der Eigenleistung als Voraussetzung eines Eigentumsschutzes als von vornherein ungeeignet verworfen. Art. 14 GG schütze nämlich auch den Erben, den Beschenkten sowie den Lotteriegewinner. In diesen Fällen sei nicht der Erwerbsgrund, sondern die Rechtsstellung als solche ausschlaggebend für den Eigentumsschutz.[605] Begreife man die Leistung als konstitutives Element des Eigentums, so müsse dies konsequenterweise für alle Rechtspositionen gelten, die als Schutzgut im Sinne des Art. 14 GG in Betracht kommen. Denn die „heutige Rechts- und Wirtschaftsordnung (erkennt) in vielen Bereichen den Eigentumserwerb ohne eigene Arbeit und Leistung an. Die Marktwirtschaft (scheint) mit diesen Erwerbsformen untrennbar verbunden zu sein“.[606]

β) Desweiteren fällt auf, daß das *Bundesverfassungsgericht* mit der Forderung des auf Leistung beruhenden Erwerbs öffentlich-rechtlicher Rechtspositionen deren funktionell-wirtschaftliche Bedeutung hingegen überhaupt nicht würdigt. Es weicht insoweit von seiner gefestigten Rechtsprechung ab, wonach die Eigentumsgarantie dem Grundrechtsträger einen „Freiheitsraum im vermögensrechtlichen Bereich“ sichern und ihm dadurch eine „eigenverantwortliche Gestaltung seines Lebens ermöglichen“ soll.[607] Vor die-

603 Vgl. Art. 14 Abs. 1 Satz 1 GG, dazu auch: *Papier*, in: *Maunz/Dürig* (Hrsg.), Grundgesetz, Art. 14 Rn. 132.

604 *Bull*, Zeitschrift für Sozialreform 1988, S. 13 (30); zustimmend: *Rittstieg*, in: *Alternativ-Kommentar*, Grundgesetz, Art. 14/15 Rn. 114.

605 *Wannagat*, in: Festschrift-*Horst Peters*, 1975, S. 170 f, 176 ff.

606 *Andersen*, Probleme der Wandlung des Eigentumsbegriffs, 1984, S. 47.

607 St. Rspr.: zuletzt: *BVerfGE* 100, 1 (32).

sem Hintergrund müssten konsequenterweise sowohl privatrechtliche als auch öffentlich-rechtliche Rechtsgüter von der Eigentumsgarantie erfaßt sein. Denn es kann nicht bestritten werden, daß auch öffentlich-rechtliche Rechtspositionen geeignet sind, Grundlage eines „Freiheitsraums im vermögensrechtlichen Bereich" zu bilden und insoweit eine „eigenverantwortliche Gestaltung des Lebens" sicherzustellen.[608]

Den vom *Bundesverfassungsgericht* erhobenen Einwand, eine weite, d.h. auch alle öffentlich-rechtlichen Vermögenswerte umfassende Auslegung des grundrechtlichen Eigentumsbegriffs könne wegen des Risikos einer Entschädigungspflicht zum Erstarren der gesetzgeberischen Lenkung führen[609], hat die Richterin *Rupp-von Brünneck* in einer *dissenting vote* überzeugend entkräftet: Sie macht darauf aufmerksam, daß „gerade Art. 14 GG ... genügend Raum für eine Beachtung sozialstaatlicher Erfordernisse (läßt), sowohl was die Anpassung eigentumsbestimmender und –begrenzender Regelungen für die Zukunft angeht, als auch für den Eingriff in bestehende Rechte".[610] In der Tat ist es nicht einzusehen, öffentlich-rechtlichen Rechtspositionen von vornherein den Schutz des Art. 14 GG zu versagen. Denn auf der Ebene der Inhalts- und Schrankenbestimmungen (Art. 14 Abs. 1 Satz 2 GG) ist ein gesetzgeberischer Handlungsspielraum gewährleistet, der die (vermeintliche) Gefahr einer Blockierung der Legislative bannt.[611]

Dabei braucht auf die Berücksichtigung des vom *Bundesverfassungsgericht* verwendeten Bestimmungsmerkmal des „Äquivalents eigener Leistung" nicht verzichtet werden: Dieses Kriterium kann im Rahmen der Prüfung der Verhältnismäßigkeit gesetzlicher Inhalts- und Schrankenbestimmungen entsprechend gewürdigt werden. [612]

γ) Die Widersprüchlichkeit der Rechtsprechung des *Bundesverfassungsgerichts* macht auch ein Vergleich des grundrechtlichen Eigentumsschutzes im

---

608 So auch: *Depenheuer/Grzeszick*, NJW 2000, 385 (389); *Schmidt-Caluwe*, JA 1992, 129 (133).

609 Vgl. *BVerfGE* 2, 380 (402).

610 *BVerfGE* 32, 111 (143); so nunmehr auch im Ansatz: *BVerfGE* 95, 48 (58) in Bezug auf Rückübertragungsansprüche nach dem VermG.

611 So im Ergebnis auch: *Bryde*, in: *von Münch/Kunig*, Grundgesetz, Art. 14 Rn. 28; *Wieland*, in: *Dreier* (Hrsg.), Grundgesetz, Art. 14 Rn. 55; *Rittstieg*, Eigentum als Verfassungsproblem, 1974, S. 374; *ders.*, in: *Alternativ-Kommentar*, Grundgesetz, Art. 14/15 Rn. 114; *Bull*, Zeitschrift für Sozialreform, 1988, S. 13 (29 f.); *Dürig*, in: Festschrift-*Willibalt Apelt*, S. 13 (54 f.); *Schmidt-Caluwe*, JA 1992, 129 (135).

612 Vgl. *Rittstieg*, in: *Alternativ-Kommentar*, Grundgesetz, Art. 14/15 Rn. 114 aE; ähnlich: *Palder*, Haftungsbeschränkungen, S. 130; *Tiemann*, VerwArch 65 (1974), S. 381 (407).

öffentlichen Recht und Verwaltungsprivatrecht[613] deutlich. Er bestätigt die Notwendigkeit der Einbeziehung subjektiv-öffentlicher Vermögenswerte – jedenfalls in Gestalt von verwaltungsschuldrechtlichen Ersatzansprüchen – in den Schutzbereich des Art. 14 GG:

Der öffentlichen Hand ist nach *herrschender Ansicht* die Möglichkeit eingeräumt, öffentliche Aufgaben in der Rechtsform des Privatrechts wahrzunehmen, sofern das Gesetz nicht anderes verlangt (sog. Verwaltungsprivatrecht).[614] Hat sich beispielsweise eine Gemeinde entschieden, die Benutzung ihres Heimatmuseums zivilrechtlich zu regeln, ist sie bei der Gestaltung des Rechtsverhältnisses weiterhin an die Grundrechte gebunden (Art. 1 Abs. 3 GG).[615] Darüber besteht in *Rechtsprechung*[616] und *Schrifttum*[617] Einigkeit. Erleidet ein Museumsbesucher durch schuldhaftes Verhalten des Museumspersonals einen Schaden und erlangt er auf diese Weise einen Schadensersatzanspruch aus positiver Forderungsverletzung des Benutzungsverhältnisses, so genießt dieser Anspruch konsequenterweise den Schutz der Eigentumsgarantie. Die eigentumsrechtlichen Kriterien des *Bundesverfassungsgerichts* für privatrechtliche Vermögenswerte sind erfüllt: So dient die Schadensersatzforderung zum einen der „Privatnützigkeit", zum anderen unterliegt sie der „ausschließlichen Verfügungsbefugnis" des geschädigten Besuchers. Der Schutzbereich des Art. 14 GG ist dabei unabhängig davon eröffnet, ob das Vertragsverhältnis entgeltlich oder unentgeltlich gestaltet ist.

613 Der Begriff des Verwaltungsprivatrechts geht zurück auf Arbeiten von *Wolfgang Siebert*, in: Festschrift-*Hans Niedermeyer*, 1953, S. 215 (219 ff.) und *Hans Julius Wolff*, Verwaltungsrecht I, 9. Auflage, 1974, S. 108 f.

614 Vgl. etwa: *BVerwG*, NJW 1993, 2695 (2697); NJW 1994, 1169 f. jeweils m.w.N.; ferner: *Becker/Siebert*, JuS 2000, 144 (145 f.); *Manssen*, Grundrechte, 2000, Rn. 84; aA allerdings: *von Zezschwitz*, NJW 1983, 1872 (1875 f.), nach dessen Auffassung der größte Teil des Verwaltungsprivatrechts keine Existenzberechtigung mehr habe, weil die bisher als privatrechtlich angesehenen Rechtsverhältnisse nunmehr als öffentlich-rechtliche Verträge zu qualifizieren seien; kritisch dazu: *Wolff/Bachof/Stober*, Verwaltungsrecht I, § 23 Rn. 6.

615 Vgl. dazu Beispiele aus der Rechtsprechung: *BGHZ* 29, 76 (80): Bindung an den Gleichheitssatz bei der Vergabe von Siedlungsland; *BGHZ* 52, 325 (328): Verpflichtung der Städtischen Straßenbahn-AG zur Ausgabe ermäßigter Schülerfahrkarten; *BGHZ* 65, 284 (287): Bindung an den Gleichheitssatz im Bereich der Wasserversorgung.

616 *BGHZ* 52, 325 (327 ff.); 91, 84 (98).

617 *Pieroth/Schlink*, Grundrechte, Rn. 171; *Bull*, Allgemeines Verwaltungsrecht, Rn. 330; *Maurer*, Allgemeines Verwaltungsrecht, § 3 Rn. 9; *Seewald*, in: *Steiner* (Hrsg.), Besonderes Verwaltungsrecht, Teil I Rn. 153; *Wolff/Bachof/Stober*, Verwaltungsrecht I, § 23 Rn. 7.

Anders wäre die Rechtslage indessen bei öffentlich-rechtlicher Regelung des Rechtsverhältnisses: In diesem Fall wäre unter Zugrundelegung der Rechtsprechung des *Bundesverfassungsgerichts* nur bei entgeltlichen Benutzungsverhältnissen ein Eigentumsschutz des Ersatzanspruchs gegeben: Aufgrund der Zahlung eines Entgelts ist der Ersatzanspruch ein „Äquivalent eigener Leistung".

δ) Es wird damit deutlich: Der grundrechtliche Schutz von Sekundäransprüchen ist nach der Rechtsprechung des *Bundesverfassungsgerichts* nicht gleichmäßig gewährleistet. Ein „systematisch befriedigender Grund" für eine solche Differenzierung ist nicht ersichtlich.[618] Das Ergebnis dieser *Rechtsprechung* will auch deswegen nicht einleuchten, weil die grundrechtliche Bindung der öffentlichen Hand im Verwaltungsprivatrecht damit stärker ausgeprägt wäre als im öffentlichen Recht, der originären Handlungsform der Verwaltung. Die Frage, weshalb verwaltungsschuldrechtliche Ersatzansprüche teilweise nur einen geringwertigeren grundrechtlichen Schutz genießen, vermag das *Bundesverfassungsgericht* nicht überzeugend zu beantworten.

Vor diesem Hintergrund erscheint es deshalb geboten, die Anforderungen an Vermögenspositionen des Privatrechts und des öffentlichen Rechts in Bezug auf ihren grundrechtlichen Schutz einander zu nähern bzw. zu vereinheitlichen. Angesichts ihrer strukturellen Ähnlichkeit und Vergleichbarkeit ist es daher – jedenfalls für die hier in Rede stehenden öffentlich-rechtlichen Rechtspostionen in Gestalt von verwaltungsschuldrechtlichen Ersatzansprüchen – naheliegend, auf die verfassungsgerichtlichen Kriterien der „Privatnützigkeit" und der „ausschließlichen Verfügungsbefugnis" als universale Elemente des grundrechtlich geschützten Eigentums zurückzugreifen. Auf diese Weise wird die eigentumsrechtliche Gleichbehandlung von schuldrechtlichen Ersatzansprüchen des Bürgers gegen den Staat gewährleistet. Gleichzeitig wird die Gefahr einer grundrechtlichen Schlechterstellung des Bürgers bei Handeln des Staates in öffentlich-rechtlichen Formen eliminiert.[619]

ε) Als Fazit kann festgehalten werden: Unter Zugrundelegung der Kriterien der „Privatnützigkeit" und der „ausschließlichen Verfügungsbefugnis" fallen Sekundäransprüche aus verwaltungsrechtlichen Schuldverhältnissen in den Schutzbereich des Art. 14 GG.

---

618 *Wieland*, in: *Dreier* (Hrsg.), Grundgesetz, Art. 14 Rn. 55.

619 So im Ergebnis ebenfalls: *Rittstieg*, in: *Alternativ-Kommentar*, Grundgesetz, Art. 14/15 Rn. 114; *Wieland*, in: *Dreier* (Hrsg.), Grundgesetz, Art. 14 Rn. 55.

b) Auswirkung öffentlich-rechtlicher Haftungsbeschränkungen auf den verfassungsrechtlichen Eigentumsbegriff

Es rückt nunmehr die Frage ins Blickfeld, ob und ggfs. inwieweit Haftungsbeschränkungen des Staates in Einklang stehen mit dem Eigentumsschutz aus Art. 14 GG, den Schadensersatzansprüche aus verwaltungsrechtlichen Schuldverhältnissen genießen. Aufgrund ihrer anspruchsbeschneidenden Wirkung könnten sie einen grundrechtsrelevanten Eingriff darstellen.[620]

aa) Es erscheint allerdings fraglich, ob öffentlich-rechtliche Haftungsbeschränkungen überhaupt eine grundrechtsrelevante Bedeutung beigemessen werden kann. Möglicherweise bilden Haftungsbeschränkungen nur ein konstitutives Merkmal verwaltungsschuldrechtlicher Sekundäransprüche. Haftungsgrundlage und –beschränkung könnten nämlich dahingehend „zusammenwirken", daß Schadensersatzansprüche insoweit gar nicht erst zur Entstehung gelangen, als die Haftungsbeschränkung reicht. Dieses Verständnis der Wirkung von Haftungsbeschränkungen entspricht der herrschenden Meinung im *Schrifttum*.[621] Diese Auffassung wird dabei von dem Sinn und Zweck zivil- bzw. öffentlich-rechtlicher Haftungsfreizeichnungsregelungen geleitet: Danach sollen diese im Rahmen eines Schuldverhältnisses das Risiko einer haftungsrechtlichen Inanspruchnahme zwischen den Parteien verteilen. Auf diese Weise werde ein rechtlicher „Freiraum"[622] geschaffen, in dem sich der Schuldner bewegen könne, ohne fürchten zu müssen, von seinem Gläubiger in Anspruch genommen zu werden.[623] Sofern der Schuldner den ihm zugebilligten „Freiraum" nicht überschreitet, sollen Haftungsansprüche gegen ihn erst gar nicht entstehen.[624]

---

620 In diesem Sinne wohl auch: *Schulte*, Haftungsregelungen, S. 150 f.

621 Vgl. *Esser/Schmidt*, Schuldrecht, Band I, Allgemeiner Teil, 6. Auflage, 1984, § 7 II 3; *Gernhuber*, Das Schuldverhältnis, 1979, § 22 II 3; *ders.*, JZ 1962, 553 (554); *Hermann Lange*, Schadensersatz, 1979, S. 407 f.; *Gerhardt*, Handeln auf eigene Gefahr, 1962, S. 19; *ders.*, JZ 1970, 535 (537); ebenso die verwaltungsrechtliche Literatur: *Erichsen*, VerwArch 65 (1974), S. 219 (223); aA: *Geigel*, Anm. zu *BGH*, JZ 1954, 505 (507 f.).

622 *Esser/Schmidt*, Schuldrecht, Band I, Allgemeiner Teil, § 7 II 3.

623 Ähnlich: *Seibert*, DÖV 1986, 957 (962), nach dessen Auffassung eine Haftungsbeschränkung die Möglichkeit vernichtet, im Falle eines Schadenseintritts einen Ausgleichsanspruch geltend zu machen.

624 Gegen die Qualifizierung von Haftungsbeschränkungen als konstitutives Merkmal verwaltungsschuldrechtlicher Sekundäransprüche hat sich *Tiemann*, VerwArch 65 (1974), S. 381 (406 f.), gewandt. Nach seiner Ansicht bestimmt sich der Umfang des Schadensersatzanspruchs bei der Übernahme in das öffentliche Recht nicht nach den für das Zi-

bb) Der Ansatz der *herrschenden Meinung* verdient Zustimmung. Denn die Qualifizierung von Haftungsbeschränkungen als konstitutives Merkmal schuldrechtlicher Ansprüche ist bereits nach der Systematik des (Verwaltungs-) Schuldrechts geboten. Unabhängig davon, ob es sich bei dem jeweiligen Schuldverhältnis um ein gesetzliches, vertragliches oder vertragsähnliches handelt, knüpft die haftungsbeschränkende Regelung in der Regel an ein Tatbestandsmerkmal der Haftungsgrundlage an. Ein Beispiel macht dies deutlich: Ein kommunaler Verkehrsbetrieb hat seine Haftung für Sachschäden im Rahmen einer Beförderungsordnung ausgeschlossen. Bei einer Vollbremsung infolge eines schuldhaften Fahrfehlers des Busfahrers wird der mitgeführte Computer eines Fahrgastes zerstört.

Pflichtverletzung, Rechtswidrigkeit, Verschulden und Kausalität sind in diesem Fall ohne Zweifel gegeben. Gleichwohl scheitert eine Haftung des Verkehrsbetriebes für den zerstörten Computer aus positiver Forderungsverletzung des öffentlich-rechtlichen Benutzungsverhältnisses an dem Tatbestandsmerkmal „Schaden“. Die Haftung für Sachschäden ist aufgrund der Beförderungsbedingungen des Verkehrsbetriebes gerade ausgeschlossen. Es fehlt damit an einer Haftungsvoraussetzung, so daß eine Verpflichtung zum Schadensersatz als Rechtsfolge nicht eintreten kann. Haftungsbeschränkungen haben insofern die Wirkung einer rechtshindernden Einwendung.[625]

cc) Es kommt entscheidend hinzu: Die Qualifizierung von Haftungsbeschränkungen als konstitutives Merkmal schuldrechtlicher Ersatzansprüche gebietet auch die Dogmatik des Art. 14 GG. Das Grundgesetz gewährt dem Bürger als Inhaber solcher Forderungen Eigentumsschutz nur insoweit, als der Bestand von Rechtspositionen betroffen ist.[626] Welche Rechtspositionen dabei zu dem konkreten Bestand zu zählen sind, ist aus einer Zusammenschau aller in diesem Zeitpunkt geltenden, die Eigentümerstellung regelnden gesetzlichen Vorschriften zu ermitteln.[627] Maßgebend sind dabei

---

vilrecht geltenden Regeln, sondern wird vielmehr automatisch der Normenhierachie des öffentlichen Rechts eingeordnet und ihren Rechtsregeln unterworfen. – *Tiemann* übersieht bei dieser Betrachtungsweise jedoch, daß die Konzeption von Haftungsbeschränkungen als konstitutives Element von Ersatzansprüchen nicht nur (verwaltungs-) schuldrechtlichen Grundsätzen, sondern auch der Dogmatik des Art. 14 GG entspricht (dazu sogleich).

625 So auch: *Soergel/Hadding*, BGB, § 328 Anhang Rn. 45.

626 St. Rspr.: *BVerfGE* 20, 31 (34); 30, 292 (334 f.); 68, 193 (222); 72, 175 (195); 75, 108 (154); 78, 249 (277); 89, 1 (7).

627 *BVerfGE* 58, 300 (336); ähnlich: *BGHZ* 128, 200 (226).

die Normen des objektiven Rechts, die geeignet sind, entweder unmittelbar oder durch Vermittlung eines von den Normen mit Rechtswirkungen ausgestatteten Akts eine Rechtsposition des Einzelnen zu begründen.[628] Denn Schutzobjekte der Eigentumsgarantie sind nur die durch Gesetz oder aufgrund eines Gesetzes eingeräumten Rechtspositionen.[629]

Als Normen des objektiven Rechts kommen in diesem Zusammenhang regelmäßig die Haftungsgrundlagen des Bürgerlichen Rechts sowie die jeweiligen haftungsbeschränkenden Regelungen des Öffentlichen Rechts in Betracht. Aus diesem Normengefüge erwächst der von der Eigentumsgarantie erfaßte öffentlich-rechtliche Sekundäranspruch. Sofern also im Zeitpunkt der Forderungsverletzung eine *wirksame*[630] Haftungsbeschränkung der öffentlichen Hand gegeben ist, gewährleistet Art. 14 GG eigentumsrechtlichen Schutz nur insoweit, als der Sekundäranspruch von der Freizeichnungsregelung nicht erfaßt wird. Begrenzt die öffentliche Hand also beispielsweise ihre Haftung für Sachschäden auf EUR 3.000,-, so verbürgt Art. 14 GG auch nur in dieser Höhe Eigentumsschutz. Soweit der tatsächliche Schaden und der damit korrespondierende Schadensersatzanspruch über diesen Betrag hinausgehen, greift die Eigentumsgarantie hingegen nicht.

dd) Erfolgt indessen (ausnahmsweise) eine Haftungsbeschränkung nachträglich[631], so handelt es sich hierbei um einen Eingriff in den Schutzbereich des Art. 14 Abs. 1 GG.[632] Denn in diesem Fall wird der Bestand des eigentumsrechtlich geschützten Ersatzanspruchs angetastet. Solche haftungsregelnden Eingriffe sind grundsätzlich zulässig.[633] Deren verfassungsrechtliche Rechtfertigung richtet sich nach dem Verhältnismäßigkeitsprinzip. Im Falle nachträglicher Haftungsbeschränkungen sind allerdings – im Vergleich zu Haftungsbeschränkungen mit Wirkung *pro futuro* – strengere Anforderungen an die Wahrung der Verhältnismäßigkeit zu stellen[634], um

628 *BVerfGE* 51, 193 (211).

629 *Rozek*, Die Unterscheidung von Eigentumsbindung und Enteignung, 1998, S. 26 m.w.N.

630 Zu den Grenzen der zulässigen Haftungsbeschränkung, vgl. die Ausführungen unter H)I)7)b) (Seite 221 ff.).

631 Dies könnte beispielsweise durch Verkürzung der Verjährungsfrist von Schadensersatzansprüchen erfolgen, vgl. dazu im übrigen unter H)I)7)b)ff) (Seite 233 ff.).

632 Vgl. *Pieroth/Schlink*, Grundrechte, Rn. 987; *Stern*, Staatsrecht III/2, S. 410, *Rozek*, Die Unterscheidung von Eigentumsbindung und Enteignung, S. 61.

633 Vgl. *Rozek*, Die Unterscheidung von Eigentumsbindung und Enteignung, S. 60 f.

634 *Rozek*, Die Unterscheidung von Eigentumsbindung und Enteignung, S. 60.

dem von Art. 14 GG gewährleisteten Bestandsschutz Rechnung zu tragen.[635]

c) *Ergebnis*

Haftungsbeschränkungen sind ein konstitutives Merkmal verwaltungsschuldrechtlicher Sekundäransprüche. Sie stellen keine Verletzung der Eigentumsgarantie dar[636], soweit der jeweilige Ersatzanspruch aufgrund einer *wirksamen* Haftungsbeschränkung gar nicht erst zur Entstehung gelangt.

2) *Vereinbarkeit verwaltungsschuldrechtlicher Haftungsbeschränkungen mit Art. 2 Abs. 1 GG*

Soweit der Schutzbereich des Art. 14 GG nicht eröffnet ist, stellen verwaltungsschuldrechtliche Haftungsbeschränkungen möglicherweise einen Eingriff in die allgemeine Handlungsfreiheit dar.[637] Art. 2 Abs. 1 GG nimmt insofern die Funktion eines Auffanggrundrechts[638] wahr.[639] Denn jeder staatlich zu verantwortende Freiheitseingriff muß sich an den Grundrechten messen lassen.[640] Das Grundgesetz stellt auf diese Weise die Lückenlosig-

---

635 Vgl. *BVerfGE* 42, 263 (294 f.); 50, 290 (341); 76, 220 (238).

636 So im Ergebnis ebenfalls: *Erichsen*, VerwArch 65 (1974), S. 219 (223); *Seibert*, DÖV 1986, 957 (962) hinsichtlich derselben Problematik im Rahmen von Amtshaftungsansprüchen; aA: *Palder*, Haftungsbeschränkungen, S. 126; *Schulte*, Haftungsregelungen, S. 150; *Tiemann*, Verw Arch (65) 1974, S. 381 (407 f.); *ders.*, BayVBl. 1974, 57 (61).

637 Insoweit unzutreffend: *Seibert*, DÖV 1986, 957 (962), der die Auffangfunktion des Art. 2 Abs. 1 GG verkennt.

638 Grundlegend: *BVerfGE* 6, 32 ff. – „Elfes-Urteil"; zustimmend: *Dreier*, in: *Dreier* (Hrsg.), Grundgesetz, Art. 2 I Rn. 22; *Murswiek*, in: *Sachs* (Hrsg.), Grundgesetz, Art. 2 Rn. 10; *Pieroth/Schlink*, Grundrechte, Rn. 369; *Manssen*, Grundrechte, Rn. 186; *Badura*, Staatsrecht, C 108.

639 Das *Bundesverfassungsgericht* hat die Auffangfunktion des Art. 2 Abs. 1 GG zum Beispiel in folgenden Fällen bejaht: Auferlegung von Steuern – *BVerfGE* 9, 3 (11); 18, 224 (236); 21, 1 (3); 26, 1 (7); 27, 375 (384); 37,1 (18); 42, 374 (385); 44, 59 (68); Ausreisefreiheit – *BVerfGE* 6, 32 (36 ff.); 72, 200 (245); Zwangsmitgliedschaft in öffentlich-rechtlichen Verbänden – *BVerfGE* 10, 89 (102); 38, 281 (298); 78, 320 (329 ff.); Kommunales Vertretungsverbot – *BVerfGE* 41, 231 (241); 52, 42 (53 f.); 56, 99 (107); 61, 68 (72).

640 So *Murswiek*, in: *Sachs* (Hrsg.), Grundgesetz, Art. 2 Rn. 10.

keit des Grundrechtsschutzes sicher.[641] Das bedeutet: Die grundrechtliche Konformität verwaltungsschuldrechtlicher Haftungsbeschränkungen ist an Art. 2 Abs. 1 GG zu messen, sofern Art. 14 Abs. 1 GG nicht einschlägig ist.

Dieser umfassende, von Art. 2 Abs. 1 GG gewährleistete Schutz steht unter dem Gesetzesvorbehalt der „verfassungsmäßigen Ordnung". Das *Bundesverfassungsgericht* versteht hierunter die „allgemeine Rechtsordnung ..., die die materiellen und formellen Normen der Verfassung zu beachten hat, also eine verfassungsmäßige Rechtsordnung sein muß".[642] Das bedeutet: Der Ausschluß bzw. die Kürzung von verwaltungsschuldrechtlichen Ersatzansprüchen des Bürgers durch Haftungsbeschränkungen der öffentlichen Hand sind als Eingriffe in die allgemeine Handlungsfreiheit gerechtfertigt, wenn sie auf Grundlage einer formell und materiell verfassungsmäßigen Norm erfolgen.[643]

3) Vereinbarkeit verwaltungschuldrechtlicher Haftungsbeschränkungen mit Art. 3 Abs. 1 GG

a) Das allgemeine Willkürverbot

Öffentlich-rechtliche Haftungsbeschränkungen können ferner mit dem allgemeinen Willkürverbot des Art. 3 Abs. 1 GG kollidieren. So fordert der *Bundesgerichtshof*, die Beschränkung der Haftung zu Gunsten der öffentlichen Hand müsse durch sachliche Gründe gerechtfertigt sein.[644]

Der allgemeine Gleichheitssatz des Art. 3 Abs. 1 GG gewährleistet nicht nur ein subjektiv-öffentliches Recht auf Gleichbehandlung von Personen im Rahmen vergleichbarer Sachverhalte.[645] Er enthält darüber hinaus ein all-

641 Vgl. *Dürig*, in: *Maunz/Dürig*, Grundgesetz, Art. 2 Abs. 1 Rn. 3 ff.

642 *BVerfGE* 6, 32 (38); 55, 129 (165); 63, 88 (108 f.); 74, 129 (152); 80, 137 (152).

643 Vgl. auch den ähnlich gelagerten Fall in *BVerfGE* 31, 306 (310): Danach ist der Ausschluß der Kostenerstattung für die Hinzuziehung eines Rechtsanwalts als Prozeßbevollmächtigten im erstinstanzlichen Verfahren vor dem Arbeitsgericht mit Art. 2 Abs. 1 GG vereinbar.

644 *BGHZ* 61, 7 (13); ebenso: *Maurer*, Allgemeines Verwaltungsrecht, § 28 Rn. 7; *Peine*, Allgemeines Verwaltungsrecht, Rn. 382; *Windthorst/Sproll*, Staatshaftungsrecht, 1994, § 4 Rn. 15; *Schäfer/Bonk*, StHG, § 15 Rn. 55; *Bergmann/Schumacher*, Die Kommunalhaftung, Rn. 1990.

645 Vgl. zum Ganzen: *Odendahl*, JA 2000, 170 ff.

gemeines Willkürverbot.[646] Willkür liegt vor, wenn ein vernünftiger, sich aus der Natur der Sache ergebender oder sonst sachlich einleuchtender Grund für die Differenzierung oder Gleichbehandlung nicht gegeben ist.[647] Entscheidend ist dabei die objektive Unangemessenheit einer hoheitlichen Maßnahme im Verhältnis zur tatsächlichen Situation.[648]

Eine Verletzung des Art. 3 Abs. 1 GG wird in der Regel zu verneinen sein. Wird etwa die Haftung auf bestimmte Verschuldensformen oder Schadensarten beschränkt[649], so sind solche Regelungen noch nicht als willkürlich zu qualifizieren. Denn das Bestreben des Staates zur partiellen „Verlagerung" des Haftungsrisikos zu Lasten des Bürgers stellt grundsätzlich einen sachlichen Grund dar.[650] Etwas anderes ist nur dann anzunehmen, wenn sich die öffentliche Hand von jeglicher Haftung freizeichnen wollte. In diesem Fall kann von einer bloßen „Verlagerung" des Haftungsrisikos keine Rede sein. Ist ein sachlicher Grund für einen vollständigen Haftungsausschluß nicht gegeben, liegt in solchen Konstellationen ausnahmsweise ein Verstoß gegen das Willkürverbot vor.[651]

b) Die „Neue Formel"

Aufgrund des freiheitsgrundrechtlichen Bezuges (Art. 14 Abs. 1 bzw. Art. 2 Abs. 1 GG) verwaltungsschuldrechtlicher Haftungsbeschränkungen ist deren Zulässigkeit auch an der sog. „Neuen Formel" des *Bundesverfassungsge-*

---

646 *BVerfGE* 23, 98 (106 f.); 78, 232 (248); 83, 82 (84).

647 Seit *BVerfGE* 1, 14 (52) st. Rspr. vgl. ferner: *BVerfGE* 42, 374 (388); 61, 138 (147); 65, 141 (148); 68, 237 (250); 74, 182 (200); 83, 1 (23); 89, 132 (141).

648 *BVerfGE* 2, 266 (281); 4, 144 (155); 42, 64 (73); 58, 163 (167 f.); 62, 189 (192); 66, 324 (330).

649 Zur Frage der zulässigen Umfangs solcher Haftungsfreizeichnungen, vgl. die Ausführungen unter H)I)7)b)aa) (Seite 222 ff.) bzw. H)I)7)b)cc) (Seite 225 ff.).

650 Vgl. auch die Ausführungen unter F)I) (Seite 149 ff.).

651 Strenger: *Mittermeier*, Haftung, S. 242, der bei einem Haftungsausschluß für grobe Fahrlässigkeit grundsätzlich einen Verstoß gegen das Willkürverbot bejaht; ferner: *Tiemann*, VerwArch 65 (1974), S. 381 (408), der bei verwaltungsrechtlichen Schuldverhältnissen aufgrund eines Anschluß- und Benutzungszwangs eine auf Vorsatz bzw. grobe Fahrlässigkeit als willkürliche Ungleichbehandlung im Sinne des Art. 3 Abs. 1 GG auffaßt; vgl. auch *Heintzen*, NVwZ 1992, 857 (858), nach dessen Auffassung sich aus Art. 3 Abs. 1 GG keine verfassungsrechtlichen Grenzen für verwaltungsschuldrechtliche Haftungsbeschränkungen herleiten lassen.

richts zu messen.[652] Danach ist das Gleichheitsgebot bereits verletzt, „wenn eine Gruppe von Normadressaten im Vergleich zu anderen Normadressaten anders behandelt wird, obwohl zwischen beiden keine Unterschiede von solcher Art und solchem Gewicht bestehen, daß sie die ungleiche Behandlung rechtfertigen könnten".[653] Der Unterschied zum allgemeinen Willkürverbot liegt darin, daß bislang irgendein sachlicher Grund als Rechtfertigungsgrund ausreichte, während nunmehr der rechtfertigende Grund auch in einem angemessenen Verhältnis zur Ungleichbehandlung stehen muß.

Im Zusammenhang mit verwaltungsschuldrechtlichen Haftungsbeschränkungen erlangt die „Neue Formel" allerdings kaum Bedeutung: Nach der Rechtsprechung des *Bundesverfassungsgerichts* kommt die „Neue Formel" nur zur Anwendung, wenn sich die Ungleichbehandlung auf Personen, nicht jedoch bloß auf Sachverhalte bezieht.[654] Eine solche personenbezogene Ungleichbehandlung ist in diesem Kontext zwar denkbar. Ihre praktische Relevanz ist aber als gering einzuschätzen.[655]

4) *Vereinbarkeit verwaltungsschuldrechtlicher Haftungsbeschränkungen mit dem Rechtsstaatsprinzip*

a) Hoheitliche Haftungsfreizeichnungen müssen nicht nur mit den Grundrechten vereinbar sein, sie müssen ebenfalls mit objektivem Verfassungsrecht in Einklang stehen. Besondere Bedeutung kommt in diesem Zusammenhang dem Rechtsstaatsprinizp zu (Art. 20 Abs. 3 GG). Während das Rechtsstaatsprinzip einerseits erst durch andere Bestimmungen des Grundgesetzes maßgeblich geprägt wird[656], wird es andererseits auch als dogmati-

---

652 Erstmals im Beschluß vom 7.10.1980, *BVerfGE* 55, 72 (88).

653 Seitdem st. Rspr.: *BVerfGE* 60, 123 (133 f.); 81, 1 (8); 81, 108 (118); 81, 156 (205); 81, 228 (236); 82, 126 (146); 83, 238 (337); 83, 395 (401); 84, 133 (157); 84, 197 (199); 84, 348 (359); 85, 191 (210); 85, 238 (244 f.); 85, 360 (383); 87, 1 (36); 87, 234 (255); 88, 87 (96 f.); 95, 39 (45).

654 Vgl. *BVerfGE* 78, 104 (121); 83, 1 (23); 89, 15 (22); 89, 365 (375); 90, 46 (56); kritisch: *Heun*, in: *Dreier* (Hrsg.), Grundgesetz, Art. 3 Rn. 19 m.w.N., den dieses Abgrenzungskriterium „wegen des letzlich personalen Bezuges aller Sachverhalte" nicht überzeugt.

655 Vgl. dazu insgesamt die Darstellung von: *Osterloh*, in: *Sachs* (Hrsg.), Art. 3 Rn. 13 ff. m.w.N.

656 Vgl. etwa die umfangreiche Auflistung bei: *Sachs*, in: *Sachs* (Hrsg.), Grundgesetz, Art. 20 Rn. 77.

sche Grundlage für ungeschriebene Verfassungsgrundsätze herangezogen.[657]

Im Zusammenhang mit verwaltungsschuldrechtlichen Haftungsbeschränkungen ist namentlich an den Grundsatz der Verhältnismäßigkeit als Ausfluß des Rechtsstaatsprinzips zu denken.[658] Das *Bundesverfassungsgericht* sieht im Verhältnismäßigkeitsgebot „übergreifende Leitregeln allen staatlichen Handelns".[659] Diesem rechtsstaatlichen Gebot kommt dabei die Funktion eines objektiv-rechtlichen Maßstabes zu, an dem insbesondere die Rechtmäßigkeit staatlichen Handelns gegenüber dem Bürger zu messen ist. Hoheitliche Maßnahmen haben daher den Gesichtspunkten der Geeignetheit, Erforderlichkeit sowie der Angemessenheit Rechnung zu tragen, um dem Verhältnismäßigkeitsgrundsatz zu genügen.[660] Bezugspunkt dieser drei Merkmale ist jeweils der mit der Einschränkung verfolgte Zweck.

---

657 So beispielsweise: Die Verpflichtung zur Gerechtigkeit, der Bestimmtheitsgrundsatz, das Rückwirkungsverbot, der Vertrauensschutz, die Justizgewährung für nichtöffentlich-rechtliche Streitigkeiten, die Verfahrensanforderungen, vgl. dazu: *Sachs*, in: *Sachs* (Hrsg.), Grundgesetz, Art. 20 Rn. 78.

658 Zur Heranziehung des Rechtsstaatsprinzips als dogmatische Grundlage des Verhältnismäßigkeitsgrundsatzes in der Rechtsprechung des *Bundesverfassungsgerichts*: erstmals in *BVerfGE* 19, 342 (348); seitdem st. Rspr., aus jüngerer Zeit: *BVerfGE* 72, 200 (248); 75, 1 (16); 76, 256 (359); 78, 38 (56), 249, (284 ff.); 90, 145 (172); zustimmend: *Wittig*, DÖV 1968, 817 (823); *Stober*, AöR 113 (1988), S. 497 (526); *Grabitz*, AöR 98 (1973), S. 568 (584 ff.); *Degenhart*, Staatsrecht I, 15. Auflage, 1999, Rn. 324 ff.; *Maunz/Zippelius*, Deutsches Staatsrecht, 30. Auflage, 1998, § 13 III 6; *Badura*, Staatsrecht, C Rn. 28; *Stein*, Staatsrecht, § 29 V; *Stern*, Staatsrecht I, § 20 IV 7; *Bäumlin/Ridder*, in: *Alternativ-Kommentar*, Grundgesetz, Art. 20 Abs. 1-3 III Rn. 64; *Jarass/Pieroth*, Grundgesetz, Art. 20 Rn. 80; *Herzog*, in: *Maunz/Dürig* (Hrsg.), Grundgesetz, Art. 20 VII Rn. 72; *von Münch*, in: *von Münch/Kunig* (Hrsg.), Grundgesetz, Vorb. Art 1 - 19 Rn. 55.
Vgl. aber auch *Dürig*, AöR 81 (1956), S. 117 (146 f.), der das Verhältnismäßigkeitsprinzip in Art. 19 Abs. 2 GG verfassungsrechtlich ansiedeln will; ferner: *Schnapp*, JuS 1983, 850 (852 f.), der die dogmatische Grundlage aus dem „grundrechtlichen Wesensgehalt" herleitet; weiterhin: *Kluth*, JA 1999, 606 (607); *Bleckmann*, JuS 1994, 177 (178), die die dogmatische Grundlage in den Grundrechten erblicken; schließlich: *Lerche*, Übermaß und Verfassungsrecht, 1961, S. 61 ff., der die Verankerung des Verhältnismäßigkeitsgrundsatzes in der „dirigierenden Verfassung" annimmt.

659 *BVerfGE* 23, 127 (133).

660 Zu den einzelnen Kriterien des Verhältnismäßigkeitsgrundsatzes, vgl. *Kluth*, JA 1999, 606 ff.

b) Nach weitverbreiteter Ansicht hat der Grundsatz der Verhältnismäßigkeit als „Determinante jeglichen staatlichen Handelns“[661] auch im Kontext mit Haftungsbeschränkungen der öffentlichen Hand eine gewichtige Funktion: Er bildet einen objektiv-rechtlichen Verfassungsmaßstab, der sowohl den einfachen Gesetzgeber als auch den ermächtigten Verordnungs- und Satzungsgeber hinsichtlich der Reichweite öffentlich-rechtlicher Haftungsfreizeichnungen bindet.[662] So wird deshalb in *Rechtsprechung*[663] und *Literatur*[664] vielfach die Auffassung vertreten, daß das Verhältnismäßigkeitsprinzip als objektiv-rechtlicher Maßstab für die Bestimmung des zulässigen Freizeichnungsumfangs heranzuziehen ist.

c) Das bedeutet: Verwaltungsschuldrechtliche Haftungsbeschränkungen sind mit dem Rechtsstaatsprinzip vereinbar[665], sofern sie den Anforderungen einer geeigneten, erforderlichen und angemessenen, also verhältnismässigen Verteilung des Haftungsrisikos entsprechen.[666]

---

661 So *Tiemann*, VerwArch 65 (1974), S. 381 (408); *Erichsen*, VerwArch 65 (1974), S. 219 (223).

662 Vgl. *Püttner*, Die öffentlichen Unternehmen, S. 255.

663 *RGZ* 62, 264 (266); *BGHZ* 61, 7 (12 f.); *BayObLG*, BayVBl. 1989, 571 (572); *VGH München*, BayVBl. 1960, 387; wohl auch *BGH*, NJW 1988, 129.

664 *Windthorst/Sproll*, Staatshaftungsrecht, § 4 Rn. 15; *Bender*, Staatshaftungsrecht; Rn. 824; *Ossenbühl*, Staatshaftungsrecht, S. 358 f.; *Schäfer/Bonk*, StHG, § 15 Rn. 55; *Erichsen*, Jura 1986, 196 (204); *ders.*, VerwArch 65 (1974), S. 219 (222 ff.); *Rüfner*, DÖV 1973, 808 (810); *ders.*, in: *Erichsen* (Hrsg.), Allgemeines Verwaltungsrecht, § 49 Rn. 15; *Püttner*, Die öffentlichen Unternehmen, S. 255; *Maurer*, Allgemeines Verwaltungsrecht, § 28 Rn. 7; *Peine*, Allgemeines Verwaltungsrecht, Rn. 382; *Wallerath*, Allgemeines Verwaltungsrecht, § 6 V 4; *Bergmann/Schumacher*, Die Kommunalhaftung, Rn. 1990; *Helmut Roth*, Die kommunalen öffentlichen Einrichtungen, S. 231 f.; *Weber*, JuS 1974, 48 (49); *Tiemann*, VerwArch 65 (1974), S. 381 (408); *ders.*, BayVBl. 1974, 57 (61); *Papier*, in: *Maunz/Dürig* (Hrsg.), Grundgesetz, Art. 34 Rn. 71; *Larenz*, Schuldrecht I, § 26a.

665 Das bedeutet allerdings nicht, daß die konkreten Grenzen verwaltungsschuldrechtlicher Haftungsfreizeichnungen auch anhand des Verhältnismäßigkeitsgrundsatzes zu ermitteln sind (vgl. dazu unter II) (Seite 207 ff.). Vielmehr muß die jeweils getroffene Haftungsbeschränkung nur *per se* verhältnismäßig sein.

666 Vgl. auch *Mittermeier*, Haftung, S. 250 f., der einen Verstoß gegen das Rechtsstaatsprinzip verneint. Er argumentiert: Eine Verletzung des Rechtsstaatsprinzips sei allenfalls dann zu bejahen, wenn sich hieraus unmittelbar ergebe, daß Haftungsfreizeichnungen der öffentlichen Hand unzulässig seien. Das Rechtsstaatsprinzip enthalte jedoch gerade keine „in allen Einzelheiten bestimmten Gebote oder Verbote von Verfassungsrang“. Es könne vielmehr „nur durch einzelne im Ermessen des Gesetzgebers begründete Normen konkretisiert werden, wobei allerdings das fundamentale Element des Rechtsstaats, der Grundsatz der Verhältnismäßigkeit, gewahrt bleiben“ müsse.

5) *Vereinbarkeit verwaltungsschuldrechtlicher Haftungsbeschränkungen mit dem Sozialstaatsprinzip*

a) Aus dem Normengefüge der Art. 20 Abs. 1 GG i.V.m. Art 28 Abs. 1 Satz 1 GG folgt die Verbindung von Sozialstaat und Rechtsstaat zum „sozialen Rechtsstaat“.[667] Das Wesen des Sozialstaatsprinzips ist dabei gekennzeichnet von der allgemeinen Verpflichtung des Staates, „für eine gerechte Sozialordnung zu sorgen“.[668] Ungeachtet seiner begrifflichen Unbestimmtheit verkörpert das Sozialstaatsprinzip eine Wertentscheidung[669], die in Form von „verfassungsrechtlichen Leitlinien“[670] zum Ausdruck kommt.[671] So erweist sich das Sozialstaatsprinzip vornehmlich als eine Staatszielbestimmung.[672] Es verkörpert einen in erster Linie an den Gesetzgeber gerichteten

667 Vgl. auch: *Forsthoff*, VVDStRL 12 (1954), S. 8 ff., der die Möglichkeit der Vereinigung von Sozial- und Rechtsstaat bestreitet. Beide Komponenten seien auf „verschiedenen Ebenen rechtlicher Formgebung“ (S. 14) angesiedelt. Sie seien keiner Kompromißlösung zugänglich. Es gelte, den Rechtsstaat in seiner vollen Strenge zu nehmen und auf dem Boden seiner Begriffe, Formen und Institute zu prüfen, ob und inwieweit er den sozialstaatlichen Anforderungen und Gehalten kongruent (sei) und ihnen demgemäß eröffnet werden“ könne. Als Grund für diese einseitige Entscheidung zu Gunsten des Rechtsstaates nennt *Forsthoff* u.a. die „Schwierigkeit der mangelnden Bestimmbarkeit“ (S. 26) des Terminus „sozial“. Er kommt daher zu dem Ergebnis, daß die „Formel ‚sozialer Rechtsstaat kein Rechtsbegriff in dem Sinne (sei), daß sie einen besonderen Rechtsstaatsbegriff von eigener, institutioneller Prägung und spezifischen materiellen Gehalt (bezeichne)“ (S. 19). Vgl. dazu auch die von *Ridder* bezogene Gegenposition in: Zur verfassungsrechtlichen Stellung der Gewerkschaften im Sozialstaat nach dem Grundgesetz für die Bundesrepublik Deutschland, 1960, S. 3 ff.; *ders.*, Die soziale Ordnung des Grundgesetzes, 1975, S. 44 ff.; ferner: *Maurer*, Staatsrecht, 1999, § 8 Rn. 80 ff.

668 St. Rspr.; vgl. zuletzt *BVerfGE* 94, 241 (263) m.w.N.

669 *Gröschner*, in: *Dreier* (Hrsg.), Grundgesetz, Art. 20 (Sozialstaat) Rn. 30; *Herzog*, in: *Maunz/Dürig* (Hrsg.), Grundgesetz, Art. 20 VIII Rn. 6; *Stern*, Staatsrecht I, § 21 III 1; *Maurer*, Staatsrecht, § 8 Rn. 69; restriktiver: *Sachs*, in: *Sachs* (Hrsg.), Grundgesetz, Art. 20 Rn. 47, der der Sozialstaatsklausel nur programmatischen Charakter zuspricht.

670 So etwa: das Leitprinzip sozialer Gerechtigkeit: *BVerfGE* 5, 85 (198); 22, 180 (204); 59, 231 (263); das Gebot sozialer Steuerpolitik: *BVerfGE* 13, 337 (347); die Fürsorge für Hilfsbedürftige: *BVerfGE* 35, 202 (236); 40, 121 (133); 43, 13 (19); das Recht der Daseinsvorsorge: *BVerfGE* 9, 124 (133); das Recht der Gesundheitsfürsorge durch gesetzliche Krankenversicherung: *BVerfGE* 68, 193 (209); 70, 1 (26).

671 *Maurer*, Staatsrecht, § 8 Rn. 72.

672 Der Begriff der „Staatszielbestimmung“ geht zurück auf *Hans Peter Ipsen*, Über das Grundgesetz, 1950, S. 14; vgl. im übrigen: *Badura*, DÖV 1989, 491 (493); *ders.*, Staatsrecht, D 37, 43; *Scheuner*, in: Festschrift-*Forsthoff*, 1972, S. 325 (330 ff.); *Lücke*, AöR 107

verfassungsrechtlichen Auftrag, die Verwirklichung des Sozialstaats umzusetzen.[673] Trotz seiner Qualifizierung als „bloßes" Staatsziel entfaltet Art. 20 Abs. 1 GG auch gegenüber der Exekutive und Judikative bindende Wirkung insofern, als es hinsichtlich der Auslegung von Rechtssätzen eine verfassungsrechtliche Direktive bildet.[674]

Dagegen begründet Art. 20 Abs. 1 GG (als objektive Verfassungsnorm) nur ausnahmsweise in Verbindung mit den Grundrechten subjektiv-öffentliche Rechte des Bürgers gegenüber dem Staat.[675]

b) Trotz dieses beschränkten funktionalen Anwendungsbereichs der Sozialstaatsklausel sehen sich jedoch einige Stimmen in der *Literatur* nicht daran gehindert, das Sozialstaatsprinzip als allgemeine Argumentationsstütze für die Beurteilung der Zulässigkeit von öffentlich-rechtlichen Haftungsregelungen heranzuziehen. Dies wird namentlich im Bereich der Anstalts- und Benutzungsverhältnisse befürwortet. Auffallend dabei ist jeweils der floskelhafte Verweis auf das Sozialstaatsprinzip. Eine Auseinandersetzung mit der grundsätzlichen Frage der Anwendbarkeit des Sozialstaatsprinzips im Rahmen der verwaltungsrechtlichen Schuldverhältnisse sowie der damit korrespondierenden Haftungsfreizeichnungen lassen die Ausführungen vermissen.

So vertritt zum Beispiel *Tiemann* die Auffassung, „die Einrichtungsträger (unterliegen) hier schon aus dem Sozialstaatsprinzip verstärkten Bindungen bei der Gewährung (von) Leistungen, deren Inanspruchnahme dem einzelnen bei übermäßigem Haftungsrisiko sozial nicht mehr zumutbar ist. Dies (gilt) besonders für solche Benutzungsverhältnisse, die nach ihrer Zweckanlage einen spezifisch sozialen Einschlag" aufwiesen.[676] Auf dieser Ebene argumentiert auch *Schwarze*. Er ist der Auffassung, Haftungsregelungen dürften nicht den „sozialstaatlichen Zwecken" öffentlich-rechtlicher Ein-

(1982), S. 15 (21 ff.); *Stern*, Staatsrecht III/1, § 68 VII 2; *Degenhart*, Staatsrecht I, Rn. 358.

673 *Isensee*, in: Festschrift-*Johannes Broermann*, 1982, S. 365 (371).

674 Vgl. dazu *BVerfGE* 1, 97 (105): Sozialstaatsprinzip als „Auslegungshilfe"; ferner: *Gröschner*, in: *Dreier* (Hrsg.), Art. 20 (Sozialstaat) Rn. 33; *Badura*, DÖV 1989, 491 (493); *Maurer*, Staatsrecht, § 8 Rn. 70; *Stern*, Staatsrecht I, § 21 III 4.

675 Vgl. *BVerfGE* 94, 241 (262): Art. 3 Abs. 1 GG; *BVerfGE* 82, 60 (79 ff.): Art. 6 Abs. 1 GG; *BVerfGE* 33, 303 (332 ff.); 43, 291 (313): Art. 12 Abs. 1 GG; *BVerfGE* 53, 257 (289 ff.), 69, 272 (300 ff.): Art. 14 Abs. 1 GG jeweils i.V.m. dem Sozialstaatsprinzip.

676 *Tiemann*, VerwArch 65 (1974), S. 381 (409); *ders.*, BayVBl. 1974, 57 (63); vgl. ferner: *Palder*, Haftungsbeschränkungen, S. 135; *Schulte*, Haftungsregelungen, S. 227.

richtungen widersprechen.[677] Ferner hält *Rüfner* es „mit den Grundsätzen eines Sozialstaates (für) nicht vereinbar, dem Einzelnen zur Entlastung der öffentlichen Haushalte ... Risiken aufzuerlegen, die sich vielleicht selten (verwirklichen), aber im Ernstfall den Betroffenen sehr hart schädigen".[678]

c) Das *Bundesverfassungsgericht* hat bislang das Sozialstaatsprinzip inhaltlich nicht genau bestimmt.[679] Es hat sich darauf beschränkt, in Einzelfällen zu diesem Begriff Stellung zu nehmen. Dies ist namentlich geschehen bei Entscheidungen im Zusammenhang mit der Gewährung des Existenzminimums[680] sowie des Familienlastenausgleichs[681] sowie generell in den Fällen, in denen es um soziale Schutzbedürftigkeit[682] und den Ausgleich sozialer Gegensätze[683] ging. Dabei betont das *Bundesverfassungsgericht* in ständiger Rechtsprechung, daß Art. 20 Abs. 1 GG nur das Ziel der gerechten Sozialordnung umschreibe[684], dessen konkrete Ausformung aber dem Gesetzgeber vorbehalten sei.

d) Eine Heranziehung der Sozialstaatsklausel als verfassungsrechtlicher Zulässigkeitsmaßstab öffentlich-rechtlicher Haftungsregelungen erscheint aufgrund ihrer grundsätzlichen Konkretisierungsbedürftigkeit bedenklich. Wenngleich einige verwaltungsrechtliche Schuldverhältnisse sozialstaatlich motiviert (z.B. kommunale Badeanstalt) oder gar sozialstaatlich geboten sind (z.B. kommunale Trinkwasserversorgung), steht damit aber nicht fest, daß es sich bei etwaigen Sekundäransprüchen aus den jeweils zugrundeliegenden Schuldverhältnissen um „soziale Besitzstände"[685] handelt, die aus Gründen des Sozialstaatsprinzips nicht durch Haftungsbeschränkungen modifiziert werden dürfen.

---

677 *Schwarze*, JuS 1974, 640 (641); vgl. im übrigen: *Götz*, JuS 1971, 349 (352); *Mittermeier*, Haftung, S. 252; zurückhaltender: *Erichsen*, VerwArch 65 (1974), S. 219 (224), nach dessen Auffassung „das Sozialstaatsprinzip in diesem Zusammenhang nicht gar zu sehr als unbefragtes normatives Mäntelchen für typologisch orientierten Dezisionismus strapaziert werden" sollte.

678 *Rüfner*, DÖV 1973, 808 (811).

679 Eine Konkretisierung des Begriffs „sozial" nimmt vor: *Isensee*, in: Festschrift-*Johannes Broermann*, S. 365 (372 ff.).

680 *BVerfGE* 40, 121 (133); 44, 353 (375); 45, 187 (228 f.).

681 *BVerfGE* 39, 316 (326).

682 *BVerfGE* 40, 121 (133); 43, 13 (19); 44, 353 (375).

683 *BVerfGE* 42, 176 (182 ff.).

684 St. Rspr.: vgl. etwa *BVerfGE* 5, 85 (198); 22, 180 (204); 27, 253 (283), 94, 241 (263).

685 So *Badura*, DÖV 1989, 491 (496).

An dieser vermeintlichen sozialstaatlichen „Unantastbarkeit" verwaltungsschuldrechtlicher Schadensersatzansprüche vermag auch nicht der Umstand etwas zu ändern, daß diese Rechtsverhältnisse in der Regel Ausfluß der hoheitlichen Daseinsvorsorge sind. Hat der Gesetzgeber seinen Verfassungsauftrag mit Schaffung der von Art. 20 Abs. 1 GG geforderten „sozialen Infrastruktur"[686] erfüllt, ist die Wirkung des Sozialstaatsprinzips insoweit erschöpft. Das Sozialstaatsprinzip zielt auf die Errichtung sozialstaatlich erforderlicher Einrichtungen und die Gewährung sozialstaatlich notwendiger Leistungen. Individuelle Ansprüche oder gar deren Bestandsschutz gewährleistet Art. 20 Abs. 1 GG gerade nicht.[687] Ist das abstrakte Staatsziel einmal erreicht, erlangt die zugrundeliegende gesetzliche Konkretisierung dadurch keinen verfassungsrechtlichen Status.[688] Die getroffenen Regelungen können wieder eingeschränkt oder gar aufgehoben werden. Ob solche Schritte im Hinblick auf ihre Verhältnismäßigkeit zulässig sind, ist dann keine Frage des Sozialstaatsprinzips, sondern vielmehr des Rechtsstaatsprinzips.[689]

Im übrigen ist zu berücksichtigen, daß Haftungsfreizeichnungen der öffentlichen Hand auch nicht den Bestand öffentlicher Daseinsvorsorge-Einrichtungen „angreifen". Der *status quo* der „sozialen Infrastruktur" bleibt dadurch unberührt.[690] Insofern ist für sozialstaatlich gebotenen „Bestandsschutz" kein Raum.[691]

e) Es kann damit festgehalten werden: Öffentlich-rechtliche Haftungsbeschränkungen des Staates berühren das Sozialstaatsprinzip nicht. Sie sind daher unter diesem Aspekt verfassungsrechtlich nicht zu beanstanden.

686 So *Stern*, Staatsrecht I, § 21 II 2.

687 *Degenhart*, Staatsrecht I, Rn. 362.

688 *Isensee*, in: Festschrift-*Broermann*, S. 365 (371); *Degenhart*, Staatsrecht I, Rn. 362.

689 Vgl. *Isensee*, in: Festschrift-*Broermann*, S. 365 (369).

690 So auch: *Degenhart*, Staatsrecht I, Rn. 362; vgl. ferner: *Mittermeier*, Haftung, S. 252.

691 *Degenhart*, Staatsrecht I, Rn. 362, weist darauf hin, daß sozialstaatliche Einrichtungen von grundlegender Bedeutung in einem Kernbereich von Art. 20 Abs. 1 GG garantiert sind.

G) Rechtstechnische Formen verwaltungsschuldrechtlicher Haftungsbeschränkungen

Hat sich der Staat entschlossen, seine verwaltungsschuldrechtliche Haftung gegenüber dem Bürger einzuschränken, so stellt sich die Frage der rechtstechnischen Gestaltung. Der Vielfalt der öffentlich-rechtlichen Handlungsformen, die dem Staat zur Bewältigung seiner Aufgaben zur Verfügung steht, entspricht die Vielfalt der in Betracht kommenden „Instrumente", verwaltungsschuldrechtliche Haftungsbeschränkungen in Kraft zu setzen. Es ist hier namentlich zu denken an Rechtssätze in Gestalt von formellen Gesetzen, Rechtsverordnungen und Satzungen (dazu unter II), öffentlich-rechtliche Verträge (III), Verwaltungsakte bzw. Anstalts- und Benutzungsordnungen (IV) sowie Verwaltungsvorschriften (V). Darüber hinaus sind konkludente Haftungsbeschränkungen denkbar (VI).

Vorab sei aber die Frage des Erfordernisses einer „Formenkonkordanz" (I) erörtert.

I) Erfordernis einer „Formenkonkordanz"?

1) Die Vielfalt der öffentlich-rechtlichen Handlungs- und Gestaltungsinstrumente wirft zunächst eine ganz andere Problematik auf: Wie oben bereits dargelegt ist[692], können verwaltungsrechtliche Schuldverhältnisse auf verschiedene Weise begründet werden. Obgleich in der Regel die Begründung eines verwaltungsrechtlichen Schuldverhältnisses und die Einbeziehung einer dazugehörenden Haftungsbeschränkung *uno actu* und damit in derselben öffentlich-rechtlichen Handlungsform erfolgen, sind durchaus Fälle denkbar, in denen dies nicht zutrifft. So könnte zum Beispiel im Rahmen eines Schulverhältnisses die Haftung des Schulträgers durch öffentlich-rechtlichen Vertrag für Unfälle der Schüler während Schulexkursionen ausgeschlossen werden. In diesem Fall würde die Haftung aus einem kraft Gesetzes begründeten verwaltungsrechtlichen Schuldverhältnis durch ein ande-

692 Vgl. unter B)IV)2) (Seite 71 ff.).

res öffentlich-rechtliches „Regelungsinstrument" modifiziert. Oder: Im Rahmen eines öffentlich-rechtlichen Vertrages über die Wasserversorgung eines Industriebetriebes wird hinsichtlich der Haftung des kommunalen Versorgungsunternehmens auf die entsprechende Regelung der kommunalen Satzung[693] verwiesen.[694]

Es stellt sich damit die Frage, ob Haftungsfreizeichnungen regelmäßig nur mit demselben hoheitlichen Regelungsinstrument in Kraft gesetzt werden können, mit dem das jeweilige verwaltungsrechtliche Schuldverhältnis begründet worden ist oder begründet wird.

2) Dem Zivilrecht ist diese Problematik der „Formenkonkordanz" nicht unbekannt: So kann etwa die Haftung aus gesetzlichen Schuldverhältnissen vertraglich modifiziert werden. Wird beispielsweise bei einer Probefahrt ein Kraftfahrzeug schuldhaft beschädigt, so kann nach allgemeiner Ansicht die Haftung des Schädigers aus §§ 823 ff. BGB im voraus vertraglich ausgeschlossen werden.[695] Andererseits unterliegen aber auch durch Rechtsgeschäft begründete Schuldverhältnisse gesetzlichen Haftungsmodifizierungen.[696] Zu denken ist hier an den bereits erwähnten unentgeltlichen Verwahrungsvertrag, der eine Haftung des Verwahrers nur bei Verletzung der *diligentia quam in suis* begründet, sofern keine grobe Fahrlässigkeit oder Vorsatz gegeben sind (§ 690 BGB). Es zeigt sich damit: Haftungsgrund und Haftungsbeschränkung brauchen im Zivilrecht nicht desselben rechtlichen Ursprungs zu sein.

3) Für eine strikte Einhaltung der „Formenkonkordanz" hat sich *Tiemann* ausgesprochen.[697] Bei gesetzlich begründeten Benutzungsverhältnissen hält er vertragliche Haftungsbeschränkungen für unzulässig. Öffentlich-rechtliche Haftungsmodifizierungen könnten nur durch „objektiv-rechtliche formalgesetzliche oder satzungsmäßige Regelung(en)" erfolgen. Es bestehe

---

693 Insoweit verfügt die Gemeinde über eine Satzungsbefugnis, da die speziellen Regelungen der AVBWasser für Industrieunternehmen nicht einschlägig sind, vgl. dazu: *Ludwig/Cordt/Stech/Odenthal*, Recht der Elektrizität- , Gas- und Wasserversorgung, Band 2, AVBWasser III, vor § 1 Rn. 7.

694 Vgl. *Fritz Baur*, in: Festschrift-*Mallmann*, S. 33 (39).

695 Vgl. dazu: *BGH*, NJW 1979, 643 (644); NJW 1980, 1681 (1682); *OLG Köln*, NJW-RR 1992, 415; einschränkend: *OLG Köln*, NJW 1996, 1289.

696 Zu nennen sind insbesondere: §§ 521, 599, 690 BGB.

697 *Tiemann*, VerwArch 65 (1974), S. 381 (402); *ders.*, BayVBl. 1974, 57 (60); zustimmend: *Mittermeier*, Haftung, S. 228; in diesem Sinne wohl auch: *Ossenbühl*, Staatshaftungsrecht, S. 360.

insoweit eine „Formenkonkordanz" zwischen Benutzungsstatut und Haftungseinschränkungsregelung. Solange nämlich „in förmlichem Gesetz oder Satzung keine abweichende Haftungsregelung getroffen (ist), (spricht) die Vermutung dafür, daß es der Gesetz- oder Satzungsgeber bei der vorgegebenen ... Haftungsordnung belassen" wolle. „Dieser Wille zur lückenschließenden Detailregelung läßt für vertragliche Sonderbestimmungen keinen Raum."

4) Diesem Postulat einer „Formenkonkordanz" kann nicht gefolgt werden. Zwar ist *Tiemann* darin beizupflichten, daß eine rechtssatzmäßige Haftungsordnung in der Regel abschließend ist. Jedenfalls ist mit diesem Argument die *generelle* Notwendigkeit der Einhaltung der „Formenkonkordanz" nicht dargetan: Es entspricht nämlich bereits dem rechtsstaatlichen Grundsatz der Gesetzmäßigkeit der Verwaltung, daß der Staat bei hoheitlichen Eingriffen nur aufgrund einer gesetzlichen Grundlage handeln darf. Will die öffentliche Hand also abweichend von einer bestehenden rechtssatzmäßigen Haftungsordnung ihre Haftung beschränken, bedarf sie hierzu einer Ermächtigungsgrundlage. Fehlt diese, so kann sich die Verwaltung beispielsweise nicht durch Verwaltungsakt von ihrer vertraglich begründeten Haftung freizeichnen.

Gleiches gilt auch im Falle eines Haftungsausschlusses durch öffentlich-rechtlichen Vertrag: Nach § 54 Satz 1 aE VwVfG ist ein öffentlich-rechtlicher Vertrag nur zulässig, soweit Rechtsvorschriften nicht entgegenstehen. Erweist sich eine rechtssatzmäßige Haftungsordnung als abschließende Regelung, so ist für eine anderweitige Haftungsmodifizierung durch öffentlich-rechtlichen Vertrag kein Raum. In diesem Fall besteht eine „Formenkonkordanz" bereits von Gesetzes wegen. Es ist im übrigen auch kein anderer Grund ersichtlich, der eine generelle „Formenkonkordanz" rechtfertigt.

5) Es zeigt sich damit: Das Erfordernis einer „Formenkonkordanz" ist teilweise vom Gesetz bereits vorgesehen. Dieser Umstand zwingt aber nicht zu der Schlußfolgerung, daß auch in anderen Fällen eine „Formenkonkordanz" eingehalten werden muß. Dafür liefert das Gesetz keinen Anhaltspunkt. So kann daher davon ausgegangen werden, daß Haftungsbeschränkungen grundsätzlich nicht in derselben rechtstechnischen Form erfolgen

müssen, in der das zugrundeliegende verwaltungsrechtliche Schuldverhältnis begründet wird.[698]

II) Haftungsbeschränkungen kraft Rechtssatzes

In der verwaltungsrechtlichen Praxis werden öffentlich-rechtliche Haftungsbeschränkungen in der Regel durch Rechtssatz festgelegt. Als „rechtstechnische" Mittel kommen sowohl formelle als auch materielle Gesetze (Rechtsverordnungen und Satzungen) in Betracht.[699] Von besonderer praktischer Bedeutung ist der Haftungsausschluß durch Satzung. Dies ergibt sich aus dem Umstand, daß der Bundes- bzw. die jeweiligen Landesgesetzgeber den kommunalen Gebietskörperschaften die Satzung als „Regelungsvehikel" zur Verfügung stellen.[700]

Art. 28 Abs. 2 Satz 1 GG gewährleistet den Gemeinden grundsätzlich das Recht[701], alle Angelegenheiten der örtlichen Gemeinschaft zu „regeln".[702] Daraus leitet die *herrschende Meinung*[703] zutreffend die Rechtsset-

---

698 So auch im Ergebnis: *Erichsen*, Jura 1986, 196 (204); *Rüfner*, DÖV 1973, 808 (809); *ders.*, in: *Erichsen* (Hrsg.), Allgemeines Verwaltungsrecht, § 49 Rn. 14; *Fritz Baur*, in: Festschrift-*Mallmann*, S. 33 (36 ff.).

699 Vgl. hierzu: *Kirchhof*, in: Festgabe aus Anlaß des 25jährigen Bestehens des *Bundesverfassungsgerichts*, 1976, S. 50 ff.; *Ossenbühl*, in: *Erichsen* (Hrsg.), Allgemeines Verwaltungsrecht, § 6 Rn. 1 ff.; *Maurer*, Allgemeines Verwaltungsrecht, § 4 Rn. 5 ff.

700 Vgl. beispielsweise aus dem Bereich des Bauplanungsrecht: §§ 10, 132 BauGB; aus dem Bereich der Gemeindehoheit: Art. 23 f. BayGO; § 4 BWGO; §§ 5 f. BrandGO; § 3 BrhVerf; §§ 5 f. HessGO; § 5 MVKommVerf; §§ 6 ff. NdsGO; § 7 NWGO; §§ 24 ff. RhPfGO; § 12 SaarlKSG; § 4 SachsAnGO; § 4 SchlHGO; §§ 19 ff. ThürGO; aus dem Bereich der Kommunalabgaben: Art. 2 BayKAG; § 2 BWKAG; § 2 BrandKAG; § 2 HessKAG; § 2 MVKAG; § 2 NWKAG; § 2 SaarlKAG; § 2 SachsAnhKAG; § 2 ThürKAG.

701 Auch die einzelnen Landesverfassungen gewährleisten das Selbstverwaltungsrecht der Gemeinden, vgl. exemplarisch: Art. 71 Abs. 1 BWVerf.; Art. 11 Abs. 2 BayVerf.; Art. 97 Abs. 1 BrandenburgVerf.; Art. 137 Abs. 3 HessVerf.; Art. 57 NdsVerf.; Art. 78 Abs. 1 NRWVerf.; Art. 49 Abs. 3 RhPfVerf.; Art. 117 Abs. 3 SaarlVerf.; Art. 84 Abs. 1 SachsVerf.; Art. 87 Abs. 1 SachsAnhVerf.; Art. 46 Abs. 1 SchlHVerf.; Art. 91 Abs. 1 ThürVerf.

702 Vgl. dazu auch: *Ehlers*, DVBl. 2000, 1301 ff.

703 Vgl. *BVerfGE* 21, 54 (62 f.); 32, 346 (361); 52, 95 (117); 65, 283 (290); *BVerwGE* 6, 247 (249 ff.); 90, 359 (361, 363); *Maurer*, DÖV 1993, 184 (187 f.); *Schoch*, NVwZ 1990, 801 (802); *Seewald*, in: *Steiner* (Hrsg.), Besonderes Verwaltungsrecht, Teil I Rn. 73 f.; *Schmidt-*

zungsbefugnis der Gemeinden ab.[704] Als Bestandteil des kommunalen Selbstverwaltungsrechts gilt die gemeindliche Rechtssetzungsbefugnis jedoch nicht uneingeschränkt: Sie besteht nur „im Rahmen der Gesetze", Art. 28 Abs. 2 Satz 1 GG. Damit bringt das Grundgesetz zum Ausdruck, daß die Rechtssetzungsbefugnis kein originäres, im Selbstverwaltungsrecht notwendigerweise verankertes Recht ist, sondern auf staatlichem Verleihungsakt beruht.[705] Dies gestattet dem jeweils kompetenzrechtlich zuständigen Gesetzgeber[706], sowohl inhaltliche als auch verfahrensmäßige Vorgaben für den Erlaß kommunaler Satzungen zu treffen, soweit diese nicht in den Kernbereich der Satzungsautonomie eingreifen.[707]

Auf dieser Grundlage wird den Gemeinden insbesondere die Möglichkeit eingeräumt, die Benutzungsbedingungen ihrer öffentlichen Einrichtungen durch Satzung festzulegen.

1) Landesgesetzliche Ermächtigung für Haftungsausschlüsse der Gemeinden

Der Umstand, daß die Rechtssetzungsbefugnis der kommunalen Gebietskörperschaften nur im Rahmen der Gesetze verfassungsrechtlich gewährleistet ist, hat auch Bedeutung für die Zulässigkeit gemeindlicher Haftungs-

---

Aßmann, in: *Schmidt-Aßmann* (Hrsg.), Besonderes Verwaltungsrecht, 1. Abschnitt Rn. 9; *Dreier*, in: *Dreier* (Hrsg.), Grundgesetz, Art. 28 Rn. 133; *Jarass/Pieroth*, Grundgesetz, Art. 28 Rn. 16; *Stern*, in: *Bonner Kommentar*, Grundgesetz, Art. 28 Rn. 105.

704 Aufgrund dieser verfassungsrechtlichen Grundlage der kommunalen Rechtssetzungsbefugnis haben die allgemeinen landesgesetzlichen Satzungsermächtigungen nur deklaratorischen Charakter, vgl. *VGH München*, NVwZ 1998, 540; BayVBl. 1994, 272 f.; NVwZ 1993, 388; *Becker/Sichert*, JuS 2000, 144 (147); *Seewald*, in: *Steiner* (Hrsg.), Besonderes Verwaltungsrecht, Teil I Rn. 74; *Schmidt-Aßmann*, in: *Schmidt-Aßmann* (Hrsg.), Besonderes Verwaltungsrecht, 1. Abschnitt Rn. 95; *Ossenbühl*, in: *Isensee/Kirchhof* (Hrsg.), HdbStR III, § 66 Rn. 17 m.w.N.

705 Vgl. *BVerwGE* 6, 247 (250 f.).

706 Vgl. Anm. 700.

707 *BVerfGE* 1, 167 (175); 22, 180 (205); 26, 172 (180); 52, 95 (117); *BVerfG*, NVwZ 1982, 306 (307), wobei das Gericht allerdings offenläßt, in welchem Umfang die gemeindliche Satzungshoheit zu dem unantastbaren Kernbereich des Selbstverwaltungsrechts gehört; vgl. ferner: *Schmidt-Bleibtreu/Klein*, Grundgesetz, Art. 28 Rn. 13d; *Nierhaus*, in: *Sachs* (Hrsg.), Grundgesetz, Art. 28 Rn. 49 ff.; *Faber*, in: *Alternativ-Kommentar*, Grundgesetz, Art. 28 Abs. 1 II, Abs. 2 Rn. 28 ff.; *Dreier*, in: *Dreier* (Hrsg.), Grundgesetz, Art. 28 Rn. 115; *Hölzl/Hien*, Bay. Gemeindeordnung, Art. 23 Nr. 1 aE.

freizeichnungen. Richtet sich die Zulässigkeit des Erlasses haftungsmodifizierender Regelungen nämlich nur nach den (Landeskommunal-) Gesetzen und in deren Rahmen, so wirft dies die Frage nach den Anforderungen an die formell-gesetzlichen Ermächtigungsgrundlagen auf.

Öffentlich-rechtliche Haftungsbeschränkungen sind auf kommunaler Ebene namentlich im Rahmen von Anstalts- und Benutzungsverhältnissen von praktischer Relevanz. Anhand der Art. 23, 24 der Bayerischen Gemeindeordnung (BayGO) wird daher im Folgenden exemplarisch[708] untersucht, ob diese Vorschriften eine hinreichende Grundlage des bayerischen Landesgesetzgebers für auf Satzung beruhende Haftungsfreizeichnungen der Gemeinden darstellen. Bedenken bestehen insofern in zweierlei Hinsicht: Zum einen, ob Art. 23, 24 BayGO im Hinblick auf die Ermächtigung der Gemeinden zum Erlaß haftungsbeschränkender Satzungen hinreichend bestimmt sind (dazu unter 2); und zum anderen, ob Art. 23, 24 BayGO im Hinblick auf Haftungsbeschränkungen mit dem verfassungsrechtlichen Grundsatz des Parlamentsvorbehalts in Einklang stehen (dazu unter 3).

2) *Das Bestimmtheitserfordernis der Ermächtigungsnormen*

Die Verleihung der kommunalen Rechtssetzungsbefugnis führt zu einer Kompetenz-Verlagerung von dem jeweils zuständigen formellen Gesetzgeber auf die Gemeinden.[709] Dabei befreit Art. 28 Abs. 2 GG die Gemeinden jedoch nicht von der Pflicht, bei der Ausübung dieses Teils ihres Selbstverwaltungsrechts rechtsstaatliche Prinzipien zu beachten. Hierzu gehören vor allem zum einen der Grundsatz des Vorrangs des Gesetzes, zum anderen – und das ist für satzungsmäßige Haftungsausschlüsse von besonderer Bedeutung – der Grundsatz des Vorbehalts des Gesetzes.

Während die Berücksichtigung des Vorrangs des Gesetzes „unbestritten und unproblematisch“ ist[710], erweist sich die Berücksichtigung des Vorbehalts des Gesetzes als besonderes rechtsstaatliches Hindernis für den kom-

---

708 Die übrigen Bundesländer haben vergleichbare Regelungen getroffen (vgl. Anm. 700).

709 *BVerfGE* 21, 54 (62 f.); 32, 346 (361); ferner: *Becker/Sichert*, JuS 2000, 144 (147).

710 So *Ossenbühl*, in: *Isensee/Kirchhof* (Hrsg.), HdbStR III, § 66 Rn. 26; vgl. ferner: *Martin Weber*, BayVBl. 1998, 327 (329 ff.); *Maurer*, DÖV 1993, 184 (188); *Schoch*, NVwZ 1990, 801 (803); *Stern*, in: *Bonner Kommentar*, Grundgesetz, Art. 28 Rn. 108; *Dreier*, in: *Dreier* (Hrsg.), Grundgesetz, Art. 28 Rn. 134; *Schmidt-Aßmann*, in: *Schmidt-Aßmann* (Hrsg.), Besonderes Verwaltungsrecht, 1. Abschnitt Rn. 95.

munalen Satzungsgeber. Denn nach *allgemeiner Ansicht* gilt der Grundsatz des Vorbehalts des Gesetzes auch für Satzungen, sofern diese Freiheit und Eigentum des Bürgers berühren.[711] In diesen Fällen wird die Satzungsautonomie der Gemeinde zurückgedrängt. Das bedeutet aber nicht, daß den Gemeinden der Erlaß grundrechtstangierender Satzungen generell untersagt ist. Solche Satzungen können von den Gemeinden erlassen werden, wenn sie hierzu aufgrund spezieller, hinreichend bestimmter Ermächtigungsgrundlagen legitimiert sind.[712]

Es ist im Folgenden der Frage nachzugehen, welche Bestimmtheitsanforderungen generell an die formell-gesetzlichen Ermächtigungsgrundlagen zu stellen sind.

a) *Der Bestimmtheitsmaßstab des Art. 80 Abs. 1 Satz 2 GG*

In Bezug auf das Bestimmtheitserfordernis landesrechtlicher Ermächtigungsnormen erscheint es auf den ersten Blick naheliegend, auf die Kriterien des Art. 80 Abs. 1 Satz 2 GG zurückzugreifen. Danach muß das zum Erlaß von Rechtsverordnungen ermächtigende Bundes-Gesetz Inhalt, Zweck und Ausmaß der Ermächtigung bestimmen. Es stellt sich die Frage nach einer analogen Anwendung des Art. 80 Abs. 1 Satz 2 GG auf landesrechtliche Ermächtigungsnormen zum Erlaß kommunaler Satzungen.

aa) Hiergegen haben sowohl *Rechtsprechung*[713] als auch Teile des *Schrifttums*[714] Einwendungen erhoben. Das *Bundesverfassungsgericht* hat dazu ausge-

711 Vgl. dazu Quellen aus neuerer Zeit: *BVerfG*, NJW 1998, 2341; *BVerwGE* 90, 359 (362 f.); ferner: *Bethge*, VVDStRL 57 (1998), S. 7 (27); *ders.*, NVwZ 1983, 577 (578 f.); *Burgi*, VerwArch 90 (1999), S. 70 (92); *Schoch*, NVwZ 1990, 801 (803); *Maurer*, DÖV 1993, 184 (188); *ders.*, Allgemeines Verwaltungsrecht, § 6 Rn. 3 ff.; *Ossenbühl*, in: *Erichsen* (Hrsg.), Allgemeines Verwaltungsrecht, § 9 Rn. 9 ff.; *Schmidt-Aßmann*, in: *Schmidt-Aßmann* (Hrsg.), Besonderes Verwaltungsrecht, 1. Abschnitt Rn. 96; *Seewald*, in: *Steiner* (Hrsg.), Besonderes Verwaltungsrecht, Teil I Rn. 76; aA *Engel-Boland*, Gemeindliches Satzungsrecht und Gesetzesvorbehalt, 1999, nach deren Auffassung das Grundgesetz den Gemeinden eine originäre und eigenständige Rechtssetzungsbefugnis zuspricht, die auch das Recht zum Erlaß grundrechtsbeeinträchtigender Regelungen umfasst.

712 *Sachs*, in: *Stern*, Staatsrecht III/2, S. 454 f.; *Ossenbühl*, in: *Isensee/Kirchhof* (Hrsg.), HdbStR III, § 66 Rn. 28.

713 *BVerfGE* 12, 319 (325); 19, 253 (266 f.); 21, 54 (62 f.); 32, 346 (361); 33, 125 (157 f.); 49, 343 (362); 73, 388 (400); zuletzt: *BVerfG*, DVBl. 1998, 699 (700).

714 *Friehe*, JuS 1979, 465 (469); *Menger*, VerwArch 63 (1972), S. 447 (448 ff.); *Lissack*, Bayerisches Kommunalrecht, § 3 Rn. 20 Anm. 34; *Burgi*, VerwArch 90 (1999), S. 70 (94);

führt[715]: „Art. 80 Abs. 1 Satz 2 GG betrifft nur das herkömmliche Verordnungsrecht der Exekutive, nicht dagegen das auf dem Gedanken der Selbstverwaltung beruhende Satzungsrecht von Gebietskörperschaften. Es gilt schon nach seinem Wortlaut nur für Rechtsverordnungen und nicht für andere unter dem Gesetz stehende Rechtsquellen. Auch sein Sinn zwingt nicht dazu, die dort normierten Anforderungen auf Satzungen von Gemeinden auszudehnen. Bei solchen Satzungen wird der Gewaltenteilungsgrundsatz nicht durchbrochen. Sie werden von den Gemeindevertretungen im Rahmen der Gemeindeautonomie beschlossen. Auch wenn es sich bei dem Gemeinderat nicht um ein echtes Parlament handelt ..., ist er doch als demokratisch gewähltes Beschlußorgan insoweit dem Bereich der Legislative zuzuordnen. Es wird also durch Gesetze, die zum Erlaß von Satzungen ermächtigen, die Rechtssetzungsbefugnis innerhalb der Legislative nur auf andere demokratische Gremien und nicht auf die Exekutive verlagert. Dieser Sachverhalt unterscheidet sich wesentlich von dem, der dem Verfassungsgeber Anlaß zur Einführung des Art. 80 Abs. 1 Satz 2 GG gegeben hat".

bb) Entscheidendes Argument gegen eine analoge Anwendung des Art. 80 Abs. 1 Satz 2 GG auf die landesrechtlichen Ermächtigungsvorschriften zum Erlaß kommunaler Satzungen ist die Eigenverantwortlichkeitsgarantie des Art. 28 Abs. 2 GG. Das Recht zur Selbstverwaltung gewährleistet den Gemeinden die Regelung aller Angelegenheiten der örtlichen Gemeinschaft in eigener Verantwortung. Die Gemeinden sollen unter Berücksichtigung der örtlichen Gegebenheiten und Erfordernisse selbst darüber entscheiden, mit welchem Inhalt und zu welchem Zweck gemeindliches Recht gesetzt wird. Der Selbstverwaltungsgarantie des Art. 28 Abs. 2 GG würde bei der Anwendung des strengen Bestimmtheitsgrundsatzes des Art. 80 Abs. 1 Satz 2 GG auf Satzungsermächtigungen nicht hinreichend Rechnung getragen.[716]

cc) Vor diesem Hintergrund erscheint daher vielmehr eine Anpassung der Bestimmtheitsanforderungen auf kommunalspezifische Gegebenheiten geboten.[717] Das verfassungsrechtliche Spannungsverhältnis zwischen dem

---

Becker/Sichert, JuS 2000, 144 (147); *Ossenbühl*, in: *Erichsen* (Hrsg.), Allgemeines Verwaltungsrecht, § 6 Rn. 66; *Bauer*, in: *Dreier* (Hrsg.), Grundgesetz, Art. 80 Rn. 15; *Stein*, Staatsrecht, § 20 II 7.

715 *BVerfGE* 32, 346 (361).

716 *Lissack*, Bayerisches Kommunalrecht, § 3 Rn. 23.

717 In diesem Sinne auch: *Burgi*, VerwArch 90 (1999), S. 70 (95); *Schmidt-Aßmann*, Sitzungsberichte zum 58. DJT, 1990, N 8, 15 f.; *ders.*, in: *Schmidt-Aßmann* (Hrsg.), Besonderes

Grundsatz des Vorbehalts des Gesetzes (Art. 20 Abs. 3 GG) einerseits und der kommunalen Satzungsautonomie (Art. 28 Abs. 2 GG) andererseits sollte deshalb dahingehend gelöst werden, daß die Satzungsermächtigungen zumindest den Regelungsgegenstand sowie den Adressatenkreis etwaiger Grundrechtseingriffe festlegen.[718] Eine Reduzierung der Bestimmtheitsanforderungen für die Ermächtigungsvorschriften auf einen sachlichen und personellen Bereich schafft insoweit einen interessengerechten Ausgleich zwischen rechtsstaatlichen Grundsätzen und der Selbstverwaltungsgarantie.

b) *Erstreckung der Ermächtigungsgrundlagen der Art. 23, 24 BayGO auf kommunale Haftungsregelungen*

Legt man die soeben aufgezeigten Kriterien für das Maß der erforderlichen Bestimmtheit zugrunde, so ist nunmehr zu prüfen, ob Art. 23, 24 BayGO diesen Bestimmtheitsanforderungen im Hinblick auf den Erlaß satzungsmäßiger Haftungsfreizeichnungen genügen: Art. 23 Satz 1 BayGO ermächtigt die Gemeinden „zur Regelung ihrer Angelegenheiten" durch Satzung. Demgegenüber sind „Satzungen zur Regelung übertragener Angelegenheiten (bzw.) bewehrte Satzungen und Rechtsverordnungen" nur in gesetzlich bestimmten Fällen zulässig, Art. 23 Satz 2 BayGO. Daneben räumt Art. 24 Abs. 1 BayGO den Gemeinden das Recht ein, durch Satzung u.a. die Benutzung ihres Eigentums sowie ihrer öffentlichen Einrichtungen zu regeln (Nr. 1), ferner den Anschluß an die kommunale Wasser- und Fernwärmeversorgung vorzuschreiben (Nr. 2, Nr. 3).

aa) *Anwendungsbereich des Art. 23 BayGO*

Art. 23 Satz 1 BayGO erfüllt ohne Zweifel nicht die Bestimmtheitserfordernisse, die an Ermächtigungsgrundlagen zu stellen sind. Die Vorschrift enthält keine Beschränkung auf einen sachlichen oder personellen Anwendungsbereich gemeindlicher Satzungen. Sie hat vielmehr eine rein deklarato-

---

Verwaltungsrecht, 1. Abschnitt Rn. 95 aE; zustimmend: *Dreier*, in: *Dreier* (Hrsg.), Grundgesetz, Art. 28 Rn. 134 aE.

718 *Burgi*, VerwArch 90 (1999), S. 70 (95), der sich dabei auf die Rechtsprechung des *Bundesverfassungsgerichts* (DVBl. 1998, 699 (700)) zur Bestimmtheit von Abgabenermächtigungen stützt. In diesem Bereich werde regelmäßig ein abgeschwächter Bestimmtheitsmaßstab zugrunde gelegt. Eine „durchgehende gesetzliche Determinierung" sei in diesen Fällen nicht erforderlich.

rische Bedeutung, weil sie nämlich nur die verfassungsrechtlich gewährte Satzungsautonomie gem. Art. 28 Abs. 2 Satz 1 GG auf einfach-gesetzlicher Ebene bestätigt.[719] Im übrigen kann Art. 23 Satz 1 BayGO auch deshalb nicht als Ermächtigungsgrundlage dienen, da die Regelung die Gemeinden nicht zum Erlaß grundrechtstangierender Satzungen ermächtigt: Die pauschale Ermächtigung „zur Regelung ihrer Angelegenheiten" genügt dem rechtsstaatlichen Grundsatz des Vorbehalts des Gesetzes nicht.[720] Die Satzungsautonomie wird insoweit verdrängt.[721]

bb) *Anwendungsbereich des Art. 24 Abs. 1 BayGO*

Fraglich ist, ob Art. 24 Abs. 1 BayGO eine den Bestimmtheitsanforderungen genügende Ermächtigungsgrundlage für satzungsmäßige Haftungsfreizeichnungen der Gemeinden ist. Wenngleich Art. 24 Abs. 1 BayGO keine ausdrückliche Ermächtigung zum Erlaß haftungsmodifizierender Regelungen enthält[722], so läßt sich aber möglicherweise durch Auslegung eine Rechtssetzungsbefugnis der Gemeinden hierzu ermitteln. Wegen der unterschiedlichen Regelungsgegenstände ist dabei zwischen den einzelnen Enumerationen des Art. 24 Abs. 1 BayGO zu trennen:

aaa) *Art. 24 Abs. 1 Nr. 1 BayGO*

Art. 24 Abs. 1 Nr. 1 BayGO ermächtigt die Gemeinden, „die Benutzung ihres Eigentums und ihrer öffentlichen Einrichtungen (zu) regeln". Haftungsfreizeichnungen der Gemeinden könnten eine „Regelung" im Sinne des Art. 24 Abs. 1 Nr. 1 BayGO darstellen. Dies wäre zu bejahen, wenn die Vorschrift die oben erläuterten Bestimmtheitskriterien erfüllt. Art. 24 Abs. 1 Nr. 1 BayGO müßte also den Regelungsgegenstand sowie den Adressatenkreis hinreichend festlegen: Art. 24 Abs. 1 Nr. 1 BayGO verleiht den Gemeinden die Befugnis, die Benutzung ihres Eigentums und ihrer öffentli-

---

719 Vgl. nur: *Martin Weber*, BayVBl. 1998, 327 (329).

720 *BVerwGE* 90, 359 (363); *Martin Weber*, BayVBl. 1998, 327 (329); *Bethge*, NVwZ 1983, 577 (579); *Schmidt-Aßmann*, in: *Schmidt-Aßmann* (Hrsg.), Besonderes Verwaltungsrecht, 1. Abschnitt Rn. 96; hinsichtlich satzungsrechtlichen Betretungsrechten: *VGH München*, BayVBl. 1998, 470; *VGH Mannheim*, DVBl. 1993, 778 (779); dazu auch: *Lübbe-Wolf*, DVBl. 1993, 762 ff.

721 So *Ossenbühl*, in: *Isensee/Kirchhof* (Hrsg.), HdbStR III, § 66 Rn. 26.

722 Vgl. *Reiter*, BayVBl. 1990, 711 (712).

chen Einrichtungen durch Satzung festzulegen. Der Regelungsgegenstand der Satzungen ist damit bestimmt. Art. 24 Abs. 1 Nr. 1 BayGO läßt auch den Adressatenkreis erkennen: nämlich die Benutzer des öffentlichen Eigentums bzw. der öffentlichen Einrichtungen.

Art. 24 Abs. 1 Nr. 1 BayGO bestimmt also den Regelungsgegenstand von Satzungen und deren Adressatenkreis. Es bestehen daher keine Bedenken gegen die Zulässigkeit von satzungsmäßigen Haftungsfreizeichnungen im Rahmen kommunaler Benutzungsverhältnisse.[723]

bbb) Art. 24 Abs. 1 Nr. 2 bzw. Nr. 3 BayGO

Fraglich ist indessen, ob den Gemeinden eine Satzungsbefugnis hinsichtlich des Erlasses von Haftungsbeschränkungen im Rahmen von Schuldverhältnissen aufgrund eines Anschluß- und Benutzungszwangs eingeräumt ist. Es handelt sich hierbei namentlich um Versorgungsverhältnisse für Wasser und Fernwärme, Art. 24 Abs. 1 Nr. 2 und Nr. 3 BayGO.[724]

Bedenken bestehen insofern, als den Gemeinden möglicherweise insoweit eine Rechtssetzungsbefugnis kraft Bundesrechts vorenthalten ist. So sieht nämlich § 27 AGBG den Erlaß von (Bundes-) Rechtsverordnungen zur Regelung der Lieferungsbedingungen von Wasser und Fernwärme vor.[725] Von dieser Ermächtigung hat der Verordnungsgeber Gebrauch gemacht: § 6 AVBWasserV[726] und § 6 AVBFernwärmeV[727] legen sowohl all-

---

723 So auch im Ergebnis: *BGH*, BayVBl. 1978, 219; *BayObLG*, BayVBl. 1989, 571 (572); *VGH München*, BayVBl. 1985, 407 (409); *Rozek*, BayVBl. 1989, 761 (763); *Widtmann/Grasser*, Bay. Gemeindeordnung, Art. 24 Rn. 5; differenzierend: *Reiter*, BayVBl. 1990, 711 (712), der die Anforderungen an die Ermächtigungsgrundlage an die „Gefährlichkeit staatlichen Handelns" knüpft. Befinde sich der Bürger „in einer Situation faktischer oder rechtlicher Unentrinnbarkeit vor der Staatsgewalt", so sei eine ausdrückliche Ermächtigung erforderlich. Bei „freiwillig" begründeten Rechtsverhältnissen seien geringere Anforderungen an die Ermächtigungsgrundlage zu stellen. Für diese Fälle halte aber Art. 24 Abs. 1 Nr. 1 BayGO eine hinreichend bestimmte Regelungsbefugnis für die Gemeinde bereit.

724 Zu den übrigen Rechtsverhältnissen, für die ein Anschluß- und Benutzungszwang durch Satzung angeordnet werden kann, vgl. unter G)II)2)b)bb)ccc) (Seite 192 ff.).

725 Zu der Verfassungsmäßigkeit von § 27 AGBG, vgl. *BVerfG*, DVBl. 1982, 27 ff.; *BGH*, NVwZ 1985, 291 (292); NJW 1987, 1622; aA *Knemeyer/Emmert*, JZ 1982, 284 ff.; dazu auch: *Mittermeier*, Haftung, S. 177.

726 AVBWasserV vom 20.6.1980 (BGBl. I S. 750).

727 AVBFernwärmeV vom 20.6.1980 (BGBl. I S. 742).

gemeine Haftungsregelungen als auch spezielle Haftungsfreizeichnungen umfassend und verbindlich fest.[728] Diese sind gem. § 27 Satz 2 ABGB bzw. § 35 AVBWasserV/§ 35 AVBFernwärmeV auch für öffentlich-rechtlich gestaltete Versorgungsverhältnisse maßgebend.[729]

Diese Einwirkung des (Bundes-) Verordnungsgebers auf den Selbstverwaltungsbereich der Gemeinden ist durch die Gesetzgebungskompetenz des Bundes gedeckt: So folgt die Regelungsbefugnis hinsichtlich Wasserversorgungsverhältnissen aus Art. 74 Abs. 1 Nr. 11 GG (Recht der Wirtschaft)[730] bzw. Art. 74 Abs. 1 Nr. 17 GG (Förderung der land– und forstwirtschaftlichen Erzeugung und die Sicherung der Ernährung)[731]. Die Gesetzgebungsbefugnis in Bezug auf die Fernwärmeversorgung ergibt sich ebenfalls aus Art. 74 Abs. 1 Nr. 11.[732]

Aufgrund der abschließenden Regelung durch die AVBV verbleibt dem gemeindlichen Satzungsgeber in diesen Fällen kein Spielraum für selbständige Haftungsmodifizierungen.

ccc) Art. 24 Abs. 1 Nr. 2 BayGO

Abschließend ist der Frage nachzugehen, ob Art. 24 Abs. 1 Nr. 2 BayGO auch in den übrigen – spezialgesetzlich nicht geregelten – Fällen eine hinreichend bestimmte Ermächtigungsgrundlage für satzungsmäßige Haftungsbeschränkungen gewährleistet. Dies betrifft namentlich die Abwasserbeseitigung[733], Abfallentsorgung, Straßenreinigung sowie Bestattungseinrichtungen und Schlachthöfe. Unter Zugrundelegung der Bestimmtheitskriterien von „Regelungsgegenstand" und „Adressatenkreis" läßt sich Art. 24 Abs. 1 Nr. 2 BayGO auch für Haftungsfreizeichnungen im Bereich der gemeindlichen Daseinsvorsorge als hinreichend bestimmte Ermächtigungsgrundlage

---

728 Vgl. dazu: *Schmidt-Aßmann*, in: *Schmidt-Aßmann* (Hrsg.), Besonderes Verwaltungsrecht, 1. Abschnitt Rn. 96; *Martin Weber*, BayVBl. 1998, 327 (330).

729 Vgl. *Ludwig/Cordt/Stech/Odenthal*, Recht der Elektrizitäts-, Gas- und Wasserversorgung, Band 2, § 35 AVBWasserV, § 35 AVBFernwärmeV.

730 *BVerfG*, DVBl. 1982, 27 (28); *BVerwG*, NVwZ 1988, 1126 (1127).

731 *BVerfG*, DVBl. 1982, 27 (28).

732 *Rengeling*, in: *Bonner Kommentar*, Grundgesetz, Art. 74 Nr. 11 Rn. 80; *Maunz*, in: *Maunz/Dürig* (Hrsg.), Grundgesetz, Art. 74 Rn. 144.

733 § 27 Satz 1 AGBG in der Fassung vom 21. 7. 1999 sieht nunmehr auch die Möglichkeit vor, die Abwasserentsorgung durch (Bundes-) Rechtsverordnung zu regeln. Eine solche Verordnung ist aber bislang nicht erlassen.

qualifizieren. Diese Vorschrift genügt damit den Bestimmtheitsanforderungen formell-gesetzlicher Ermächtigungsgrundlagen in personeller sowie sachlicher Hinsicht.[734]

c) *Zwischenergebnis*

Satzungen von grundrechtsrelevanter Bedeutung bedürfen einer hinreichend bestimmten Ermächtigungsgrundlage. Diese muß den Regelungsgegenstand sowie den Adressatenkreis erkennen lassen. Die Gemeinden können ihre Haftung im Anwendungsbereich des Art. 24 Abs. 1 BayGO durch Satzung begrenzen, sofern nicht Wasser- bzw. Fernwärmeversorgungsverhältnisse in Rede stehen.

3) *Der Parlamentsvorbehalt als verfassungsrechtliche Grenze der Satzungsautonomie*

Das Recht des formellen Gesetzgebers, Rechtssetzungsbefugnisse kommunalen Satzungsgebern einzuräumen, besteht allerdings nicht uneingeschränkt: Verfassungsrechtliche Grenzen bestehen insofern, als sich der formelle Gesetzgeber auch durch hinreichend bestimmte Ermächtigungsgrundlagen nicht seiner Kompetenzen gänzlich entledigen und diese an die Exekutive delegieren kann.[735] Der formelle Gesetzgeber ist verpflichtet, die wesentlichen und grundlegenden Entscheidungen des Gemeinwesens selbst zu treffen (sog. Parlamentsvorbehalt).[736] Der Parlamentsvorbehalt erweist sich insoweit als gesteigerte Form des Gesetzesvorbehalts.[737]

Die dogmatische Grundlage für die sogenannte Wesentlichkeits-Rechtsprechung hat das *Bundesverfassungsgericht* im Facharzt-Beschluß[738] vom 9. Mai 1972 aus dem Rechtsstaatsprinzip und dem Demokratieprinzip ab-

734 So im Ergebnis auch *BGHZ* 61, 7 (15) für den Fall der Schlachthofbenutzung.

735 *Böckenförde*, NJW 1999, 1235.

736 *BVerfGE* 47, 46 (78 ff.); 49, 89 (126); 77, 381 (403); 83, 130 (142); 84, 212 (226); 88, 103 (116).

737 *Bethge*, NVwZ 1983, 577 (578); ähnlich: *Wehr*, JuS 1997, 419 (423).

738 *BVerfGE* 33, 125 ff.; seitdem st. Rspr.; zuletzt: *BVerfGE* 83, 130 (142), 88, 103 (116); 90, 286 (381 f.); 91, 148 (162); *BVerfG*, BayVBl. 1998, 626 (628); DVBl. 1998, 699 (700); vgl. auch die Zustimmung von Seiten der *Literatur*: *Erbguth*, VerwArch 86 (1995), S. 327 (339 f.); *Wehr*, JuS 1997, 419 (422 f.); *Martin Weber*, BayVBl. 1998, 327 (328); *Burgi*, VerwArch 90 (1999), S. 70 (93).

geleitet. Der Gesetzgeber dürfe „seine vornehmste Aufgabe nicht anderen Stellen innerhalb oder außerhalb der Staatsorganisation zu freier Verfügung überlassen".[739] Das gelte insbesondere dann, wenn der Akt der Autonomieverleihung dem autonomen Verband nicht nur allgemein das Recht zu eigenverantwortlicher Wahrnehmung der übertragenen Aufgaben und zum Erlaß der erforderlichen Organisationsformen einräume. Vielmehr sei dies auch bei Ermächtigungen zu Eingriffen im Grundrechtsbereich zu berücksichtigen. Die grundrechtlichen Gesetzesvorbehalte übertrügen „in erster Linie dem Gesetzgeber die Entscheidung darüber, welche Gemeinschaftsinteressen so gewichtig (seien), daß das Freiheitsrecht des Einzelnen zurücktreten (müsse)".[740] Dieser Entscheidungspflicht könne sich der Gesetzgeber nicht beliebig entziehen.

a) *Anwendbarkeit des Parlamentsvorbehalts auf die kommunale Selbstverwaltung*

aa) Die von den Landesgesetzgebern den Gemeinden eingeräumte Befugnis, Haftungsbeschränkungen durch Satzung zu erlassen, ist nicht unproblematisch: So erscheint es nämlich nicht von vornherein ausgeschlossen, daß satzungsmäßige Haftungsfreizeichnungen trotz ihrer bloß kommunalen Relevanz nicht in die Regelungszuständigkeit der Gemeinden fallen. Vielmehr könnte es sich hierbei um eine Regelungsmaterie handeln, die wegen ihrer herausragenden Bedeutung für das Gemeinwesen der Zuständigkeit des formellen Gesetzgebers vorbehalten ist. Haftungsbeschränkende Regelungen unterliegen also möglicherweise dem Parlamentsvorbehalt mit der Folge, daß den Gemeinden kraft Verfassungsrechts insoweit die Regelungskompetenz fehlt. Voraussetzung ist jedoch zunächst, daß der Grundsatz des Parlamentsvorbehalts überhaupt für kommunale Selbstverwaltungskörperschaften gilt.

bb) Das *Bundesverfassungsgericht* hat die Frage der Geltung des Parlamentsvorbehalts für die kommunale Selbstverwaltung bislang offengelassen.[741] Weite Teile der *Literatur*[742] befürworten die Geltung des Parlamentsvorbe-

---

739 *BVerfGE* 33, 125 (158).

740 *BVerfGE* 33, 125 (159).

741 Vgl. die Nachweise bei: *Burgi*, VerwArch 90 (1999), S. 70 (93) Anm. 116.

742 Vgl. dazu: *Ossenbühl*, in: *Isensee/Kirchhof* (Hrsg.), HdbStR III, § 66 Rn. 29; *Bethge*, NVwZ 1983, 577 (578 f.); *Erbguth*, VerwArch 86 (1995), S. 327 (341); *Martin Weber*, BayVBl. 1998, 327 (328 f.); einschränkend: *Schmidt-Aßmann*, in: *Schmidt-Aßmann* (Hrsg.), Besonderes Verwaltungsrecht, 1. Abschnitt Rn. 96 aE, wonach die Satzungsbefugnis der

halts auf kommunaler Ebene. Dafür sprechen zu Recht folgende Erwägungen:

aaa) Auch auf gemeindlicher Ebene sind eine bevorzugte Berücksichtigung von Gruppeninteressen sowie damit verbundene Grundrechtsgefährdungen Dritter nicht auszuschließen, wenn auch nicht in dem Maße, wie es vergleichsweise bei Berufsverbänden möglich erscheint. Dies ist zurückzuführen auf eine „geringere Distanz des kommunalen Entscheidungsapparates zu den Regelungsgegenständen".[743] Dieser Umstand begründet jedenfalls die „Gefahr einseitiger Normierungen".[744] So kann nicht geleugnet werden, daß in Fragen von grundlegender Bedeutung für das Gemeinwesen eine Regelung durch den parlamentarischen Gesetzgeber einen interessengerechten Ausgleich jedenfalls eher zu gewährleisten imstande ist, als dies von autonomen Körperschaften zu erwarten ist.

bbb) Der Geltung des Parlamentsvorbehalts im Bereich der kommunalen Selbstverwaltung kann nicht entgegengehalten werden, auf diese Weise würde deren institutionelle Garantie untergraben. Art. 28 Abs. 2 GG verbürgt die Gemeinden lediglich als „Rechtseinrichtung". Das bedeutet: Die Gemeinden dürfen als solche nicht substantiell ausgehöhlt oder gar beseitigt werden. Die institutionelle Garantie kann indessen nicht für eine Freizeichnung der Gemeinden von ihrer Grundrechtsbindung herangezogen werden.[745] Hieraus ergibt sich gleichzeitig, daß sich die Gemeinden unter Berufung auf Art. 28 Abs. 2 GG der Beachtung „grundrechtsspezifischer Sicherungselemente"[746] – wie etwa des Parlamentsvorbehalts – nicht entziehen können.

Kommunen wegen derer spezifischen demokratischen Eigenlegitimation nicht gänzlich von der Ausdehnung des Parlamentsvorbehalts erfaßt sein soll; zustimmend: *Dreier*, in: *Dreier* (Hrsg.), Grundgesetz, Art. 28 Rn. 134 aE; *Stober*, Kommunalrecht, § 18 I 3 d; *Becker/Sichert*, JuS 2000, 144 (147); kritisch insgesamt: *Maurer*, DÖV 1993, 184 (188 f.), nach dessen Auffassung die Geltung des Parlamentsvorbehalts „durch die verfassungsrechtliche Garantie und die besondere Ausgestaltung der kommunalen Selbstverwaltung relativiert und zurückgedrängt" wird.

743 So *Schmidt-Aßmann*, Die kommunale Rechtssetzungsbefugnis, in: *Püttner* (Hrsg.), Handbuch der kommunalen Wissenschaft und Praxis, Band III, S. 182 (185); zustimmend: *Weber*, BayVBl. 1998, 327 (328); *Ossenbühl*, in: *Isensee/Kirchhof* (Hrsg.), HdbStR III, § 66 Rn. 29.

744 *Schmidt-Aßmann*, in: *Püttner* (Hrsg.), Handbuch der kommunalen Wissenschaft und Praxis, Band III, S. 182 (185).

745 *Weber*, BayVBl. 1998, 327 (328).

746 So *Bethge*, NVwZ 1983, 577 (579).

ccc) Ferner kann gegen die Geltung des Parlamentsvorbehalt auf der Ebene der kommunalen Selbstverwaltung auch nicht eingewendet werden, der Gemeinderat sei unmittelbar demokratisch legitimiert und dürfe somit „grundrechtsregulierend" agieren.[747] Durch Ausübung seiner (Teil-) Funktion als Rechtssetzungsorgan verliert der Gemeinderat nämlich nicht seinen originären Status als Organ der Selbstverwaltungskörperschaft[748]: Die Übernahme der Rechtssetzungstätigkeit (neben der eigentlichen Verwaltungsaufgabe) bewirkt keinen „Funktionswandel" des Gemeinderats zu einem Legislativorgan. Denn ein hieraus resultierender dreistufiger „Gesamtstaatsaufbau" ist dem Grundgesetz fremd.[749] So darf die kommunale Rechtssetzungsbefugnis schließlich nicht darüber hinwegtäuschen, daß die Gemeinden lediglich Teil der mittelbaren Staatsverwaltung sind und damit in keinem kompetenzrechtlichen Konkurrenzverhältnis zu Bund und Ländern stehen.[750] Daraus ergibt sich auch, daß die – wenngleich demokratische – Legitimation des Gemeinderats durch das Gemeindevolk nicht ausreicht, in Grundrechte einzugreifen. Dazu ist nur der formelle Gesetzgeber als Repräsentant des gesamten Volkes legitimiert.[751]

ddd) Als Zwischenergebnis ist festzuhalten: Der Parlamentsvorbehalt gilt auch auf der Ebene der kommunalen Selbstverwaltung.

b) Einschlägigkeit des Parlamentsvorbehalts für satzungsmäßige Haftungsbeschränkungen der Gemeinden

Es stellt sich nunmehr die Frage, ob es sich bei verwaltungsschuldrechtlichen Haftungsfreizeichnungen der Gemeinden um grundlegende Entschei-

---

747 Vgl. aber: *Jakob*, DÖV 1970, 666 (668 ff.); *Brehm*, Benutzungsregelungen gemeindlicher öffentlicher Einrichtungen, S. 44 ff.

748 *BVerfGE* 78, 344 (348); *BVerwGE* 90, 359 (362).

749 Vgl. *BVerwGE* 44, 351 (364); *Ossenbühl*, in: *Isensee/Kirchhof* (Hrsg.), HdbStR III, § 66 Rn. 29; *Bethge*, NVwZ 1983, 577 (579).

750 A.A. *Gallwas*, BayVBl. 1992, 644 (645), nach dessen Auffassung die Gemeinden kraft Verfassung über ein Satzungsrecht verfügen, „solange und soweit der Gesetzgeber ... keinen entsprechenden Rahmen (vorgebe) und auch auf entsprechende Maßgaben (verzichte)". Aus dieser verfassungrechtlich angelegten Subsidiarität der Kompetenzordnung zwischen Bund, Ländern und Gemeinden folge, daß die Gemeinden regelungszuständig seien, „wenn und soweit das Land von seinen Kompetenzen keinen Gebrauch" mache.

751 *Waechter*, Kommunalrecht, 3. Auflage, 1997, Rn. 466; *Bethge*, NVwZ 1983, 577 (579); *Weber*, BayVBl. 1998, 327 (329).

dungen des Gemeinwesens handelt, deren Regelung nur durch den formellen Gesetzgeber erfolgen kann.

aa) Anlaß für diese Überlegung gibt eine vergleichende Betrachtung mit dem Amtshaftungsrecht. So entspricht es weitverbreiteter Ansicht, daß Haftungsfreizeichnungen im Rahmen von § 839 BGB i.V.m. Art. 34 GG dem Parlamentsvorbehalt unterliegen.[752] Die Amtshaftung genießt als institutionelle Garantie[753] Verfassungsrang (Art. 34 Satz 1 GG). Freizeichnungen bilden eine Ausnahme von dem Grundsatz der Amtshaftung und sind daher einem Regelungsbereich zuzuordnen, der ausschließlich in die Zuständigkeit des formellen Gesetzgebers fällt.[754]

Vor diesem Hintergrund liegt deshalb die Annahme nahe, daß es sich bei verwaltungsschuldrechtlichen Haftungsbeschränkungen ebenfalls um eine Regelungsmaterie von wesentlicher Bedeutung handelt, die einer formellgesetzlichen Ausformung bedarf. Für eine Orientierung an dem „Vorbild" der Amtshaftung im Verwaltungsschuldrecht spricht insbesondere der Umstand, daß beide Anspruchsgrundlagen in vielen Fällen miteinander konkurrieren.[755]

bb) Gegen eine Geltung des Parlamentsvorbehalts spricht allerdings die Tatsache, daß die Haftung der öffentlichen Hand nach verwaltungsschuldrechtlichen Grundsätzen gerade nicht den Rang einer institutionellen Garantie genießt.[756] Das Verwaltungsschuldrecht ist richterrechtlichen Ursprungs. Sein Bestand wird nicht vom Grundgesetz gewährleistet. Eine Kollision des Verwaltungsschuldrechts mit dem Verfassungsrecht ist insoweit nicht gegeben. Dies gilt vor allem deshalb, weil Art. 34 GG nur eine „Mindestgarantie" der Staatshaftung enthält.[757] Die Haftung der öffentlichen Hand aus der Verletzung verwaltungsschuldrechtlicher Rechtsverhält-

---

752 *BGHZ* 61, 7 (14 f.); *Brehm*, DÖV 1974, 415 (417); *Seibert*, DÖV 1986, 957 (963 ff.); *Rozek*, BayVBl. 1989, 761 (762); *Erichsen*, Kommunalrecht NRW, § 10 J; *Ossenbühl*, Staatshaftungsrecht, S. 96; wohl auch *Peine*, Allgemeines Verwaltungsrecht, Rn. 415; differenzierend: *Reiter*, BayVBl. 1990, 711 (712) m.w.N.

753 *Bonk*, in: *Sachs* (Hrsg.), Grundgesetz, Art. 34 Rn. 3; *Papier*, in: *Maunz/Dürig* (Hrsg.), Grundgesetz, Art. 34 Rn. 13; *Detterbeck/Windthorst/Sproll*, Staatshaftungsrecht, § 8 Rn. 17; *Rozek*, BayVBl. 1989, 761 (762); *Reiter*, BayVBl. 1990, 711 (712); aA: *Wieland*, in: *Dreier* (Hrsg.), Grundgesetz, Art. 34 Rn. 23; *Rittstieg*, in: *Alternativ-Kommentar*, Grundgesetz, Art. 34 Rn. 7.

754 Vgl. *Rozek*, BayVBl. 1989, 761 (762).

755 Statt vieler: *Ossenbühl*, Staatshaftungsrecht, S. 360.

756 Vgl. unter A)II)2) (Seite 32 f.).

757 *BVerfGE* 61, 149 (199); *BVerfG*, NVwZ 1998, 271 (272).

nisse geht über das vom Grundgesetz garantierte staatshaftungsrechtliche Mindestmaß hinaus.[758] Verwaltungsschuldrechtliche Haftungsfreizeichnungen führen daher zu keiner verfassungsrechtlich unzulässigen Minderung der Haftung des Staates.

cc) Die Erstreckung des Parlamentsvorbehalts auf kommunale Haftungsbeschränkungen läßt sich auch nicht mit dem Argument bejahen, Haftungsbeschränkungen könnten Grundrechtsbeeinträchtigungen nach sich ziehen. Der Grundrechtsrelevanz satzungsmäßiger Haftungsausschlüsse trägt bereits der Grundsatz des Vorbehalts des Gesetzes in hinreichendem Umfang Rechnung. Dies gilt insbesondere auch deshalb, weil die öffentliche Hand ihre Haftung in der Regel nicht gänzlich ausschließt, sondern in der Regel nur für bestimmte Verschuldensformen oder Schadensarten. Das Bedürfnis nach einem gesteigerten Vorbehalt des Gesetzes in Form eines Parlamentsvorbehalts ist daher für diese Fälle nicht zu erkennen.[759]

4) Ergebnis

Der Parlamentsvorbehalt gilt grundsätzlich für kommunale Selbstverwaltungskörperschaften. Haftungsbeschränkungen in Gestalt von Satzungen stellen jedoch einen Regelungsgegenstand dar, der dem Parlamentsvorbehalt nicht unterfällt.[760] Art. 24 Abs. 1 BayGO bildet eine hinreichend bestimmte Ermächtigungsgrundlage zum Erlaß von Haftungsfreizeichnungen im Rahmen kommunaler Anstalts- und Benutzungsverhältnisse. Satzungen auf der Grundlage des Art. 24 Abs. 1 BayGO genügen daher dem rechtsstaatlichen Grundsatz des Vorbehalts des Gesetzes.

---

758 Vgl. dazu unter A)II)2) (Seite 32 f.).

759 Vgl. auch: *BVerwGE* 90, 359 (363) in Anlehnung an *BVerfGE* 71, 162 (172): Danach sind die Anforderungen an die Bestimmtheit der Ermächtigung umso höher, je empfindlicher private Interessen beeinträchtigt und je stärker die Interessen der Allgemeinheit berührt werden.

760 So auch im Ergebnis: *VGH München*, BayVBl. 1985, 407 (409); *Widtmann/Grasser*, Bay. Gemeindeordnung, Art. 24 Rn. 5; *Rozek*, BayVBl. 1989, 761 (763).

III) Haftungsbeschränkungen im Rahmen von öffentlich-rechtlichen Verträgen

Als weiteres rechtstechnisches Mittel zur Begrenzung der Haftung steht der Verwaltung der öffentlich-rechtliche Vertrag zur Verfügung. Rechtsgeschäftliche Haftungsbeschränkungen sind grundsätzlich zulässig, sofern keine zwingenden öffentlich-rechtlichen Rechtsvorschriften entgegenstehen, § 54 Satz 1 VwVfG.[761] So kann beispielsweise bei Vermietung eines gemeindlichen Feuerwehrkranes die Haftung für bestimmte Verschuldensformen vertraglich ausgeschlossen werden.[762]

IV) Haftungsbeschränkungen aufgrund Verwaltungsakts

1) Haftungsbeschränkungen aufgrund Verwaltungsakts nach § 35 Satz 1 VwVfG

Will die öffentliche Hand ihre Haftung im Rahmen einzelner verwaltungsrechtlicher Schuldverhältnisse beschränken, kann dies durch Erlaß eines konkret-individuellen Verwaltungsakts nach § 35 Satz 1 VwVfG erfolgen. Wegen der belastenden Wirkung für den Bürger bedarf sie zu dessen Erlaß einer Rechtsgrundlage.[763] Eine solche Form der Haftungsbeschränkung kommt zum Beispiel im Zusammenhang mit der Verpflichtung des Bürgers zum Anschluß an die gemeindliche Abwasserentsorgung in Betracht. Die Rechtsgrundlage bildet in diesem Fall die den Anschluß und Benutzungszwang festsetzende Satzung, soweit dort eine Haftungsfreizeichnung etwa für bestimmte Verschuldensformen vorgesehen ist.

---

761 Vgl. *Erichsen*, Jura 1986, 196 (204); *Rüfner*, DÖV 1973, 808 (809); *ders.*, in: *Erichsen* (Hrsg.), Allgemeines Verwaltungsrecht, § 49 Rn. 14; *Mittermeier*, Haftung, S. 228; *Palder*, Haftungsbeschränkungen, S. 93 ff.; restriktiver: *Tiemann*, VerwArch 65 (1974), S. 381 (402); *ders.*, in: BayVBl. 1974, 57 (60).

762 Beispiel in Anlehnung an: *BayObLG*, BayVBl. 1989, 571 ff.

763 Vgl. *Rüfner*, DÖV 1973, 808 (809); *ders.*, in: *Erichsen* (Hrsg.), Allgemeines Verwaltungsrecht, § 49 Rn. 14; *Palder*, Haftungsbeschränkungen, S. 93.

2) Haftungsbeschränkungen aufgrund von sog. Anstalts- und Benutzungsordnungen

Haftungsbeschränkungen werden desweiteren vielfach im Rahmen sog. Anstalts- und Benutzungsordnungen festgesetzt. So werden beispielsweise die Bedingungen der Nutzung eines Schlachthofs in einer Benutzungsordnung geregelt. Eine solche Benutzungsordnung ist jedoch kein eigenständiges hoheitliches Handlungsinstrument. Unter der Bezeichnung „Anstalts- und Benutzungsordnungen" werden vielmehr Regelungen zusammengefaßt, die die Bedingungen der Nutzung öffentlicher Einrichtungen konkretisieren.

Im Kontext der rechtstechnischen Formen verwaltungsschuldrechtlicher Haftungsbeschränkungen stellt sich die Frage nach der Rechtsnatur von Anstalts- und Benutzungsordnungen. Diese Frage ist umstritten: Diskutiert werden eine Qualifizierung als sogenannte Sonderverordnung und als Verwaltungsakt in Form einer Allgemeinverfügung.

a) Qualifizierung von Anstalts- und Benutzungsordnungen als Sonderverordnungen?

aa) Von Teilen der *Literatur* wird die Ansicht vertreten, Benutzungsordnungen seien als Sonderverordnungen zu qualifizieren.[764] Die gesetzlich nicht fixierte Rechtsfigur der Sonderverordnung ist als Handlungsinstrument der Verwaltung entwickelt worden[765], mit dem sie die sogenannten besonderen Gewaltverhältnisse[766] regeln sollte. So werden Sonderverordnungen definiert als einseitige, hoheitlich erlassene, abstrakt-generelle Anordnungen staatlicher oder kommunaler Organe oder Anstalten zur Regelung nicht körperschaftlicher verwaltungsrechtlicher Sonderverhältnisse.[767] Derartige Rechtsverhältnisse seien dem verwaltungsinternen Bereich zuzuordnen.

---

764 Vgl. *Zuleeg*, JuS 1973, 34 (35); *Schmidt-Aßmann*, in: *Püttner* (Hrsg.), Handbuch der kommunalen Wissenschaft und Praxis, Band III, S. 200; *Wolff/Bachof/Stober*, Verwaltungsrecht II, 5. Auflage, 1987, § 99 Rn. 2; *Gern*, Deutsches Kommunalrecht, 2. Auflage, 1997, Rn. 262.

765 Siehe dazu insbesondere: *Böckenförde/Grawert*, AöR 95 (1970), S. 1 ff.; ferner: *Wolff/Bachof/Stober*, Verwaltungsrecht I, § 25 Rn. 43.

766 Dazu zählen Rechtsverhältnisse beispielsweise aus dem Bereich des Wehrdienstes, der Schule, der Universität, des öffentlichen Dienstes, des Strafvollzuges sowie der öffentlich-rechtlichen Anstalten, vgl. *Ossenbühl*, in: *Erichsen* (Hrsg.), Allgemeines Verwaltungsrecht, § 6 Rn. 59.

767 Vgl. *Wolff/Bachof/Stober*, Verwaltungsrecht I, § 25 Rn. 43; *Achterberg*, Allgemeines Verwaltungsrecht, § 16 Rn. 58.

Dieser Umstand eröffne der Exekutive die Möglichkeit, ohne Berücksichtigung der Grundrechte der Betroffenen sowie unter Außerachtlassung des Grundsatzes des Vorbehalts des Gesetzes die Benutzungsbedingungen in Gestalt von Sonderverordnungen festzusetzen.[768] Sonderverordnungen werden deshalb auch als „Verwaltungsvorschriften in besonderen Gewaltverhältnissen" bezeichnet.[769]

bb) Fraglich ist indessen, ob besondere Gewaltverhältnisse verwaltungsinterne „Sonderverhältnisse" sind, deren Regelung durch Sonderverordnungen erfolgen kann.

Das Grundgesetz räumt der Verwaltung eine Rechtssetzungsbefugnis (im Bereich der Gesetzgebungskompetenz des Bundes) ausschließlich nach Maßgabe des Art. 80 GG ein. Danach können lediglich die Bundesregierung, ein Bundesminister oder Landesregierungen durch Bundesgesetz ermächtigt werden, Rechtsverordnungen zu erlassen. Dieser *numerus clausus* der potentiellen Inhaber exekutivischer Rechtssetzungsbefugnisse auf dem Gebiet des Bundesrechts[770] würde mit der Anerkennung von Sonderverordnungen der Verwaltung aufgehoben.[771]

Das besondere Gewaltverhältnis hat im übrigen seinen rechtlichen Charakter als bloßes Verwaltungsinternum seit langem verloren: So hat das *Bundesverfassungsgericht* in dem sogenannten Strafvollzugs-Beschluß vom 14. März 1972 klargestellt, daß auch im Rahmen besonderer Gewaltverhältnisse Eingriffe in Grundrechte einer gesetzlichen Grundlage bedürfen.[772] Es widerspreche der umfassenden Bindung der staatlichen Gewalt an die Grundrechte, wenn im Strafvollzug die Grundrechte beliebig oder auch nach Ermessen eingeschränkt werden könnten.[773]

Aus dieser Entscheidung des *Bundesverfassungsgerichts* folgt die rechtstechnische Ungeeignetheit des „Verwaltungsinnenrechts" zur Regelung von An-

---

768 Vgl. auch: *Maurer*, Allgemeines Verwaltungsrecht, § 4 Rn. 30, § 8 Rn. 31.

769 So *Ossenbühl*, in: *Erichsen*, (Hrsg.), Allgemeines Verwaltungsrecht, § 6 Rn. 59.

770 Art. 80 GG gilt weder direkt noch analog für Verordnungen der Länder, *BVerfGE* 34, 52 (58 f.); *HessStGH*, DÖV 1971, 201; *BVerwG*, DÖV 1971, 422 f.

771 Vgl. dazu: *Löwer*, DVBl. 1985, 928 (939); *Achterberg*, Allgemeines Verwaltungsrecht, § 16 Rn. 58; *Maurer*, Allgemeines Verwaltungsrecht, § 8 Rn. 31; *Ossenbühl*, in: *Erichsen*, (Hrsg.), Allgemeines Verwaltungsrecht, § 6 Rn. 58 f.; *Stern*, Staatsrecht II, 1980, S. 660 f.

772 *BVerfGE* 33, 1 (9).

773 *BVerfGE* 33, 1 (11).

stalts- und Benutzungsbedingungen.[774] Sind besondere Gewaltverhältnisse keine innere Verwaltungsangelegenheit, sondern Rechtsverhältnisse, so können sie auch nicht durch „Innenrecht" in Form von Sonderverordnungen geregelt werden. Die Qualifikation des Verhältnisses zwischen Anstalt und Benutzer als Rechtsverhältnis verbietet es, Anstalts- und Benutzungsordnungen als verwaltungsinterne Sonderverordnungen zu klassifizieren.[775]

b) *Qualifikation von Anstalts- und Benutzungsordnungen als Verwaltungsakte in Gestalt von Allgemeinverfügungen gem. § 35 Satz 2 Var. 3 VwVfG*

aa) Ein Rückgriff auf die (ungeschriebene) Rechtsfigur der Sonderverordnungen ist letztlich auch entbehrlich: Denn die Rechtsnatur von Anstalts- und Benutzungsordnungen ist (nunmehr) gesetzlich geregelt. Richtigerweise ist davon auszugehen, daß es sich hierbei um sachbezogene Allgemeinverfügungen im Sinne von § 35 Satz 2 Var. 3 VwVfG handelt.[776] Anstalts- und Benutzungsordnungen enthalten konkret-generelle Regelungen hinsichtlich der Benutzung von öffentlichen Sachen und Einrichtungen.

Die Qualifizierung der Benutzungsordnungen als Allgemeinverfügung ist allerdings nicht unproblematisch: § 35 Satz 2 Var. 3 VwVfG spricht von einer „Benutzung durch die Allgemeinheit". Man könnte einwenden, daß sich die Benutzungsordnung gerade nicht an die Allgemeinheit, sondern lediglich an den tatsächlichen Benutzerkreis der Anstalt richtet. Der Umstand eines beschränkten Benutzerkreises schließt aber die Annahme einer Allgemeinverfügung nicht aus: Für das Vorliegen einer Allgemeinverfügung nach § 35

774 So aber der Ansatz von: *Rüfner*, DÖV 1973, 808 (809).

775 Ebenso: *Löwer*, DVBl. 1985, 928 (939); *Axer*, Die Widmung als Schlüsselbegriff des Rechts der öffentlichen Sachen, 1994, S. 186.

776 *VGH Mannheim*, NVwZ 1994, 920 (921); *Fehling*, JA 1997, 482 (485); *Löwer*, DVBl. 1985, 928 (939); *Meyer/Borgs*, Verwaltungsverfahrensrecht, § 35 Rn. 73 f.; *Kopp/Ramsauer*, VwVfG, § 35 Rn. 110; *Maurer*, Allgemeines Verwaltungsrecht, § 9 Rn. 34; vgl. auch: *Wolff/Bachof/Stober*, Verwaltungsrecht II, 5. Auflage, 1987, § 99 Rn. 8; differenzierend: *Axer*, Die Widmung als Schlüsselbegriff des Rechts der öffentlichen Sachen, S. 185, der eine adressatenbezogene Allgemeinverfügung gem. § 35 Satz 2 Var. 1 VwVfG bei öffentlichen Einrichtungen mit „Personalbestand" befürwortet; anders: *Erichsen*, in: *Erichsen* (Hrsg.), Allgemeines Verwaltungsrecht, § 12 Rn. 52 aE, der stets den Fall einer adressatenbezogenen Allgemeinverfügung gem. § 35 Satz 2 Var. 1 VwVfG annimmt; vermittelnd: *Bamberger*, DVBl. 1999, 1632 (1635 f.), der sich für eine Mischform von sach- und adressatenbezogener Allgemeinverfügung ausspricht; kritisch insgesamt: *Becker/Sichert*, JuS 2000, 144 (146).

Satz 2 Var. 3 VwVfG ist die tatsächliche Nutzung der Sache durch die Allgemeinheit nicht Voraussetzung. Vielmehr ist es für das Vorliegen des Tatbestandsmerkmals „Allgemeinheit" als ausreichend anzusehen, daß der Kreis der potentiellen Benutzer unbeschränkt ist.[777] Die dabei erforderliche Einzelfallregelung ergibt sich aus dem konkreten Bezug zu der benutzten Sache.[778] Es ist daher davon auszugehen, daß Anstalts- und Benutzungsordnungen Allgemeinverfügungen im Sinne des § 35 Satz 2 Var. 3 VwVfG sind.

bb) Fraglich ist jedoch, ob sich die öffentliche Hand mit dem Erlaß von Benutzungsordnungen auch von ihrer verwaltungsschuldrechtlichen Haftung freizeichnen kann. Wegen der Grundrechtsrelevanz von Haftungsfreizeichnungen ist wiederum entsprechend dem Grundsatz des Vorbehalts des Gesetzes eine Ermächtigungsgrundlage erforderlich.[779] Dazu genügt der Erlaß einer Satzung auf der Grundlage beispielsweise des Art. 24 Abs. 1 BayGO. Der Parlamentsvorbehalt ist in diesen Fällen nicht einschlägig. Er gebietet keine formell-gesetzliche Grundlage, da – wie bereits dargelegt[780] – keine Regelungsmaterie von wesentlicher Bedeutung für das Gemeinwesen in Rede steht. Die verwaltungsschuldrechtliche Haftung geht über das von Art. 34 GG garantierte Mindestmaß hinaus.

c) Es kann damit festgehalten werden: Anstalts- und Benutzungsordnungen sind sachbezogene Allgemeinverfügungen im Sinne von § 35 Satz 2 Var. 3 VwVfG. Die öffentliche Hand kann ihre verwaltungsschuldrechtliche Haftung durch Anstalts- und Benutzungsordnung ausschließen, wenn eine entsprechende Ermächtigungsgrundlage besteht.

777 *P. Stelkens/U. Stelkens*, in: *Stelkens/Bonk/Sachs*, VwVfG, § 35 Rn. 133.

778 *Kopp/Ramsauer*, VwVfG, § 35 Rn. 69; *P. Stelkens/U. Stelkens*, in: *Stelkens/Bonk/Sachs*, VwVfG, § 35 Rn. 133; *Fehling*, JA 1997, 482 (485); *Maurer*, Allgemeines Verwaltungsrecht, § 9 Rn. 34.

779 So auch: *Palder*, Haftungsbeschränkungen, S. 93; insofern zutreffend: *Becker/Sichert*, JuS 2000, 144 (146).

780 Vgl. unter G)II)3)b) (Seite 196).

V) Haftungsbeschränkungen aufgrund von Verwaltungsvorschriften

Die Zulässigkeit von Haftungsfreizeichnungen der öffentlichen Hand in Gestalt von Verwaltungsvorschriften erscheint bedenklich.[781] Zweifel rühren aus dem bereits erwähnten Umstand, daß Verwaltungsvorschriften nur gegenüber Organen und Organwaltern der Exekutive Rechtswirkung entfalten.[782] Verwaltungsvorschriften sind innerdienstliche Anweisungen, die eine ordnungsgemäße und sachgerechte Ausführung der Gesetze durch die Verwaltung sicherstellen sollen. Als solche können sie jedoch nicht gleichzeitig Rechte und Pflichten gegenüber dem Bürger begründen.[783] Es fehlt ihnen die „rechtssatztypische" Außenwirkung.[784] Aus diesem Grunde sind Verwaltungsvorschriften kein taugliches hoheitliches Regelungsinstrument, mit dessen Hilfe die verwaltungsschuldrechtlliche Haftung des Staates gegenüber dem Bürger beschränkt werden kann.[785]

VI) Konkludente Haftungsbeschränkungen

1) Zu erörtern bleibt schließlich die Frage, ob die öffentliche Hand durch konkludentes Handeln ihre Haftung beschränken kann.[786] Im zivilrechtlichen Vertragsrecht sind stillschweigende Haftungsbeschränkungen grundsätzlich zulässig. Wegen der Gefahr unstatthafter Willensfiktionen sind aber konkrete Anhaltspunkte für einen dahingehenden Vertragswillen erforderlich.[787]

Vor diesem Hintergrund ist daher zu überlegen, ob auch im Verwaltungsschuldrecht konkludente Haftungsregelungen zulässig sind. Denkbar

781 So aber: *Rüfner*, DÖV 1973, 808 (809); *Bull*, Allgemeines Verwaltungsrecht, Rn. 848.

782 Vgl. nur: *Wallerath*, Allgemeines Verwaltungsrecht, § 3 II 4.

783 *Badura*, Staatsrecht, F 21; *Achterberg*, Allgemeines Verwaltungsrecht, § 16 Rn. 51 ff.

784 Vgl. *BVerfGE* 78, 214 (227).

785 So auch: *Erichsen*, VerwArch 65 (1974), S. 219 (222); *ders.*, in: Jura, 1986, 196 (204).

786 Es handelt sich hierbei um keine eigenständige Form staatlichen Handelns, sondern vielmehr um einen Bekanntgabe-Modus hoheitlicher Entscheidungen. Aus Gründen der Anschaulichkeit wird die Problematik dennoch an dieser Stelle erörtert.

787 *BGHZ* 34, 355 (358); 39, 156 (158); 41, 79 (81); 43, 72 (76); *Soergel/Wolf*, BGB, § 276 Rn. 88; *Staudinger/Löwisch*, BGB, § 276 Rn. 105; *Palandt/Heinrichs*, Bürgerliches Gesetzbuch, § 254 Rn. 70.

ist dies vor allem im Rahmen von Anstalts- und Benutzungsverhältnissen, etwa in den Fällen, in denen die Gemeinde der Allgemeinheit einen Kinderspielplatz zur Verfügung stellt. Aus dem Umstand der Unentgeltlichkeit der Benutzung sowie der mangelnden Verpflichtung zur Schaffung einer solchen öffentlichen Einrichtung könnte gefolgert werden, daß die Gemeinde ihre Haftung für Unfälle ausgeschlossen hat.

2) Gegen die Zulässigkeit konkludenter Haftungsfreizeichnungen auf dem Gebiet des Verwaltungsschuldrechts bestehen allerdings gravierende Bedenken:

Staatliches Handeln unterliegt dem Prinzip der Publizität. Für den Bürger müssen das hoheitliche Handeln und dessen Rechtsfolgen klar erkennbar sein. Dies gilt insbesondere in Bezug auf Haftungsfragen, die von großer wirtschaftlicher Bedeutung für den Bürger sein können. Die ausdrückliche Erklärung einer verwaltungsschuldrechtlichen Haftungsbeschränkung ist daher ein unerläßliches rechtsstaatliches Gebot.[788]

Darüber hinaus sind konkludente Haftungsregelungen problematisch im Hinblick auf den Bestimmtheitsgrundsatz. Dieser gebietet, daß hoheitliche Entscheidungen eindeutig und unmißverständlich sind. Wenn aber eine ausdrückliche Regelung nicht getroffen ist, besteht die Gefahr, daß die Rechtsfolgen staatlichen Handelns für den Bürger nicht erkennbar sind. So wäre in dem eingangs gebildeten Fall der unentgeltlichen Bereitstellung eines Kinderspielplatzes fraglich, welche Haftung ausgeschlossen sein soll: nur die Haftung für Sachschäden und/oder auch die Haftung für bestimmte (welche?) Verschuldensformen. Auch dies verdeutlicht die Notwendigkeit der Transparenz staatlichen Handelns. Konkludente Haftungsbeschränkungen sind daher auch im Hinblick auf das Bestimmtheitsprinzip unzulässig.

788 Vgl. auch: *BVerfGE* 16, 6 (16 f.); 40, 237 (255); 65, 283 (291); ferner: *Carl Friedrich*, Der Verfassungsstaat der Neuzeit, 1953, S. 57 f.; *Herbert Krüger*, Allgemeine Staatslehre, S. 229 ff.

H) Grenzen der verwaltungsschuldrechtlichen Haftungsbeschränkung

Der öffentlichen Hand steht grundsätzlich die Möglichkeit offen, sich von ihrer Haftung aus verwaltungsrechtlichen Schuldverhältnissen freizuzeichnen.[789] Dieser Grundsatz gilt jedoch nicht uneingeschränkt: Schon das rechtsstaatliche Prinzip der Verhältnismäßigkeit als „Determinante jeglichen staatlichen Handelns" (Art. 20 Abs. 3 GG) setzt dieser Möglichkeit Grenzen.[790] Es rückt damit die Problematik ins Blickfeld, in welchem konkreten Umfang die öffentliche Hand ihre verwaltungsschuldrechtliche Haftung beschränken kann.

In *Rechtsprechung* und *Literatur* ist diese Frage umstritten. Die Diskussion wird dabei vornehmlich unter dem Gesichtspunkt des Haftungsausschlusses für verschiedene Verschuldensformen – Vorsatz, grobe und leichte Fahrlässigkeit – geführt.[791] Eine herrschende Meinung hat sich bislang nicht gebildet. Wenngleich eine Annäherung zwischen einzelnen Ansichten über die Grenzen verwaltungsrechtlicher Haftungsbeschränkungen erkennbar ist, so bestehen dennoch erhebliche Meinungsverschiedenheiten über den dogmatischen Ursprung dieser Grenzen. So wird u.a. vorgeschlagen, sich dabei an privatrechtlichen Prinzipien zu orientieren. Nach anderer Ansicht soll dies allein nach öffentlich-rechtlichen Maßstäben entschieden werden (vgl. dazu unter I).

---

789 Vgl. unter F)II) (Seite 152).

790 *Erichsen*, VerwArch 65 (1974), S. 219 (223); *Tiemann*, VerwArch 65 (1974), S. 381 (408).

791 Vgl. auch *Rüfner*, DÖV 1973, 808 (810 f.). Nach *Rüfners* Auffassung sind Verschuldenskategorien nicht der richtige Orientierungspunkt, von dem die Frage der Zulässigkeit von Haftungsbeschränkungen zu beurteilen ist. Stattdessen sei die tatsächliche Belastung für den jeweils geschädigten Benutzer bei der Grenzbestimmung von weitaus größerer Bedeutung. So könne beispielsweise auch bei einem schweren Verschulden der Gemeinde die volle „Überwälzung des Risikos" auf den Benutzer zumutbar sein, wenn kein großer Schaden entstanden sei. *Rüfner* schränkt diesen Grundsatz aber gleichzeitig ein: Eine Haftungsfreizeichnung für „schwere Einzelschäden" (zB ernsthafte Gesundheitsschäden) sei als unverhältnismäßige Belastung des Bürgers abzulehnen.

In diesem Zusammenhang ist desweiteren die Frage umstritten, ob bei Schuldverhältnissen aufgrund eines Anschluß- und Benutzungszwangs Haftungsfreizeichnungen überhaupt zulässig sind bzw. inwieweit in diesen Fällen haftungsrechtliche Modifikationen geboten sind. Teilweise wird hier die Zulässigkeit von Haftungsfreizeichnungen bejaht, während nach anderer Ansicht diese Möglichkeit der öffentlichen Hand von vornherein nicht zur Verfügung stehen soll (dazu unter II).

Schließlich ist Gegenstand der Diskussion, ob sich die öffentliche Hand im Rahmen subordinationsrechtlicher Schuldverhältnisse von ihrer Haftung freizeichnen kann. Insbesondere bei Verwahrungsverhältnissen aufgrund von Sicherstellungen und Beschlagnahmen kann diese Problematik zutage treten (dazu unter III).

Nachfolgend soll zunächst der Meinungsstand in *Rechtsprechung* und *Literatur* zu diesen strittigen Fragen jeweils dargestellt und erörtert werden. Im Anschluß daran wird ein eigener Lösungsvorschlag zu der Problematik der Grenzen der verwaltungsrechtlichen Haftungsfreizeichnung entwickelt.

I) Zulässiger Umfang von Haftungsbeschränkungen im Rahmen verwaltungsrechtlicher Schuldverhältnisse schlicht-hoheitlicher Natur

1) Die Auffassung des Bundesgerichtshofs

a) Der *Bundesgerichtshof* hat in einem grundlegenden Urteil (sog. Schlachthof-Entscheidung[792]) zu der Frage der Zulässigkeit von Haftungsfreizeichnungen der öffentlichen Hand Stellung genommen. Der *Bundesgerichtshof* ist der Ansicht, daß auch im Rahmen von verwaltungsrechtlichen Schuldverhältnissen ein Bedürfnis nach angemessener Risikoverteilung besteht. Die insoweit gebotene sinngemäße Anwendung der §§ 276, 278 BGB rechtfertige eine Übertragung der zivilrechtlichen Grundsätze der Haftungsbeschränkungen auf verwaltungsrechtliche Schuldverhältnisse in Form von Anstaltsbenutzungsverhältnissen.[793] Demzufolge seien Beschränkungen der Haftung auf Vorsatz und grobe Fahrlässigkeit zulässig, solange diese Beschrän-

792 *BGHZ* 61, 7 ff.

793 *BGHZ* 61, 7 (13); vgl. auch: *VGH München*, BayVBl. 1985, 407 (408); *BayObLG*, BayVBl. 1989, 571 (572).

kung dem Benutzer keine unbilligen Opfer abverlange, durch sachliche Gründe gerechtfertigt sei und den Grundsätzen der Erforderlichkeit und Verhältnismäßigkeit genüge. Ferner dürften solche Regelungen „nicht in Widerspruch stehen mit den allgemeinen fürsorgerischen Aufgaben der Verwaltung und die Verantwortung für Schäden nicht ausschließen, die auf offensichtliche Mißstände in der Anstalt zurückzuführen" seien.[794]

b) Dem *Bundesgerichtshof* ist zunächst hinsichtlich seines Ausgangspunktes beizupflichten, die Grenzen der Haftungsfreizeichnungen grundsätzlich nach Maßgabe der §§ 276, 278 BGB zu bestimmen. Der *Bundesgerichtshof* geht insofern zutreffend davon aus, daß die in zivilrechtlichen Schuldverhältnissen geltenden Grundsätze der Haftungsbeschränkung auch in verwaltungsrechtlichen Schuldverhältnissen anzuwenden sind. Unklar ist allerdings, wie der *Bundesgerichtshof* zu dem Ergebnis gelangt, die §§ 276, 278 BGB eröffneten die Möglichkeit eines Haftungsausschlusses bis zum Grad der groben Fahrlässigkeit und Vorsatz. Wendete man nämlich die §§ 276, 278 BGB auf Seiten der öffentlichen Hand konsequent an, so wäre gem. §§ 278 Satz 2 i.V.m. 276 Abs. 2 BGB sogar eine Haftungsfreizeichnung für Vorsatz zulässig.[795] Hierzu fehlen klärende Ausführungen.

Im übrigen erscheint es fraglich, ob die nach Auffassung des *Bundesgerichtshofs* zusätzlich zu berücksichtigenden Kriterien praktikabel sind und eine präzise Bestimmung des zulässigen Freizeichnungsrahmens erlauben. Die Unbestimmtheit dieser allgemeinen Rechtsgrundsätze eröffnet einen weiten und flexiblen Beurteilungsspielraum.[796] Konkrete Grenzen der Zulässigkeit von verwaltungsschuldrechtlichen Haftungsfreizeichnungen lassen sich ihnen nicht entnehmen. Die vom *Bundesgerichtshof* geforderte Berücksichtigung der Kriterien wie „keine unbilligen Opfer", „kein Widerspruch zu allgemeinen fürsorgerischen Aufgaben" und „kein Haftungsausschluß für Schäden aufgrund offensichtlicher Mißstände" sind jedes für sich und auch

---

794 *BGHZ* 61, 7 (13) in Anlehnung an: *Forsthoff*, Allgemeines Verwaltungsrecht, S. 422 Anm. 4 bzw. *OVG Münster*, OVGE 18, 154 (162 f.); im wesentlichen zustimmend: *Rüfner*, in: *Erichsen*, Allgemeines Verwaltungsrecht, § 49 Rn. 15; *Maurer*, Allgemeines Verwaltungsrecht, § 28 Rn. 7; *Papier*, in: *Maunz/Dürig* (Hrsg.), Grundgesetz, Art. 34 Rn. 71; *Schäfer/Bonk*, StHG, § 15 Rn. 55; *Detterbeck/Windthorst/Sproll*, Staatshaftungsrecht, § 21 Rn. 12.

795 Vgl. dazu auch die nachfolgenden Ausführungen unter H)I)7)b)aa) (Seite 222 ff.).

796 Vgl. *Ossenbühl*, Staatshaftungsrecht, S. 359.

in ihrer Gesamtheit leere, jedenfalls konkretisierungsbedürftige Formeln.[797] Sie ermöglichen der Rechtspraxis keine Anwendung mit einem für den Bürger vorhersehbaren Ergebnis. Die Heranziehung dieser vom *Bundesgerichtshof* geforderten Merkmale ist daher aufgrund ihrer Unbestimmtheit unbefriedigend. Eine im Sinne der Rechtssicherheit wünschenswerte klare Antwort auf die Frage des zulässigen Umfangs von Haftungsfreizeichnungen kann der *Bundesgerichtshof* damit nicht geben. Aus diesem Grunde ist diese Ansicht insgesamt abzulehnen.[798]

2) *Orientierung am Maßstab des § 276 Abs. 2 BGB* (Eckert)

a) *Eckert* hält Haftungsbeschränkungen zu Gunsten der öffentlichen Hand für unbedenklich, sofern sich diese in dem von § 276 Abs. 2 BGB gesteckten Rahmen bewegen: Haftungsbeschränkungen sind danach für alle Formen der Fahrlässigkeit zulässig.[799] Diese streng an zivilrechtlichen Maßstäben orientierten Grenzen der Freizeichnung sollen jedoch nicht uneingeschränkt gelten, sondern öffentlich-rechtlichen Modifikationen unterliegen: Komme das verwaltungsrechtliche Schuldverhältnis nämlich aufgrund eines Verwaltungsakts bzw. kraft Gesetzes zustande, sei jede Haftungsbeschränkung unzulässig. Eine Begründung für diese Differenzierungen lassen *Eckerts* Ausführungen vermissen.

b) Die Ansichts *Eckerts* hinsichtlich des Freizeichnungsumfangs verdient Zustimmung. Seine Einschränkung überzeugt hingegen nicht. Es ist kein sachlicher Grund ersichtlich, weshalb die Einräumung einer Freizeichnungsmöglichkeit bei verwaltungsrechtlichen Schuldverhältnissen aufgrund eines Verwaltungsakts bzw. kraft Gesetzes nicht bestehen soll.[800] Die daraus

797 In diesem Sinne ebenfalls: *Erichsen*, VerwArch 65 (1974), S. 219 (223 f.), der das Kriterium des *Bundesgerichtshofs*, ein Haftungsausschluß dürfe nicht im Widerspruch mit den allgemeinen fürsorgerischen Aufgaben der Verwaltung stehen, „im normativen Ansatz und Inhalt (als) zu wenig konturiert" charakterisiert. Aus diesem Merkmal könnten keine zuverlässigen Maßstäbe gewonnen werden.

798 Vgl. auch die Kritik von: *Schulte*, Haftungsregelungen, S. 186 ff.; *Erichsen*, VerwArch 65 (1974), S. 219 (221 f.).

799 *Eckert*, DVBl. 1962, 11 (20); prinzipiell zustimmend: *Forsthoff*, Allgemeines Verwaltungsrecht, S. 422; *Gieseke*, in: Festschrift-*Boehmer*, 1954, S. 124 (131).

800 *Rüfner*, DÖV 1973, 808 (809); *ders.*, in: *Erichsen* (Hrsg.), Allgemeines Verwaltungsrecht, § 49 Rn. 14.

resultierende Eingrenzung der Freizeichnungsmöglichkeit auf öffentlich-rechtliche Verträge wird der praktischen Bedeutung von Haftungsbeschränkungen nicht gerecht. Denn auch bei verwaltungsrechtlichen Schuldverhältnissen nichtvertraglicher Art besteht ein Bedürfnis nach Modifizierung des gesetzlichen Haftungsmaßstabes des § 276 Abs. 1 BGB. Dies belegt ein Beispiel aus dem Bereich des Beamtenrechts: So sieht § 78 Abs. 1 BBG eine Beschränkung der Haftung des Beamten gegenüber dessen Dienstherrn auf Vorsatz und grobe Fahrlässigkeit vor.[801]

3) Gefahr der Überhaftung (Schneider)

a) Für eine Freizeichnungsmöglichkeit der öffentlichen Hand bis zum Grad der groben Fahrlässigkeit und Vorsatz plädiert *Schneider*.[802] Diese Möglichkeit müsse der öffentlichen Hand schon deshalb eingeräumt werden, um zu verhindern, daß die verwaltungsschuldrechtliche Haftung zu einer „Überhaftung" der öffentlichen Hand führe. Ein solch weitgehender Haftungsausschluß sei gerechtfertigt, weil „die meisten Anstalten ... für die Gemeinden Zuschußunternehmen seien, bei denen die Eintrittpreise aus sozialen Erwägungen niedrig gehalten" würden. Müßte die Gemeinde das volle Haftungsrisiko tragen, so wäre sie gezwungen, die Eintrittspreise – insbesondere bei „gefahrenträchtigen Sport- und Badeanstalten" – drastisch anzuheben.

b) Gegen die Auffassung *Schneiders* sprechen vor allem zwei Gründe: So ist zum einen nicht nachvollziehbar, auf welche dogmatische Grundlage *Schneider* die Zulässigkeit einer Haftungsfreizeichnung für einfache Fahrlässigkeit stützen will. Zum anderen kann der Hinweis auf eine „empfindliche" Heraufsetzung der Gebühren eine weitreichende – wie von *Schneider* vorgeschlagene – Haftungsbefreiung der öffentlichen Hand nicht rechtfertigen. Seine Argumentation erweist sich als nicht stichhaltig: Denn wie bereits an anderer Stelle ausgeführt[803], kann die öffentliche Hand nicht schrankenlos die Gebühren anheben. Das im Privatrecht typischerweise vorherrschende Streben nach Gewinnerzielung gilt gerade nicht für verwaltungsrechtliches

801 Vgl. dazu: *Battis*, Bundesbeamtengesetz, § 78 Rn. 3; ferner: *Detterbeck/Windthorst/Sproll*, Staatshaftungsrecht, § 21 Rn. 15.

802 *Schneider*, NJW 1962, 705 (708).

803 Vgl. unter F)I) (Seite 149 ff.).

Handeln.[804] Hinsichtlich der quantitativen Festsetzung von Gebühren ist vielmehr das aus dem Grundsatz der Verhältnismäßigkeit entwickelte Äquivalenzprinzip zu beachten. Danach müssen die vom Bürger zu entrichtende Gebühr und die hierfür zu gewährende Leistung der öffentlichen Hand in einem ausgewogenen Verhältnis stehen.[805]

Im übrigen kommt hinzu: Eine Gebühr ist das Entgelt für eine Leistung der Verwaltung. Dabei wird vorausgesetzt, daß die Verwaltung ihre Leistung ordnungsgemäß erbringt. Haftungsfreizeichnungen erlangen Bedeutung nur in den Fällen, in denen die Verwaltung ihre Leistung nicht wie geschuldet erbringt, sie ihre verwaltungsschuldrechtlichen Pflichten also nicht erfüllt. Leistungsstörungen der öffentlichen Hand können daher nicht zum Maßstab für die Höhe von Gebühren gemacht werden. Dies führte ansonsten zu dem widersinnigen Ergebnis: Je geringwertiger die öffentlich-rechtliche Leistung, desto höher die vom Bürger zu entrichtende Gebühr.

4) *Maßgeblichkeit des AGBG bei wirtschaftlichem Leistungsaustausch* (Schulte)

a) *Schulte* wählt hingegen einen anderen Ausgangspunkt. Er legt seinen Überlegungen das verfassungsrechtliche Prinzip des Vorrangs des Gesetzes zugrunde. Für die Bestimmung der Grenzen von Haftungsausschlüssen seien alle in Betracht kommenden Gesetze heranzuziehen und darauf zu untersuchen, ob sie auf verwaltungsrechtliche Schuldverhältnisse anwendbar seien.[806] Ein Gesetz in diesem Sinne sei das AGBG.

Schulte bejaht die Anwendbarkeit des AGBG auf Benutzungsbedingungen bei entgeltlichen Benutzungsverhältnissen, da in diesen Fällen ein für Allgemeine Geschäftsbedingungen typischer wirtschaftlicher Leistungsaustausch stattfinde.[807] Für unentgeltliche Benutzungsverhältnisse lehnt er hingegen die Anwendbarkeit des AGBG ab, da in diesen Fällen ein wirtschaftlicher Leistungsaustausch fehle.

Aus §§ 9, 11 Nr. 7 AGBG ergäben sich daher für entgeltliche Benutzungsverhältnisse „verbindliche Wertungen“ mit der Folge, daß Haftungs-

---

804 Insoweit setzt das Kostendeckungsprinzip der Verwaltung Grenzen, vgl. dazu nur: *Lissack*, Bay. Kommunalrecht, § 6 Rn. 66.

805 *BVerfGE* 20, 257 (270); *BVerwGE* 12, 162 (166); 26, 305 (306 ff.); *BVerwG*, BayVBl. 2000, 215 (216).

806 *Schulte*, Haftungsregelungen, S. 199 f.

807 *Schulte*, Haftungsregelungen, S. 211 f.

freizeichnungen für Vorsatz und grobe Fahrlässigkeit unzulässig seien.[808] Die Zulässigkeit von Haftungsfreizeichnungen im Rahmen von unentgeltlichen Benutzungsverhältnissen sei hingegen wegen der mangelnden Anwendbarkeit des AGBG am Verfassungsrecht zu messen.[809] Hier sei namentlich der Grundsatz der Verhältnismäßigkeit zu beachten. Dieser gebiete die Unzulässigkeit von Haftungsfreizeichnungen der öffentlichen Hand in Benutzungsverhältnissen mit „sozialem Zweck"[810], erlaube aber in anderen Benutzungsverhältnissen prinzipiell einen Haftungsausschluß bis zum Grad der groben Fahrlässigkeit.

b) *Schultes* Ansicht verdient zunächst grundsätzliche Zustimmung insoweit, als er dem AGBG „verbindliche Wertungen" auch für verwaltungsrechtliche Schuldverhältnisse entnimmt. Es ist richtig, § 11 Nr. 7 AGBG jedenfalls als Vorlage zur Bestimmung des Umfangs verwaltungsschuldrechtlicher Haftungsbeschränkungen hinsichtlich bestimmter Verschuldensformen heranzuziehen.[811]

c) Nicht gefolgt werden kann *Schultes* Ansatz allerdings bezüglich der Festlegung des Anwendungsbereichs des AGBG. So bleibt unverständlich, weshalb die Anwendbarkeit des AGBG von der Entgeltlichkeit des jeweiligen Schuldverhältnisses abhängen soll. Dies ist nicht einzusehen, weil auch im Bereich des Zivilrechts das Merkmal der Entgeltlichkeit nicht Voraussetzung für die Anwendbarkeit des AGBG ist.[812]

Im übrigen begegnet der Ansatz *Schultes*, den Verhältnismäßigkeitsgrundsatz auf unentgeltliche Schuldverhältnisse ohne soziale Relevanz heranzuziehen, ähnlichen Bedenken und Schwierigkeiten, wie sie bereits gegenüber dem Standpunkt des *Bundesgerichtshofs* eingewandt worden sind.[813] Der Grundsatz der Verhältnismäßigkeit ist als Kriterium für die Frage der Zulässigkeit von Haftungsbeschränkungen ungeeignet. Ihm lassen sich konkrete Grenzen einer Haftungsfreizeichnung nicht eindeutig entnehmen; diese bleiben auch unter dem Blickwinkel des Verhältnismäßigkeitsgrundsatzes unbestimmt. So kann *Schulte* nicht begründen, weshalb der Verhältnismäßig-

808 *Schulte*, Haftungsregelungen, S. 212, 214.

809 *Schulte*, Haftungsregelungen, S. 213.

810 *Schulte*, Haftungsregelungen, S. 227 f.

811 *Schulte*, Haftungsregelungen, S. 214.

812 So findet das AGBG beispielsweise auch auf Bürgschaften Anwendung. Ein wirtschaftlicher Austausch ist bei derartigen, einseitig verpflichtenden Verträgen gerade nicht gegeben, vgl. *Palandt/Heinrichs*, Bürgerliches Gesetzbuch, § 9 AGBG Rn. 72.

813 Vgl. unter H)I)1) (Seite 208 ff.).

keitsgrundsatz eine Haftungsbeschränkung etwa für grobe Fahrlässigkeit verbieten soll.[814]

Abzulehnen ist schließlich *Schultes* Auffassung, Haftungsbeschränkungen in verwaltungsrechtlichen Schuldverhältnissen von „sozialer Relevanz" seien unzulässig. Unklar ist zum einen, was unter einem solchen Schuldverhältnis verstanden werden soll. Die Ausführungen *Schultes* lassen insoweit eine erforderliche Präzisierung vermissen. Zum anderen gibt *Schulte* keine überzeugende Antwort auf die Frage, warum in Bezug auf Zulässigkeit und Ausmaß der Haftungsbeschränkung unterschieden werden soll zwischen Benutzungsverhältnissen „mit sozialer Relevanz" und solchen ohne „soziale Relevanz". Das Sozialstaatsprinzip berührt die verfassungsrechtliche Zulässigkeit von Haftungsfreizeichnungen nicht.[815] So hat *Erichsen* zu Recht davor gewarnt, „das Sozialstaatsprinzip in diesem Zusammenhang nicht gar zu sehr als unbefragtes normatives Mäntelchen für typologisch orientierten Dezisionismus" zu strapazieren.[816]

5) Berücksichtigung der Wirkkraft des Art. 14 GG (Palder)

a) Die Unterscheidung zwischen entgeltlichen und unentgeltlichen Benutzungsverhältnissen wählt auch *Palder* als Ansatzpunkt für die Bestimmung verwaltungsschuldrechtlicher Haftungsfreizeichnungsgrenzen. Nach seiner Auffassung muß sich die Anordnung einer Haftungsbeschränkung „im Rahmen der durch das formelle Gesetz und die Verfassung aufgerichteten Schranken" halten. Sie sei daher an das Übermaßverbot gebunden.[817] Dessen Anwendung setze allerdings voraus, daß die öffentliche Hand durch die Haftungsfreizeichnungen in einen „grundrechtlich geschützten Bereich des Individuums" eingreife.[818]

Nach Meinung von *Palder* gewährleistet Art. 14 GG Eigentumsschutz nur für solche öffentlich-rechtlichen Ersatzansprüche, die „infolge eigener Leistung oder Kapitalaufwandes eine eigentümerähnliche schutzwürdige

---

814 *Schulte*, Haftungsregelungen, S. 228, schreibt lediglich: „Dem Grundsatz nach muß hier ein Ausschluß für grob fahrlässige Schäden noch als verhältnismäßig angesehen werden".

815 Vgl. unter F)III)5) (Seite 176 ff.).

816 *Erichsen*, VerwArch 65 (1974), S. 219 (224).

817 *Palder*, Haftungsbeschränkungen, S. 112 ff.

818 *Palder*, Haftungsbeschränkungen, S. 122.

Position" begründen.[819] Diese Voraussetzung sei bei Leistungen des Bürgers in Form von Entgeltzahlungen erfüllt. Art. 14 GG erfasse daher einzig Ersatzansprüche aus entgeltlichen Benutzungsverhältnissen. Für diese Fälle würden die Grenzen der Haftungsfreizeichnung von der „Wirkkraft des Art. 14 GG" bestimmt.[820] Das Maß der „Wirkkraft" richte sich dabei nach dem Umfang der Leistung des Benutzungsgläubigers. Je stärker die „Wirkkraft" des Art. 14 GG sei, desto stärker falle der Grundsatz der Verhältnismäßigkeit ins Gewicht. Hieraus ergebe sich, daß bei einer adäquaten Leistung des Benutzungsgläubigers ein Haftungsausschluß der öffentlichen Hand für grobe Fahrlässigkeit in der Regel als unverhältnismäßig zu qualifizieren sei, wobei *Palder* diese Haftungsgrenze allerdings nur als rechtstheoretische „Leitlinie" versteht. So könne das Sozialstaatsprinzip in Einzelfällen eine Verschiebung der Haftungsfreizeichnungsgrenzen erforderlich machen.[821]

Für unentgeltliche Benutzungsverhältnisse gelte wegen des Fehlens des Schutzes aus Art. 14 GG das Übermaßverbot als Zulässigkeitsmaßstab für Haftungsbeschränkungen indes nicht. Hier sei eine Freizeichnung nach Maßgabe des § 276 Abs. 2 BGB „aus Sicht der Grundrechte" unbedenklich.[822]

b) Der Argumentation *Palders* kann nicht gefolgt werden.

aa) Die Prämisse, Art. 14 GG gewährleiste verwaltungsschuldrechtlichen Schadensersatzansprüchen grundrechtlichen Schutz vor Haftungsbeschränkungen, ist unzutreffend: Verwaltungsschuldrechtliche Ersatzsansprüche entstehen von vornherein in den Grenzen einer – zulässigen – Haftungsbeschränkung und können daher unter dem Gesichtspunkt der grundrechtlich gewährleisteten Eigentumsgarantie vor Haftungsbeschränkungen gar nicht geschützt werden.[823] *Palder* übersieht die konstitutive Bedeutung von Haftungsfreizeichnungen für verwaltungsschuldrechtliche Ersatzansprüche. Der Verhältnismäßigkeitsgrundsatz kann folglich schon aus diesem Grunde nicht als Zulässigkeitsmaßstab für Haftungsfreizeichnungen herangezogen werden, da die von *Palder*[824] als Voraussetzung für die Anwendbarkeit des

819 *Palder*, Haftungsbeschränkungen, S. 125.
820 *Palder*, Haftungsbeschränkungen, S. 130 f.
821 *Palder*, Haftungsbeschränkungen, S. 135.
822 *Palder*, Haftungsbeschränkungen, S. 128.
823 Vgl. unter F)III)1)b) (Seite 167 ff.).
824 Vgl. Anm. 818.

Verhältnismäßigkeitsgrundsatzes erachtete Grundrechtsrelevanz nicht gegeben ist.[825]

bb) Den Verhältnismäßigkeitsgrundsatz wendet *Palder* im übrigen nicht konsequent an: Er verneint zu Unrecht den eigentumsrechtlichen Schutz von Ersatzansprüchen aus unentgeltlichen Schuldverhältnissen gem. Art. 14 Abs. 1 GG sowie die damit einhergehende Einschlägigkeit des Verhältnismäßigkeitsprinzips. So ist das Merkmal der Entgeltlichkeit kein entscheidendes Kriterium für die Frage des grundrechtlichen Schutzes von Ersatzforderungen. Die Frage des Eigentumsschutzes von Schadensersatzforderungen ist ohne Rücksicht darauf zu beantworten, ob die öffentliche Hand das Rechtsverhältnis öffentlich-rechtlich oder privatrechtlich gestaltet hat.[826] Ein Beispiel mag dies veranschaulichen: Betreibt eine Gemeinde eine Leih-Bibliothek in der Rechtsform einer GmbH, so fallen sämtliche Schadensersatzansprüche des Bürgers aus diesem Rechtsverhältnis in den Schutzbereich des Art. 14 GG. Das Verwaltungsprivatrecht befreit die öffentliche Hand nicht von ihrer Bindung an die Grundrechte, Art. 1 Abs. 3 GG.

Etwas anderes kann nicht bei einer öffentlich-rechtlichen Ausformung des Benutzungsverhältnisses gelten. Hier kann der grundrechtliche Schutz nicht schwächer sein, zumal eine öffentlich-rechtliche Gestaltung von Rechtsverhältnissen der originären Handlungsform des Staates entspricht.[827] Es zeigt sich damit, daß der Gesichtspunkt der Entgeltlichkeit kein geeignetes Abgrenzungskriterium für die Frage der Eröffnung des Schutzbereichs des Art. 14 GG ist. Wenn man also schon auf den von *Palder* vorgeschlagenen Verhältnismäßigkeitsgrundsatz zur Bestimmung der Haftungsfreizeichnungsgrenzen zurückgreift, so müßte dieser konsequenterweise allgemeingültig sein, und zwar sowohl für entgeltliche als auch unentgeltliche Schuldverhältnisse als Haftungsfreizeichnungsmaßstab heranzuziehen sein.

---

825 Es kann deshalb im übrigen dahinstehen, ob die Anwendbarkeit des Verhältnismäßigkeitsgrundsatzes von der Eröffnung des grundrechtlichen Schutzbereichs abhängt. Dies erscheint jedenfalls zweifelhaft: Der dogmatische Ursprung dieses Grundsatzes ist u.a. im Rechtsstaatsprinzip (Art. 20 Abs. 3 GG) verankert (*BVerfGE* 81, 310 (338); vgl. auch Anm. 658). Dieses bindet die staatliche Gewalt bei jedwedem Handeln (vgl. *BVerfGE* 23, 127 (133). Eine Grundrechtsrelevanz ist daher für die Anwendbarkeit des Verhältnismäßigkeitsprinzips nicht erforderlich.

826 Vgl. die Ausführungen unter F)III)1)a)bb)bbb) (Seite 162 ff.).

827 Vgl. dazu unter F)III)1)a)bb)bbb) (Seite 166).

6) *Beurteilung anhand verfassungsrechtlicher Grundsätze* (Tiemann)

a) Auch *Tiemann* befürwortet eine Orientierung am Verfassungsrecht zur Bestimmung der Grenzen verwaltungsschuldrechtlicher Haftungsbeschränkungen. Er geht im Grundsatz von der Möglichkeit einer Haftungsfreizeichnung bis zur Grenze von grober Fahrlässigkeit und Vorsatz aus.[828] Ein weitergehender Haftungsausschluß steht nach Ansicht *Tiemanns* im Widerspruch zu der verfassungsrechtlichen Ordnung, namentlich dem Grundsatz der Verhältnismäßigkeit, dem Willkürverbot, dem Sozialstaatsgebot sowie der Eigentumsgarantie.[829] Eine „totale bzw. quasi-totale" Haftungsfreizeichnung widerspreche „dem Verhältnismäßigkeitsgrundsatz, weil die volle Haftungsgefahr den Benutzer auch für Risiken träfe, die der verantwortliche Hoheitsträger ... einseitig herbeigeführt" habe. Dieses Ergebnis werde gestützt durch eine „parallele Interessen- und Risikobewertung des Zivilrechts"[830]: Denn die Grenzen zivilrechtlicher Haftungsfreizeichnungen gäben auch Hinweise darauf, in welchem Umfang die öffentliche Hand ihre Haftung im Bereich des Verwaltungsschuldrechts ausschließen könne.

Ausnahmsweise soll nach Meinung von *Tiemann* aber dennoch ein Haftungsausschluß für grob fahrlässiges Handeln zulässig sein. Die Zulässigkeit einer solchen Regelung sei bei Benutzungsverhältnissen zu bejahen, in denen die wechselseitigen Leistungen in einem „krassen Mißverhältnis" zueinander stünden. Als Beispiel führt *Tiemann* die kostenlose Benutzung einer Leihbibliothek an.[831]

Die Frage, ob die Haftung der öffentlichen Hand auch für leichte Fahrlässigkeit ausgeschlossen werden kann, will *Tiemann* „wiederum am Verhältnismäßigkeitsprinzip unter dem Gesichtspunkt der jeweiligen Funktions- und Interessenstruktur ... messen".[832] So sei beispielsweise im Bereich der Wasserversorgung eine Haftungsfreizeichnung für leicht fahrlässig verursachte Schlechtleistungen unzulässig, da dem verantwortlichen Hoheitsträger aus verfassungsrechtlichen Bindungen eine „Garantiepflicht" obliege.

b) Gegen die Ansicht *Tiemanns* sprechen die Bedenken, die bereits im Rahmen der Erörterung des dogmatischen Ausgangspunktes des *Bundesge-*

---

828 *Tiemann*, VerwArch 65 (1974), S. 381 (406 ff.); *ders.*, BayVBl. 1974, 57 (61 f.).

829 *Tiemann*, VerwArch 65 (1974), S. 381 (406 f.); *ders.*, BayVBl. 1974, 57 (61).

830 *Tiemann*, VerwArch 65 (1974), S. 381 (409); *ders.*, BayVBl. 1974, 57 (61).

831 *Tiemann*, VerwArch 65 (1974), S. 381 (410); *ders.*, BayVBl. 1974, 57 (62).

832 *Tiemann*, VerwArch 65 (1974), S. 381 (411 f.); *ders.*, BayVBl. 1974, 57 (63).

richtshofs[833] dargelegt worden sind.[834] Praktische Schwierigkeiten bereitet auch hier der Ansatz, anhand von allgemeinen verfassungsrechtlichen Prinzipien die Grenzen von Haftungsfreizeichnungen zu bestimmen. Diese Kriterien *Tiemanns* eröffnen weite Beurteilungsspielräume. Ein eindeutiger Zulässigkeitsrahmen läßt sich aus keinem der von *Tiemann* ins Feld geführten Grundsätze ableiten. Allenfalls verfassungsrechtlich zulässige Konturen von Haftungsfreizeichnungen können hieraus gewonnen werden. Die Ansicht *Tiemanns* ist daher unter dem Aspekt der Rechtssicherheit nicht überzeugend.

7) *Eigener Lösungsvorschlag*

Bevor auf die Erörterung der Problematik des zulässigen Umfangs von verwaltungsschuldrechtlichen Haftungsfreizeichnungen eingegangen wird, ist zunächst die Frage der dogmatischen Grundlage des Haftungsmaßstabes zu klären:

a) *Dogmatische Grundlage des Haftungsmaßstabes*

aa) Ansatzpunkt für die Beantwortung dieser Frage ist die Überlegung, daß die Rechtsordnung der öffentlichen Hand grundsätzlich die Wahl der rechtlichen Handlungsform überläßt, in der sie gegenüber dem Bürger auftritt. Diese Wahlfreiheit ermöglicht es dem Staat, Rechtsverhältnisse – namentlich im Bereich der Daseinsvorsorge – entweder öffentlich-rechtlich oder privatrechtlich zu gestalten.[835] So haben zum Beispiel die Gemeinden die Möglichkeit, öffentliche Einrichtungen durch eine Gesellschaft mit beschränkter Haftung (GmbH) zu betreiben.

Vor diesem Hintergrund ist daher zu überlegen, ob dieser Umstand auch für die Bestimmung des dogmatischen Ursprungs des heranzuziehenden Haftungsmaßstabes im Rahmen verwaltungsrechtlicher Schuldverhältnisse fruchtbar gemacht werden sollte. Die Beantwortung der Frage der zulässigen Reichweite von Haftungsbegrenzungen hätte sich dann maßgeblich dar-

---

833 Vgl. unter H)I)1) (Seite 208).

834 Vgl. ferner unter H)I)4) (Seite 212).

835 Zu den verfassungsrechtlichen bzw. einfach-gesetzlichen Schranken: *Erbguth/Stollmann*, DÖV 1993, 798 (799 f.); ferner: *Peter Unruh*, DÖV 1997, 653 (659 ff.).

an zu orientieren, inwieweit die öffentliche Hand ihre Haftung bei privatrechtlicher Gestaltung des Rechtsverhältnisses ausschließen kann. Für einen derartigen „Gleichlauf" von privat- und öffentlich-rechtlichen Haftungsregelungen sprechen insbesondere folgende Erwägungen[836]:

bb) Zunächst ist darauf hinzuweisen, daß das Zivilrecht über gesetzlich geregelte Haftungsvorschriften verfügt. Ein Rückgriff auf die zivilrechtlichen Bestimmungen macht insofern den von *Rechtsprechung* und Teilen der *Literatur* eingeschlagenen Weg entbehrlich, aus allgemeinen Rechtsgrundsätzen das zulässige Haftungsmaß abzuleiten. Insbesondere der vom *Bundesgerichtshof* sowie von *Palder* und *Tiemann* vorgeschlagene Rückgriff auf den Verhältnismäßigkeitsgrundsatz als öffentlich-rechtlichen Bestimmungsmaßstab des Haftungsfreizeichnungsrahmens ist dann nicht notwendig und damit entbehrlich[837], soweit eine sinngemäße Anwendung der zivilrechtlichen Bestimmungen auf verwaltungsrechtliche Schuldverhältnisse nicht durch zwingende Vorschriften des öffentlichen Rechts ausgeschlossen ist.[838]

Die Heranziehung der zivilrechtlichen Regeln ermöglicht auch eine präzise Bestimmung des zulässigen Haftungsfreizeichnungsrahmens im Verwaltungsschuldrecht. Die Orientierung am Zivilrecht trägt vor allem dem Gesichtspunkt der Rechtssicherheit Rechnung: Denn die Zulässigkeit von Haftungsbegrenzungen braucht nicht erst im Einzelfall von den Gerichten ermittelt und festgestellt werden. Vielmehr ergibt sie sich in der Regel be-

---

836 Vgl. auch *Bullinger*, DÖV 1977, 812 (814), der ebenfalls für eine grundsätzliche Orientierung des Verwaltungsschuldrechts an privatrechtlichen Haftungsregelungen plädiert. „Bevor das Heil in öffentlich-rechtlichen Sonderlösungen gesucht wird", sollte seiner Auffassung nach vielmehr geprüft werden, „ob nicht bereits das bürgerliche Recht dieselben oder vielleicht noch bessere Handhaben für die erforderliche Anpassung der Rechtsregeln für Leistungsstörungen bietet". Es sei geboten, die „altgewohnte Fehlvorstellung, öffentliches Recht und Privatrecht seien zwei vollständig getrennte, durchweg verschiedene Rechtsbereiche" aufzugeben; aA *Meysen*, Die Haftung aus Verwaltungsrechtsverhältnis, S. 347 f., nach dessen Ansicht die „privatrechtlichen Grenzen der Haftungsfreizeichnung (...) als solche keinen Eingang in die öffentlich-rechtlichen Rechtsbeziehungen finden" können. Denn die Wirksamkeit von Haftungsbeschränkungen im Anstalts- und Benutzungsverhältnis betreffe die Wirksamkeit öffentlich-rechtlicher Normen, die nicht nach zivilrechtlichen Kriterien beurteilt werden könne.

837 Vgl. die Ausführungen unter H)I)1) (Seite 208).

838 Dies kann namentlich im Beamtenrecht der Fall sein: *Battis*, Bundesbeamtengesetz, § 2 Rn. 16; *Schnellenbach*, Beamtenrecht in der Praxis, Rn. 333 ff.; ferner: *Detterbeck/Windhorst/Sproll*, Staatshaftungsrecht, § 21 Rn. 16; *Ossenbühl*, Staatshaftungsrecht, S. 347 ff.

reits unmittelbar aus dem Gesetz. Bei Einzelfragen und in Zweifelsfällen kann zudem auf eine umfangreiche zivilgerichtliche Rechtsprechung zurückgegriffen werden.[839]

cc) Es kommt entscheidend hinzu: Die *herrschende Meinung* befürwortet die sinngemäße Anwendung der zivilrechtlichen Haftungsregelungen (insbesondere §§ 276, 278 BGB) auf verwaltungsrechtliche Schuldverhältnisse.[840] Es ist daher nur konsequent, diese Vorschriften auch bei der Bestimmung der Grenzen verwaltungsschuldrechtlicher Haftungsfreizeichnungen heranziehen.[841] Folgert man nämlich zu Recht aus der sinngemäßen Anwendung zivilrechtlicher Regelungen eine verwaltungsschuldrechtliche Haftung, muß man – jedenfalls im Grundsatz – auch die Grenzen dieser Haftung den zivilrechtlichen Regelungen entnehmen. Denn es ist nicht einzusehen, weshalb diese Vorschriften einerseits sinngemäß für anwendbar erklärt werden, um eine verwaltungsschuldrechtliche Haftung und damit einen entsprechenden Anspruch zu begründen, andererseits aber bei der Bestimmung der Haftungsgrenzen keine Berücksichtigung finden sollen.[842]

Wie bereits dargelegt[843], bilden die bürgerlich-rechtlichen Haftungsvorschriften die Konkretisierung eines allgemeinen Haftungsgedankens: Eine zu verantwortende Forderungsverletzung löst *grundsätzlich* eine Haftungsfolge zu Lasten des die Ursache Beherrschenden aus. Das Bürgerliche Recht sieht nicht nur haftungsbegründende, sondern auch – als Ausnahme dieses Grundsatzes – haftungsbegrenzende Regelungen vor. Die Umsetzung dieses Haftungsgedankens wird deutlich bei § 276 BGB. Die Vorschrift regelt in Abs. 1 das haftungsbegründende Tatbestandsmerkmal „Verschulden". § 276 Abs. 2 BGB normiert hingegen die generelle Möglichkeit und die Voraussetzungen einer entsprechenden Haftungsfreizeichnung.

dd) Im übrigen ist ein „Gleichlauf" von privatrechtlichen und verwaltungsrechtlichen Freizeichnungsmöglichkeiten unter dem Gesichtspunkt der Abgrenzungsproblematik zwischen beiden Rechtsgebieten zu befürworten. Denn die Ausübung der eingangs erwähnten Wahlfreiheit zieht in der Praxis oftmals die Schwierigkeit nach sich zu bestimmen, welches

---

839 Vgl. die folgenden Anm. 858 ff.

840 Vgl. unter E) (Seite 131 ff.).

841 In diesem Sinne auch: *BayObLG*, BayVBl. 1989, 571 (572); *Bender*, Staatshaftungsrecht, Rn. 824; *Heintzen*, NVwZ 1992, 857 (858 f.).

842 So beispielsweise: *Palder*, Haftungsbeschränkungen, S. 75 bezüglich der Haftungsgrundlagen, S. 113 ff. hinsichtlich der Haftungsbeschränkungen.

843 Vgl. unter D) (Seite 105).

„Rechtsregime" die Verwaltung im konkreten Fall tatsächlich gewählt hat. Die *herrschende Meinung* stellt hierbei maßgeblich auf Indizien bzw. Vermutungen ab, ohne daß sich ihnen immer eindeutige Hinweise zur Bestimmung der im Einzelfall tatsächlich gewählten Handlungsform der Verwaltung entnehmen lassen.[844] Bei der Anwendung zivilrechtlicher Haftungsmaßstäbe auf verwaltungsrechtliche Schuldverhältnisse gilt ein einheitlicher Haftungsmaßstab; folglich verliert diese Abgrenzungsproblematik jedenfalls in Bezug auf die Zulässigkeit von Haftungsbeschränkungen an Gewicht.

ee) Schließlich läßt sich auf diese Weise auch die Gefahr bannen, daß „die Verwaltung nur um der Haftungsbeschränkung willen auf den Weg der privatrechtlichen Gestaltung gedrängt" wird.[845] Mit dem „Gleichlauf" von privatrechtlichen und öffentlich-rechtlichen Haftungsregelungen wird der öffentlichen Hand der Anreiz genommen, Rechtsverhältnisse zivilrechtlich zu gestalten, um sich eine günstigere Haftung zu sichern.[846]

ff) Es kann somit festgehalten werden: Für die Bestimmung des Umfangs verwaltungsschuldrechtlicher Haftungsfreizeichnungen ist auf die zivilrechtlichen Regelungen als dogmatische Grundlage zurückzugreifen.

b) Zulässiger Umfang verwaltungsrechtlicher Haftungsbeschränkungen

Haftungsfreizeichnungen können in vielfältiger Hinsicht erfolgen. Die öffentliche Hand verfügt insoweit über einen weiten Gestaltungsspielraum. Häufigster Fall ist die Beschränkung der Haftung für bestimmte Verschuldensformen (dazu unter aa). Ferner kommen Haftungsfreizeichnungen für Gewährleistungsmängel (bb) sowie für bestimmte Arten von Schäden (cc) in Betracht. Desweiteren kann die Haftung auf Höchstbeträge (dd) sowie auf pauschalierte Beträge (ee) begrenzt werden. Schließlich sind Haftungsbeschränkungen möglich durch Verkürzung der Verjährungsfristen (ff) sowie durch Schaffung zusätzlicher Haftungsvoraussetzungen (gg), wie zum Beispiel der Festsetzung von Anzeigepflichten und Ausschlußfristen.

Im Folgenden soll nunmehr der zulässige Umfang der einzelnen Haftungsfreizeichnungsmöglichkeiten im Verwaltungsschuldrecht untersucht werden. Dabei ist auch das AGBG zu berücksichtigen. Hieraus können sich

844 Vgl. dazu: *Peter Unruh*, DÖV 1997, 653 (660) m.w.N.

845 So *Forsthoff*, Allgemeines Verwaltungsrecht, S. 423.

846 Zu den Vorteilen des Verwaltungshandelns in privatrechtlichen Formen, vgl. *Peter Unruh*, DÖV 1997, 653 (654 ff.).

Modifikationen ergeben, soweit das AGBG auf verwaltungsrechtliche Schuldverhältnisse sinngemäß anwendbar ist.[847]

aa) Haftungsfreizeichnungen für bestimmte Verschuldensformen

Das Bürgerliche Recht sieht in den §§ 276 Abs. 2, 278 Satz 2 BGB Regelungen über die zulässige Reichweite von Haftungsfreizeichnungen vor. Danach kann dem Schuldner die Haftung für Vorsatz nicht im voraus erlassen werden, § 276 Abs. 2 BGB. Für vorsätzliches Verschulden seiner Erfüllungsgehilfen kann der Schuldner allerdings die Haftung ausschließen. § 278 Satz 2 BGB erklärt § 276 Abs. 2 BGB für nicht anwendbar.

aaa) Die konsequente – wenn auch nur sinngemäße – Anwendung dieser Vorschriften im Verwaltungsschuldrecht erweist sich jedoch für die Bestimmung der zulässigen Reichweite von Haftungsbeschränkungen als problematisch: Dies folgt aus dem Umstand, daß der Staat als juristische Person des öffentlichen Rechts nicht selbst handlungsfähig ist. Er bedarf seiner Beamten und Angestellten, um sich im Rechtsverkehr bewegen zu können.[848] Diese handeln im Rahmen verwaltungsrechtlicher Schuldverhältnisse regelmäßig als Erfüllungsgehilfen des Staates im Sinne von § 278 Satz 1 BGB. Dabei ist – anders als bei fiskalischem Tätigwerden des Staates – nicht zwischen Organen und Organwaltern zu differenzieren.[849] Eine den §§ 31, 89 BGB entsprechende Regelung ist dem Verwaltungsschuldrecht fremd.[850] Wie bereits dargelegt, beschränkt sich der Anwendungsbereich dieser Vorschriften nach *herrschender Auffassung* zu Recht auf fiskalische Hilfsgeschäfte und das Verwaltungsprivatrecht.[851]

Die Einordnung der Beamten und Angestellten als Erfüllungsgehilfen des Staates hat aber nicht nur Auswirkungen auf die Frage der Zurechnung von Verschulden, sondern auch für die Frage des zulässigen Umfangs von Haftungsfreizeichnungen zu Gunsten der öffentlichen Hand: Sind nämlich nach der allgemeinen, auch hier vertretenen Ansicht die zivilrechtlichen

847 Vgl. unter C)II)1) (Seite 97 ff.).

848 Vgl. dazu: *Maurer*, Allgemeines Verwaltungsrecht, § 21 Rn. 19 ff.

849 So auch: *Henneke*, in: *Knack* (Hrsg.), VwVfG, § 54 Rn. 10; *Palandt/Heinrichs*, Bürgerliches Gesetzbuch, § 89 Rn. 2.

850 A.A. *Hans Meyer*, NJW 1977, 1705 (1712 f.), der die Anwendbarkeit der §§ 31, 89 BGB auf öffentlich-rechtliche Verträge bejaht. Dies folge aus § 62 Satz 2 VwVfG.

851 Vgl. dazu die Erörterung unter E)II)2) (Seite 145 ff.).

Vorschriften als Haftungsmaßstab heranzuziehen[852], so führte eine stringente Anwendung der §§ 276, 278 BGB auf verwaltungsrechtliche Schuldverhältnisse dazu, daß der Staat gem. §§ 278 Satz 2 i.V.m. 276 Abs. 2 BGB die Haftung für jegliches Verschulden seiner Erfüllungsgehilfen ausschließen könnte. Machte er hiervon Gebrauch, hätte dies zur Folge, daß die öffentliche Hand sogar bei vorsätzlichem Handeln ihrer Beamten und Angestellten nicht in Anspruch genommen werden könnte.

bbb) Dieses Ergebnis ist so offensichtlich unbillig, daß es der Korrektur bedarf. Diese ist im Wege einer teleologischen Reduktion[853] des § 278 Satz 2 BGB vorzunehmen mit der Folge, daß die Anwendbarkeit § 278 Satz 2 BGB wegen des Fehlens unmittelbarer Handlungsfähigkeit der öffentlichen Hand ausscheidet.

Eine Begrenzung des Anwendungsbereichs des § 278 Satz 2 BGB gebietet der Umstand, daß sein Regelungszweck im Rahmen verwaltungsrechtlicher Schuldverhältnisse nicht zum Tragen kommt. Das folgt aus den Unterschieden zwischen Privat- und Verwaltungsschuldrecht: Ist im Privatrecht die Haftung für vorsätzliches Handeln der Erfüllungsgehilfen ausgeschlossen, scheidet gleichwohl ein Ersatzanspruch des Geschädigten gegen den Schuldner nicht von vornherein aus. Zu prüfen ist in diesen Fällen regelmäßig auch ein eigenes, persönliches Verschulden des Schuldners als Grundlage seiner Haftung. Dieses kann darin begründet sein, daß er für die Auswahl seiner Hilfspersonen einzustehen hat, § 276 Abs. 1 BGB.[854]

Diese Möglichkeit einer haftungsrechtlichen Inanspruchnahme besteht im Verwaltungsschuldrecht gerade nicht, da die öffentliche Hand ausschließlich durch ihre Erfüllungsgehilfen im Sinne des § 278 Satz 1 BGB im Rechtsverkehr auftritt. Das Verschulden eines Geschäftsherrn bzw. ein Organverschulden im zivilrechtlichen Sinne liegt in verwaltungsrechtlichen Schuldverhältnissen regelmäßig nicht vor. Vor diesem Hintergrund ist daher eine Begrenzung des Regelungsbereichs des § 278 Satz 2 BGB in Form einer teleologischen Reduktion geboten. Im Verwaltungsschuldrecht ist der zulässige Rahmen von Haftungsfreizeichnungen hinsichtlich der Verschuldensformen somit nach § 276 Abs. 2 BGB zu bestimmen. Die Vorschrift bildet insofern eine „allgemein geltende haftungsrechtliche Minimalgaran-

852 Vgl. unter E) (Seite 131 ff.).

853 Vgl. zu der Rechtsfigur der teleologischen Reduktion: *Larenz*, Methodenlehre der Rechtswissenschaft, 6. Auflage, 1991, S. 391 ff.

854 *Brox*, Allgemeines Schuldrecht, 26. Auflage, 1999, Rn. 226 aE.

tie"[855]. Demzufolge kann die öffentliche Hand ihre Haftung – vorbehaltlich anderer gesetzlicher Regelungen – nicht für vorsätzliches, wohl aber für alle Formen fahrlässigen Handelns ausschließen. [856]

ccc) Kommt indessen das AGBG im Rahmen eines verwaltungsrechtlichen Schuldverhältnisses zur Anwendung, so wird die Grenze der zulässigen Haftungsfreizeichnung zu Gunsten des Bürgers verschoben: Gem. § 11 Nr. 7 AGBG ist dann bereits ein Haftungsausschluß für grobe Fahrlässigkeit unwirksam.[857]

ddd) Darüber hinaus geht der *Bundesgerichtshof* in nunmehr gefestigter Rechtsprechung davon aus, daß auch formularmäßige Haftungsfreizeichnungen für leichte Fahrlässigkeit unzulässig sein können.[858] Ein solcher Fall sei gegeben, wenn wesentliche Pflichten (Kardinalpflichten) dermaßen eingeschränkt würden, daß die Erreichung des Vertragszweckes gefährdet sei. Solche Klauseln sind nach Auffassung des *Bundesgerichtshofs* nicht mit § 9 Abs. 2 Nr. 2 AGBG vereinbar.

bb) Haftungsfreizeichnungen für Gewährleistungsmängel

Im Rahmen von kauf-, miet- sowie werkvertragsähnlichen Schuldverhältnissen kommen Haftungsausschlüsse für Mängel in Betracht. Denkbar sind solche Haftungsfreizeichnungen auf dem Gebiet des Verwaltungsschuldrechts insbesondere bei kaufvertragsähnlichen Rechtsverhältnissen wie etwa der kommunalen Wasserversorgung[859] und bei mietvertragsähnlichen Nutzungsverhältnissen wie der Überlassung einer Stadthalle.[860]

---

855 *Mittermeier*, Haftung, S. 239.

856 Vgl. aber auch die folgenden Spezialregelungen: § 23 PersBefG; § 6 AVBWasser; § 6 AVBFernwärme; § 6 AVBEltV, wonach die Haftung für Vorsatz und grobe Fahrlässigkeit nicht ausgeschlossen werden kann.

857 So auch: *BayObLG*, BayVBl. 1989, 571 (572) für den Fall der Haftungsbeschränkung auf Vorsatz und grobe Fahrlässigkeit im Rahmen einer Satzung über die Benutzung des städtischen Kranwagens.

858 *BGHZ* 93, 29 (48); 95, 170 (183); 103, 316 (322); 108, 348 (352 f.); *BGH*, NJW 1993, 335; NJW 1994, 1060 (1063); *BGH*, ZIP 1994, 461 (465); zustimmend: *Jauernig/Vollkommer*, BGB, § 276 Rn. 41; *Soergel/Wolf*, BGB, § 278 Rn. 60; *Staudinger/Löwisch*, BGB, § 276 Rn. 100; *Staudinger/Coester-Waltjen*, AGBG, § 11 Nr. 7 Rn. 35; *Ulmer/Brandner/Hensen*, AGBG, § 11 Nr. 7 Rn. 26.

859 *BGHZ* 59, 303 (305 f.).

860 Vgl. dazu auch: *Tiemann*, VerwArch 65 (1974), S. 381 (416 f.); *ders.*, BayVBl. 1974, 57 (65); *Beikert*, Haftungsbeschränkungen, S. 143 ff.

Der *Bundesgerichtshof* hält die bürgerlich-rechtlichen Gewährleistungsvorschriften im Verwaltungsschuldrecht zu Recht für anwendbar. Die Anwendung der „Regeln des Kaufrechts" dränge sich – jedenfalls für öffentlich-rechtliche Wasserversorgungsverhältnisse – geradezu auf.[861] Der Umstand, daß die Wasserversorgung öffentlich-rechtlich gestaltet werde, könne im Verwaltungsschuldrecht keine andere haftungsrechtliche Beurteilung als im Privatrecht rechtfertigen.[862] Dieser Auffassung ist vorbehaltslos zuzustimmen.

Im Gewährleistungsrecht ist zu unterscheiden zwischen gesetzlichen und vertraglichen bzw. vertragsähnlichen Freizeichnungen. Gesetzliche Gewährleistungsausschlüsse sehen namentlich die Regelungen der §§ 460, 461, 464, 539 Satz 2 i.V.m. 460 bzw. 464, 640 Abs. 2 BGB vor. Danach ist die Gewährleistung ausgeschlossen, wenn der Käufer den Mangel bei Abschluß des Kaufes kennt bzw. die Sache trotz Kenntnis des Mangels annimmt. Vertraglichen bzw. vertragsähnlichen Gewährleistungsfreizeichnungen sind indessen durch die §§ 476, 540, 637 BGB Grenzen gesetzt[863]: Danach sind Haftungsausschlüsse bei arglistigem Verschweigen von Mängeln nichtig. Darüber hinaus können Gewährleistungsregelungen ausnahmsweise auch nach § 138 BGB nichtig sein. Dies ist dann anzunehmen, wenn eine Partei „unter Berücksichtigung der Eigenart und des Gesamtinhalts des ... Vertrages im Einzelfall rechtlos gestellt würde".[864]

Im Anwendungsbereich des AGBG sind Gewährleistungsausschlüsse nur in dem von §§ 11 Nr. 10, 11 AGBG gesetzten Rahmen zulässig.

cc) *Haftungsfreizeichnungen für bestimmte Arten von Schäden*

aaa) Bei Haftungsfreizeichnungen für bestimmte Arten von Schäden ist zu unterscheiden: So sind etwa gegenständliche Abgrenzungen möglich, nämlich nach Personen-, Sach- bzw. Vermögensschäden; darüber hinaus kann unterschieden werden nach unmittelbaren und mittelbaren Schäden sowie vorhersehbaren und unvorhersehbaren Schäden.

---

861 So wörtlich: *BGHZ* 59, 303 (305).

862 *BGHZ* 59, 303 (306).

863 *Beikert*, Haftungsbeschränkungen, S. 144.

864 *Jauernig/Vollkommer*, BGB, § 476 Rn. 11; vgl. ferner: *Erman/Grunewald*, BGB, vor § 459 Rn. 79; *Palandt/Thomas*, Bürgerliches Gesetzbuch, § 637 Rn. 1.

Für individuell geregelte Schuldverhältnisse sieht das Bürgerliche Recht keine einschränkenden Sonderregelungen vor.[865] Allenfalls aus §§ 138, 242 BGB können sich im Einzelfall Grenzen ergeben. Haftungsbeschränkungen für verschiedene Arten von Schäden sind daher prinzipiell auch im Rahmen von verwaltungsrechtlichen Schuldverhältnissen zulässig.[866]

Haftungsrechtliche Modifikationen bestehen hingegen, wenn die Regelungen des AGBG zur Anwendung gelangen. Soweit ein Verschulden der öffentlichen Hand in Form von grober Fahrlässigkeit oder Vorsatz gegeben ist, verbietet § 11 Nr. 7 AGBG jedwede Begrenzung der Haftung. In diesen Fällen haftet die öffentliche Hand daher für alle Arten von Schäden.[867]

bbb) In dem hier in Rede stehenden verwaltungsschuldrechtlichen Kontext stellt sich allerdings die Problematik der grundsätzlichen Zulässigkeit von Haftungsfreizeichnungen des Staates für Personenschäden. Fraglich erscheint unter dem Aspekt des grundrechtlichen Schutzes von Leben und körperlicher Unversehrtheit (Art. 2 Abs. 2 Satz 1 GG), ob sich der Staat seiner haftungsrechtlichen Verantwortung durch den Erlaß entsprechender Freizeichnungen entziehen kann. Es besteht insofern die Gefahr, daß der Staat seiner verfassungsrechtlich gebotenen Schutzpflicht gegenüber dem Bürger nicht genügt.

α) Art. 2 Abs. 2 Satz 1 GG gewährt jedermann das Recht auf Leben und körperliche Unversehrtheit.[868] Das Grundrecht normiert aber nicht nur ein subjektives Abwehrrecht des Bürgers gegenüber dem Staat.[869] Es begründet insoweit auch objektiv-rechtliche Handlungsgebote des Staates gegenüber

865 Vgl. lediglich § 651 h BGB, der aber in verwaltungsrechtlichen Schuldverhältnissen regelmäßig keine Bedeutung erlangt.

866 Vgl. *Staudinger/Löwisch*, BGB, § 276 Rn. 107; *Jauernig/Vollkommer*, BGB, § 276 Rn. 39.

867 *BGH*, NJW 1987, 2818 (2820); *Ulmer/Brandner/Hensen*, AGBG, § 11 Nr. 7 Rn. 17 ff.; *Basedow*, in: *MünchKomm*, AGBG, § 11 Rn. 102; *Hanau*, in: *MünchKomm*, BGB, § 276 Rn. 162; *Staudinger/Coester-Waltjen*, AGBG, § 11 Nr. 7 Rn. 21; *Palandt/Heinrichs*, Bürgerliches Gesetzbuch, § 11 AGBG Rn. 37.

868 Vgl. dazu: *BVerfGE* 39, 1 (36 ff.); 45, 187 (254 f.); 46, 160 (164 f.); 49, 89 (141 f.); 53, 30 (57 f.); 56, 54 (73); 77, 170 (214); 77, 381 (402 f.); 79, 174 (201 f.); 85, 191 (212); 88, 203 (251).

869 So aber noch: *BVerfGE* 1, 97 (104); ferner: *Dürig*, in: *Maunz/Dürig* (Hrsg.), Grundgesetz, Art. 2 II Rn. 8 ff.; *Kern*, in: *Neumann/Nipperdey/Scheuner* (Hrsg.), Die Grundrechte, Band 2, S. 51 ff.

dem Bürger.[870] Hierbei handelt es sich um eine objektive, für die Ordnung des Gemeinwesens grundlegende Wertentscheidung.[871] Diese hat nicht nur Bedeutung für die Gestaltung der Rechtsordnung, sondern auch für die Auslegung und Anwendung des Rechts im Einzelfall.[872] Die grundrechtlich gewährleistete Schutzpflicht des Staates für das menschliche Leben gilt dabei umfassend: „Sie gebietet dem Staat, sich schützend und fördernd vor (das) Leben zu stellen".[873] Dies ist vor allem dann der Fall, wenn Dritte[874] eine Gefahr für Leib und Leben anderer herbeiführen.[875]

β) Das Grundgesetz trifft keine ausdrückliche Entscheidung darüber, durch welches konkrete hoheitliche Organ der Staat seinen grundrechtlichen Schutzauftrag zu erfüllen und mit welchen Mitteln dies zu geschehen hat. Es entspricht allerdings allgemeiner Ansicht in *Rechtsprechung*[876] und *Literatur*[877], daß alle drei staatlichen Gewalten Adressaten der Schutzpflichten sind. Dies gebietet Art. 1 Abs. 3 GG.[878] Insbesondere ist der Gesetzgeber verpflichtet, durch eine entsprechende Gestaltung der Rechtsordnung die hoheitlichen Schutzpflichten zu konkretisieren.[879] Dabei hat der Gesetzgeber einen weiten Einschätzungs- und Entscheidungsspielraum.[880] Dieser erlaubt ihm, den Schutz der Rechtsgüter des Art. 2 Abs. 2 Satz 1 GG nach Maßgabe eines

---

870 *Von Mangoldt/Klein/Starck*, Grundgesetz, Art. 2 Abs. 2 Rn. 140 ff.; *Schulze-Fielitz*, in: *Dreier* (Hrsg.), Grundgesetz, Art. 2 II Rn. 47; *Lorenz*, in: *Isensee/Kirchhof* (Hrsg.), HdbStR VI, § 128 Rn. 43; *Stern*, Staatsrecht III/1, § 69 IV 4 e.

871 Vgl. *BVerfGE* 39, 1 (41).

872 *Lorenz*, in: *Isensee/Kirchhof* (Hrsg.), HdbStR VI, § 128 Rn. 43.

873 *BVerfGE* 46, 160 (164); ferner: *Kunig*, in: *von Münch/Kunig* (Hrsg.), Grundgesetz, Art. 2 Rn. 55; *Schulze-Fielitz*, in: *Dreier* (Hrsg.), Grundgesetz, Art. 2 II Rn. 47; *Murswiek*, in: *Sachs* (Hrsg.), Grundgesetz, Art. 2 Rn. 188.

874 Statt vieler: *H.H. Klein*, DVBl. 1994, 489 (490) m.w.N.

875 *Isensee*, Das Grundrecht auf Sicherheit, 1983, S. 34, spricht in diesem Zusammenhang anschaulich von einem „Rechtsdreieck" zwischen Grundrechtsgeschütztem – Grundrechtsbeeinträchtiger – Grundrechtsschützer.

876 Vgl. nur: *BVerfGE* 46, 160 (164).

877 *Kunig*, in: *von Münch/Kunig* (Hrsg.), Grundgesetz, Art. 2 Rn. 55 f.; *Lorenz*, in: *Isensee/Kirchhof* (Hrsg.), HdbStR VI, § 128 Rn. 45; *Schulze-Fielitz*, in: *Dreier* (Hrsg.), Grundgesetz, Art. 2 II Rn. 51.

878 *Stern*, Staatsrecht III/1, § 69 IV 6 a.

879 Zu der Frage, in welchen rechtstechnischen Formen die Konkretisierung der Schutzpflichten zu erfolgen hat, vgl. *Schulze-Fielitz*, in: *Dreier* (Hrsg.), Grundgesetz, Art. 2 II Rn. 52 m.w.N.

880 *BVerfGE* 79, 174 (202); 85, 191 (212); *Jarass/Pieroth*, Grundgesetz, Art. 2 Rn. 61; *Schulze-Fielitz*, in: *Dreier* (Hrsg.), Grundgesetz, Art. 2 II Rn. 51.

wertenden Ausgleichs mit etwa konkurrierenden öffentlichen oder privaten Interessen herzustellen.[881]

γ) Die Gestaltungsmöglichkeiten des Gesetzgebers bei der Konkretisierung der Schutzpflichten sind vielfältig: Der strafrechtliche Schutz stellt die schärfste Form der Erfüllung des grundrechtlichen Schutzauftrages dar.[882] Im Zusammenhang mit Personenschäden ist aber vor allem die Gewährleistung entsprechender Schadensersatzansprüche sowie deren verfahrensrechtliche Durchsetzung[883] von besonderer Bedeutung.[884]

Es stellt sich daher die Frage, ob der Staat seine aus Art. 2 Abs. 2 Satz 1 GG rührende Schutzpflicht gegenüber dem Bürger erfüllt, wenn er einerseits einem Geschädigten Schadensersatzansprüche grundsätzlich einräumt, andererseits aber Haftungsfreizeichnungen zu Gunsten des Schädigers für zulässig erklärt (vgl. § 276 Abs. 2 BGB) und damit den Bürger faktisch schutzlos stellt. Es besteht insofern die Gefahr, daß der objektiv-rechtliche Gehalt des Art. 2 Abs. 2 Satz 1 GG leerläuft.

δ) Erleidet der Bürger im Rahmen verwaltungsrechtlicher Schuldverhältnisse durch hoheitlich zu verantwortende Handlungen Schäden an seiner körperlichen Integrität, so tritt in diesem Fall die Besonderheit zutage, daß den Staat eine zweifache Verpflichtung trifft: So ist er zunächst zum Zwekke der Erfüllung seines auf Art. 2 Abs. 2 Satz 1 GG beruhenden Schutzauftrages Garant dafür, daß dem verletzten Bürger Rechtsgrundlagen für die Geltendmachung von Schadensersatzansprüchen gegen den verantwortlichen Hoheitsträger wegen körperlicher Einbußen zur Verfügung stehen. Mit dieser verfassungsrechtlichen Verpflichtung geht die haftungsrechtliche Verantwortung des Staates einher, den Schaden des Bürgers zu ersetzen.

---

881 Vgl. *BVerfGE* 77, 170 (214 f.); ebenso: *BVerwG*, DVBl. 1996, 563 (564).

882 *Pieroth/Schlink*, Grundrechte, Rn. 409; *Badura*, Staatsrecht, C 22; *Murswiek*, in: *Sachs* (Hrsg.), Grundgesetz, Art. 2 Rn. 191; *Lorenz*, in: *Isensee/Kirchhof* (Hrsg.), HdbStR VI, § 128 Rn. 59; *Schulze-Fielitz*, in: *Dreier* (Hrsg.), Grundgesetz, Art. 2 II Rn. 54; *Kunig*, in: *von Münch/Kunig* (Hrsg.), Grundgesetz, Art. 2 Rn. 57 f.; *Podlech*, in: *Alternativ-Kommentar*, Grundgesetz, Art. 2 Abs. 2 Rn. 20.

883 Dazu ausführlich: *Laubinger*, VerwArch 73 (1982), S. 60 ff.; *Lorenz*, AöR 105 (1980), S. 623 ff.

884 Vgl. *Hasso Hofmann*, JZ 1986, 253 (255); *Murswiek*, in: *Sachs* (Hrsg.), Grundgesetz, Art. 2 Rn. 191; *Lorenz*, in: *Isensee/Kirchhof* (Hrsg.), HdbStR VI, § 128 Rn. 59;

Der Staat vereinigt damit in sich die Rolle des „Grundrechtsbeeinträchtigers" einerseits sowie die des „Grundrechtsschützers" andererseits.[885]

ε) Es besteht vor diesem Hintergrund die Gefahr, daß das objektivrechtliche Gebot der Schutzpflicht des Art. 2 Abs. 2 Satz 1 GG leerliefe, wenn sich der Staat von seiner grundsätzlichen Haftung für schuldhaft verursachte Personenschäden freizeichnen könnte. Eine solche „Vereitelung" der haftungsrechtlichen Inanspruchnahme der öffentlichen Hand durch Haftungsbeschränkungen führt zu einer faktischen Entwertung der grundrechtlichen Schutzpflicht des Staates für das Leben und die körperliche Unversehrtheit seiner Bürger. Angesichts dieses Umstandes verbietet daher der verfassungsrechtliche Schutzauftrag des Art. 2 Abs. 2 Satz 1 GG, daß die öffentliche Hand ihre Haftung für Personenschäden ausschließt.[886]

ζ) Dieses Ergebnis wird bestätigt durch zahlreiche gesetzliche Regelungen, die eine Haftungsfreizeichnung für Personenschäden ausdrücklich untersagen: So erklärt § 8a Abs. 2 StVG Haftungsregelungen für nichtig, die die verschuldensunabhängige Haftung nach § 7 StVG für Personenschäden ausschließen. Praktische Bedeutung hat diese Regelung beispielsweise bei der Personenbeförderung durch kommunale Verkehrsbetriebe.[887] Gleiches gilt für die Haftung der öffentlichen Hand nach §§ 1 – 3 HPflG. Auch für diese Fälle kann eine Haftung für Personenschäden nicht ausgeschlossen werden, § 7 Satz 1 HPflG. In diesem Zusammenhang ist ferner auf § 6 Abs. 1 Nr. 1 AVBWasser; § 6 Abs. 1 Nr. 1 AVBEltV[888]; § 6 Abs. 1 Nr. 1 AVBFernwärme und § 6 Abs. 1 Nr. 1 AVBGas hinzuweisen, die als abschließende Regelungen die Haftung der öffentlichen Hand bei Verletzung von Personen für jede Form des Verschuldens normieren.[889]

η) Es kann damit festgehalten werden: Haftungsfreizeichnungen der öffentlichen Hand für einzelne Schadensarten sind im Verwaltungsschuldrecht

885 Zur Terminologie: *Isensee*, Das Grundrecht auf Sicherheit, S. 34; vgl. im übrigen Anm. 875.

886 So auch im Ergebnis: *Götz*, JuS 1971, 349 (352); *Rüfner*, DÖV 1973, 808 (810 f.); *ders.* in: *Erichsen* (Hrsg.), Allgemeines Verwaltungsrecht, § 49 Rn. 15.

887 Vgl. § 8a Abs. 1 Satz 3 StVG, der die Gefährdungshaftung nach § 7 StVG ausdrücklich für anwendbar erklärt, wenn die Beförderung von einer Körperschaft oder Anstalt des öffentlichen Rechts betrieben wird.

888 Vgl. dazu: *BGH*, NJW 1998, 1640 ff.

889 Vgl. im übrigen zu diesem Gesichtspunkt: *OLG Stuttgart*, NJW-RR 1988, 1082 (1083); *OLG Karlsruhe*, NJW-RR 1989, 1333 (1335); *OLG Hamm*, NJW-RR 1992, 243; ferner: *Wolf*, NJW 1980, 2433 (2440); *Basedow*, in: *MünchKomm*, AGBG, § 11 Rn. 108.

grundsätzlich zulässig. Hiervon ausgenommen sind haftungsbeschränkende Regelungen für Personenschäden.

dd) *Summenmäßige Haftungsbegrenzungen*

Summenmäßige Haftungsbegrenzungen sind im Verwaltungsschuldrecht grundsätzlich unbedenklich.[890] Die prinzipielle Zulässigkeit solcher Regelungen folgt aus dem Vergleich von Haftungsfreizeichnungen für bestimmte Verschuldensformen und betragsmäßigen Haftungsbegrenzungen: Letztere stellen lediglich eine „partielle Freizeichnung" dar.[891] Wenn sich die öffentliche Hand von ihrer Haftung für leichte Fahrlässigkeit insgesamt freizeichnen kann, so kann sie ihre Haftung auch auf einen bestimmten Höchstbetrag begrenzen, sofern kein vorsätzliches Handeln im Sinne des § 276 Abs. 2 BGB gegeben ist.[892]

Erforderlich ist aber ein ausgewogenes Verhältnis zwischen dem typischen Schadensrisiko in dem jeweiligen Schuldverhältnis und der entsprechenden summenmäßigen Haftungsbegrenzung.[893] Die Höhe der Haftungssumme darf nicht so gering bemessen sein, daß sie eine im Widerspruch zum Grundsatz von Treu und Glauben stehende Aushöhlung der Rechte des Geschädigten bedeuten würde, § 242 BGB.[894]

Im Anwendungsbereich des AGBG sind allerdings betragsmäßige Haftungsbegrenzungen unzulässig, soweit die Haftung auf grober Fahrlässigkeit beruht (§ 11 Nr. 7 AGBG).[895] Darüber hinaus können derartige Haftungsregelungen auch gem. § 9 Abs. 2 Nr. 2 AGBG unwirksam sein, wenn sie „die Höchstsumme der vertragstypischen, vorhersehbaren Schäden" nicht abdecken.[896] Denn summenmäßige Haftungsbegrenzungen sind unzweifel-

---

890 Vgl. *Zuleeg*, JuS 1973, 34 (37 f.).

891 So *Schmidt-Salzer*, NJW 1969, 289 (292) in Anlehnung an *RGZ* 99, 107 (110 f.).

892 Vgl. unter H)I)7)b)aa) (Seite 222 ff.).

893 Vgl. *BGHZ* 77, 126 (131 ff.).

894 Zur Anwendbarkeit des Grundsatzes von Treu und Glauben im Verwaltungsschuldrecht: *Peine*, Allgemeines Verwaltungsrecht, Rn. 62; *Bull*, Allgemeines Verwaltungsrecht, Rn. 734; *Maurer*, Allgemeines Verwaltungsrecht, § 3 Rn. 28.

895 *Basedow*, in: *MünchKomm*, AGBG, § 11 Rn. 102; *Hanau*, in: *MünchKomm*, BGB, § 276 Rn. 162; *Palandt/Heinrichs*, Bürgerliches Gesetzbuch, § 11 AGBG Rn. 37; *Staudinger/Coester-Waltjen*, AGBG, § 11 Nr. 7 Rn. 21; *Ulmer/Brandner/Hensen*, AGBG, § 11 Nr. 7 Rn. 18.

896 *BGHZ* 89, 363 (368 f.); *BGH*, NJW 1985, 3016 (3018); NJW 1993, 335 (336); NJW 1998, 1640 (1644).

haft dazu geeignet, die Rechte des Geschädigten so weit auszuhöhlen, daß der Vertragszweck gefährdet ist. So wäre beispielsweise die Haftungsregelung eines kommunalen Verkehrbetriebes unzulässig, wonach die Haftung für Unfallschäden an mitgeführten Gegenständen auf EUR 10,-- begrenzt ist.[897]

ee) Schadenspauschalierungen

aaa) Sinn und Zweck von Schadenspauschalierungen liegen vor allem in den Beweiserleichterungen für den Gläubiger. Solche Haftungsregelungen erweisen sich dann als nützlich, wenn eine genaue Bezifferung des Schadens und/oder dessen Nachweis im Einzelfall nur unter großen Schwierigkeiten möglich sind. Sie ermöglichen den Parteien damit eine Erleichterung der Abwicklung von Schadensersatzansprüchen. Schadenspauschalierungen sind daher insbesondere in Massen-Schuldverhältnissen zweckmäßig, unabhängig davon, ob diese dem Privatrecht oder dem Verwaltungsschuldrecht zuzuordnen sind.

Neben diesen Vorteilen bergen Schadenspauschalierungen aber auch Risiken: Sie können zu einer „Unterhaftung", aber auch zu einer „Überhaftung" führen. Denn Schadenspauschalierungen enthalten auf der einen Seite für den Gläubiger die Gefahr der unzureichenden Deckung des tatsächlich entstandenen Schadens. Auf der anderen Seite können sich Schadenspauschalierungen auch nachteilig für den Schuldner auswirken, wenn nämlich die Schadenspauschale höher bemessen ist als der im Einzelfall tatsächlich entstandene Schaden.

bbb) Die Zulässigkeit von Schadenspauschalierungen ist im Zivilrecht unbestritten.[898] Auch im Rahmen verwaltungsrechtlicher Schuldverhältnisse erscheint eine „Standardisierung der Schadensberechnung" zweckmäßig.[899] Problematisch ist aber die Zulässigkeit von Schadenspauschalierungen, wenn diese im Hinblick auf den tatsächlich eingetretenen Schaden zu gering

897 Eine summenmäßige Haftungsbegrenzung für Personenschäden ist auch in der straßenverkehrsrechtlichen Gefährdungshaftung (§ 7 StVG) gem. § 8a Abs. 2 Satz 2 StVG nichtig.

898 Statt vieler: *Larenz*, Schuldrecht I, § 24 II c, aA nur: *Zugehör*, NJW 1967, 1895 (1896); *Franz*, NJW 1966, 2342 (2343); *Schmidt-Salzer*, NJW 1969, 289 (293).

899 Zu der Problematik in verwaltungsrechtlichen Benutzungsverhältnissen, vgl. auch *Tiemann*, VerwArch 65 (1974), S. 381 (420 f.), der allerdings seine Ausführungen auf Schadenspauschalierungen bezüglich der Haftung des Bürgers beschränkt.

bemessen sind. Dies ist beispielsweise dann der Fall, wenn die Uhr eines Schwimmbad-Besuchers im Wert von EUR 1.000,-- aufgrund des überhöhten Chlorgehalts des Wassers schwer beschädigt wird, die Gemeinde aber ihre Haftung für Sachschäden auf EUR 30,-- begrenzt hat.[900]

ccc) Das Problem der „Unterhaftung" bzw. „Überhaftung" haben *Rechtsprechung* und *Literatur* erkannt und folgende Zulässigkeitskriterien für Schadenspauschalierungen herausgearbeitet[901]: Die Festsetzung von Schadenspauschalierungen ist wirksam, solange sich diese an dem tatsächlichen oder an dem in solchen Fällen regelmäßig zu erwartenden, typischen Schaden orientieren. Dabei darf dem Schuldner nicht das Recht des Nachweises abgeschnitten werden, daß der tatsächliche Schaden gar nicht oder in einem geringeren Ausmaß eingetreten ist.[902] Das Erfordernis der Entsprechung von Schadenspauschale und tatsächlichem bzw. typischem Schaden gebietet der Ausgleichsgedanke des Schadensersatzrechts. Denn durch die Schadenspauschalierung darf nicht das allgemeingültige – und folglich auch im Verwaltungschuldrecht zu berücksichtigende – Prinzip des schadensersatzrechtlichen Bereicherungsverbots umgangen werden.[903] Erfüllt die festgesetzte Schadenspauschale diese Kriterien nicht, ist die Pauschalierung unwirksam. Der Gläubiger muß dann den tatsächlichen Schaden beweisen.

ddd) Die aufgezählten Zulässigkeitskriterien sind vom Gesetzgeber für vorformulierte Schadenspauschalierungen übernommen worden. Im Anwendungsbereich des AGBG ist daher § 11 Nr. 5 AGBG zu berücksichtigen.[904]

900 Vgl. auch: *Zuleeg*, JuS 1973, 34 (37 f.), der im Zusammenhang mit der Verwahrung von Gegenständen in Schwimmbädern wenig überzeugend argumentiert, (summenmäßige) Haftungsbeschränkungen seien gerechtfertigt, da der Besucher wertvolle Gegenstände zu Hause lassen könne. – Dieser Gesichtspunkt ist allenfalls im Rahmen der Frage eines etwaigen Mitverschuldens (§ 254 BGB) des Besuchers zu diskutieren.

901 *BGHZ* 67, 312 (314); 82, 121 (128); *BAG*, NJW 1967, 751 (752); *Beuthien*, in: Festschrift-*Larenz*, 1973, S. 495 (504 ff.).

902 Vgl. *BGH*, NJW 1998, 309 (310 f.); NJW 1998, 1066 (1068).

903 *Beuthien*, in: Festschrift-*Larenz*, S. 495 (506).

904 Siehe dazu die Rechtsprechung aus neuerer Zeit: *BGH*, NJW 1998, 592 (593).

ff) Verkürzung der Verjährungsfristen

aaa) Im Verwaltungsschuldrecht verjähren Sekundär-Forderungen prinzipiell in 30 Jahren, § 195 BGB.[905] Wie im Zivilrechtsverkehr besteht auch in diesem Bereich ein Interesse der öffentlichen Hand, diese regelmäßige Verjährungsfrist zu verkürzen.

Die Verkürzung der Verjährungsfristen ist eine weitere Form der Haftungsbeschränkung. Denn die Verjährung bewirkt praktisch den Verlust eines Schadensersatzanspruchs, wenn der Schuldner im Prozeß die Einrede erhebt. Die zeitliche Begrenzung der prozessualen Durchsetzbarkeit eines Anspruchs erschwert die Inanspruchnahme des Haftenden durch den Geschädigten. Verkürzungen der Verjährungsfristen sind damit in ihrer Wirkung „typische" Haftungsbeschränkungen.[906]

Mangels einer verwaltungsschuldrechtlichen Regelung[907] liegt es nahe, die im Zivilrecht vorgesehenen Regelungen zur Verkürzung der Verjährungsfristen auf das Verwaltungsschuldrecht zu übertragen.[908] Dem Grunde

---

905 Statt vieler: *BVerwG*, NJW 1995, 2303 (2309).

906 *BGHZ* 38, 150 (155); *BGH*, MDR 1983, 552 (553); *BGH*, NJW-RR 1987, 1251 (1253 f.).

907 Im öffentlichen Recht ist die Verjährung nur rudimentär geregelt. Zu nennen ist beispielsweise die abgabenrechtliche Verjährung (sog. Feststellungs- bzw. Zahlungsverjährung, §§ 169 ff. bzw. 228 ff. AO). Sie betrifft aber nur den Steueranspruch des Staates gegen den Bürger. Sie kann daher nicht auf die hier in Rede stehenden haftungsrechtlichen Ansprüche des Bürgers gegen den Staat übertragen werden.

908 Im Zivilrecht ist die Erleichterung der Verjährung, insbesondere die Verkürzung der Verjährungsfrist, gem. § 225 BGB grundsätzlich zulässig. Grenzen können sich indes aus § 242 BGB ergeben. So gestattet der Grundsatz von Treu und Glauben nur eine angemessene Verkürzung der Verjährungsfrist (vgl. *von Feldmann*, in: *MünchKomm*, BGB, § 225 Rn. 7). Darüber hinaus muß die Regelung auf die berechtigten Belange des Gläubigers Rücksicht nehmen: Dazu ist es u.a. erforderlich, daß der Beginn der Verjährungsfrist nicht im Belieben des Schuldners steht, weil sonst Fristbeginn und Fristende für den Gläubiger nicht kalkulierbar sind (vgl. dazu: *BGHZ* 122, 241 (247) m.w.N.). Die Zulässigkeit der Verkürzung von Verjährungsfristen ist dabei nicht auf Schadensersatzansprüche wegen fahrlässigen Verschuldens beschränkt, sondern gilt gleichermaßen im Falle vorsätzlichen Handelns (*RGZ* 135, 174 (176); *BGHZ* 9, 1 (5); ebenso: *Erman/Battes*, BGB, § 276 Rn. 81; *Palandt/Heinrichs*, Bürgerliches Gesetzbuch, § 225 Rn. 4).
Im Anwendungsbereich des AGBG scheidet hingegen eine Verkürzung der Verjährungsfrist aus, sofern grob fahrlässiges bzw. vorsätzliches Verschulden gegeben ist. Eine solche Klausel ist nach Ansicht des *Bundesgerichtshofs* gem. § 11 Nr. 7 AGBG unwirk-

nach sind hiergegen keine Einwendungen zu erheben.[909] Fraglich ist jedoch, ob eine zivilrechtlich zulässige Verkürzung der Verjährungsfristen auch im gleichen Umfang im Verwaltungsschuldrecht gilt. Möglicherweise gebietet das Verwaltungsschuldrecht insoweit Modifizierungen.

bbb) Einen Anhaltspunkt für die Grenze der zulässigen Verkürzung von Verjährungsfristen könnte der regelmäßig konkurrierenden[910] Amtshaftung entnommen werden. Gemäß § 852 Abs. 1 BGB verjährt ein Anspruch aus Amtshaftung in drei Jahren von dem Zeitpunkt an, in welchem der Verletzte von dem Schaden und der Person des Ersatzpflichtigen Kenntnis erlangt, ohne Rücksicht auf diese Kenntnis in dreißig Jahren von der Begehung der Handlung an. Der staatshaftungsrechtliche Anwendungsbereich des § 852 Abs.1 BGB ist dabei nicht auf die Amtshaftung beschränkt: Er gilt ebenfalls für den enteignenden Eingriff[911] sowie für den gemeinschaftsrechtlichen Staatshaftungsanspruch[912]. Es ließe sich daher argumentieren, daß § 852 Abs. 1 BGB eine allgemeine staatshaftungsrechtliche Mindestverjährungsfrist normiert, die bei der Verkürzung der Verjährungsfrist des § 195 BGB im Verwaltungsschuldrecht nicht unterschritten werden darf.

ccc) Anlaß für diese Überlegung bildet der Normzweck der Regelung. Denn dieser spiegelt die Problematik wider, wie sie auch bei der Verkürzung der Verjährungsfristen von verwaltungsschuldrechtlichen Ersatzansprüchen zutage tritt: Die von § 852 Abs. 1 BGB angeordnete Verjährungsfrist von drei Jahren beruht einerseits auf dem Gedanken, daß bei Schadensersatzansprüchen aus Amtshaftung – nicht zuletzt im Interesse einer sachgerechten Verteidigung des Schädigers – eine möglichst schnelle (gerichtliche) Klärung erforderlich ist. Andererseits muß den berechtigten Belangen des Geschädigten Rechnung getragen werden. Dies erfolgt dadurch, daß der Beginn der Dreijahresfrist von seiner Kenntnis abhängig gemacht wird.[913]

---

sam (*BGH*, NJW-RR 1987, 1252 (1253)). Im übrigen muß auch im Rahmen Allgemeiner Geschäftsbedingungen gewährleistet sein, daß dem Anspruchsberechtigten hinreichend Zeit für die Prüfung der Sach- und Rechtslage zur Verfügung steht. Eine Kürzung der Verjährungsfristen auf drei Monate genügt den Anforderungen des § 9 AGBG nicht (*BGHZ* 104, 292 (294) m.w.N.).

909 Vgl. *Palandt/Heinrichs*, Bürgerliches Gesetzbuch, § 194 Rn. 2.

910 Zu diesem Gesichtspunkt: *Ossenbühl*, Staatshaftungsrecht, S. 360.

911 Vgl. *Staudinger/Roth*, BGB, § 906 Rn. 22 m.w.N.

912 Vgl. *Herdegen/Rensmann*, ZHR 161 (1997), S. 522 (554).

913 So *Stein*, in: *MünchKomm*, BGB, § 852 Rn. 1.

Dieselbe Situation stellt sich im Verwaltungsschuldrecht, wenn die öffentliche Hand die Verjährung der gegen sie gerichteten Ansprüche verkürzen will. Auch in diesen Fällen stehen sich das Rechtssicherheitsinteresse des Staates und das Interesse des geschädigten Bürgers an einer angemessenen Vorbereitung eines Haftungsprozesses gegenüber. Die Angemessenheit der dreijährigen Verjährungsfrist des § 852 Abs. 1 BGB steht dabei außer Frage.

Es kommt entscheidend hinzu: Das Rechtsinstitut des verwaltungsrechtlichen Schuldverhältnisses – eine Zweckschöpfung der Rechtsprechung[914] – ist geschaffen worden, um den Bürger bei hoheitlich zu verantwortenden Pflichtverletzungen besser zu schützen, als die Amtshaftung dies zu gewährleisten imstande ist.[915] Die Zulässigkeit einer Verkürzung der Verjährungsfrist für verwaltungsschuldrechtliche Ersatzansprüche unterhalb der Grenze des § 852 Abs. 1 BGB würde dem Zweck des Rechtsinstituts des verwaltungsrechtlichen Schuldverhältnisses zuwiderlaufen. Die öffentliche Hand hätte dann die Möglichkeit, dem Bürger die „Früchte" der durch das verwaltungsrechtliche Schuldverhältnis gerade geschaffenen haftungsrechtlichen Begünstigung wieder zu entziehen. Das Rechtsinstitut des verwaltungsrechtlichen Schuldverhältnisses würde auf diesem Wege zweckentleert.

ddd) Das bedeutet: Die von § 852 Abs. 1 BGB vorgesehene Verjährungsfrist von drei Jahren stellt eine ausgewogene Regelung dar, die auch den Belangen des Verwaltungsschuldrechts Rechnung trägt. Sie kann daher als Zulässigkeitsgrenze für Verkürzungen der Verjährungsfrist des § 195 BGB verstanden werden.[916]

---

914 *Maurer*, Allgemeines Verwaltungsrecht, § 28 Rn. 2; *Ulrich Stelkens*, DVBl. 1998, 300 (303).

915 Vgl. unter A)II) (Seite 30 ff.).

916 Dieses Ergebnis wird bestätigt durch § 7 AVBV, der eine dem § 852 Abs. 1 BGB entsprechende Regelung normiert. Die Verjährung von Schadensersatzansprüchen aus Fernwärme bzw. Wasserversorgungsverhältnissen ist danach – unabhängig von ihrer privatrechtlichen oder öffentlich-rechtlichen Ausgestaltung – auf drei Jahre verkürzt. Die Frist beginnt in dem Zeitpunkt, in welchem der Verletzte von dem Schaden und der Person des Ersatzpflichtigen Kenntnis erlangt, ohne Rücksicht auf diese Kenntnis in dreißig Jahren von der Begehung der Handlung an.

gg) Schaffung zusätzlicher Haftungsvoraussetzungen

aaa) Eine Modifizierung der verwaltungsschuldrechtlichen Haftung kann schließlich auch darin bestehen, die Geltendmachung von Ansprüchen an die Erfüllung zusätzlicher, gesetzlich nicht vorgesehener Voraussetzungen zu knüpfen. Als derartige „Verwirkungstatbestände" kommen insbesondere die Festlegung von Ausschlußfristen und Anzeigepflichten in Betracht. Anders als die Verjährung bewirkt der Ablauf von Ausschlußfristen oder die Verletzung von Anzeigepflichten das Erlöschen von Ersatzansprüchen.[917] Zu denken ist hier beispielsweise an den Fall, daß der hoheitliche Träger eines öffentlichen Spielplatzes seine Haftung für Unfälle von einer Anzeige des Schadens innerhalb eines bestimmten Zeitraums abhängig macht.[918]

bbb) Die Zulässigkeit solcher haftungsbeschränkender Regelungen orientiert sich ebenfalls an den Kriterien, die für die Verkürzung der Verjährungsfristen gelten.[919] Danach sind Ausschlußfristen und Anzeigepflichten grundsätzlich als zulässige Haftungsbeschränkungen anzuerkennen, solange sie nicht wesentlich hinter den gesetzlichen Verjährungsfristen zurückbleiben. Als Orientierungsmaßstab kann auch hier der aus § 852 Abs. 1 BGB abzuleitende zeitliche Rahmen von drei Jahren herangezogen werden. Demzufolge ist beispielsweise eine Ausschlußfrist von nur drei Monaten unzulässig.[920]

II) Zulässigkeit von Haftungsbeschränkungen im Rahmen verwaltungsrechtlicher Schuldverhältnisse aufgrund eines Anschluß- und Benutzungszwangs

Die Frage der Zulässigkeit von verwaltungsschuldrechtlichen Haftungsbeschränkungen bei Bestehen eines Anschluß- und Benutzungszwangs bzw.

917 Vgl. *LG Berlin*, ZIP 1988, 1311 (1327).

918 Bedenklich insofern: § 6 Abs. 6 AVBV, der eine „unverzügliche" Anzeige von Schäden verlangt. Aus der Regelung ergibt sich allerdings nicht, welche Rechtsfolge bei Unterlassen dieser Obliegenheit eintritt.

919 Vgl. *BGH*, NJW-RR 1991, 1120 (1123); *Staudinger/Coester-Waltjen*, AGBG § 11 Nr. 7 Rn. 20.

920 Vgl. *BGHZ* 71, 167 (170).

einer Monopolstellung der öffentlichen Hand wird in *Rechtsprechung* und *Schrifttum* nicht einheitlich beantwortet.[921]

1) Die Auffassung der Rechtsprechung

In Anlehnung an eine Entscheidung des *OVG Münster*[922] unterscheidet der *Bundesgerichtshof* bei der Beurteilung der Zulässigkeit von Haftungsbeschränkungen nicht zwischen vertragsähnlichen Schuldverhältnissen und Schuldverhältnissen aufgrund eines Anschluß- und Benutzungszwangs.[923] Er bejaht in beiden Fällen die generelle Zulässigkeit von Haftungsfreizeichnungen. Er prüft die Zulässigkeit anhand einheitlicher Kriterien:

Auf Grundlage der nach Meinung des *Bundesgerichtshofs* gebotenen sinngemäßen Anwendung der §§ 276, 278 BGB kann die Haftung für Vorsatz und grobe Fahrlässigkeit nicht ausgeschlossen werden. Die Zulässigkeit einer Haftungsfreizeichnung für einfache Fahrlässigkeit hängt nach Auffassung des *Bundesgerichtshofs* aber auch von der Erfüllung weiterer Kriterien ab: Sie muß sachlich gerechtfertigt sein und den Grundsätzen der Erforderlichkeit und Verhältnismäßigkeit entsprechen. Ferner darf sie den Bürgern keine unbilligen Opfer abverlangen und nicht im Widerspruch mit den allgemeinen fürsorgerischen Aufgaben der Verwaltung stehen. Schließlich darf die Haftung auch nicht für Schäden ausgeschlossen werden, die auf offensichtliche Mißstände zurückzuführen sind.

Es ist bereits an anderer Stelle dargelegt worden, daß diese zusätzlichen Kriterien konkretisierungsbedürftige Formeln sind, denen jede Praktikabilität fehlt. Auf diese Ausführungen kann hier verwiesen werden.[924]

---

921 Diese Problematik stellt sich in gleicher Weise in Rechtsverhältnissen des Bürgers mit staatlichen Monopolen. Monopole – wie früher Brief- und Paketpost sowie Fernmeldeverkehr – bieten Leistungen der Daseinsvorsorge an, auf die der Bürger in der Regel nicht verzichten kann. Das führt in seinen praktischen Auswirkungen zu einem Anschluß- und Benutzungszwang.
Die frühere Bedeutung staatlicher Monopole hat aber erheblich an Gewicht verloren; nicht nur durch Privatisierung der aus Monopolen hervorgegangen Gesellschaften wie Deutsche Telekom AG, Deutsche Post AG und Bayernwerk AG, sondern auch durch Deregulierung der jeweiligen Märkte, vgl. dazu etwa: *König/Benz* (Hrsg.), Privatisierung und staatliche Regulierung, 1997.

922 *OVG Münster*, OVGE 18, 154 (161 f.).

923 *BGHZ* 61, 7 (13).

924 Vgl. die Kritik hierzu unter H)I)1) (Seite 208 ff.).

2) *Die Auffassung der* Literatur

Die herrschende Meinung in der *Literatur* betrachtet hingegen Haftungsbeschränkungen in Schuldverhältnissen aufgrund eines Anschluß- und Benutzungszwangs oder bei Monopolstellung der öffentlichen Hand als unzulässig. Zwar ist man sich im wesentlichen über dieses Ergebnis einig, jedoch herrscht Streit über dessen Begründung:

a) So wird zum einen die Unzulässigkeit von Haftungsfreizeichnungen bei Schuldverhältnissen im Rahmen eines Anschluß- und Benutzungszwangs aus dem Gesichtspunkt der Sittenwidrigkeit gefolgert. *Forsthoff* hält Haftungsbeschränkungen in diesen Fällen für unzulässig, da „die Zwangslage des Bewerbers sittenwidrig" ausgebeutet werde.[925] Zu diesem Ergebnis gelangt ebenfalls *Eckert*.[926] Er hält Haftungsfreizeichnungen für unzulässig, wenn das Schuldverhältnis durch Anschlußzwang zustandegekommen sei. Unzulässig seien Haftungsbeschränkungen wegen Sittenwidrigkeit aber auch dann, wenn sie sich als Mißbrauch einer Monopolstellung erwiesen.

Als weiteres Zulässigkeitskriterium wird das Argument der Versicherbarkeit des Haftungsrisikos ins Feld geführt.[927] Sofern die öffentlich-rechtliche Leistung „ohne Garantie für die Benutzer ein kaum tragbares Risiko" bedeute, könne ein „allgemeiner Haftungsausschluß nicht gebilligt werden". Hiervon sei jedenfalls dann auszugehen, wenn der Bürger dieses Risiko nicht durch Abschluß eines Versicherungsvertrages abwehren könne.

b) Bemerkenswert ist in diesem Zusammenhang der von *Palder*[928] und *Tiemann*[929] verfolgte Ansatz.

aa) Nach ihrer Auffassung stellt der Anschluß- und Benutzungszwang *per se* eine (noch) zulässige Form der Sozialbindung des Eigentums dar. Die zusätzliche Belastung des Eigentums durch Anordnung einer Haftungsfreizeichnung beeinträchtigt nach Auffassung beider Autoren den Wesensgehalt des Grundrechts aus Art. 14 GG nachhaltig. *Tiemann* hält daher Haftungsbeschränkungen in diesen Fällen generell für unzulässig.[930] Allenfalls bei

925 *Forsthoff*, Allgemeines Verwaltungsrecht, S. 422.

926 *Eckert*, DVBl. 1962, 11 (20).

927 *Püttner*, Die öffentlichen Unternehmen, S. 255.

928 *Palder*, Haftungsbeschränkungen, S. 138.

929 *Tiemann*, VerwArch 65 (1974), S. 381 (408); *ders.*, BayVBl. 1974, 57 (61).

930 *Tiemann*, VerwArch 65 (1974), S. 381 (408); *ders.*, BayVBl. 1974, 57 (61).

Verletzung von Sekundärpflichten sei eine Beschränkung der Haftung bis zur Grenze der groben Fahrlässigkeit möglich.[931]

Palder hingegen kommt zu einer differenzierenden Lösung[932]: Danach habe ein Anschluß- und Benutzungszwang keine Auswirkung auf die Zulässigkeit von Haftungsbeschränkungen, soweit sie keine enteignende Wirkung hätten. Anderenfalls habe der betroffene Grundrechtsträger einen Anspruch auf Befreiung vom Anschluß- und Benutzungszwang. Von einer enteignenden Wirkung der Haftungsregelung sei dann auszugehen, wenn „der jeweilige Normadressat einen spezifischen, im Verhältnis zu den anderen Bürgern weitaus größeren Schaden bei einer schuldhaften Schlechtlieferung im weitesten Sinne erlitte und dadurch ungleich schwerer getroffen würde ... (oder) wenn der Anschlußzwang als solcher den Duldungsspielraum des Art. 14 GG schon ganz ausgefüllt hätte, so daß jede darüber hinausgehende Rechtsverkürzung in eine Enteignung umschlagen müßte".

bb) Gegen die Argumentation, eine Haftungsbeschränkung stelle eine unzumutbare Beeinträchtigung des grundrechtlich geschützten Eigentums dar, sind Einwendungen zu erheben. Es erscheint grundsätzlich vertretbar, auch in Schuldverhältnissen aufgrund eines Anschluß- und Benutzungszwangs eine Haftungsfreizeichnung zuzulassen. Hinsichtlich des grundrechtlichen Eigentumsschutzes ist jedoch zu beachten, daß jeweils unterschiedliche Rechtsgüter in Rede stehen: Hinsichtlich des Anschluß- und Benutzungszwangs ist das Eigentum an dem Grundstück das beeinträchtigte Schutzgut im Sinne des Art. 14 GG, bezüglich der Haftungsfreizeichnung kommt – wenn überhaupt – ein Schadensersatzanspruch als beeinträchtigtes Schutzgut in Betracht. Das bedeutet, daß eine Haftungsfreizeichnung nicht schon deshalb bei Bestehen eines Anschluß- und Benutzungszwangs unzulässig sein kann, weil sie den Wesensgehalt des Grundrechts aus Art. 14 GG aushöhlt. Denn sie tangiert ein anderes, unter bestimmten Voraussetzungen ebenfalls von der Eigentumsgarantie geschütztes Rechtsgut.

Im übrigen ist die Argumentation *Palders* auch im Hinblick auf eine enteignende Wirkung von Haftungsbeschränkungen nicht haltbar. Sie steht im Widerspruch zu der verfassungsgerichtlichen Rechtsprechung: Danach sind Haftungsbeschränkungen als Inhalts- und Schrankenbestimmung im Sinne

931 *Tiemann*, VerwArch 65 (1974), S. 381 (412); *ders.*, BayVBl. 1974, 57 (63).
932 *Palder*, Haftungsbeschränkungen, S. 139 f.

des Art. 14 Abs. 1 Satz 2 GG zu definieren.[933] Sie „legen generell und abstrakt die Rechte und Pflichten des Eigentümers fest".[934] Von einer Enteignung kann nach Auffassung des *Bundesverfassungsgerichts* nur dann die Rede sein, wenn die Rechte des Eigentümers konkret-individuell eingeschränkt werden. Es muß sich dabei um einen finalen Entzug von Vermögenspositionen handeln.[935] Dies ist bei Haftungsregelungen regelmäßig nicht der Fall.

3) Eigener Lösungsvorschlag

Es bestehen Bedenken, der öffentlichen Hand bei Anordnung eines Anschluß- und Benutzungszwangs die Möglichkeit einer Haftungsfreizeichnung gänzlich zu versagen. Zwar haben die von der *Literatur* vorgetragenen Argumente durchaus ihre Berechtigung. Wie zu zeigen sein wird, tragen sie dem Sinn und Zweck des Anschluß- und Benutzungszwangs nicht in vollem Umfang Rechnung.

Zu überlegen ist vielmehr, ob nicht einer differenzierenden Lösung der Vorzug zu geben ist. Eine Differenzierung könnte insofern geboten sein, als die öffentliche Hand mit der Anordnung eines Anschluß- und Benutzungszwangs besondere, im öffentlichen Interesse stehende Ziele verfolgt. Wie im folgenden zu untersuchen sein wird, rechtfertigt dieser Umstand möglicherweise eine andere haftungsrechtliche Beurteilung gegenüber den übrigen leistungsbezogenen verwaltungsrechtlichen Schuldverhältnissen.

a) Der Anschluß- und Benutzungszwang als Form der gemischten Eingriffs- und Leistungsverwaltung

Das Wesen des Anschluß- und Benutzungszwangs läßt sich weder der Eingriffs- noch der Leistungsverwaltung eindeutig zuordnen. Auf der einen Seite ist er Teil der Eingriffsverwaltung. Denn die kraft Satzung angeord-

---

933 Nach der hier vertretenen Ansicht sind Haftungsbeschränkungen nur dann als Inhalts- und Schrankenbestimmungen zu qualifizieren, wenn diese erst nach Entstehung des Ersatzanspruches erlassen werden, vgl. unter F)III)1)b) (Seite 167 ff.).

934 *BVerfGE* 58, 300 (330); 70, 191 (200); 72, 66 (76); 100, 226 (240).

935 Vgl. *BVerfGE* 58, 300 (330); 70, 191 (199 f.); 74, 264 (280); 79, 174 (191); 100, 226 (239 f.); vgl. im übrigen zu der Abgrenzungsproblematik: *Jarass*, NJW 2000, 2841 ff.; *Papier*, DVBl. 2000, 1398 (1399 ff.).

nete Benutzung kommunaler Versorgungseinrichtungen stellt für den betroffenen Bürger eine Belastung und damit einen Eingriff im grundrechtlichen Sinne dar.[936] Auf der anderen Seite gehört der Anschluß- und Benutzungszwang zum Bereich der Leistungsverwaltung. Denn die öffentliche Hand gewährt dem Bürger Versorgungsleistungen.

Ein Übergewicht eines dieser Aspekte, der eine vollständige Zuordnung des Anschluß- und Benutzungszwangs zur Eingriffs- oder Leistungsverwaltung rechtfertigten könnte, läßt sich dabei nicht ausmachen: Zwar könnte man einmal das Element der Leistung mit dem Hinweis darauf betonen, daß beispielsweise die Wasserversorgung das Wesentliche sei und die Frage, ob sie im Rahmen eines Anschluß- und Benutzungszwangs erfolge, demgegenüber zurücktrete und damit keine rechtliche Umgruppierung von der Eingriffs- zur Leistungsverwaltung zwingend nach sich ziehe.

Gleichermaßen könnte man den Eingriffscharakter des Anschluß- und Benutzungszwangs hervorheben, der es dem Bürger verbiete, Wasser aus eigenen „Quellen“ zu beziehen. Die nicht zu übersehende Parallelität zum Sicherheitsrecht – einem der klassischen Bereiche der Eingriffsverwaltung[937] – legt sogar eine gänzliche Zuordnung zu dieser Form der Verwaltung nahe. Denn der Anschluß- und Benutzungszwang soll die sozialstaatlich gebotene[938] sowie kostengünstige[939] Versorgung der Bürger mit lebensnotwendigen Leistungen sicherstellen (sog. Daseinsvorsorge). Zu diesen Leistungen gehört u.a. die Wasserversorgung. Sie verfolgt den sicherheits-

936 Vgl. *Waechter*, Kommunalrecht, Rn. 578 f.; *Stober*, Kommualrecht, § 16 III 5c; *Gern*, Kommunalrecht, Rn. 601 ff.; *Frotscher*, in: *Püttner* (Hrsg.), Handbuch der kommunalen Wissenschaft und Praxis, Band 3, S. 154 f.; *Seewald*, in: *Steiner* (Hrsg.), Besonderes Verwaltungsrecht, Abschnitt I Rn. 178; *Schmidt-Aßmann*, in: *Schmidt-Aßmann* (Hrsg.), Besonderes Verwaltungsrecht, 1. Abschnitt Rn. 114.

937 Vgl. etwa: *Wolffgang/Hendricks/Merz*, Polizei- und Ordnungsrecht in NRW, 1998, Rn. 1 ff.

938 Vgl. unter F)III)5) (Seite 176 ff.).

939 Ausnahmsweise können auch Rentabilitätsgesichtspunkte die Anordnung eines Anschluß- und Benutzungszwangs rechtfertigen, vgl. *BVerwG*, NVwZ 1986, 754; *VGH München*, NVwZ-RR 1995, 345. Rein fiskalische Überlegungen reichen jedoch nicht, *VGH Mannheim*, ESVGH 23, 21 (26); *OVG Münster*, OVGE 18, 153 ff.; *Frotscher*, in: *Püttner* (Hrsg.); Handbuch der kommunalen Wissenschaft und Praxis, Band 3, S. 154; *Stober*, Kommunalrecht, § 16 II 5b.

rechtlich motivierten Zweck, hygienisch einwandfreies Wasser zu liefern. Auf diese Weise soll Gesundheitsgefahren vorgebeugt werden.[940]

Es bleibt damit bei der Feststellung, daß Schuldverhältnisse aufgrund eines Anschluß- und Benutzungszwangs weder allein der Eingriffs- noch allein der Leistungsverwaltung zugeordnet werden können. Ihnen ist insoweit ein „Doppelcharakter" beizumessen.[941]

b) Auswirkungen des „Doppelcharakters" auf die Zulässigkeit von Haftungsbeschränkungen

aa) Diese Feststellung kann für die Frage der Zulässigkeit von Haftungsbeschränkungen im Rahmen verwaltungsrechtlicher Schuldverhältnisse kraft Anschluß- und Benutzungszwangs fruchtbar gemacht werden, wenn man sich dessen Zweck vergegenwärtigt: Als Bestandteil des Sicherheitsrechts[942] erfüllt der Anschluß- und Benutzungszwang die Aufgabe der Gefahrenvorsorge[943] bzw. Gefahrenabwehr[944].

Stellt man vor diesem Hintergrund eine Relation zum Zweck von Haftungsbeschränkungen her, so wird deutlich, daß der Erlaß von Haftungsbeschränkungen und die gleichzeitige Anordnung eines Anschluß- und Benutzungszwangs einander ausschließen. Denn die öffentliche Hand verfolgt jeweils unterschiedliche Ziele: Haftungsbeschränkungen sind regelmäßig Ausdruck der Wahrnehmung von Vermögensinteressen.[945] Der ersatzpflichtige Schuldner will auf diese Weise das Risiko einer haftungsrechtlichen Inanspruchnahme durch den Gläubiger reduzieren. Dem Sicherheitsrecht ist als Teil der Eingriffsverwaltung – im Gegensatz zur Leistungsverwaltung[946] – die Wahrnehmung von Vermögensinteressen weitgehend

---

940 Vgl. *VGH München*, DÖV 1988, 301; *Rüfner*, DÖV 1973, 808 (810); *Götz*, JuS 1971, 349 (352); *Waechter*, Kommunalrecht, Rn. 575; *von Mutius*, Kommunalrecht, Rn. 435.

941 *Frotscher*, Die Ausgestaltung kommunaler Nutzungsverhältnisse bei Anschluß- und Benutzungszwang, 1974, S. 15.

942 *von Mutius*, Kommunalrecht, Rn. 435.

943 Vgl. zu diesem Gesichtspunkt etwa: *Di Fabio*, Jura 1996, 566 (568 ff.).

944 Vgl. hierzu nur: *Friauf*, in: *Schmidt-Aßmann* (Hrsg.), Besonderes Verwaltungsrecht, 2. Abschnitt Rn. 1 ff.

945 Vgl. unter F) (Seite 149).

946 Vgl. Anm. 526.

fremd.[947] Das Interesse der öffentlichen Hand ist insoweit primär auf die Gefahrenvorsorge bzw. –abwehr gerichtet.

bb) Das bedeutet für die Zulässigkeit von Haftungsfreizeichnungen: Soweit der Anschluß- und Benutzungszwang der Gefahrenprävention dient und damit sicherheitsrechtlich motiviert ist, kommt eine Haftungsfreizeichnung nicht in Betracht. Das Handeln des Staates ist in diesen Fällen nicht auf die Wahrnehmung vermögensrechtlicher Interessen gerichtet. Der Fall einer unzulässigen Haftungsfreizeichnung liegt demnach vor, wenn die öffentliche Hand ihre Haftung für Pflichtverletzungen beschränken will, die gerade nach dem sicherheitsrechtlichen Zweck des Anschluß- und Benutzungszwangs vermieden werden sollen. Demzufolge darf die öffentliche Hand ihre Haftung nicht für solche Mängel und Schäden ausschließen, deren Verhütung die Anordnung des Anschluß- und Benutzungszwangs dient.[948] Als Beispiel ist ein Gewährleistungsausschluß für verunreinigtes Trinkwasser zu nennen.

cc) Kommt hingegen der sicherheitsrechtliche Gesichtspunkt nicht zum Tragen, richtet sich die Zulässigkeitsgrenze verwaltungsschuldrechtlicher Haftungsbeschränkungen nach den Maßstäben, die auch für die übrigen leistungsbezogenen verwaltungsrechtlichen Schuldverhältnisse gelten.[949] So sind beispielsweise Haftungsfreizeichnungen für kurzzeitige Versorgungsunterbrechungen zulässig, soweit der öffentlichen Hand kein Vorwurf eines vorsätzlichen Handelns gemacht werden kann (§§ 276 Abs. 2 i.V.m. 278 Satz 1 BGB).[950]

947 Zwar sieht auch das Sicherheitsrecht vermögensrechtliche Regelungen vor, wie zum Beispiel die Vorschriften über Entschädigungs- und Ersatzansprüche (vgl. dazu: *Schenke*, in: *Steiner* (Hrsg.), Besonderes Verwaltungsrecht, Abschnitt II Rn. 338 ff.). Dies ist aber nicht der primäre Regelungszweck des Sicherheitsrechts (in diesem Sinne auch: *Friauf*, in: *Schmidt-Aßmann* (Hrsg.), Besonderes Verwaltungsrecht, 2. Abschnitt Rn. 197).

948 So auch im Ergebnis: *Ossenbühl*, Staatshaftungsrecht, S. 359; *Rüfner*, in: *Erichsen* (Hrsg.), Allgemeines Verwaltungsrecht, § 49 Rn. 15; *ders.*, DÖV 1973, 808 (810 f.); *Schwarze*, JuS 1974, 640 (641); *Götz*, JuS 1971, 349 (352).

949 Vgl. dazu die Ausführungen unter H)I)7)b) (Seite 221 ff.).

950 Vgl. unter H)I)7)b)aa) (Seite 222 ff.).

III) Zulässigkeit von Haftungsbeschränkungen in subordinationsrechtlichen Schuldverhältnissen

Schließlich ist die Frage zu klären, ob auch in subordinationsrechtlichen Schuldverhältnissen Haftungsbegrenzungen statthaft sind. Zu dieser Kategorie gehören verwaltungsrechtliche Schuldverhältnisse aus dem Bereich der klassischen Eingriffsverwaltung. Dazu zählen beispielsweise die öffentlich-rechtlichen Verwahrungsverhältnisse aufgrund von behördlichen Sicherstellungen bzw. Beschlagnahmen wie auch die hoheitlich angeordneten Gesundheitsuntersuchungen aufgrund eines Seuchenverdachts (vgl. § 32 Abs. 2 BSeuchG).

1) *Die Ansicht* Mittermeiers

Diese Problematik ist – soweit ersichtlich – bisher nur von *Mittermeier* aufgegriffen und erörtert worden.[951] So befürwortet er einerseits für schlicht-hoheitliche Schuldverhältnisse eine Heranziehung zivilrechtlicher Haftungsbegrenzungsmaßstäbe[952], will aber andererseits bei obrigkeitlichen Schuldverhältnissen das Verfassungsrecht als Haftungsbegrenzungsmaßstab zugrundelegen.[953] *Mittermeier* bejaht daher auch die grundsätzliche Zulässigkeit von Haftungsbeschränkungen in obrigkeitlichen Schuldverhältnissen. Maßstab hierfür sei der Verhältnismäßigkeitsgrundsatz.[954] Unter Zugrundelegung dieses Maßstabes hält *Mittermeier* einen Haftungsausschluß für grobe Fahrlässigkeit und Vorsatz für unzulässig. Die sich daraus für den Bürger ergebenden Nachteile würden die Vorteile auf Seiten des Staates übertreffen.[955] Daß der Bürger durch eine so weitreichende Freizeichnung „nahezu recht- und wehrlos dem Handeln der Verwaltung unterworfen“ werde, rechtfertige nicht eine „Verlagerung des Haftungsrisikos“ zu Gunsten des Staates. Demgegenüber hält *Mittermeier* einen Ausschluß der Haftung für leichte Fahrlässigkeit für verhältnismäßig. Hier falle u.a. der Umstand ins Gewicht, „daß aufgrund der überwiegend entpersonalisierten, versachlich-

---

951 *Mittermeier*, Haftung, S. 236 ff.
952 *Mittermeier*, Haftung, S. 230 ff.
953 *Mittermeier*, Haftung, S. 240 ff.
954 *Mittermeier*, Haftung, S. 240.
955 *Mittermeier*, Haftung, S. 242.

ten Beziehung im Gegensatz zu den personalen Integrations- und Kontaktverhältnissen die Einwirkungsmöglichkeit auf Rechtsgüter geringer (sei) und sich in der Regel auf Schädigungen an Sachen" beschränke.[956]

2) *Eigener Lösungsvorschlag*

a) *Abkehr vom zivilrechtlichen Haftungsgedanken*

Der Meinung *Mittermeiers* kann insgesamt nicht zugestimmt werden. So ist zunächst einzuwenden, daß *Mittermeier* für schlicht-hoheitliche Schuldverhältnisse andere Haftungsmaßstäbe gelten läßt als für obrigkeitliche Schuldverhältnisse. Eine Begründung für diese Differenzierung nennt er nicht. *Mittermeier* ist zwar insoweit zuzugeben, daß es in Bezug auf obrigkeitliche Schuldverhältnisse geboten ist, sich „von der Vorstellungswelt vertraglicher Freizeichnungen zu lösen".[957] Hieraus zieht *Mittermeier* jedoch nicht die richtige Schlußfolgerung.

Hinsichtlich subordinationsrechtlicher Schuldverhältnisse ist nämlich vielmehr zu überlegen, ob in diesen Fällen nicht eine gänzliche Abkehr von den üblicherweise anzuwendenden Haftungsfreizeichnungsregelungen des Bürgerlichen Rechts vollzogen werden muß. Denn die von *Mittermeier* zu Recht befürwortete gedankliche Lösung von der Anwendbarkeit vertraglicher Haftungsregelungen auf subordinationsrechtliche Rechtsverhältnisse kann nicht Begründung sein für die Zulässigkeit von Haftungsbeschränkungen im Rahmen solcher Schuldverhältnisse, auch wenn sie am verfassungsrechtlichen Verhältnismäßigkeitsgrundsatz zu messen sind. Vielmehr ist aus dieser Überlegung *Mittermeiers* zutreffenderweise der Schluß zu ziehen, daß das Verwaltungsschuldrecht in subordinationsrechtlichen Rechtsverhältnissen gerade keine Haftungsfreizeichnungen gestattet. Denn die maßgebenden zivilrechtlichen Haftungsvorschriften sind nicht auf Rechtsverhältnisse zugeschnitten, die von dem Einsatz hoheitlicher Machtmittel geprägt sind.

956 *Mittermeier*, Haftung, S. 241.

957 *Mittermeier*, Haftung, S. 237 in Anlehnung an *Götz*, JuS 1971, 349 (351 f.).

b) *Der Schutzgedanke der verwaltungsschuldrechtlichen Haftung*

Gegen eine Zulässigkeit von Haftungsfreizeichnungen spricht desweiteren der entstehungsgeschichtliche Umstand, daß die Übertragung schuldrechtlicher Grundsätze vom *Reichsgericht* insbesondere bei obrigkeitlichen Rechtsverhältnissen – namentlich den öffentlich-rechtlichen Verwahrungsverhältnissen – vorgenommen wurde.[958] Die Annahme eines verwaltungsschuldrechtlichen Verwahrungsverhältnisses sollte „dem Bürger angemessene Betreuung und Rechtsschutz ... bieten. Der Betroffene soll(te) nicht nur gegen den Akt der Ingewahrsamnahme als solchen vorgehen, sondern sich auch gegen die Art der Behandlung seiner Sachen wehren können".[959] Dieser – auf die besondere Gefährdungslage des Bürgers beim Handeln des Staates unter Einsatz hoheitlicher Machtmittel zurückzuführende – Gedanke ist auch trotz Normierung der Beamtenhaftung in § 839 BGB nicht gegenstandslos geworden. So prüft die *Rechtsprechung* auch heute noch bei Schäden aus öffentlich-rechtlichen Verwahrungsverhältnissen schuldrechtliche Ansprüche neben Ansprüchen aus § 839 BGB i.V.m. Art. 34 GG.[960] Würde man also in obrigkeitlichen Schuldverhältnissen Haftungsfreizeichnungen zulassen, würde auf diese Weise deren ursprüngliche Funktion – nämlich die haftungsrechtliche Besserstellung des Bürgers gegenüber dem Staat – faktisch vereitelt.

c) *Vermeidung einer Annäherung an „mißbilligte" Haftungsprivilegierungen*

Schließlich gilt es bezüglich der obrigkeitlichen Verwahrungsverhältnisse noch Folgendes zu berücksichtigen: Nach *herrschender Meinung* findet das Haftungsprivileg des § 690 BGB im Rahmen einer hoheitlichen Verwahrung keine Anwendung.[961] Denn die mangelnde Fremdnützigkeit hoheitlichen

---

958 Vgl. etwa: *RGZ* 100, 219 (221) m.w.N.

959 So zusammenfassend: *Büllesbach*, Die öffentlich-rechtliche Verwahrung, S. 8.

960 Vgl. *BGH*, NJW 1952, 658 (659); 1952, 931; 1990, 1230 (1231); *BGH*, DB 1974, 871; ferner: *BGHZ* 21, 214 (220); 61, 7 (14); 63, 167 (172); *BGH*, NJW 1974, 1816; *BGH*, LM GVG § 13 Nr. 89.

961 Vgl. *RGZ* 84, 338 (339); *BGHZ* 4, 192 (194); *VG Arnsberg*, MDR 1975, 255; wohl auch *BVerwGE* 52, 247 (254); *Beikert*, Haftungsbeschränkungen, S. 43; *Schwär*, Leistungsstörungen, S. 101; *Ossenbühl*, Staatshaftungsrecht, S. 341, 355; *Bender*, Staatshaftungsrecht, Rn. 813; *Schäfer/Bonk*, StHG, § 15 Rn. 59; *Maurer*, Allgemeines Verwaltungsrecht, § 28 Rn. 5; *Gerhard Schäfer, in: Löwe/Rosenberg* (Hrsg.), StPO, § 94 Rn. 63; *Jauer-*

Handelns rechtfertigt nicht die Beschränkung der Haftung auf die *diligentia quam in suis*. Würde man die Zulässigkeit von Haftungsbeschränkungen in diesen Fällen bejahen, so käme man auf diesem Wege wieder zu einer Annäherung an den „mißbilligten" Haftungsmaßstab des § 690 BGB. Dieser Widerspruch zeigt, daß Haftungsfreizeichnungen im Rahmen von verwaltungsrechtlichen Schuldverhältnissen obrigkeitlicher Natur nicht statthaft sind.

Als Ergebnis läßt sich daher festhalten: Im Rahmen subordinationsrechtlicher Schuldverhältnisse sind Haftungsfreizeichnungen unzulässig.

---

nig/Vollkommer, BGB, § 688 Rn. 6, § 690 Rn. 1; *Hüffer, in: MünchKomm*, BGB, § 688 Rn. 63, § 690 Rn. 6; *Palandt/Heinrichs*, Bürgerliches Gesetzbuch, § 690 Rn. 1; restriktiver: *Büllesbach*, Die öffentlich-rechtliche Verwahrung, S. 106 f.

I) Drittwirkung verwaltungsschuldrechtlicher Haftungsbeschränkungen

I) Problemaufriß

Die Problematik der Ausdehnung von Haftungsfreizeichnungen auf Dritte ist zivilrechtlichen Ursprungs. Diese Frage hat namentlich in drei Fällen praktische Bedeutung erlangt: zum einen im Bereich des Transportrechts, wenn der Frachtführer die Fracht beschädigt, jedoch im Verhältnis zwischen Spediteur und Eigentümer eine Haftungsfreizeichnung vereinbart ist;[962] zum anderen im Bereich des Mietrechts, wenn zwischen den Parteien ein Haftungsausschluß vereinbart ist und eine Hilfsperson auf Seiten des Mieters die Mietsache beschädigt.[963] Besondere Relevanz hat die Problematik der Drittwirkung von Haftungsfreizeichnungen schließlich auch im Arbeitsrecht erfahren, nämlich in Fällen der Schädigung von Vertragspartnern des Arbeitgebers durch dessen Arbeitnehmer.[964] In diesen Fällen stellt sich jeweils die Frage, ob vertragliche Haftungsfreizeichnungen auch Wirkung zu Gunsten eines auf Seiten einer Vertragspartei stehenden Dritten entfalten.

Im Bereich der verwaltungsrechtlichen Schuldverhältnisse ist der Gesichtspunkt der Haftungsfreizeichnung zu Gunsten Dritter noch nicht erörtert worden.[965] Dabei sind jedoch auch im öffentlichen Recht durchaus Fallgestaltungen denkbar, in denen diese Problematik zutage treten kann: So stellt sich insbesondere im Rahmen von Anstalts- und Benutzungsverhältnissen die Frage, ob vertragsähnliche Haftungsfreizeichnungen zwischen öffentlich-rechtlicher Körperschaft und Benutzer auch gegenüber einer (etwaigen) deliktischen Eigenhaftung eines „Erfüllungsgehilfen" der öffentli-

---

962 Vgl. dazu aus neuerer Rechtsprechung: *BGHZ* 130, 223 (228 ff.).

963 *BGHZ* 49, 278 (280 f.); 61, 227 (232 ff.); 71, 175 (178 f.); *BGH*, NJW 1976, 1843 (1844).

964 Vgl. *BGHZ*, 130, 223 (228) m.w.N.; *BGH*, 21.12. 1993, AP BGB § 611 Haftung des Arbeitnehmers Nr. 104; ferner: *Preis*, in: Erfurter Kommentar zum Arbeitsrecht, § 611 BGB Rn. 1055; *Schaub*, Arbeitsrechts-Handbuch, 9. Auflage, 2000, § 52 VII.

965 In der verwaltungsrechtlichen Literatur geht lediglich *Mittermeier*, Haftung, S. 154 ff., hierauf kurz im Rahmen der Erörterung der zivilrechtlichen Betätigung der Gemeinden ein.

chen Hand wirken. Ursächlich für die praktische sowie rechtliche Relevanz dieser Fragestellung ist dabei der Umstand, daß Haftungsfreizeichnungen grundsätzlich sowohl gegenüber vertraglichen als auch deliktischen Ansprüchen Wirkung entfalten.[966]

Die Relevanz der Problematik im Verwaltungsschuldrecht veranschaulicht das folgende Beispiel: Ein Benutzer einer kommunalen Badeanstalt rutscht aufgrund eines leicht fahrlässigen Verschuldens einer Reinigungskraft auf spiegelglattem Boden aus. Dabei wird seine Brille beschädigt. Hat die Badeanstalt ihre Haftung sowohl für amtshaftungsrechtliche als auch verwaltungsschuldrechtliche Ansprüche wirksam ausgeschlossen, so hat der Geschädigte ein Interesse, zumindest die Reinigungskraft als unmittelbaren Schädiger in Anspruch zu nehmen. Als Anspruchsgrundlage kommt § 823 BGB in Betracht. Es zeigt sich damit, daß die Problematik der Drittwirkung von Haftungsfreizeichnungen auch bei verwaltungsrechtlichen Schuldverhältnissen – für den Bürger – von wirtschaftlicher Bedeutung sein kann.

Vor diesem Hintergrund drängen sich somit zwei Fragen auf: zum einen, ob im Rahmen verwaltungsrechtlicher Schuldverhältnisse überhaupt eine deliktische Eigenhaftung der „Erfüllungsgehilfen" möglich ist (dazu unter II), und zum anderen, ob gegebenenfalls deren deliktische Eigenhaftung von einer zwischen Anstalt und Benutzer bestehenden Haftungsfreizeichnung erfaßt wird und folglich ausgeschlossen ist (III).

II) Die deliktische Eigenhaftung des Schädigers im System der Amtshaftung

1) Der Grundsatz der haftungsrechtlichen Verantwortung des Staates

Das Staatshaftungsrecht sieht in § 839 BGB i.V.m. Art. 34 GG die grundsätzliche Verantwortlichkeit der öffentlichen Hand vor: Verletzt jemand in Ausübung eines ihm anvertrauten öffentlichen Amtes die einem Dritten gegenüber obliegende Amtspflicht und fügt dem Betroffenen dadurch einen Schaden zu, so haftet der Staat. Diese prinzipielle schadensersatzrechtliche Verantwortlichkeit des Staates hat damit zur Folge, daß der eigentliche Schädiger in der Regel nicht der Gefahr einer unmittelbaren Inanspruch-

966 Vgl. etwa: *Denck*, JZ 1990, 175 (176) m.w.N.

nahme durch den Geschädigten ausgesetzt ist.[967] Hat der Schädiger nämlich in Ausübung eines ihm anvertrauten öffentlichen Amtes gehandelt, so geht seine persönliche Haftung auf dem rechtstechnischen Wege einer befreienden normativen Schuldübernahme auf den Staat über, Art. 34 Satz 1 GG.[968] Für eine persönliche Inanspruchnahme des Schädigers aus Deliktsrecht neben der Haftung des Staates bleibt in diesen Fällen somit kein Raum.[969] Die Frage des Bestehens einer deliktischen Eigenhaftung (§§ 823 ff. BGB) stellt sich daher nur in den Fällen, in denen der jeweilige Schädiger nicht Beamter im haftungsrechtlichen Sinne ist.

2) *Privatpersonen als Beamte im haftungsrechtlichen Sinn*

Eine deliktische Eigenhaftung kommt ausschließlich bei der Einschaltung von Privatpersonen zur Erfüllung hoheitlicher Aufgaben in Betracht. Alle übrigen für den Staat handelnden Personen fallen von vornherein unter den haftungsrechtlichen Beamtenbegriff des Art. 34 GG.[970] Zu der Gruppe der

967 Im Innenverhältnis behält sich der Staat jedoch bei grob fahrlässigem bzw. vorsätzlichem Verschulden den Regreß vor, Art. 34 Satz 2 GG. Vgl. dazu die entsprechenden Anspruchsgrundlagen: § 46 BRRG, § 78 BBG, § 24 SoldG, § 89 Bad-WürttLBG, Art. 85 BayBG, § 42 BerlLBGG, § 77 BremBG, § 80 HbgBG, § 91 HessBG, § 86 NdsBG, § 84 NRW LBG, § 86 RhlPfLBG, § 91 SaarlBG; für Angestellte des öffentlichen Dienstes gilt: § 14 BAT.

968 *BGHZ* 99, 62 (63); *BGH*, NJW 1993, 1258; NJW 1996, 2431 (2432); DVBl. 2000, 482; ebenso: *Pfab*, Staatshaftung in Deutschland, 1997, S. 84 ff.; *Ossenbühl*, Staatshaftungsrecht, S. 10 ff.; *Kreft*, Öffentlich-rechtliche Ersatzleistungen, § 839 Rn. 22; *Windthorst/Sproll*, Staatshaftungsrecht, § 7 Rn. 23; *Papier*, in: *Isensee/Kirchhof* (Hrsg.), HdbStR VI, § 157 Rn. 11; *ders.*, in: *Maunz/Dürig* (Hrsg.), Grundgesetz, Art. 34 Rn. 101; *ders.*, in: *MünchKomm*, BGB, § 839 Rn. 22; *Bonk*, in: *Sachs* (Hrsg.), Grundgesetz, Art. 34 Rn. 11 f.

969 So zutreffend: *BGH*, NJW 1993, 1258; *Soergel/Vinke*, BGB, § 839 Rn. 45; aA *Dagtoglou*, in: *Bonner Kommentar*, Grundgesetz, Art. 34 Rn. 97; *Ossenbühl*, JuS 1973, 421 (423) m.w.N.

970 Für den weit gefaßten haftungsrechtlichen Beamten-Begriff des Art. 34 GG ist – anders als beim staatsrechtlichen Beamten-Begriff des § 839 BGB – nicht das persönliche Rechtsverhältnis zwischen dem schädigenden Amtsträger und der jeweils übergeordneten öffentlich-rechtlichen Körperschaft maßgeblich, sondern dessen nach außen wahgenommene öffentlich-rechtliche Funktion (vgl. etwa: *Pfab*, Staatshaftung in Deutschland, S. 70 ff.).

für den Staat tätigen Privatpersonen gehören zum einen die sog. Beliehenen bzw. (unselbständigen) Verwaltungshelfer. Nach einhelliger Auffassung sind bei deren Einschaltung die Grundsätze der Amtshaftung anzuwenden.[971] Ihre enge Einbeziehung in den hoheitlichen Funktionsbereich bzw. ihre Weisungsabhängigkeit und unselbständige Stellung rechtfertigen die Anwendung der § 839 BGB i.V.m. Art. 34 GG.

Zum anderen sind zu dieser Gruppe die sog. Privatunternehmer zu zählen. Privatunternehmer erfüllen Aufgaben der öffentlichen Hand aufgrund zivilvertraglicher Verpflichtung.[972] Diese können nicht pauschal als Beamte im haftungsrechtlichen Sinn qualifiziert werden. Ihre Rechtsstellung ist im Gegensatz zu derjenigen der Bediensteten des Staates durch das Merkmal der Selbständigkeit und Eigenverantwortlichkeit gekennzeichnet. Dies steht im Widerspruch zu der von Art. 34 Satz 1 GG geforderten „Ausübung eines ... anvertrauten öffentlichen Amtes“, die eine hoheitliche Weisungsgebundenheit impliziert.[973] Die *Rechtsprechung* hält vor diesem Hintergrund eine Differenzierung für geboten: Eine amtshaftungsrechtliche Zurechnung sei zu beurteilen nach den Merkmalen des Charakters der wahrgenommenen Aufgaben, der Sachnähe zwischen übertragener Tätigkeit und der jeweiligen von der öffentlichen Hand zu erfüllenden Aufgabe sowie des Ausmaßes der

---

Das bedeutet, daß in öffentlich-rechtlichen Dienstverhältnissen stehende Personen wie Soldaten, Zivildienstleistende und Richter oder auch im Rahmen von privatrechtlichen Dienstverhältnissen tätige Arbeiter und Angestellte Beamte im haftungsrechtlichen Sinn sind. Entsprechendes gilt für öffentlich-rechtliche Amtsverhältnisse, namentlich die Rechtsverhältnisse der Mitglieder des Bundes- und Landesregierungen und der Parlamentsabgeordneten sowie der Mitglieder kommunaler Vertretungskörperschaften und rechtssetzender Organe sonstiger Selbstverwaltungskörperschaften.

971 Vgl. für die Gruppe der Beliehenen: *Staudinger/Schäfer*, BGB, § 839 Rn. 95 ff.; *Soergel/Glaser*, BGB, § 839 Rn. 75 ff.; *Detterbeck/Windthorst/Sproll*, Staatshaftungsrecht, § 9 Rn. 14; *Bryde*, in: *von Münch/Kunig* (Hrsg.), Grundgesetz, Art. 34 Rn. 13; *Papier*, in: *MünchKomm*, BGB, § 839 Rn. 131; *ders.*, in: *Isensee/Kirchhof* (Hrsg.), HdbStR VI, § 157 Rn. 21; *ders.*, in: *Maunz/Dürig* (Hrsg.), Grundgesetz, Art. 34 Rn. 109.
Vgl. für die Gruppe der Verwaltungshelfer: *Schwerdtfeger*, Öffentliches Recht in der Fallbearbeitung, 10. Auflage, 1997, Rn. 308; *Papier*, in: *MünchKomm*, BGB, § 839 Rn. 133; *ders.*, in: *Isensee/Kirchhof* (Hrsg.), HdbStR VI, § 157 Rn. 21; *ders.*, in: *Maunz/Dürig* (Hrsg.), Grundgesetz, Art. 34 Rn. 111; *Bender*, Staatshaftungsrecht, Rn. 682; *Ossenbühl*, Staatshaftungsrecht, S. 18 ff.; *Windthorst/Sproll*, Staatshaftungsrecht, § 7 Rn. 28; *Maurer*, Allgemeines Verwaltungsrecht, § 23 Rn. 60, § 25 Rn. 113.

972 Vgl. *Ossenbühl*, Staatshaftungsrecht, S. 20 ff.

973 Vgl. *Windthorst/Sproll*, Staatshaftungsrecht, § 7 Rn. 24.

Einbindung des Privatunternehmers in den behördlichen Pflichtenkreis.[974] Unter Zugrundelegung dieser Kriterien scheidet eine Amtshaftung folglich aus, wenn beispielsweise die Reinigung einer kommunalen Badeanstalt einer GmbH übertragen wird. In einem solchen Fall kommt eine deliktische Eigenhaftung der GmbH nach §§ 823, 31 bzw. 831 BGB sowie der Person des Schädigers nach § 823 BGB in Betracht.

III) Erstreckung öffentlich-rechtlicher Haftungsbeschränkungen auf die deliktische Eigenhaftung von Erfüllungsgehilfen

1) Die rechtliche Qualifizierung im Zivilrecht

Verträge sind gekennzeichnet durch das Prinzip der Relativität. Sie wirken grundsätzlich nur zwischen den Vertragsparteien (*inter partes*). Veranlaßt durch den in der Praxis häufig auftretenden Umstand der Einbeziehung Dritter in die Abwicklung von Vertragsverhältnissen sowie der damit teilweise einhergehenden Schutzbedürftigkeit dieser Personen sind in *Rechtsprechung* und *Schrifttum* schon früh Bestrebungen unternommen worden, die Schutzwirkung von Verträgen auszudehnen. So werden im Zivilrecht unterschiedliche Ansätze vertreten, die Problematik der Drittwirkung von Haftungsfreizeichnungen dogmatisch einzuordnen. Die Diskussion wird dabei im wesentlichen im Rahmen der Arbeitnehmerhaftung geführt.

2) Die Ansichten der Literatur

So wird zum einen befürwortet, die deliktische Eigenhaftung des Arbeitnehmers gem. Art. 34 Satz 1 GG „direkt abzuschneiden".[975] Nach anderer Ansicht sollen vertragliche Haftungsfreizeichnungen im Wege einer ergänzenden Vertragsauslegung auf Dritte erstreckt werden können.[976] Desweiteren ist für die Fälle von Eigentumsverletzungen vorgeschlagen worden, die

974 *BGH*, NJW 1993, 1258 (1259), sog. modifizierte Werkzeugtheorie; vgl. ferner: *OLG Hamm*, NJW 2001, 375 (376).

975 *Eberlein*, BB 1989, 621 (624). Zu Recht ablehnend: *BGHZ* 108, 305 (310 f.), nach dessen Auffassung Art. 34 GG „keine Leitbildfunktion für die Arbeitnehmeraußenhaftung beigemessen werden" kann; ebenso: *Otten*, DB 1997, 1618 (1619).

976 Kritisch: *Denck*, JZ 1990, 175 (177).

Haftung des Schädigers nach § 823 Abs. 1 BGB im Lichte der Wertungen des Eigentümer-Besitzer-Verhältnisses zu sehen. Danach solle in analoger Anwendung des § 991 Abs. 2 BGB die deliktische Eigenhaftung des Arbeitnehmers entfallen, sofern dieser in Ansehung seiner Rechtsstellung gegenüber dem haftungs privilegierten Arbeitgeber gutgläubig gewesen sei.[977] Ein weiterer Lösungsansatz wird dem Sozialrecht entnommen: Der Arbeitnehmer hafte dem Geschädigten zwar unbeschränkt. Jedoch sei ein damit einhergehender Freistellungsanspruch des Arbeitnehmers gegen den Arbeitgeber von § 141b ArbeitsförderungsG (AFG) erfaßt, so daß der Arbeitnehmer im Falle der Insolvenz des Arbeitgebers diesbezüglich sozialversicherungsrechtlichen Schutz genieße. Er sei damit haftungsrechtlich so gestellt, als würde die Haftungsfreizeichnung zwischen seinem Arbeitgeber und dessen Vertragspartner auch zu seinen Gunsten Wirkung entfalten.[978]

3) *Stellungnahme*

a) Richtigerweise wird man die Problematik der Drittwirkung von Haftungsfreizeichnungen über die Rechtsfigur des Vertrages mit Schutzwirkung für Dritte zu lösen haben.[979] Es ist in *Rechtsprechung*[980] und *Literatur*[981] anerkannt, daß ein Dritter in die Schutzwirkung eines Vertrages einbezogen ist, wenn der Gläubiger ihm gegenüber fürsorge- und obhutspflichtig ist. Zwar geht es bei den hier zu erörternden Fällen nicht um die ansonsten typische Problemstellung der Einräumung vertraglicher Schadensersatzansprüche, sondern vielmehr um die Einräumung von Abwehrrechten.[982] Wie im Fol-

---

977 *Baumann*, BB 1990, 1833 (1838 f.); *Hagen*, Die Drittschadensliquidation im Wandel der Rechtsdogmatik, 1971, S. 220.

978 *Otten*, DB 1997, 1618 (1620).

979 So *Wohlgemuth*, DB 1991, 910 (912); vgl. auch: *BGHZ* 56, 269 (273); *Blaurock*, ZHR 146 (1982), S. 238 (252 f.); *Palandt/Heinrichs*, Bürgerliches Gesetzbuch, § 328 Rn. 20.

980 Vgl. *BGHZ* 49, 350 (354); 61, 227 (233); *OLG Hamm*, DB 1975, 1649.

981 Vgl. nur: *Palandt/Heinrichs*, Bürgerliches Gesetzbuch, § 328 Rn. 13 m.w.N.

982 Beispielsweise die Geltendmachung einer verkürzten Verjährungsfrist; vgl. hinsichtlich der Verjährungseinrede gem. § 558 BGB: *BGHZ* 49, 278 (280 f.); 61, 227 (232 ff.); 71, 175 (178 f.); *BGH*, NJW 1976, 1843 (1844).

genden zu zeigen sein wird, hindert dieser Umstand eine Übertragung der Rechtsfigur des Vertrages mit Schutzwirkung für Dritte nicht.[983]

b) Der *Bundesgerichtshof* geht in nunmehr gefestigter Rechtsprechung zutreffend davon aus, daß Haftungsfreizeichnungen auch Wirkung zu Gunsten Dritter entfalten können.[984] Diese Rechtsprechung ist vorwiegend im Mietrecht entwickelt worden.

Der *Bundesgerichtshof* führt überzeugend aus, daß es nicht einzusehen sei, weshalb dem Dritten nach den Grundsätzen des Vertrages mit Schutzwirkung zwar ein Schadensersatzanspruch zustehen soll, ihm aber im Falle einer eigener schuldhaften Pflichtverletzung die Berufung auf eine haftungsausschließende Regelung verwehrt sein soll. Es sei mit dem Gerechtigkeitsgedanken nicht vereinbar, „dem Dritten, der bestimmungsgemäß die Mietsache (gebraucht) und durch sie ... zu Schaden (kommt), einen vertraglichen Ersatzanspruch zu versagen, der dem Mieter ohne weiteres (zusteht)".[985] Im Falle des bestimmungsgemäßen Gebrauchs der Mietsache durch den Dritten sei es daher nicht sachgemäß, diesem die Berufung auf Haftungsbeschränkungen zu versagen. Eine Differenzierung sei im Hinblick auf dogmatische Gesichtspunkte nicht erforderlich.[986]

c) Der *Bundesgerichtshof* betont jedoch auch zu Recht, daß der Kreis der begünstigten Personen eng zu begrenzen sei. Wer zu diesem Kreis gehöre, hänge maßgeblich von dem Inhalt des zugrundeliegenden Rechtsverhältnisses ab.[987] Sei dem Dritten danach die Benutzung der Mietsache nicht gestattet, so sei auch seine Einbeziehung in die Schutzwirkung des Vertrages in der Regel ausgeschlossen. Hingegen sei eine solche Schutzwirkung anzunehmen, wenn der von dem Dritten verursachte Schaden letztlich von der eigentlich haftungsbegünstigten Partei getragen werden müßte.[988] Wäre der Dritte nämlich in einem solchen Fall zur Zahlung an den Geschädigten verpflichtet, ohne sich auf einen Haftungsausschlußgrund berufen zu können, hätte dies zur Folge, daß die eigentlich haftungsbegünstigte Partei an den Geschädigten Zahlung leisten müßte, obwohl er bei unmittelbarer Inan-

---

983 Vgl. *BGHZ* 22, 109 (110); 49, 278 (280); 61, 227 (233 f.); 71, 175 (178); *BGH*, NJW 1976, 1843 (1844); ferner: *OLG Hamm*, DB 1975, 1649 (1650); zustimmend: *Hoffmann*, DB 1969, 337.

984 Vgl. Anm. 983.

985 *BGHZ* 61, 227 (233 f.).

986 *BGHZ* 61, 227 (234).

987 *BGHZ* 49, 278 (280); 61, 227 (234); 71, 175 (178).

988 *BGHZ*. 49, 278 (281).

spruchnahme die Haftungsfreizeichnung geltend machen könnte. Nach Auffassung des *Bundesgerichtshofs* würde also auf einem Umwege ein Ergebnis erzielt werden, das dem Sinn und Zweck des Gesetzes nicht gerecht würde.[989]

Das bedeutet: Haftungsbeschränkungen entfalten jedenfalls nur dann Wirkung zu Gunsten Dritter, wenn diese erkennbar von der Schutzwirkung des Schuldverhältnisses erfaßt sein sollen.[990]

4) Die Übertragbarkeit der Rechtsfigur des Vertrages mit Schutzwirkung zu Gunsten Dritter auf das Verwaltungsschuldrecht

Sind also drittwirkende Haftungsfreizeichnungen als Vertrag mit Schutzwirkung zu Gunsten Dritter einzuordnen, so stellt sich die Frage der Übertragbarkeit dieses zivilrechtlichen Rechtsinstituts auf verwaltungsrechtliche Schuldverhältnisse. Dem Verwaltungsschuldrecht ist die Rechtsfigur des Vertrages mit Schutzwirkung zu Gunsten Dritter nicht unbekannt: So wird deren Zulässigkeit sowohl im Rahmen von vertraglichen[991] als auch vertragsähnlichen[992] Schuldverhältnissen bejaht.

Überträgt man die Rechtsfigur des Vertrages mit Schutzwirkung zu Gunsten Dritter ins Verwaltungsschuldrecht, so müssen konsequenterweise auch Dritte[993] auf Seiten des Staates in den Genuß der Haftungsprivilegierungen kommen. Sofern keine gegenteiligen Anzeichen erkennbar sind, ist nämlich davon auszugehen, daß sich die Haftungsfreizeichnungen auch auf von der öffentlichen Hand eingeschaltete Dritte erstrecken. Mit der Einbeziehung von Haftungsbeschränkungen in ein verwaltungsrechtliches Schuldverhältnis bringt der jeweilige Hoheitsträger zum Ausdruck, daß dem

---

989 *BGHZ.* 49, 278 (281).

990 So auch für den Bereich des Verwaltungsschuldrechts: *VGH Mannheim*, NVwZ-RR 1992, 656 (657); *Bamberger*, AfP 2000, 131 (136).

991 *Bonk*, in: *Stelkens/Bonk/Sachs*, VwVfG, § 54 Rn. 57; *Peine*, Allgemeines Verwaltungsrecht, Rn. 259.

992 *BGH*, NJW 1974, 1816 (1817); *VGH Mannheim*, NVwZ-RR 1992, 656 (657) jeweils hinsichtlich öffentlich-rechtlicher Nutzungsverhältnisse; ferner: *Bamberger*, AfP 2000, 131 (136 f.); *Bender*, Staatshaftungsrecht, Rn. 813; *Palandt/Heinrichs*, Bürgerliches Gesetzbuch, § 328 Rn. 15; *Gottwald*, in: *MünchKomm*, BGB, § 328 Rn. 86; *Ballhaus*, in: *RGRK*, BGB, § 328 Rn. 100.

993 Vgl. *VGH Mannheim*, NVwZ-RR 1992, 656 (657).

Bürger im Rahmen dieses Rechtsverhältnisses Ersatzansprüche nur nach Maßgabe der Haftungsbeschränkungen entstehen sollen. Eine solche Regelung ist dem Bürger in der Regel auch zumutbar, da es in seiner Entscheidungsmacht steht, ob er trotz des Bestehens einer Haftungsbeschränkung das verwaltungsrechtliche Schuldverhältnis eingeht.[994]

Das bedeutet somit zunächst: Auf der Grundlage der Rechtsfigur des Vertrages mit Schutzwirkung zu Gunsten Dritter kann die deliktische Eigenhaftung des Privatunternehmers nach §§ 823 ff. BGB – jedenfalls rechtstechnisch – durch öffentlich-rechtliche Haftungsfreizeichnungen ausgeschlossen werden.

a) *Die Problematik der Regelungskompetenzen im öffentlichen Recht*

Die Erstreckung von verwaltungsschuldrechtlichen Haftungsfreizeichnungen auf Dritte, die von der öffentlichen Hand zur Erfüllung hoheitlicher Aufgaben eingeschaltet werden, ist allerdings unter einem anderen Gesichtspunkt nicht unproblematisch: Bedenken hinsichtlich einer vorbehaltslosen Drittwirkung verwaltungsschuldrechtlicher Haftungsbeschränkungen rühren aus dem Umstand, daß die in Rede stehenden deliktischen Ansprüche des Bürgers gegen einen Dritten als Bestandteil des Bürgerlichen Rechts im Sinne von Art. 74 Abs. 1 Nr. 1 GG in die Gesetzgebungskompetenz des Bundes fallen. Verwaltungsschuldrechtliche Haftungsbeschränkungen haben jedoch in der Regel ihre Rechtsgrundlage in (kommunalen) Satzungen.

Ein Beispiel verdeutlicht die Problematik: Die Gemeinde renoviert ihre Stadtbibliothek. Der Computer eines Bibliotheksbenutzers wird durch einen fahrlässig handelnden Arbeiter des Bauunternehmers beschädigt. Hat die Gemeinde ihre Haftung für Sachschäden durch Satzung wirksam ausgeschlossen, kommt für den Bürger aufgrund mangelnder Amtsträger-

---

994 Aus diesem Grund scheidet bei verwaltungsrechtlichen Schuldverhältnissen kraft Anschluß- und Benutzungszwangs eine Drittwirkung von Haftungsbeschränkungen aus, soweit sie überhaupt zulässig sind. Denn das Schuldverhältnis wird in diesen Fällen unabhängig vom Willen des Benutzers kraft Verwaltungsakts begründet (vgl. *BGHZ* 59, 303 (304)).
Bei subordinationsrechtlichen Schuldverhältnissen stellt sich die Problematik der Drittwirkung von Haftungsfreizeichnungen schon deshalb nicht, da in diesen Fällen nach der hier vertretenen Ansicht haftungsbeschränkende Regelungen von vornherein unzulässig sind, vgl. unter H)III) (Seite 244 ff.).

Eigenschaft des Schädigers lediglich eine deliktische Inanspruchnahme des Arbeiters gem. § 823 BGB bzw. des Bauunternehmers gem. § 831 BGB in Betracht.

Es stellt sich damit die Frage, ob der einfache Satzungsgeber – insbesondere die Gemeinden – die Kompetenz hat, durch öffentlich-rechtliche Haftungsbeschränkungen die privatrechtliche Deliktshaftung zu modifizieren. Eine solche Regelungskompetenz ergibt sich nicht schon aus den landesrechtlichen Satzungsermächtigungen (in Bayern: Art. 24 BayGO).[995] Sie setzen die landesrechtlichen Regelungskompetenzen voraus. Die Gemeindeordnungen der Länder stützen sich auf die Gesetzgebungskompetenz der Länder für das Kommunalrecht. Dazu zählt aber nicht die privatrechtliche Deliktshaftung.

b) *Die Regelungskompetenzen hinsichtlich der privatrechtlichen Deliktshaftung*

aa) *Sedes materiae* der privatrechtlichen Deliktshaftung im verfassungsrechtlichen Gesetzgebungskatalog ist das Bürgerliche Recht (Art. 74 Abs. 1 Nr. 1 GG). Das Bürgerliche Recht gehört zur konkurrierenden Gesetzgebungskompetenz des Bundes. Zwar haben grundsätzlich die Länder gem. Art 30, 70 GG die Gesetzgebungskompetenz hierfür. Sie können im Bereich der hier in Rede stehenden konkurrierenden Gesetzgebung aber nur tätig werden, solange und soweit der Bund von seiner Gesetzgebungszuständigkeit keinen Gebrauch macht. Art. 72 Abs. 1 GG übt insoweit eine Sperrwirkung aus.[996]

Die Sperrwirkung gem. Art. 72 Abs. 1 GG tritt jedoch nur bei einer „erschöpfenden Regelung“ des Bundes ein.[997] Ob eine „erschöpfende Regelung“ vorliegt, ergibt eine Gesamtwürdigung des jeweiligen Normenkomplexes.[998] Eine Kodifizierung bedeutet nicht schon von sich aus eine „er-

995 Vgl. im übrigen: Anm. 700.

996 *Von Mangoldt/Klein/Pestalozza*, Das Bonner Grundgesetz, Band VIII, 3. Auflage, 1996, Art. 72 Rn. 290 ff.; *Jarass/Pieroth*, Grundgesetz, Art. 72 Rn. 5; *Schmidt-Bleibtreu/Klein*, Grundgesetz, Art. 72 Rn. 3; *Degenhart*, in: *Sachs* (Hrsg.), Grundgesetz, Art. 72 Rn. 20 ff.; *Stettner*, in: *Dreier* (Hrsg.), Grundgesetz, Art. 72 Rn. 22 ff.; *Rengeling*, in: *Isensee/Kirchhof* (Hrsg.), HdbStR IV, § 100 Rn. 112.

997 Vgl. *Stettner*, in: *Dreier* (Hrsg.), Grundgesetz, Art. 72 Rn. 23.

998 Vgl. *BVerfGE* 1, 283 (296); 7, 342 (347); 18, 407 (417); 20, 238 (248); 24, 367 (386 f.); 34, 52 (58); 36, 193 (210); 36, 314 (320); 49, 343 (358); 67, 299 (324).

schöpfende Regelung".[999] Gleichwohl hat sie eine Indizwirkung. Eine „erschöpfende Regelung" ist anzunehmen, wenn die Kodifizierung einer Materie durch den Bundesgesetzgeber lediglich einzelne Vorbehalte zu Gunsten der Landesgesetzgebung enthält. In diesen Fällen sind die Länder von einer Gesetzgebungskompetenz gänzlich ausgeschlossen.[1000]

bb) Für das Bürgerliche Recht (Art. 74 Abs. 1 Nr. 1 GG) bestimmt das EGBGB abschließend, in welcher Hinsicht landesrechtliche Regelungen möglich sind.[1001] Der Bundesgesetzgeber hat damit – sieht man von den einzelnen Vorbehalten der Art. 55 ff. EGBGB ab – das Bürgerliche Recht erschöpfend geregelt. Folglich haben die Länder insoweit keine Gesetzgebungskompetenz.[1002]

Auch aus den ausdrücklichen Regelungsvorbehalten zu Gunsten der Länder gem. Art. 55 ff. EGBGB ergeben sich keine Regelungsbefugnisse hinsichtlich der privatrechtlichen Deliktshaftung. Die Gesetzgebungsbefug-

---

999 *BVerfGE* 56, 110 (119); *Rengeling*, in: *Isensee/Kirchhof* (Hrsg.), HdbStR IV, § 100 Rn. 113; *Degenhart*, in: *Sachs* (Hrsg.), Grundgesetz, Art. 72 Rn. 20; *Maunz*, in: *Maunz/Dürig* (Hrsg.), Grundgesetz, Art. 74 Rn. 36, der darauf hinweist, daß die Schließung etwaiger Regelungslücken nicht zwingend dem Landesgesetzgeber zufällt.

1000 *BVerfGE* 21, 106 (115); 24, 367 (386).

1001 *BVerfGE* 24, 367 (386); 45, 297 (341, 345); vgl. ferner: *BVerfGE* 11, 192 (200); 78, 132 (144); *Jarass/Pieroth*, Grundgesetz, Art. 72 Rn. 3; *Stettner*, in: *Dreier* (Hrsg.), Grundgesetz, Art. 72 Rn. 27; *Maunz*, in: *Maunz/Dürig* (Hrsg.), Grundgesetz, Art. 72 Rn. 12 aE, Art. 74 Rn. 55; *Degenhart*, in: *Sachs* (Hrsg.), Grundgesetz, Art. 72 Rn. 21.

1002 Die hier in Rede stehende Problematik weist eine Ähnlichkeit auf mit der Frage der Gesetzgebungszuständigkeit hinsichtlich des Staatshaftungsrechts vor Einführung des Art. 74 Abs. 2 GG im Oktober 1994 (BGBl. I S. 3146). Im Rahmen der Prüfung der Verfassungsmäßigkeit des StHG von 1981 (BGBl. I S. 553 ff.) stellte das *BVerfG* fest, daß dem Bundesgesetzgeber diesbezüglich keine Gesetzgebungskompentenz aus dem Regelungsbereich des „Bürgerlichen Rechts" im Sinne des Art. 74 Abs. 1 Nr. 1 GG erwachse (vgl. *BVerfGE* 61, 149 (201)). Zwar gehöre die persönliche Haftung des Beamten zur Gesetzgebungszuständigkeit des Bundes. Daraus folge aber kein Kompetenztitel für ein bundeseinheitliches umfassendes Staatshaftungsrecht, weil der Terminus „Bürgerliches Recht" nach der maßgeblichen traditionellen Auslegung diesen Regelungsgegenstand nicht erfasse (vgl. *BVerfGE* 61, 149 (174 ff.)).

nis liegt in diesem Bereich somit allein beim Bundesgesetzgeber.[1003] Nur er bestimmt das bürgerlich-rechtliche Haftungsrecht.[1004]

Das bedeutet: Satzungsmäßige Haftungsbeschränkungen der öffentlichen Hand in Rahmen verwaltungsrechtlicher Schuldverhältnisse haben keinen Einfluß auf die deliktische Eigenhaftung Dritter nach §§ 823 ff. BGB. Dem Satzungsgeber fehlt die Kompetenz zur Modifizierung der bürgerlich-rechtlichen Haftung.[1005] Verwaltungsschuldrechtliche Haftungsbeschränkungen können die deliktische Eigenhaftung von „Erfüllungsgehilfen" der öffentlichen Hand nur dann modifizieren, wenn sie auf einer bundesrechtlichen Grundlage beruhen.

IV) Ergebnis

Haftungsfreizeichnungen im Verwaltungsschuldrecht können grundsätzlich Drittwirkung zu Gunsten der „Erfüllungsgehilfen" des Staates entfalten. Dazu müssen – neben den zivilrechtlichen – auch folgende öffentlich-rechtlichen Voraussetzungen erfüllt sein:

Zum einen muß es sich bei dem Schädiger bzw. Schuldner um eine natürliche oder juristische Person der Privatrechts handeln, der im Zeitpunkt der Schadensverursachung nicht in Ausübung eines ihm anvertrauten öffentlichen Amtes tätig gewesen ist. Dies ist bei der Einschaltung von Privatunternehmern zur Erfüllung hoheitlicher Aufgaben denkbar. Ansonsten würden die Regelungen der Amtshaftung zur Anwendung kommen, was eine persönliche Inanspruchnahme nach privatrechtlichem Deliktsrecht ausschließt.

Zum anderen müssen die jeweiligen öffentlich-rechtlichen Haftungsfreizeichnungen auf Bundesrecht beruhen, da das privatrechtliche Deliktsrecht als Teil des Bürgerlichen Rechts in die Gesetzgebungskompetenz des Bundes fällt, Art. 74 Abs. 1 Nr. 1 GG.

1003 Dieses Ergebnis wird bestätigt durch die folgenden bundesrechtlich geregelten Haftungsbeschränkungen, die im Rahmen der §§ 823 ff. BGB anwendbar sind: § 104 ff. SGB VII; § 46 BeamtenVG; § 91 a SoldatenVG; §§ 26 ff. AtomG; § 48 LuftVG.

1004 So auch: *OLG Hamburg*, MDR 1969, 667; *Palandt/Thomas*, Bürgerliches Recht, vor § 823 Rn. 10.

1005 Vgl. *OLG Hamburg*, Urteil vom 11.2.1965, 6 U 77/64, unter Berufung auf *RGZ* 45, 162 (165); 62, 264 (265); 68, 358.

J) Zusammenfassung der wesentlichen Ergebnisse

A. Das verwaltungsrechtliche Schuldverhältnis gehört trotz seiner weithin fehlenden gesetzlichen Ausformung zum festen Bestand des Staatshaftungsrechts. Art. 34 GG steht ihm nicht entgegen. Das verwaltungsrechtliche Schuldverhältnis bildet eine selbständige Haftungsgrundlage neben der Amtshaftung.[1006]

B. I. Ein (verwaltungsrechtliches) Schuldverhältnis ist gekennzeichnet durch das Bestehen von Rechten des Gläubigers und ihnen entsprechenden Pflichten des Schuldners. Voraussetzung für das Bestehen eines verwaltungsrechtlichen Schuldverhältnisses ist ein subjektiv-öffentliches Recht des Bürgers und/oder der öffentlichen Hand. Keine konstitutive Bedeutung hat das Kriterium der Vermögenswertigkeit. Ein verwaltungsrechtliches Schuldverhältnis entsteht unabhängig davon, ob die öffentliche Hand schlicht-hoheitlich oder obrigkeitlich handelt.[1007]

II. Das verwaltungsrechtliche Schuldverhältnis wird begründet durch Verwaltungsakt (§ 35 VwVfG), durch öffentlich-rechtlichen Vertrag (§§ 54 ff. VwVfG), durch Rechtssatz oder kraft Verfassungsrechts, soweit derivative Teilhaberechte in Rede stehen.[1008]

C. Auf welchem methodologischen Wege zivilrechtliche Vorschriften auf verwaltungsrechtliche Schuldverhältnisse angewendet werden sollen, ist umstritten.

I. Vetreten werden die Lehre von dem „Allgemeinen Teil des Rechts", die Lehre von der analogen Anwendung des Privatrechts und die Lehre vom „Allgemeinen Rechtsgedanken". Der Meinungsstreit hat jedoch keine praktische Bedeutung. Denn es ist allgemeine Ansicht, daß zivilrechtliche Vorschriften – ungeachtet der jeweiligen methodologischen Übertragung – im konkreten Fall auf ihre Anwendbarkeit im Verwaltungsschuldrecht zu

---

1006 Vgl. Seite 30 ff.
1007 Vgl. Seite 50 ff.
1008 Vgl. Seite 68 ff.

überprüfen sind. Daher ist der Terminus „sinngemäße Anwendung" vorzuziehen.[1009]

II. Zu den sinngemäß anwendbaren Haftungsvorschriften des Zivilrechts gehören nicht nur die des BGB, sondern auch die des AGBG. Das Handeln in öffentlich-rechtlicher Form steht einer sinngemäßen Anwendung des AGBG nicht entgegen. Juristische Personen des öffentlichen Rechts können „Verwender" Allgemeiner Geschäftsbedingungen im Sinne von § 1 Abs. 1 Satz 1 AGBG sein.[1010] Das AGBG ist sinngemäß anzuwenden auf verwaltungsrechtliche Schuldverhältnisse unabhängig davon, ob diese durch Verwaltungsakt im Sinne von § 35 VwVfG, öffentlich-rechtlichen Vertrag gem. §§ 54 ff. VwVfG oder durch Rechtssatz begründet werden.[1011]

D. Das Prinzip der haftungsrechtlichen Verantwortung bei Forderungsverletzungen gilt auch im Verwaltungsschuldrecht. Die Konkretisierungen dieses Prinzips in den bürgerlich-rechtlichen Leistungsstörungsregelungen sind daher auf verwaltungsrechtliche Schuldverhältnisse übertragbar. Die Regelungen für Unmöglichkeit, Gewährleistung, Verzug, positive Vertragsverletzung sowie die Grundsätze der culpa in contrahendo sind sinngemäß anwendbar. Bei öffentlich-rechtlichen Verträgen kommt außerdem die Rechtsfigur vom Wegfall der Verwaltungsgrundlage zur Anwendung.[1012]

E. Die normative Festsetzung des Verschuldensbegriffs in § 276 BGB gilt grundsätzlich auch im Verwaltungsschuldrecht. Der Begriff des Vorsatzes entspricht dem des Zivilrechts: Vorsatz ist das Wissen und Wollen eines rechtswidrigen Erfolges. Der verwaltungsschuldrechtliche Begriff der Fahrlässigkeit ist hingegen – in Abweichung von § 276 Abs. 1 Satz 2 BGB – zu modifizieren: Die öffentliche Hand handelt fahrlässig, wenn sie die durch das öffentliche Interesse gebotene Sorgfalt außer Acht läßt.[1013] Die Zurechnung fremden Verschuldens erfolgt nach § 278 Satz 1 BGB.[1014]

F. Dogmatische Grundlage verwaltungsschuldrechtlicher Haftungsbeschränkungen ist der Grundsatz der Gesetzmäßigkeit der Verwaltung, dessen Ausfluß der Grundsatz des Vorbehalts des Gesetzes ist. Der Eingriffs-

1009 Vgl. Seite 86 ff.
1010 Vgl. Seite 91 ff.
1011 Vgl. Seite 97 ff.
1012 Vgl. Seite 113 ff.
1013 Vgl. Seite 132 ff.
1014 Vgl. Seite 144 ff.

charakter verwaltungsschuldrechtlicher Haftungsbeschränkungen erfordert eine Ermächtigungsgrundlage für ihren Erlaß.[1015]

I. Entgegen der Rechtsprechung des Bundesverfassungsgerichts genießen Sekundäransprüche aus verwaltungsrechtlichen Schuldverhältnissen den Schutz der Eigentumsgarantie des Art. 14 GG. Das vom Bundesverfassungsgericht geforderte Kriterium des „Äquivalents eigener Leistung" als Voraussetzung für den eigentumsrechtlichen Schutz öffentlich-rechtlicher Rechtsgüter überzeugt nicht: Es gibt keinen sachlichen Grund für eine im Hinblick auf Art. 14 GG unterschiedliche Behandlung von privatrechtlichen und öffentlich-rechtlichen Vermögenswerten.[1016] Verwaltungsschuldrechtliche Haftungsbeschränkungen berühren die Eigentumsgarantie nicht. Art. 14 GG schützt nur den Bestand von Rechtspositionen. Eigentumsrechtlicher Schutz besteht daher nur insoweit, als der Sekundäranspruch von der Freizeichnungsregelung nicht erfaßt ist.[1017]

II. Soweit der Schutzbereich des Art. 14 GG nicht eröffnet ist, stellt Art. 2 Abs. 1 GG als Auffanggrundrecht einen lückenlosen Grundrechtsschutz sicher. Ein Eingriff in die allgemeine Handlungsfreiheit durch verwaltungsschuldrechtliche Haftungsbeschränkungen ist gerechtfertigt, wenn sie auf Grundlage einer formell und materiell verfassungsmäßigen Norm beruhen.[1018]

III. In Bezug auf verwaltungsschuldrechtliche Haftungsfreizeichnungen kommt dem Willkürverbot im Sinne des Art. 3 Abs. 1 GG nur eine untergeordnete Bedeutung zu. Nur im Fall einer umfassenden Haftungsfreizeichnung kommt ein Verstoß gegen das Willkürverbot in Betracht, wenn für sie ein sachlicher Grund nicht gegeben ist.[1019] Auch die sog. „Neue Formel" erfährt in diesem Zusammenhang wegen der in der Regel fehlenden personenbezogenen Ungleichbehandlung kaum praktische Relevanz.[1020]

IV. Die Vereinbarkeit von verwaltungsschuldrechtlichen Haftungsregelungen mit objektivem Verfassungsrecht ist vor allem am Verhältnismäßigkeitsgrundsatz als Ausfluß des Rechtsstaatsprinzips zu messen. Haftungsbe-

1015 Vgl. Seite 152 ff.
1016 Vgl. Seite 156 ff.
1017 Vgl. Seite 167 ff.
1018 Vgl. Seite 170.
1019 Vgl. Seite 171.
1020 Vgl. Seite 172.

schränkungen müssen daher einer geeigneten, erforderlichen und angemessenen, also verhältnismäßigen Verteilung des Haftungsrisikos dienen.[1021]

V. Das Sozialsstaatsprinzip ist für die verfassungsrechtliche Zulässigkeit verwaltungsschuldrechtlicher Haftungsbeschränkungen ohne Bedeutung.[1022]

G. Als rechtstechnische Formen verwaltungsschuldrechtlicher Haftungsbeschränkungen kommen in Betracht: Rechtssätze[1023], öffentlich-rechtliche Verträge[1024] und Verwaltungsakte[1025].

I. Rechtssatzmäßige Haftungsbeschränkungen können insbesondere von den Gemeinden in Gestalt von Satzungen erlassen werden.

1. Die kommunale Rechtssetzungsbefugnis ist zwar Bestandteil des von Art. 28 Abs. 2 GG gewährleisteten Selbstverwaltungsrechts. Sie besteht aber nur „im Rahmen der Gesetze". Kommunale Satzungen von grundrechtsrelevanter Bedeutung bedürfen einer hinreichend bestimmten Ermächtigungsgrundlage, die den Regelungsgegenstand und den Adressatenkreis festlegt. Die (bayerischen) Gemeinden können ihre Haftung im Anwendungsbereich des Art. 24 Abs. 1 BayGO durch Satzung begrenzen, sofern nicht Wasser- bzw. Fernwärmeversorgungsverhältnisse in Rede stehen.[1026]

2. Der Parlamentsvorbehalt gilt zwar grundsätzlich auch für kommunale Selbstverwaltungskörperschaften. Haftungsbeschränkungen in Gestalt von gemeindlichen Satzungen stellen jedoch einen Regelungsgegenstand dar, der dem Parlamentsvorbehalt nicht unterfällt.[1027]

II. Die öffentliche Hand kann ihre Haftung auch aufgrund von sog. Anstalts- und Benutzungsordnungen beschränken. Es handelt sich hierbei um kein eigenständiges hoheitliches Handlungsinstrument. Unter diesem Begriff werden vielmehr Regelungen zusammengefaßt, die die Anstalts- und Benutzungsordnungen öffentlicher Einrichtungen konkretisieren. Diese sind Verwaltungsakte im Sinne von § 35 Satz 2 Var. 3 VwVfG.[1028]

H. Die Grenzen verwaltungsschuldrechtlicher Haftungsbeschränkungen ergeben sich aus den entsprechend anwendbaren positiv-rechtlichen Rege-

1021 Vgl. Seite 173 f.
1022 Vgl. Seite 176 ff.
1023 Vgl. Seite 184 ff.
1024 Vgl. Seite 199.
1025 Vgl. Seite 199 ff.
1026 Vgl. Seite 185 ff.
1027 Vgl. Seite 193 ff.
1028 Vgl. Seite 200 ff.

lungen des Zivilrechts. In verwaltungsrechtlichen Schuldverhältnissen schlicht-hoheitlicher Natur kann die öffentliche Hand nach Maßgabe des § 276 Abs. 2 BGB ihre Haftung für alle Formen der Fahrlässigkeit ausschließen. § 278 Satz 2 BGB ist insoweit teleologisch zu reduzieren. Kommt das AGBG zur Anwendung, ist eine Haftungsbeschränkung für grob fahrlässiges und vorsätzliches Handeln unzulässig, § 11 Nr. 7 AGBG.[1029] Die öffentliche Hand hat weitere Möglichkeiten, ihre Haftung zu beschränken: Haftungsfreizeichnungen für Gewährleistungsmängel[1030] sowie für bestimmte Arten von Schäden (ausgenommen Personenschäden)[1031], ferner summenmäßige Haftungsbeschränkungen[1032], Schadenspauschalierungen[1033], Verkürzung der Verjährungsfristen[1034] sowie die Schaffung zusätzlicher Haftungsvoraussetzungen[1035]. Haftungsbeschränkungen bei Bestehen eines Anschluß- und Benutzungszwangs sind hingegen unzulässig, soweit sie dessen sicherheitsrechtlichen Sinn und Zweck widersprechen.[1036] Im Rahmen von subordinationsrechtlichen Schuldverhältnissen sind Haftungsbeschränkungen regelmäßig unzulässig.[1037]

I. I. Eine Drittwirkung verwaltungsschuldrechtlicher Haftungsbeschränkungen kommt nur in Betracht, wenn eine deliktische Eigenhaftung der „Erfüllungsgehilfen" der öffentlichen Hand besteht. Eine solche Haftung scheidet insbesondere aus, wenn zur Erfüllung hoheitlicher Aufgaben eingeschaltete Privatunternehmer in Ausübung eines ihnen anvertrauten öffentlichen Amtes handeln, § 839 BGB i.V.m. Art 34 GG. Dies ist nach dem Charakter der wahrgenommenen Aufgaben, der Sachnähe zwischen übertragener Tätigkeit und der jeweiligen von der öffentlichen Hand zu erfüllenden Aufgabe sowie dem Maß der Einbindung des Privatunternehmers in den behördlichen Pflichtenkreis zu beurteilen.

1029 Vgl. Seite 222 ff.
1030 Vgl. Seite 224.
1031 Vgl. Seite 225 ff.
1032 Vgl. Seite 230.
1033 Vgl. Seite 231.
1034 Vgl. Seite 233.
1035 Vgl. Seite 236.
1036 Vgl. Seite 236 ff.
1037 Vgl. Seite 244 ff.

II. Entsprechend dem zivilrechtlichen Vorbild können Haftungsbeschränkungen im Verwaltungsschuldrecht Schutzwirkung zu Gunsten Dritter entfalten.[1038]

III. Die Haftung nach §§ 823 ff. BGB gehört zur konkurrierenden Gesetzgebung des Bundes, Art. 74 Abs. 1 Nr. 1 GG (Bürgerliches Recht). Die deliktische Eigenhaftung von „Erfüllungsgehilfen" der öffentlichen Hand kann daher nur durch solche verwaltungsschuldrechtliche Haftungsbeschränkungen begrenzt werden, die auf einer bundesrechtlichen (Ermächtigungs-) Grundlage beruhen.[1039]

1038 Vgl. Seite 253 f.

1039 Vgl. Seite 257 ff.

K) Literaturverzeichnis

Alternativ-Kommentar: Bürgerliches Gesetzbuch, Herausgegeben von *Rudolf Wassermann*, Neuwied 1987

—: Grundgesetz, Herausgegeben von *Rudolf Wassermann*, 2. Auflage, Neuwied 1989

Andersen, Holger: Probleme der Wandlung des Eigentumbegriffs, Frankfurt 1984

Axer, Peter: Die Widmung als Schlüsselbegriff des Rechts der öffentlichen Sachen, Berlin 1994

Bachof, Otto: Verfassungsrecht, Verwaltungsrecht, Verfahrensrecht, Band 2, Tübingen 1967

—: Über öffentliches Recht, in: Festgabe aus Anlaß des 25jährigen Bestehens des Bundesverwaltungsgerichts, S. 1 ff., München 1978

Badura, Peter: Soziale Grundrechte im Recht der Bundesrepublik Deutschland, in: Der Staat, 14 (1975), S. 17 ff.

—: Der Sozialstaat, in: DÖV 1989, 491 ff.

—: Staatsrecht, 2. Auflage, München 1996

Bamberger, Christian: Grundfälle zum Recht der Geschäftsführung ohne Auftrag im Öffentlichen Recht, in: JuS 1998, 706 ff.

—: Rücknahme und Widerruf begünstigender Allgemeinverfügungen, in: DVBl. 1999, 1632 ff.

—: Haftung der Konzentrationswächter gegenüber den Landesmedienanstalten, in: AfP 2000, 131 ff.

Battis, Ulrich: Kommentar zum Bundesbeamtengesetz, 2. Auflage, München 1997

Baumann, Horst: Die Haftung des Arbeitnehmers gegenüber Dritten, in: BB 1990, 1833 ff.

Bauer, Hartmut: Subjektive öffentliche Rechte des Staates, in: DVBl. 1986, 208 ff.

—: Geschichtliche Grundlage der Lehre vom subjektiven öffentlichen Recht, Berlin 1986

Baur, Fritz: Die Auswirkungen des AGB-Gesetzes auf Bezugs- und Benutzungsordnungen der öffentlichen Hand, in: Festschrift für *Walter Mallmann*, S. 33 ff., Baden-Baden 1978

Becker/Sichert: Einführung in die kommunale Rechtssetzung am Beispiel gemeindlicher Benutzungssatzungen, in: JuS 2000, 144 ff.

Beikert, Victor: Haftungsbeschränkungen bei verwaltungsrechtlichen Schuldverhältnissen, Heidelberg 1977

Beinhardt, Gerd: Das Recht der öffentlichen Sicherheit und Ordnung in seinem Verhältnis zur Eingriffs- und Leistungsverwaltung, in: DVBl. 1961, 608 ff.

—: Der öffentlich-rechtliche Vertrag im deutschen und französischen Recht, in: VerwArch 55 (1964), S. 210 ff.

Benda/Maihofer/Vogel (Hrsg.): Handbuch des Verfassungsrechts, 2. Auflage, Berlin 1994

Bender, Bernd: Staatshaftungsrecht, 3. Auflage, Heidelberg 1981

Bergmann/Schumacher: Die Kommunalhaftung, 2. Auflage, Köln 1996

Berner/Köhler: Polizeiaufgabengesetz, 15. Auflage, München 1998

Bethge, Herbert: Aktuelle Probleme der Grundrechtsdogmatik, in: Der Staat, 24 (1985), S. 351 ff.

—: Parlamentsvorbehalt und Rechtssatzvorbehalt für die Kommunalverwaltung, in: NVwZ 1983, 577 ff.

—: Der Grundrechtseingriff, in: VVDStRL 57 (1998), S. 7 ff.

Bettermann, Karl-A.: Anmerkung zu OVG Münster, Urteil vom 13.1.1970, in: DVBl. 1971, 116 f.

Beuthien, Volker: Pauschalisierter Schadensersatz und Vertragsstrafe, in: Festschrift-Larenz, S. 495 ff., München 1973

Blaurock, Uwe: Haftungsfreizeichnungen zugunsten Dritter, in: ZHR 146 (1982), S. 238 ff.

Bleckmann, Albert: Subjektiv öffentliche Rechte des Staates, in: DVBl. 1986, 666 ff.

—: Begründung und Anwendungsbereich des Verhältnismäßigkeitsprinzips, in: JuS 1994, 177 ff.

—: Staatsrecht II – Die Grundrechte, 4. Auflage, Köln 1997

Blume, Joachim: Schuldrechtsähnliche Sonderverbindungen im öffentlichen Recht, Göttingen 1967

Böckenförde, Ernst-W.: Grundrechtstheorie und Grundrechtsinterpretation, in: NJW 1974, 1529 ff.

—: Organisationsgewalt und Gesetzesvorbehalt, in: NJW 1999, 1235 f.

Böckenförde/Grawert: Sonderverordnungen zur Regelung besonderer Gewaltverhältnisse, in: AöR 95 (1970), S. 1 ff.

Böckenförde/Jekewitz/Ramm: Soziale Grundrechte, Heidelberg 1981

Bonner Kommentar: Grundgesetz, Herausgegeben von *Dolzer/Vogel*, Heidelberg

Brehm, Robert: Beschränkung der Amtshaftung durch gemeindliche Satzungen, in: DÖV 1974, 415 ff.

—: Benutzungsregelungen gemeindlicher öffentlicher Einrichtungen, Frankfurt 1975

Breuer, Rüdiger: Grundrechte als Anspruchsnormen, in: Festgabe aus Anlaß des 25jährigen Bestehens des Bundesverwaltungsgericht, S. 89 ff., München 1978

Britz, Gabriele: Die Mitwirkung Privater an der Wahrnehmung öffentlicher Aufgaben durch Einrichtungen des öffentlichen Rechts, in: VerwArch 91 (2000), S. 418 ff.

Brox, Hans: Allgemeines Schuldrecht, 26. Auflage, München 1999

Bühler, Ottmar: Die subjektiven öffentlichen Rechte und ihr Schutz in der deutschen Verwaltungsrechtsprechung, Stuttgart 1914

—: Altes und Neues über Begriff und Bedeutung der subjektiven öffentlichen Rechte in: Festschrift-*Walter Jellinek*, S. 269 ff., München 1955

Bülow, Peter: Verbraucherkreditgesetz, 3. Auflage, Heidelberg 1998

Bull, Hans Peter: Der Sozialstaat als Rechtsstaat, in: Zeitschrift für Sozialreform 1988, S. 13 ff.

—: Allgemeines Verwaltungsrecht, 6. Auflage, Heidelberg 2000

Büllesbach, Ruth: Die öffentlich-rechtliche Verwahrung, Köln 1994

Bullinger, Martin: Leistungsstörungen beim öffentlich-rechtlichen Vertrag, in: DÖV 1977, 812 ff.

Burgi, Martin: Kommunale Alleingänge in der Umwelt- und Sozialpolitik, in: VerwArch 90 (1999), S. 70 ff.

Degenhart, Christoph: Staatsrecht I, 15. Auflage, Heidelberg 1999

Denck, Johannes: Leasing und Arbeitnehmerhaftung, in: JZ 1990, 175 ff.

Denecke: Zur Anwendung des § 278 BGB bei öffentlich-rechtlichen Verhältnissen, in: JR 1953, 40 ff.

Depenheuer/Grzeszick: Eigentum und Rechtsstaat, in: NJW 2000, 385 ff.

Detterbeck/Windhorst/Sproll: Staatshaftungsrecht, München 2000

Deutsch, Erwin: Das neue System der Gefährdungshaftungen: Gefährdungshaftung, erweiterte Gefährdungshaftung und Kausal-Vermutungshaftung, in: NJW 1992, 73 ff.

Di Fabio, Udo: Gefahr, Vororge, Risiko: Die Gefahrenabwehr unter dem Einfluß des Vorsorgeprinzips, in: Jura 1996, 566 ff.

Dieterich/Hanau/Schaub: Erfurter Kommentar zum Arbeitrecht, München, 2. Auflage, 2001

Dietlein, Max: Neue Rechtsmaßstäbe für Allgemeine Geschäftsbedingungen, in: NJW 1974, 969 ff.

Dreier, Horst (Hrsg.): Kommentar zum Grundgesetz, Band I, Tübingen 1996, Band II, Tübingen 1998

—: Subjektiv-rechtliche und objektiv-rechtliche Grundrechtsgehalte, in: Jura 1994, 505 ff.

Drews/Wacke/Vogel/Martens: Gefahrenabwehr, 9. Auflage, Köln 1986

Dürig, Günter: Zurück zum klassischen Enteignungsbegriff, in: JZ 1954, 4 ff.

—: Der Grundrechtssatz von der Menschenwürde, in: AöR 81 (1956), S. 117 ff.

—: Der Staat und die vermögenswerten öffentlich-rechtlichen Berechtigungen seiner Bürger, in: Festschrift-*Willibalt Apelt*, S. 13 ff., München 1958

Eberlein, Harald: Die Risiken des Berufskraftfahrers aus arbeitsrechtlicher Sicht, in: BB 1989, 621 ff.

Ehlers, Dirk: Verwaltung in Privatrechtsform, Berlin 1984

—: Die verfassungsrechtliche Garantie der kommunalen Selbstverwaltung, in: DVBl. 2000, 1301 ff.

Enneccerus-Lehmann: Recht der Schuldverhältnisse, 15. Bearbeitung, 1958

Eckert, Lutz: Leistungsstörungen in verwaltungsrechtlichen Schuldverhältnissen, in: DVBl. 1962, 11 ff.

Engel-Boland, Stefanie: Gemeindliches Satzungsrecht und Gesetzesvorbehalt, Baden-Baden 1999

Erbguth, Wilfried: Die nordrhein-westphälische Braunkohlenplanung und der Parlamentsvorbehalt, in: VerwArch 86 (1995), S. 327 ff.

Erbguth/Stollmann: Erfüllung öffentlicher Aufgaben durch private Rechtssubjekte, in: DÖV 1993, 798 ff.

Erichsen, Hans-Uwe: Zur Zulässigkeit von Haftungsbeschränkungen in öffentlich-rechtlichen Nutzungsverhältnissen, in: VerwArch 65 (1974), S. 219 ff.

—: Die kommunalen Einrichtungen, in: Jura 1986, 196 ff.

—: Kommunalrecht des Landes NRW, 2. Auflage, Siegburg 1997

Erichsen (Hrsg.): Allgemeines Verwaltungsrecht, 11. Auflage, Berlin 1998

Erman, Walter (Hrsg.): Handkommentar zum Bürgerlichen Gesetzbuch, 10. Auflage, Münster 2000

Esser/Schmidt: Schuldrecht Allgemeiner Teil Band I, 6. Auflage, Heidelberg 1984

—*:* Schuldrecht, 7. Auflage, Heidelberg 1992

Eyermann, E. (Hrsg.): Kommentar zur Verwaltungsgerichtsordnung, 11. Auflage, München 2000

Fehling, Michael: Der Verwaltungsakt, in: JA 1997, 482 ff.

Fiedler, Wilfried: Zum Wirkungsbereich der clausula rebus sic stantibus, in: VerwArch 67 (1976), S. 125 ff.

Fikentscher, Wolfgang: Schuldrecht, 9. Auflage, Berlin 1997

Fischedick: Die Wahl der Benutzungsform kommunaler Einrichtungen, 1986

Flessa, Richard: Schuldverhältnisse des Staates aufgrund Verwaltungsakts, in: DVBl. 1957, 81 ff.

Forsthoff, Ernst: Die Verwaltung als Leistungsträger, Stuttgart 1938

—*:* Begriff und Wesen des sozialen Rechtsstaats, in: VVDStRL 12 (1954), S. 14 ff.

—*:* Lehrbuch des Verwaltungsrechts, Band I, Allgemeiner Teil, in: 10. Auflage, München 1973

Franz, Dietmar: Der Schadensersatzanspruch des Verkäufers wegen Nichterfüllung und seine Pauschalisierung in AGB, in: NJW 1966, 2342 ff.

Friauf, Karl Heinrich: Zur Rolle der Grundrechte im Interventions- und Leistungsstaat, in: DVBl. 1971, 674 ff.

Friedrich, Carl J.: Der Verfassungsstaat der Neuzeit, Berlin 1953

Friedrichs, Karl: Wie weit sind die Vorschriften des BGB auf Schuldverhältnisse des öffentlichen Rechts anwendbar?, in: ArchBürgR 12 (1916), S. 28 ff.

—*:* Der Allgemeine Teil des Rechts, Berlin 1927

Friehe, Heinz-Josef: Autonome Satzungen und Geltungsanspruch der Grundrechte, in: JuS 1979, 465 ff.

Frotscher, Werner: Die Ausgestaltung kommunaler Nutzungsverhältnisse bei Anschluß- und Benutzungszwang, Siegburg 1974

Gallwas, Hans-Ulrich: Die „räumliche Komponente der Vorhersehbarkeit", in: BayVBl. 1992, 644 ff.

Gallwas/Mössle: Bayerisches Polizei- und Sicherheitsrecht, 2. Auflage, Stuttgart 1996

Geigel, Reinhart: Anmerkung zu BGH, JZ 1954, 505 ff.

Gerhardt, Walter: Handeln auf eigene Gefahr, Göttingen, 1962

—*:* Die Haftungsfreizeichnung innerhalb des gesetzlichen Schuldverhältnisses, in: JZ 1970, 535 ff.

Gern, Alfons: Deutsches Kommunalrecht, 2. Auflage, Baden-Baden 1997

Gernhuber, Joachim: Gläubiger, Schuldner und Dritte, in: JZ 1962, 553 ff.

—: Das Schuldverhältnis, Tübingen, 1979

Gieseke, Paul: Privates und öffentliches Recht in den Lieferbeziehungen der Wasserversorgungsunternehmen, in: Festschrift-*Gustav Boehmer,* S. 124 ff., 1954

Götz, Volkmar: Verzinsung öffentlich-rechtlicher Geldforderungen, in: DVBl. 1961, 433 ff.

—: Haftung und Haftungsbeschränkungen im verwaltungsrechtlichen Schuldverhältnis, in: JuS 1971, 349 ff.

Grabitz, Eberhard: Der Grundsatz der Verhältismäßigkeit in der Rechtsprechung des Bundesverfassungsgerichts, in: AöR 98 (1973), S. 568 ff.

Gries/Willebrand: Entstehung der verwaltungsrechtlichen Schuldverhältnisse, in: JuS 1990, 103 ff.

Häberle, Peter: Grundrechte im Leistungsstaat; in: VVDStRL 30 (1972), 69 ff.

Häde, Ulrich: Beamtenrechtliche Fürsorgepflicht und Rechtsschutzkosten, in: BayVBl. 1999, 673 ff.

Hagen, Horst: Die Drittschadensliquidation im Wandel der Rechtsdogmatik, Frankfurt 1971

Hartmann: Über die Zulässigkeit gegenseitiger Aufrechnung öffentlich-rechtlicher und privatrechtlicher Forderungen, in: VerwArchiv 25 (1917), S. 389 ff.

Haupt, Günter: Über faktische Vertragsverhältnisse, in: Festschrift-*Heinrich Siber,* Band II, Leipzig, 1941

Hegele/Ewert: Kommunalrecht in Sachsen, 2. Auflage, 1997

—: Folgen rechtswidrigen hoheitlichen Handelns, in: JZ 1968, 487 ff.

Heinrichs, Helmut: Die EG-Richtlinie über mißbräuchliche Klauseln in Verbraucherverträgen, in: NJW 1993, 1817 ff.

Heintschel von Heinegg, Wolf: Grundrechte als Leistungsansprüche des Bürgers gegenüber dem Staat, in: JA 1995, 333 ff.

Heintzen, Markus: Geltungserhaltende Reduktion unzulässiger Haftungsbeschränkungen, in: NVwZ 1992, 857 ff.

Heinze, Christian: Das Zusammenwirken von Behörden beim Erlaß von Verwaltungsakten, in: DÖV 1967, 33 ff.

Helm, Johann Georg: Private Norm und staatliches Recht beim Massenvertrag, in: JuS 1965, 121 ff.

Hendler, Reinhard: Allgemeines Verwaltungsrecht, 2. Auflage, Stuttgart 1998

Henke, Wilhlem: Das subjektive öffentliche Recht, Tübingen 1968

—*:* Zur Lehre vom subjektiven öffentlichen Recht, in*:* Festschrift-*Werner Weber*, S. 495 ff, Berlin 1974

Herbig, Gottfried: Die öffentlichen Einrichtungen im sozialen Rechtsstaat der Gegenwart, Berlin 1970

Herdegen/Rensmann: Gemeinschaftsrechtliche Staatshaftung, in*:* ZHR 161 (1997), 522 ff.

Hertwig, Stefan: Das Verwaltungsrechtsverhältnis der Mitgliedschaft Versicherter in einer gesetzlichen Krankenkasse, München 1989

Hesse, Konrad: Grundzüge des Verfassungsrechts der Bundesrepublik Deutschland, 20. Auflage, Heidelberg 1995

—*:* Bestand und Bedeutung der Grundrechte, in*:* EuGRZ 1978, 427 ff.

Hölzl/Hien: Kommentar zur Gemeindeordnung, Verwaltungsgemeinschaftsordnung, Landkreisordnung und Bezirksordnung für den Freistaat Bayern, München

Hösch, Ulrich: Staatshaftung und Aufopferung, in*:* DÖV 1999, 192 ff.

Hofmann, Hasso: Biotechnik, Gentherapie, Genmanipulation - Wissenschaft im rechtsfreien Raum, in*:* JZ 1986, 253 ff.

Hoffmann, Hans-J.: Die Verjährung von Ansprüchen bei Gebrauchsüberlassungen, in*:* DB 1969, 337 ff.

Imboden, Max: Der verwaltungsrechtliche Vertrag, Basel 1958

Ipsen, Hans Peter: Widerruf gültiger Verwaltungsakte, 1932

—*:* Über das Grundgesetz, Hamburg 1950

—*:* Enteignung und Sozialisierung, in*:* VVDStRL 10 (1952), S. 74 ff.

Isensee, Josef: Verfassung ohne soziale Grundrechte, in*:* Der Staat, 19 (1980), S. 367 ff.

—*:* Der Sozialstaat in der Wirtschaftskrise, in*:* Festschrift-*Johannes Broermann*, S. 365 ff., Berlin 1982

—*:* Das Grundrecht auf Sicherheit, Berlin 1983

Isensee/Kirchhof (Hrsg.): Handbuch des Staatsrechts, Band I, Heidelberg 1987, Band III, Heidelberg 1988, Band V, Heidelberg 1992, Band VI, Heidelberg 1989

Jäckle, Wolfgang: Die Haftung der öffentlichen Verwaltung aus culpa in contrahendo im Lichte der oberinstanzlichen Rechtsprechung, in*:* NJW 1990, 2520 ff.

Jakob, Wolfgang: Kommunale Satzungen – Eingriff in „Freiheit und Eigentum“, in*:* DÖV 1970, 666 ff.

Janson, Bernd: Verwaltungsrechtliches Schuldverhältnis, Verwaltungsverfahrensgesetz und Reform der Staatshaftung, in*:* DÖV 1979, 696 ff.

Jarass, Hans: Wirtschaftsverwaltungsrecht, 3. Auflage, Neuwied 1997

—*:* Inhalts- und Schrankenbestimmung oder Enteignung?, in*:* NJW 2000, 2841 ff.

Jarass/Pieroth: Kommentar zum Grundgesetz, 5. Auflage, München 2000

Jauernig, Othmar(Hrsg.): Kommentar zum Bürgerlichen Gesetzbuch, 9. Auflage, München 1999

Jellinek, Georg: System der subjektiven öffentlichen Rechte, 2. Auflage, Tübingen 1919

Jellinek, Walter: Verwaltungsrecht, 3. Auflage, Berlin 1931

Karlsruher Kommentar: Strafprozeßordnung, Herausgegeben von *Gerd Pfeiffer*, 4. Auflage, München 1999

Keller, Robert: Vorvertragliche Schuldverhältnisse im Verwaltungsrecht, Berlin 1997

Kirchhof, Paul: Rechtsquellen und Grundgesetz, in*:* Festgabe aus Anlaß des 25jährigen Bestehens des Bundesverfassungsgerichts, S. 50 ff., Tübingen 1976

Kisker, Gunter: Neue Aspekte im Streit um den Vorbehalt des Gesetzes, in*:* NJW 1977, 1313 ff.

Klein, Hans Hugo: Die Grundrechte im demokratischen Staat, 1972

—*:* Die grundrechtliche Schutzpflicht, in*:* DVBl. 1994, 489 ff.

Kleinknecht/Meyer-Goßner: StPO-Kommentar, 44. Auflage, München 1999

Kloepfer, Michael: Der Vorbehalt des Gesetzes im Wandel, in*:* JZ 1984, 685 ff.

Kluth, Winfried: Das Übermaßverbot, in*:* JA 1999, 606 ff.

Knack, Hans-J. (Hrsg.): Kommentar zum Verwaltungsverfahrensgesetz, 6. Auflage, Köln 1998

Knemeyer, Franz-L.: Polizei- und Ordnungsrecht, 7. Auflage, München 1998

Köbler, Ralf: Die „clausula rebus sic stantibus" als allgemeiner Rechtsgedanke, Tübingen 1991

König/Benz: Privatisierung und staatliche Regulierung, Baden-Baden 1997

Kohl, Walter: Die Grundsätze der Posthaftung, in*:* DÖV 1968, 722 ff.

Kopp/Ramsauer: Kommentar zum Verwaltungsverfahrensgesetz, 7. Auflage, München 2000

Kopp/Schenke: Kommentar zur Verwaltungsgerichtsordnung, 12. Auflage, München 2000

Krause, Peter: Rechtsverhältnisse in der Leistungsverwaltung, in*:* VVDStRL 45 (1987), S. 213 ff.

Krebs, Walter: Lehre vom Vorbehalt des Gesetzes, in*:* Jura 1979, 304 ff.

—: Subjektiver Rechtsschutz und objektive Rechtskontrolle, in: Festschrift-*Friedrich-Christian Menger*, S. 191 ff., Köln 1985

Kreft, Friedrich: Öffentlich-rechtliche Ersatzleistungen, Berlin 1980

Kreßel, Eckhard: Öffentliches Haftungsrecht und sozialrechtlicher Herstellungsanpruch, Frankfurt 1990

Kropholler/Berenbrok: Kommentar zum Bürgerlichen Gesetzbuch, 4. Auflage, München 2000

Krüger, Herbert: Allgemeine Staatslehre, 2. Auflage, Stuttgart 1966

Kühn/Hofmann: Abgabenordnung, 17. Auflage, Stuttgart 1995

Lange, Hermann: Schadensersatz, Tübingen 1979

Lange, Klaus: Die öffentlichrechtliche Anstalt, in: VVDStRL 44 (1986), S. 169 ff.

Larenz, Karl: Schuldrecht Besonderer Teil Band II, Halbband 1, 13. Auflage, München 1986

—: Schuldrecht Allgemeiner Teil Band I, 14. Auflage, München 1987

—: Methodenlehre der Rechtswissenschaft, 6. Auflage, Berlin 1991

Larenz/Wolf: Allgemeiner Teil des Bürgerlichen Rechts, 8. Auflage, München 1997

Laubinger, Hans-W.: Grundrechtsschutz durch Gestaltung des Verwaltungsverfahrens, in: VerwArch 73 (1982), S. 60 ff.

Leisner, Walter: Gefährdungshaftung im öffentlichen Recht?, in: VVDStRL 20 (1963), S. 185 ff.

Lerche, Peter: Übermaß und Verfassungsrecht, Köln 1961

—: Amtshaftung und enteignungsgleicher Eingriff, in: JuS 1961, 237 ff.

Lissack, Gernot: Bayerisches Kommunalrecht, in: München 1997

Littbarski, Sigurd: Die Haftung aus culpa in contrahendo im öffentlichen Recht, in: JuS 1979, 537 ff.

Locher, Horst: Begriffsbestimmung und Schutzzweck nach dem AGB-Gesetz, in: JuS 1997, 389 ff.

Löwer, Wolfgang: Rechtsverhältnisse in der Leistungsverwaltung, in: NVwZ 1986, 793 ff.

Löwe/Rosenberg (Hrsg.): StPO-Kommentar, 24. Auflage, Berlin 1984

Löwe/v.Westphalen/Trinkner: Kommentar zum AGBG, 2. Auflage, Heidelberg 1983

Lorenz, Dieter: Der grundrechtliche Anspruch auf effektiven Rechtsschutz, in: AöR 105 (1980), S. 623 ff.

Loschelder, Wilhelm: Die Wahrung der öffentlichen Sicherheit und Ordnung in ihrem Verhältnis zur Leistungsverwaltung, in: DVBl. 1957, 819 ff.

Lübbe-Wolf, Gertrude: Satzungrechtliche Betretungsrechte und Art. 13 GG, in: DVBl. 1993, 762 ff.

Lücke, Jörg: Staatszielbestimmungen und Gesetzgebungsaufträge, in: AöR 107 (1982), S. 15 ff.

Lüderitz, Alexander: Sind Amtsträger Erfüllungsgehilfen?, in: NJW 1975, 1 ff.

Ludwig/Cordt/Stech/Odenthal: Kommentar zum Recht der Elektrizitäts-, Gas- und Wasserversorgung, Band 2, Neuwied

Lukes, Rudolf: Grundprobleme der allgemeinen Geschäftsbedingungen, in: JuS 1961, 301 ff.

Mangoldt (von)/Klein: Das Bonner Grundgesetz, Band I, 2. Auflage, Berlin 1957

Mangoldt (von)/Klein/Pestalozza: Das Bonner Grundgesetz, Band VIII, 3. Auflage, München 1996

Mangoldt (von)/Klein/Starck: Das Bonner Grundgesetz, Band I, 3. Auflage, München 1985

Manssen, Gerrit: Grundrechte, München 2000

Martens, Wolfgang: Grundrechte im Leistungsstaat, in: VVDStRL 30 (1972), S. 7 ff.

Maunz/Dürig (Hrsg.): Kommentar zum Grundgesetz, München

Maunz/Zippelius: Deutsches Staatsrecht, 30. Auflage, München 1998

Maurer, Hartmut: Der Verwaltungsvertrag – Probleme und Möglichkeiten, DVBl. 1989, 798 ff.

—: Allgemeines Verwaltungsrecht, 12. Auflage, München 1999

—: Staatsrecht, München 1999

Mayer, Adalbert: Die Anwendung des § 278 BGB auf öffentlich-rechtliche Verhältnisse, Würzburg 1933

Mayer, Otto: Deutsches Verwaltungsrecht Band I, 3. Auflage, Berlin 1923

Mayer/Kopp: Allgemeines Verwaltungsrecht, 5. Auflage, Stuttgart 1985

Meder, Theodor: Die Verfassung des Freistaats Bayern, 4. Auflage, Stuttgart 1992

Medicus, Dieter: Anmerkung zu OLG Nürnberg, Urteil vom 30.3.1966, in: JZ 1967, 63 ff.

—: Allgemeiner Teil des BGB, 6. Auflage, Heidelberg 1994

—: Schuldrecht Besonderer Teil, 9. Auflage, München 1999

—: Bürgerliches Recht, 18. Auflage, Köln 1999

Meier-Branecke, H.: Die Anwendbarkeit privatrechtlicher Normen im Verwaltungsrecht, in: AöR 11 (1926), S. 230 ff.

Menger, Christian: System des verwaltungsgerichtlichen Rechtsschutzes, Tübingen 1954

—*:* Kommunale Satzungen als Strafnormen?, in*:* VerwArch 63 (1972), S. 447 ff.

Meyer, Hans: Das neue öffentliche Vertragsrecht und die Leistungsstörungen, in*:* NJW 1977, 1705 ff.

Meyer/Borgs: Kommentar zum Verwaltungsverfahrensgesetz, 2. Auflage, Frankfurt 1982

Meysen, Thomas: Die Haftung aus Verwaltungsrechtsverhältnis, Berlin 2000.

Mittermeier, Ernst: Haftung und Haftungsbeschränkungen der Gemeinden für ihre öffentlichen Einrichtungen, Konstanz 1984

Münch (von)/Kunig (Hrsg.): Kommentar zum Grundgesetz, Band I, 5. Auflage, München 2000, Band II, 3. Auflage, München 1995

Münchner Kommentar: Kommentar zum Bürgerlichen Gesetzbuch, Herausgegeben von *Rebmann/Säcker/Rixecker*, Band I, 3. Auflage, München 1993, Band II, 3. Auflage, München 1994, Band III, 3. Auflage, München 1995, Band IV, 3. Auflage, München 1997

Mutius (von), Albert: Grundrechte als Teilhaberechte – zu den verfassungsrechtlichen Aspekten des „numerus clausus“, in*:* VerwArch 64 (1973), S. 183 ff.

—*:* Kommunalrecht, München 1996

Nawiasky, Hans: Die Gleichheit vor dem Gesetz im Sinne des Art. 109 der Reichsverfassung, in*:* VVDStRL 3 (1927), S. 25 ff.

Neumann/Nipperdey/Scheuner (Hrsg.): Die Grundrechte, Band 2, Berlin 1954

Obermayer, Klaus: Leistungsstörungen beim öffentlich-rechtlichen Vertrag, in*:* BayVBl. 1977, 546 ff.

Odendahl, Kerstin: Der allgemeine Gleichheitssatz*:* Willkürverbot und „neue Formel“ als Prüfungsmaßstäbe, in*:* JA 2000, 170 ff.

Oertmann, Paul: Die Geschäftsgrundlage, Leipzig 1921

Ossenbühl, Fritz: Probleme der Amtshaftung bei Versagen von Ampelanlagen, in*:* JuS 1973, 421 ff.

—*:* Die Interpretation der Grundrechte in der Rechtsprechung des Bundesverfassungsgerichts, in*:* NJW 1976, 2100 ff.

—*:* Staatshaftungsrecht, 5. Auflage, München 1998

—*:* Öffentliches Recht in der Rechtsprechung des BGH, in*:* NJW 2000, 2945 ff.

Otten, Gabriela: Rechtsstellung des Arbeitnehmers bei Beschädigung von Dritteigentum, in*:* DB 1997, 1618 ff.

Palandt, Otto: Bürgerliches Gesetzbuch, 60. Auflage, München 2001
Papier, Hans-Jürgen: Die Forderungsverletzung im öffentlichen Recht, Berlin 1970
—*:* Staatshaftung kraft „Überlieferung", in*:* JZ 1975, 585 ff.
—*:* Die Weiterentwicklung der Rechtsprechung zur Eigentumsgarantie des Art. 14 GG, in*:* DVBl. 2000, 1398 ff.
Palder, Helmut: Die Zulässigkeit von Haftungsbeschränkungen in öffentlichen Benutzungsverhältnissen, Würzburg 1976
—*:* Anmerkung zu BGH NJW 1977, 197, in*:* NJW 1977, 954
Peine, Franz-Joseph: Allgemeines Verwaltungsrecht, 4. Auflage, Heidelberg 1998
Peters, Hans: Lehrbuch der Verwaltung, Berlin 1949
Pfab, Susanne: Staatshaftung in Deutschland, München 1997
Pieroth/Schlink: Grundrechte Staatsrecht II, 15. Auflage, Heidelberg 1999
Pietzcker, Jost: Vorrang und Vorbehalt des Gesetzes, in*:* JuS 1979, 710 ff.
Püttner, Günter (Hrsg.): Handbuch der kommunalen Wissenschaft und Praxis, Band 3, 2. Auflage, Berlin 1983
—*:* Die öffentlichen Unternehmen, 2. Auflage, Stuttgart 1985
Redeker/v. Oertzen: Kommentar zur VwGO, 13. Auflage, Stuttgart 2000
Reiter, Bernhard: Amtshaftungsrecht*:* Zur Zulässigkeit von Freizeichnungsklauseln in kommunalen Satzungen, in*:* BayVBl. 1990, 711 ff.
RGRK: Kommentar zum Bürgerlichen Gesetzbuch, Herausgegeben von Mitgliedern des Bundesgerichtshofs, 12. Auflage, Berlin
Richter/Schuppert: Casebook Verwaltungsrecht, 2. Auflage, München 1995
Ridder, Helmut: Zur verfassungsrechtlichen Stellung der Gewerkschaften im Sozialstaat nach dem Grundgesetz für die BRD, Stuttgart 1960
—*:* Die soziale Ordnung des Grundgesetzes, Opladen 1975
Rittstieg, Helmut: Eigentum als Verfassungsproblem, Darmstadt 1976
Roth, Helmut: Die kommunalen öffentlichen Einrichtungen, Frankfurt 1998
Roth, Herbert: Allgemeine Geschäftsbedingungen und Individualvereinbarungen, in*:* BB 1992, Beilage Nr. 4, S. 1 ff.
Roth, Wolfgang: Die Zwangsvollstreckung verwaltungsgerichtlicher Entscheidungen und Vergleiche gegen Behörden, in*:* VerwArch 91 (2000), S. 12 ff.
Rozek, Jochen: Anmerkung zu BayObLG, BayVBl. 1989, 571 f., in*:* BayVBl. 1989, 761 ff.
—*:* Die Unterscheidung von Eigentumsbindung und Enteignung, Tübingen 1998

Rüfner, Wolfgang: Formen öffentlicher Verwaltung im Bereich der Wirtschaft, Berlin 1967

—*:* Haftungsbeschränkungen in verwaltungsrechtlichen Schuldverhältnissen, in*:* DÖV 1973, 808 ff.

—*:* Verwaltungsakt und verwaltungsrechtliches Schuldverhältnis im Sozialrecht, in*:* JuS 1981, 259 ff.

Ruland, Franz: Schadensausgleich zwischen öffentlichen Rechtsträgern, 1978

Rupp, Hans Heinrich: Die Beseitigungs- und Unterlassungsklage gegen Träger hoheitlicher Gewalt, in*:* DVBl. 1958, 113 ff.

—*:* Grundfragen der heutigen Verwaltungsrechtslehre, 2. Auflage, Tübingen 1991

Sachs, Michael (Hrsg.): Kommentar zum Grundgesetz, 2. Auflage, München 1999

Schack, Friedrich: Analogie und Verwendung allgemeiner Rechtsgedanken bei der Ausfüllung von Lücken in Normen des Verwaltungsrechts, in*:* Festschrift-*Rudolf Laun*, S. 275 ff., Hamburg 1948

Schäfer/Bonk: Kommentar zum Staatshaftungsgesetz, München 1982

Schapp, Jan: Das subjektive Recht im Prozeß der Rechtsgewinnung, Berlin 1977

Schaub, Günter: Arbeitsrechts-Handbuch, 9. Auflage, München 2000

Schenke, Wolf-Rüdiger: Rechtsschutz bei normativem Unrecht, Berlin 1979

Scherer, Joachim: Rechtsprobleme normersetzender „Absprachen", in*:* DÖV 1991, 1 ff.

Scheuner, Ulrich: Staatszielbestimmungen, in*:* Festsschrift-*Ernst Forsthoff*, S. 325 ff., München 1972

Schmidt-Aßmann, Eberhard (Hrsg.): Besonderes Verwaltungsrecht, 11. Auflage, Berlin 1999

Schmidt-Bleibtreu/Klein: Kommentar zum Grundgesetz, 9. Auflage, Neuwied 1998

Schmidt-Caluwe, R.: Eigentumsschutz sozialer Rechtspositionen, in*:* JA 1992, 129 ff.

Schmidt-Salzer, Joachim: Formularmäßige Haftungsfreizeichnungen und Anspruchspauschalierungen, in*:* NJW 1969, 289 ff.

Schmitt Glaeser/Horn: Verwaltungsprozeßrecht, 15. Auflage, Stuttgart 2000

Schnapp, Friedrich E.: Die Verhältnismäßigkeit des Grundrechtseingriffs, in*:* JuS 1983, 850 ff.

Schneider, Hans: Zur Haftung der Gemeinden für ihre öffentlichen Anstalten, NJW 1962, 705 ff.

—: Gesetzgebung, Heidelberg 1982

Schnellenbach, Helmut: Beamtenrecht in der Praxis, 4. Auflage, München 1998

Schoch, Friedrich: Soll das kommunale Satzungsrecht gegenüber staatlicher und gerichtlicher Kontrolle gestärkt werden?, NVwZ 1990, 801 ff.

—: Geschäftsführung ohne Auftrag im Öffentlichen Recht, in: Jura 1994, 241 ff.

Schoch/Schmidt-Aßmann/Pietzner (Hrsg.): Kommentar zur Verwaltungsgerichtsordnung, München

Schulte, Wienhold: Zulässigkeit allgemeiner Haftungsregelungen bei der Benutzung von kommunalen Einrichtungen, Münster 1978

Schwär, Günter: Leistungsstörungen bei der Erfüllung öffentlich-rechtlicher Leistungspflichten, Köln 1968

Schwarze, Jürgen: Haftungsbeschränkung durch gemeindliche Satzung, in: JuS 1974, 640 ff.

Schwerdtfeger, Gunther: Öffentliches Recht in der Fallbearbeitung, 10. Auflage, München 1997

Seibert, Max-Jürgen: Beschränkung der Amtshaftung durch gemeindliche Satzung, in: DÖV 1986, 957 ff.

Skaupy, Walther: Die ungerechtfertigte Bereicherung im öffentlichen Recht, Berlin 1934

Siebert, Wolfgang: Privatrecht im Bereich öffentlicher Verwaltung, in: Festschrift-*Hans Niedermeyer*, S. 215 ff., Göttingen 1953

Simons, Lothar: Leistungsstörungen verwaltungsrechtlicher Schuldverhältnisse, Berlin 1967

Soergel, Hs. Th (Hrsg.): Kommentar zum Bürgerlichen Gesetzbuch, Band 2, 12. Auflage, Stuttgart 1990, Band 4/I, 12. Auflage, Stuttgart 1997

Soergel/Siebert (Hrsg.): Kommentar zum Bürgerlichen Gesetzbuch, Band 2 (§§ 241-610), 10. Auflage, Stuttgart 1967

Staub, Hermann: Die positiven Vertragsverletzungen, Berlin 1902

Staudinger (Hrsg.): Kommentar zum Bürgerlichen Gesetzbuch, §§ 255 - 292, 13. Bearbeitung, Berlin 1995, AGBG, 13. Bearbeitung, Berlin 1998, AGBG, 12. Bearbeitung, Berlin 1983, §§ 1 – 89 BGB, 12. Bearbeitung, Berlin 1980

Stein, Ekkehart: Staatsrecht, 16. Auflage, Tübingen 1998

Steiner, Udo (Hrsg.): Besonderes Verwaltungsrecht, 6. Auflage, Heidelberg 1999

Stelkens/Bonk/Sachs: Verwaltungsverfahrensgesetz, 5. Auflage, München 1998

Stelkens, Ulrich: Verwaltungshaftungsrecht, Berlin 1998
—*:* Schadensersatzansprüche des Staates gegenüber Privaten, in*:* DVBl. 1998, 300 ff.
Stern, Klaus: Das Staatsrecht der Bundesrepublik Deutschland, Band I, 2. Auflage, München 1984, Band II, München 1980, Band III/1, München 1988, Band III/2, München 1994
Stober, Rolf: Zur Anwendung des AGB-Gesetzes auf die öffentliche Hand, in*:* DÖV 1977, 398 ff.
—*:* Wirtschaftsverwaltung und Rechtsstaatsprinzip, in*:* AöR 113 (1988), S. 497 ff.
—*:* Kommunalrecht in der Bundesrepublik Deutschland, in*:* 3. Auflage, Stuttgart 1996
Stödter, Rolf: Öffentlich-rechtliche Entschädigung, Hamburg 1933
—*:* Über den Enteignungsbegriff, in*:* DÖV 1953, 97 ff.
Stoll, Heinrich: Abschied von der Lehre von der positiven Vertragsverletzung, in*:* AcP 136 (1932), S. 257 ff.
—*:* Die Lehre von den Leistungsstörungen, 1936
Stürner, Rolf: Die Haftung der Gemeinde für verunreinigtes Wasser, in*:* JuS 1973, 749 ff.
Sturm, Friedrich: Die Haftung der Länder (Gemeinden, Gemeindeverbände) bei fehlerhafter Verwendung von Haushaltsmitteln des Bundes im Gesetzesvollzug, in*:* DÖV 1966, 256 ff.
Terwey, Franz-Josef: Die rechtliche Betreuung des Bürgers nach dem Sozialgesetzbuch, Freiburg 1980
Tezner, Friedrich: Die Privatrechtstitel im öffentlichen Recht, in*:* AöR 9 (1894), S. 325 ff.
Thieme, Werner: Der Gesetzesvorbehalt im besonderen Gewaltverhältnis, in*:* JZ 1964, 80 ff.
—*:* Über die Notwendigkeit einer Reform des Allgemeinen Verwaltungsrechts, in*:* DÖV 1996, 757 ff.
Tiemann, Burkhard: Grundfragen der Staats- und Benutzerhaftung in Benutzungsverhältnissen, in*:* VerwArch 65 (1974), S. 381 ff.
—*:* Möglichkeiten und Grenzen der Haftungsbeschränkung im verwaltungsrechtlichen Benutzungsverhältnis, in*:* BayVBl. 1974, 57 ff.
Tober, Dieter Erich: Die „clausula rebus sic stantibus“ bei verwaltungsrechtlichen Verträgen, München 1970
Tuhr (von), Andreas: Der Allgemeine Teil des Deutschen Bürgerlichen Rechts, Band I, Berlin 1910

Ule, Carl Hermann: Beamtenrecht, Köln 1970

—*:* Verwaltungsprozeßrecht, 9. Auflage, München 1987

Ule/Laubinger: Verwaltungsverfahrensrecht, 4. Auflage, Köln 1995

Ulmer/Brandner/Hensen: Kommentar zum AGBG, 9. Auflage, Köln 2001

Unruh, Peter: Kritik des privatrechtlichen Verwaltungshandelns, in*:* DÖV 1997, 653 ff.

Vogel, Klaus: Gesetzgeber und Verwaltung, in*:* VVDStRL 24 (1966), S. 125 ff.

Waechter, Kay: Kommunalrecht, 3. Auflage, Köln 1997

Wagner, Joachim: Die Anwendbarkeit des AGB-Gesetzes auf Benutzungsregelungen kommunaler Einrichtungen, 1982

Wall, Heinrich de: Die Anwendbarkeit privatrechtlicher Vorschriften im öffentlichen Recht, Tübingen, 1999

Wallerath, Maximilian: Rezension der Arbeit „Die Forderungsverletzung im öffentlichen Recht" von Hans-Jürgen Papier, in*:* DÖV 1971, 717 f.

—*:* Allgemeines Verwaltungsrecht, 3. Auflage, Siegburg 1985

Wannagat, Georg: Die umstrittene verfassungsrechtliche Eigentumsgarantie für die Renten der gesetzlichen Rentenversicherung, in*:* Festschrift-*Horst Peters*, Stuttgart 1975

Weber, Eckart: Der Erstattungsanspruch, Berlin 1970

Weber, Hermann: Beitragsrückgewähr nach irrtümlich angenommener Mitgliedschaft in Zwangsverbänden, in*:* JuS 1970, 169 ff.

—*:* Anmerkung zu BGHZ 61, 7 ff., in*:* JuS 1974, 48 ff.

Weber, Martin: Die gemeindliche Satzungsgewalt im Spannungsverhältnis zwischen autonomer Rechtsgestaltung und staatlicher Einflußnahme, in*:* BayVBl. 1998, 327 ff.

Weber, Werner: Die verfassungsrechtlichen Grenzen sozialstaatlicher Forderungen, in*:* Der Staat 4 (1965), S. 409 ff.

Wehr, Matthias: Grundfälle zu Vorrang und Vorbehalt des Gesetzes, in*:* JuS 1997, 419 ff.

Westphalen/Emmerich/Rottenburg: Verbraucherkreditgesetz, 2. Auflage, Köln 1996

Widtmann/Grasser (Hrsg.): Kommentar zur Bayerischen Gemeindeordnung, München

Windhorst, Kay: Staatshaftungsrecht, in*:* JuS 1995, 791 ff.

Windthorst/Sproll: Staatshaftungsrecht, München 1994

Wittig, Peter: Zum Standort des Verhältnismäßigkeitsgrundsatzes im System des Grundgesetzes, in*:* DÖV 1968, 817 ff.

Wohlgemuth, Hans H.: Die Arbeitnehmerhaftung im Wandel, in: DB 1991, 910 ff.

Wolf, Manfred: Freizeichnungsverbote für leichte Fahrlässigkeit in AGB, in: NJW 1980, 2433 ff.

Wolf/Horn/Lindacher: Kommentar zum AGBG, 4. Auflage, München 1999

Wolff, Hans Julius: Der Unterschied zwischen öffentlichem und privatem Recht, in: AöR 76 (1950/51), S. 205 ff.

—: Rechtsgrundsätze und verfassungsgestaltende Grundentscheidungen als Rechtsquellen in: Gedächnisschrift-*Walter Jellinek*, S. 33 ff., München 1955

Wolff, Heinrich Amadeus: Zinsen im öffentlichen Recht, in: DÖV 1998, 872 ff.

Wolff, Martin: Reichsverfassung und Eigentum, in: Festgabe-*Wilhelm Kahl*, S. 1 ff., Berlin 1923

Wolff/Bachof/Stober: Verwaltungsrecht, Band 1, 11. Auflage, München 1999, Verwaltungsrecht Band 2, 6. Auflage, München 2000

Wolff/Bachof: Verwaltungsrecht I, 9. Auflage, München 1974

—: Verwaltungsrecht III, 4. Auflage, München 1978

Wolffgang/Hendricks/Merz: Polizei- und Ordnungsrecht in NRW, München 1998

Wollschläger, Christian: Die Geschäftsführung ohne Auftrag, Berlin 1976

Würtenberger, Thomas: Anmerkung zu BGH (Urteil vom 21.1 1993), in: JZ 1993, 1003 ff.

Zimmerling/Jung: Die Verzinsung öffentlich-rechtlicher Geldforderungen, in: DÖV 1987, 94 ff.

Zugehör, Horst: Pauschalierter Schadensersatz, in: NJW 1967, 1895 ff.

Zuleeg, Manfred: Beleihung mit Hoheitsgewalt, Verwaltungshilfe und privatrechtliches Handeln bei Schülern, in: DÖV 1970, 627 ff.

—: Gesetz- und Vertragsentwürfe in juristischen Übungsarbeiten, Die Badeordnung, in: JuS 1973, 34 ff.

—: Die Anwendungsbereiche des öffentlichen Rechts und des Privatrechts, in: VerwArch 73 (1982), S. 384 ff.

Zezschwitz (von), Friedrich: Rechtsstaatliche und prozessuale Probleme des Verwaltungsprivatrechts, in: NJW 1983, 1873 ff.

L) Stichwortverzeichnis

T

Ü

V

W

Studien und Materialien zum Öffentlichen Recht

Herausgegeben von Herbert Bethge

Band 1 Hans-Georg Kamann: Die Mitwirkung der Parlamente der Mitgliedstaaten an der europäischen Gesetzgebung. National-parlamentarische Beeinflussung und Kontrolle der Regierungsvertreter im Rat der Europäischen Union im Spannungsfeld von Demokratie und Funktionsfähigkeit des gemeinschaftlichen Entscheidungsverfahrens. 1997.

Band 2 Gerhard Spieß: Der Grundrechtsverzicht. 1997.

Band 3 Stefan Hepach: Der Grundrechtsstatus der Landesmedienanstalten. 1997.

Band 4 Michael Fraas: Sicherheitsrat der Vereinten Nationen und Internationaler Gerichtshof. Die Rechtmäßigkeitsprüfung von Beschlüssen des Sicherheitsrats der Vereinten Nationen im Rahmen des VII. Kapitels der Charta durch den Internationalen Gerichtshof. 1998.

Band 5 Friedrich Loschelder: Die Durchsetzbarkeit von Weisungen in der Bundesauftragsverwaltung. 1998.

Band 6 Gunila Dieterich: Rechtsschutz der deutschen Bundesländer vor dem Bundesverfassungsgericht in Angelegenheiten der Europäischen Union. 1998.

Band 7 Wolfgang Weiß: Die Personenverkehrsfreiheiten von Staatsangehörigen assoziierter Staaten in der EU. Eine vergleichende Analyse der Assoziationsabkommen. 1998.

Band 8 Christian Bamberger: Verfassungswerte als Schranken vorbehaltloser Freiheitsgrundrechte. Vom Verfassungs- zum Gegenseitigkeitsvorbehalt. 1999.

Band 9 Andreas Rohde: Freier Kapitalverkehr in der Europäischen Gemeinschaft. 1999.

Band 10 Herbert Bethge: Rechtsberatung im privaten Rundfunk. Rechtsgutachten, erstattet auf Ansuchen von SAT 1, unter Mitwirkung von Christian von Coelln. 2000.

Band 11 Marcel Vachek: Das Religionsrecht der Europäischen Union im Spannungsfeld zwischen mitgliedstaatlichen Kompetenzreservaten und Art. 9 EMRK. 2000.

Band 12 Kerstin Ebock: Der Schutz grundlegender Menschenrechte durch kollektive Zwangsmaßnahmen der Staatengemeinschaft. Vom Interventionsverbot zur Pflicht zur humanitären Intervention? 2000.

Band 13 Christiane Gucht: Das Zensurverbot im Gefüge der grundrechtlichen Eingriffskautelen. 2000.

Band 14 Markus Ruttig: Der Einfluß des EG-Beihilferechts auf die Gebührenfinanzierung der öffentlich-rechtlichen Rundfunkanstalten. 2001.

Band 15 Jochen Murach: Die Haftung der öffentlichen Hand im Verwaltungsschuldrecht. 2002.

FSC
www.fsc.org
MIX
Papier | Fördert
gute Waldnutzung
FSC® C083411

Kolibri 360 GmbH
Ferdinand-Jühlke-Straße 7
99095 Erfurt, Deutschland
produktsicherheit@kolibri360.de

Druck:
CPI Druckdienstleistungen GmbH
im Auftrag der
Kolibri 360 GmbH
Ferdinand-Jühlke-Str. 7
99095 Erfurt